KB084540

기출이 답이다

9급 공무원

행정학개론

7개년 기출문제집

시대에듀

9급 공무원 채용 필수체크

❖ 아래 내용은 2024년 국가직 공무원 공개경쟁채용시험 계획 공고를 기준으로 작성되었습니다. 2025년부터 변경되는 세부 사항은 반드시 시행처의 최신 공고를 확인하시기 바랍니다.

✏️ 시험방법

- 제1 · 2차 시험(병합실시): 선택형 필기
- 제3차 시험: 면접

✏️ 응시자격

구분	내용
응시연령	• 교정 · 보호직 제외: 18세 이상 • 교정 · 보호직: 20세 이상
학력 및 경력	• 제한 없음

✏️ 시험일정 (국가직 기준)

원서접수
1월 말

필기시험
3월 말

실기시험
(체력검사)
5월 초 ~ 중순

면접시험
5월 말 ~ 6월 초

최종합격자
발표
6월 말

✎ 가산점 적용

구분	가산비율	비고
취업지원대상자	과목별 만점의 10% 또는 5%	• 취업지원대상자 가점과 의사상자 등 가점은 1개만 적용 • 취업지원대상자/의사상자 등 가점과 자격증 가산점은 각각 적용
의사상자 등 (의사자 유족, 의상자 본인 및 가족)	과목별 만점의 5% 또는 3%	
직렬별 가산대상 자격증 소지자	과목별 만점의 3~5% (1개의 자격증만 인정)	

✎ 2025년부터 달라지는 제도

■ 인사혁신처가 출제하는 9급 공무원 국어, 영어 과목 출제 기조 전환

지식암기 위주 ▶ **현장 직무 중심**

■ 출제 방향

국어	• 기본적인 국어 능력과 이해, 추론, 비판력 등 사고력 검증 • 배경지식이 없더라도 지문 속 정보를 활용해 문제를 풀 수 있도록 출제
영어	• 실제 업무수행에 필요한 실용적인 영어능력 검증 • 실제 활용도가 높은 어휘와 전자메일, 안내문 등 업무현장에서 접할 수 있는 소재와 형식을 활용한 문제 출제

국가직

법령 관련 문제가 큰 비중으로 출제되었고, 난이도가 높았으나, 이론은 평이한 시험이었다. 꼼꼼한 이론학습을 바탕으로 기출문제를 여러 번 풀어본 수험생들이라면 소거법을 통해 문제를 해결할 수 있었을 것이다.

- **출제율 순위**

  정책론 > 재무행정론 > 행정학총론 = 조직론 = 인사행정론 > 지방행정론 = 행정환류

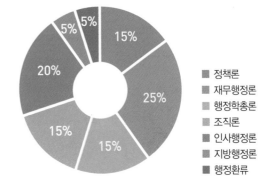

- 정책론
- 재무행정론
- 행정학총론
- 조직론
- 인사행정론
- 지방행정론
- 행정환류

지방직

예년의 지방직 9급 공무원 시험과는 달리 지방행정론과 행정환류에서 문제가 출제되지 않았다. 이 두 영역을 제외하고는 골고루 문제가 출제되었고, 국가직 9급과 마찬가지로 난이도가 높았다. 기출문제를 중심으로 학습한 수험생들이라면 어렵지 않게 고득점을 받을 수 있었을 것이다.

- **출제율 순위**

  정책론 > 행정학총론 > 재무행정론 = 조직론 = 인사행정론

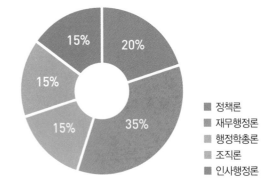

- 정책론
- 재무행정론
- 행정학총론
- 조직론
- 인사행정론

국가직

■ 출제율 순위

정책론 > 조직론 > 인사행정론 = 재무행정론 = 행정학총론 > 지방행정론 > 행정환류

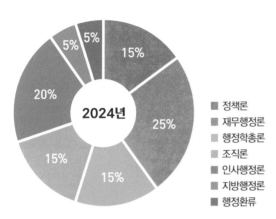

2024년

- ■ 정책론
- ■ 재무행정론
- ■ 행정학총론
- ■ 조직론
- ■ 인사행정론
- ■ 지방행정론
- ■ 행정환류

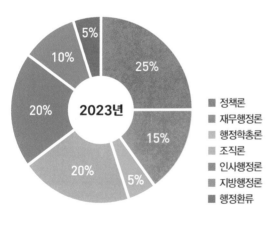

2023년

- ■ 정책론
- ■ 재무행정론
- ■ 행정학총론
- ■ 조직론
- ■ 인사행정론
- ■ 지방행정론
- ■ 행정환류

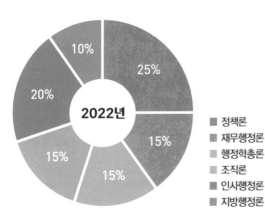

2022년

- ■ 정책론
- ■ 재무행정론
- ■ 행정학총론
- ■ 조직론
- ■ 인사행정론
- ■ 지방행정론

지방직

■ 출제율 순위

정책론 = 조직론 > 행정학총론 > 인사행정론 = 재무행정론 > 지방행정론 > 행정환류

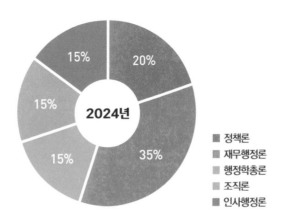

2024년

- ■ 정책론
- ■ 재무행정론
- ■ 행정학총론
- ■ 조직론
- ■ 인사행정론

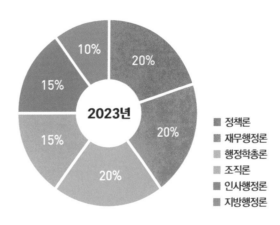

2023년

- ■ 정책론
- ■ 재무행정론
- ■ 행정학총론
- ■ 조직론
- ■ 인사행정론
- ■ 지방행정론

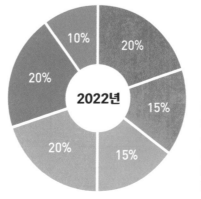

2022년

- ■ 정책론
- ■ 재무행정론
- ■ 행정학총론
- ■ 조직론
- ■ 인사행정론
- ■ 지방행정론

이 책의 구성과 특징

문제편

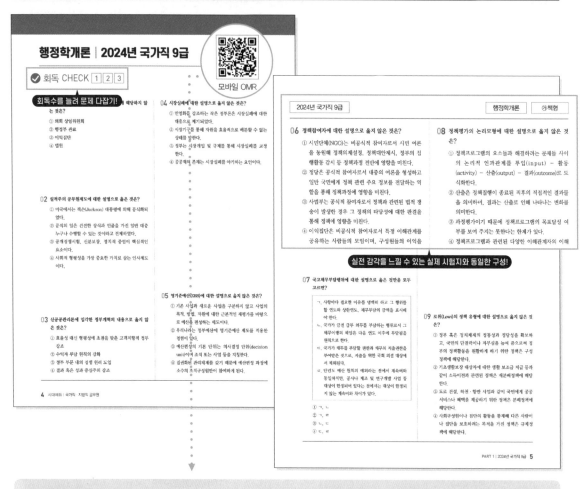

행정학개론 | 2024년 국가직 9급

✓ 회독 CHECK 1 2 3

회독수를 늘려 문제 다잡기!

실전 감각을 느낄 수 있는 실제 시험지와 동일한 구성!

OMR 입력   채점결과   성적분석

⏱ 00 : 24 : 27
시간측정 가능!!

풀이 시간 측정, 자동 채점 그리고 결과 분석까지!

모바일 OMR 답안분석 서비스

문제편에 수록된 기출문제에 대한 객관적인
결과(점수, 순위)를 종합적으로 분석

❶ 스마트폰을 활용하여 QR코드 접속
❷ 시험 시간에 맞춰 풀고, 모바일 OMR로 답안 입력
   (3회까지 가능)
❸ 종합적 결과 분석으로 현재 나의 합격 가능성 예측

QR코드 찍기 ▶ 로그인 ▶ 시작하기 ▶ 응시하기 ▶ 모바일 OMR 카드에 답안 입력 ▶ 채점결과&성적분석 ▶ 내 실력 확인하기

해설편

행정학개론 | 2024년 국가직 9급

한눈에 훑어보기 **1**

✓ **영역 분석**

행정학총론 03 04 11
3문항, 15%

정책론 01 06 08 09 18
5문항, 25%

조직론 12 13 16
3문항, 15%

인사행정론 02 14 15
3문항, 15%

재무행정론 05 07 10 19
4문항, 20%

지방행정론 17
1문항, 5%

01	02	03	04	05	06	07	08	09	10
②	③	①	④	②	③	①	④	①	③
11	12	13	14	15	16	17	18	19	20
①	②	③	④	①	④	③	①	④	②

✓ **점수 체크**

구분	1회독	2회독	3회독
맞힌 문항 수	/ 20	/ 20	/ 20
나의 점수	점	점	점

4 시대에듀 | 국가직 · 지방직 공무원

02 난도 ★☆☆ **2**

인사행정론 > 인사행정의 기초이론

정답의 이유
③ 실적주의의 본질적 요소에는 정치적 중립, 공개경쟁시험, 인사기구, 공무원의 신분보장, 능력 중심의 공직임용 등이

오답의 이유
①· ② 미국의 잭슨(Jackson) 대통령은 소수 귀족계급의 공
권화를 타파하고 공직을 널리 시민에게 개방함으로써 국정
을 국정에 반영하겠다는 민주적 신념을 기반으로 엽관주의
식화하였다.
④ 사회적 형평성을 가장 중요한 가치로 삼아 사회의 모든
집단에 공평하게 대응하도록 하는 인사제도는 대표관료제
실적주의는 일부 계층 또는 집단에 대하여 불리한 제도로
하여 형평성을 저해할 우려가 있다.

실적주의는 일부 계층 또는 집단에 대하여 불리한 제도로 작용
하여 형평성을 저해할 우려가 있다.

03 난도 ★☆☆

행정학총론 > 행정학의 주요 이론

정답의 이유
① 신공공관리론은 행정성의 가치를
조한다.

더 알아보기 **4**
신공공관리론의 특징

구분	신공공관리론
정부 기능	정부 - 시장관계의 기본 철학	시장주의 규제완화
	주요 행정가치	능률성 경제적 가치 강조
	정부규모와 기능	정부규모와 기능 감축 - 민간화 · 민영화 · 민간위탁
	공공서비스 제공의 초점	시민과 소비자 관점의 강조
	공공서비스 제공 방식	시장 메카니즘의 활용
조직 구조	기본모형	탈관료제모형
	조직구조의 특징	비항구적 · 유기적 구조, 분권화
	조직개편의 방향	소규모의 준자율적 조직으로 편성의 분절화
관리 기법	조직관리의 기본철학	경쟁과 성과를 강조하는 민간부문의 관리기법 도입
	통제 메카니즘	결과 · 산출 중심의 통제
	인사관리	경쟁적 인사관리, 개방형 인사제도

하여 예산을 편성하는 제도를 말한다.
② 우리나라는 1983년 회계연도부터 예산안 편성에 이 제도를 부
분적으로 도입하였다.
③ 의사결정 단위(decision unit)는 영기준예산편성의 기본단위로,
조직의 관리자가 독자적인 업무수행의 범위 및 예산편성의 결정
권을 갖는 사업단위 또는 조직 단위를 지칭한다.

더 알아보기 **4**
정책 결정의 참여자

공식적 참여자	• 정책 결정에 합법적인 권한을 가지고 참여하는 사람들 또는 기관 • 행정수반(우리나라는 대통령), 입법부, 사법부, 행정부처, 지방정부 등
비공식적 참여자	• 정책 결정에 있어 합법적인 권한을 가지고 있지 않음 • 이익집단, 정당, 시민(TLALS), 비정부기구(NGO), 전문가집단(정책공동체), 언론 등

04 난도 ★☆☆ 정답 ①

행정학총론 > 행정과 환경

정답의 이유
① 반응화를 강조하는 작은 정부론은 정부실패에 대한 대응으로 제
기되었다.

오답의 이유
② 시장실패란 시장경제체제에서 시장기구가 그 기능을 제대로 발휘
하지 못하여 자원이 효율적으로 배분되지 못하는 상태를 말한다.
③ 자유방임상태가 오히려 시장실패를 초래하므로 시장실패의 발생
유형 목적으로 공적 공급, 공적 유도, 규제 등 정부의 개입이 필
요하다.
④ 시장실패의 원인으로는 공공재의 존재, 불완전한 경쟁(독과점의
발생), 정보의 불충분성(비대칭), 외부효과의 발생 등이 있다.

05 난도 ★★☆ **3** 정답 ②

재무행정론 > 예산이론

정답의 이유
④ 집권화된 관리체계를 갖는 것은 계획예산제도(PPBS)이다. 영기
준예산제도는 계획예산제도보다 운영 면에서의 전문성을 크게 요구
하기 때문에 조직구성원 모두가 참여할 수 있는 분권화된 관리
체제를 갖는다.

오답의 이유
① 영기준예산제도는 과거의 관행(기득권, 매몰비용)을 전혀 고려
하지 않고 목적, 방법, 자원에 대한 근본적인 재평가를 바탕으로

07 난도 ★☆☆ 정답 ①

재무행정론 > 예산과정

정답의 이유
ㄱ. 국가재정법 제25조(국고채무부담행위) 제1항

제25조(국고채무부담행위)
① 국고채무부담행위는 사항마다 그 필요한 이유를 명백히 하고 그
행위를 할 연도 및 상환연도와 채무부담의 금액을 표시하여야 한다.

ㄴ. 국고채무부담행위는 국가가 예산의 확보 없이 미리 채무를 부
담하는 행위로, 연도를 경과하여 다음 연도 이후에 채무이행
할 수 있도록 한다.

오답의 이유
ㄷ. 국가재정법 제25조(국고채무부담행위) 제1항

제25조(국고채무부담행위)
① 국가는 법률에 따른 것과 세출예산금액 또는 계속비의 총액의
범위 안의 것 외에 채무를 부담하는 행위를 하는 때에는 미리 예산
으로써 국회의 의결을 얻어야 한다.

ㄹ. 계속비는 공사나 제조 및 연구개발사업 등으로 대상이 한정되
어 있으나, 국고채무부담행위는 대상이 한정되지 않는다(국가
재정법 제23조 제1항).

이 책의 구성과 특징 안내

1 **한눈에 훑어보기**

어떤 영역에서 출제되었는지 또는 주로 출제되는 영역은 어디인지 한 눈에 확인할 수 있어요!

2 **정답의 이유/오답의 이유**

각 문제마다 정답의 이유와 오답의 이유를 수록하여 혼자서도 학습이 가능해요!

3 **난도와 영역 분석**

난도와 문항별 세분화된 출제 영역 분석을 통해 부족한 영역을 확인하고 보충할 수 있어요!

4 **더 알아보기**

이해도를 높일 수 있도록 문제와 관련된 핵심 이론과 개념을 알기 쉽게 정리했어요!

이 책의 목차

행정학개론

문제편

PART 1

국가직

출제경향

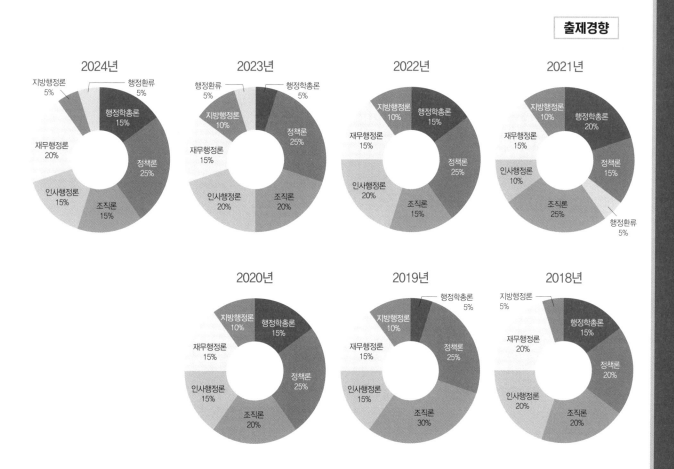

모바일 OMR

✔ 회독 CHECK 1 2 3

01 정책과정에서 철의 삼각(iron triangle)에 해당하지 않는 것은?

① 의회 상임위원회
② 행정부 관료
③ 이익집단
④ 법원

02 실적주의 공무원제도에 대한 설명으로 옳은 것은?

① 미국에서는 잭슨(Jackson) 대통령에 의해 공식화되었다.
② 공직의 일은 건전한 상식과 인품을 가진 일반 대중 누구나 수행할 수 있는 것이라고 전제하였다.
③ 공개경쟁시험, 신분보장, 정치적 중립이 핵심적인 요소이다.
④ 사회적 형평성을 가장 중요한 가치로 삼는 인사제도이다.

03 신공공관리론에 입각한 정부개혁의 내용으로 옳지 않은 것은?

① 효율성 대신 형평성에 초점을 맞춘 고객지향적 정부 강조
② 수익자 부담 원칙의 강화
③ 정부 부문 내의 경쟁 원리 도입
④ 결과 혹은 성과 중심주의 강조

04 시장실패에 대한 설명으로 옳지 않은 것은?

① 민영화를 강조하는 작은 정부론은 시장실패에 대한 대응으로 제기되었다.
② 시장기구를 통해 자원을 효율적으로 배분할 수 없는 상태를 말한다.
③ 정부는 시장개입 및 규제를 통해 시장실패를 교정한다.
④ 공공재의 존재는 시장실패를 야기하는 요인이다.

05 영기준예산(ZBB)에 대한 설명으로 옳지 않은 것은?

① 기존 사업과 새로운 사업을 구분하지 않고 사업의 목적, 방법, 자원에 대한 근본적인 재평가를 바탕으로 예산을 편성하는 제도이다.
② 우리나라는 정부예산에 영기준예산 제도를 적용한 경험이 있다.
③ 예산편성의 기본 단위는 의사결정 단위(decision unit)이며 조직 또는 사업 등을 지칭한다.
④ 집권화된 관리체계를 갖기 때문에 예산편성 과정에 소수의 조직구성원만이 참여하게 된다.

06 정책참여자에 대한 설명으로 옳지 않은 것은?

① 시민단체(NGO)는 비공식적 참여자로서 시민 여론을 동원해 정책의제설정, 정책대안제시, 정부의 집행활동 감시 등 정책과정 전반에 영향을 미친다.

② 정당은 공식적 참여자로서 대중의 여론을 형성하고 일반 국민에게 정책 관련 주요 정보를 전달하는 역할을 통해 정책과정에 영향을 미친다.

③ 사법부는 공식적 참여자로서 정책과 관련된 법적 쟁송이 발생한 경우 그 정책의 타당성에 대한 판결을 통해 정책에 영향을 미친다.

④ 이익집단은 비공식적 참여자로서 특정 이해관계를 공유하는 사람들의 모임이며, 구성원들의 이익을 실현하기 위해 정부에 압력을 가함으로써 정책에 영향을 미친다.

07 국고채무부담행위에 대한 설명으로 옳은 것만을 모두 고르면?

> ㄱ. 사항마다 필요한 이유를 명백히 하고 그 행위를 할 연도와 상환연도, 채무부담의 금액을 표시해야 한다.
> ㄴ. 국가가 금전 급부 의무를 부담하는 행위로서 그 채무이행의 책임은 다음 연도 이후에 부담됨을 원칙으로 한다.
> ㄷ. 국가가 채무를 부담할 권한과 채무의 지출권한을 부여받은 것으로, 지출을 위한 국회 의결 대상에서 제외된다.
> ㄹ. 단년도 예산 원칙의 예외라는 점에서 계속비와 동일하지만, 공사나 제조 및 연구개발 사업 등 대상이 한정되어 있다는 점에서는 대상이 한정되지 않는 계속비와 차이가 있다.

① ㄱ, ㄴ

② ㄱ, ㄹ

③ ㄴ, ㄷ

④ ㄷ, ㄹ

08 정책평가의 논리모형에 대한 설명으로 옳지 않은 것은?

① 정책프로그램의 요소들과 해결하려는 문제들 사이의 논리적 인과관계를 투입(input) – 활동(activity) – 산출(output) – 결과(outcome)로 도식화한다.

② 산출은 정책집행이 종료된 직후의 직접적인 결과물을 의미하며, 결과는 산출로 인해 나타나는 변화를 의미한다.

③ 과정평가이기 때문에 정책프로그램의 목표달성 여부를 보여 주지는 못한다는 한계가 있다.

④ 정책프로그램과 관련된 다양한 이해관계자의 이해도를 높일 수 있다.

09 로위(Lowi)의 정책 유형에 대한 설명으로 옳지 않은 것은?

① 정부 혹은 정치체제의 정통성과 정당성을 확보하고, 국민의 단결력이나 자부심을 높여 줌으로써 정부의 정책활동을 원활하게 하기 위한 정책은 구성정책에 해당한다.

② 기초생활보장 대상자에 대한 생활 보조금 지급 등과 같이 소득이전과 관련된 정책은 재분배정책에 해당한다.

③ 도로 건설, 하천 · 항만 사업과 같이 국민에게 공공서비스나 혜택을 제공하기 위한 정책은 분배정책에 해당한다.

④ 사회구성원이나 집단의 활동을 통제해 다른 사람이나 집단을 보호하려는 목적을 가진 정책은 규제정책에 해당한다.

10 「비영리민간단체 지원법」상 정부의 비영리민간단체 지원에 대한 설명으로 옳지 않은 것은?

① 비영리민간단체는 영리가 아닌 공익활동을 수행하는 것을 주된 목적으로 하는 민간단체이어야 한다.

② 등록비영리민간단체는 공익사업의 소요경비를 지원받을 수 있으며 소요경비의 범위는 사업비를 원칙으로 한다.

③ 등록비영리민간단체가 공익사업 추진의 보조금을 교부받고자 할 때에는 사업의 목적과 내용, 소요경비, 기타 필요한 사항을 기재한 사업계획서를 제출해야 한다.

④ 등록비영리민간단체는 보조금을 받아 수행한 공익사업을 완료한 때에는 사업보고서를 대통령에게 제출해야 하며 사업평가, 사업보고서 및 평가결과의 공개 등에 필요한 사항은 대통령령으로 정한다.

11 신고전적 조직이론인 인간관계론이 강조한 내용으로 옳은 것은?

① 기계적 능률성

② 공식적 조직구조

③ 합리적 · 경제적 인간관

④ 인간의 사회 · 심리적 요인

12 갈등관리 유형에 대한 설명으로 옳지 않은 것은?

① 회피(avoiding)는 갈등이 존재함을 알면서도 표면상으로는 그것을 무시하거나 인정하지 않음으로써 갈등 상황에 소극적으로 대응한다.

② 수용(accommodating)은 자신의 이익을 양보하고 상대방의 이익을 배려해 협조한다.

③ 타협(compromising)은 갈등 당사자 간 서로 존중하고 자신과 상대방 모두의 이익을 극대화하려는 유형으로 'win-win' 전략을 취한다.

④ 경쟁(competing)은 갈등 당사자가 자기 이익은 극대화하고 상대방의 이익은 최소화한다.

13 다음 내용에 해당하는 조직유형에 대한 설명으로 옳지 않은 것은?

> A회사는 장기적인 제품개발 프로젝트 수행을 위해 각 부서에서 총 10명을 차출하여 팀을 운영하려고 한다. 이 팀에 소속된 팀원들은 원부서에서 주어진 고유 기능을 수행하면서 제품개발을 위한 별도 직무가 부여된다. 따라서 프로젝트 수행 기간 중 팀원들은 프로젝트팀장과 원소속 부서장의 지휘를 동시에 받게 된다.

① 기능구조와 사업구조를 결합한 혼합형 구조이다.

② 동태적 환경 및 부서 간 상호 의존성이 높은 상황에서 효과적이다.

③ 조직 내부의 갈등 가능성이 커질 우려가 있다.

④ 명령 계통의 다원화로 유연한 인적자원 활용이 어렵다.

14 「공직자의 이해충돌 방지법」상 '사적이해관계자'로 규정하고 있는 대상이 아닌 것은?

① 공직자 자신 또는 그 가족

② 공직자의 직무수행과 관련하여 이익 또는 불이익을 직접적으로 받는 다른 공직자

③ 공직자로 채용 · 임용되기 전 2년 이내에 공직자 자신이 재직하였던 법인 또는 단체

④ 공직자 자신 또는 그 가족이 임원 · 대표자 · 관리자 또는 사외이사로 재직하고 있는 법인 또는 단체

15 다음 설명에 해당하는 공무원 교육훈련 방법은?

> 교육 참가자들을 소그룹 규모의 팀으로 구성해 개인, 그룹 또는 조직에 중요한 의미가 있는 실제 현안 문제를 해결하면서 동시에 문제 해결 과정에 대한 성찰을 통해 학습하도록 지원하는 교육방식이다. 우리나라 정부 부문에는 2005년부터 고위공직자에 대한 교육훈련 방법으로 도입되었다.

① 액션러닝
② 역할연기
③ 감수성훈련
④ 서류함기법

16 공무원과 관할 소청심사기관의 연결로 옳지 않은 것은?

① 경기도청 소속의 지방공무원 甲 − 경기도 소청심사위원회
② 지방검찰청 소속의 검사 乙 − 법무부 소청심사위원회
③ 소방청 소속의 소방위 丙 − 인사혁신처 소청심사위원회
④ 국립대학교 소속의 교수 丁 − 교육부 교원소청심사위원회

17 지방행정제도에 대한 설명으로 옳지 않은 것은?

① 일정 조건을 충족한 주민은 해당 지방의회에 조례를 제정하거나 개정 또는 폐지할 것을 청구할 수 있다.
② 지방자치단체 간 관할 구역의 경계변경 조정 시 일정기간 이내에 경계변경자율협의체를 구성하지 못한 경우 행정안전부장관은 지방자치단체중앙분쟁조정위원회의 심의·의결을 거쳐 조정할 수 있다.
③ 정책지원 전문인력인 정책지원관 제도는 지방자치단체장의 정책기능을 강화하기 위해 도입되었다.
④ 자치경찰사무는 합의제 행정기관인 시·도지사 소속 시·도 자치경찰위원회가 관장하며 업무는 독립적으로 수행한다.

18 규제유형에 대한 설명으로 옳지 않은 것은?

① 오염배출부과금제도, 이산화탄소 배출권거래제도는 시장유인적 규제유형에 속한다.
② 포지티브 규제방식은 네거티브 규제방식에 비해 피규제자의 자율성을 더 보장한다.
③ 명령지시적 규제는 시장유인적 규제에 비해 일반 국민이 이해하기 쉽고 직관적 설득력이 높다는 장점이 있다.
④ 사회규제는 주로 사회적 영향을 야기하는 기업행동에 대한 규제를 말하며 작업장 안전 규제, 소비자 보호 규제 등이 있다.

19 「국가재정법」상 온실가스감축인지 예산제도에 대한 설명으로 옳지 않은 것은?

① 온실가스감축인지 예산제도는 정부예산의 원칙 중 하나이다.
② 온실가스감축인지 예산서에는 온실가스 감축에 대한 기대효과, 성과목표, 효과분석 등을 포함해야 한다.
③ 정부의 기금은 온실가스감축인지 예산제도의 대상에 포함되지 않는다.
④ 정부는 예산이 온실가스를 감축하는 방향으로 집행되었는지를 평가하는 보고서를 작성하여야 한다.

20 다음은 4차 산업혁명 시대의 주요 정보기술을 설명하고 있다. 이에 해당하는 것은?

> 거래정보의 기록을 중앙집중화된 서버나 관리 기능에 의존하지 않고, 분산원장(distributed ledger)을 기반으로 모든 참여자에게 분산된 형태로 배분함으로써, 데이터 관리의 탈집중화된 환경을 제공하는 기술이다.

① 인공지능(AI)
② 블록체인(block chain)
③ 빅데이터(big data)
④ 사물인터넷(IoT)

모바일 OMR

✔ 회독 CHECK 1 2 3

01 행정이론에 대한 설명으로 옳은 것은?

① 과학적 관리론은 최고관리자의 운영원리로 POSDCoRB를 제시하였다.

② 행정행태론은 가치와 사실을 구분하고 가치에 기반한 행정의 과학화를 시도하였다.

③ 신행정론은 실증주의적 방법론을 비판하고 사회적 형평성과 적실성을 강조하였다.

④ 신공공관리론은 민간과 공공 부문의 파트너십을 강조하고 기업가 정신보다 시민권을 중요시하였다.

02 베버(Weber)의 이념형(ideal type) 관료제에 대한 설명으로 옳지 않은 것은?

① 관료제 성립의 배경은 봉건적 지배체제의 확립이다.

② 법적·합리적 권위에 기초를 둔 조직구조와 형태이다.

③ 직위의 권한과 임무는 문서화된 법규로 규정된다.

④ 관료는 원칙적으로 상관이 임명한다.

03 예산이론에 대한 설명으로 옳지 않은 것은?

① 총체주의는 계획예산(PPBS), 영기준예산(ZBB)과 같은 예산제도 개혁을 설명하기에 적합한 이론이다.

② 점증주의는 거시적 예산결정과 예산삭감을 설명하기에 적합한 이론이다.

③ 총체주의는 합리적·분석적 의사결정과 최적의 자원배분을 전제로 한다.

④ 점증주의는 예산을 결정할 때 대안을 모두 고려하지는 못한다는 것을 전제로 한다.

04 바흐라흐(Bachrach)와 바라츠(Baratz)의 무의사결정론에 대한 설명으로 옳지 않은 것은?

① 무의사결정의 행태는 정책과정 중 정책문제 채택단계 이외에서도 일어난다.

② 기존 정치체제 내의 규범이나 절차를 동원하여 변화요구를 봉쇄한다.

③ 정책문제화를 막기 위해 폭력과 같은 강제력을 사용하기도 한다.

④ 엘리트의 두 얼굴 중 권력행사의 어두운 측면을 고려하지 못한다고 비판했기 때문에 신다원주의로 불린다.

05 우리나라의 통합재정에 대한 설명으로 옳지 않은 것은?

① 세입과 세출은 경상거래와 자본거래로 구분하여 작성한다.

② 통합재정의 범위에는 일반정부와 공기업 등 공공부문 전체가 포함된다.

③ 정부의 재정이 국민 경제에 미치는 효과를 파악하고자 하는 예산의 분류체계이다.

④ 통합재정 산출 시 내부거래와 보전거래를 제외함으로써 세입·세출을 순계 개념으로 파악한다.

06 정책분석 및 평가연구에 적용되는 기준 중 내적 타당성에 대한 설명으로 옳은 것은?

① 분석 및 평가 결과를 다른 상황에서도 적용할 수 있는 정도를 의미한다.

② 이론적 구성요소들의 추상적 개념을 성공적으로 조작화한 정도를 의미한다.

③ 집행된 정책내용과 발생한 정책효과 간의 관계에 대한 인과적 추론의 정확성 정도를 의미한다.

④ 반복해서 측정했을 때 일관성 있는 결과를 얻는 정도를 의미한다.

07 「지방공무원법」상 인사위원회의 위원으로 임명되거나 위촉될 수 없는 사람은?

① 지방의회의원

② 법관·검사 또는 변호사 자격이 있는 사람

③ 공무원으로서 20년 이상 근속하고 퇴직한 사람

④ 초등학교·중학교·고등학교 교장 또는 교감으로 재직하는 사람

08 조직구조의 유형에 대한 설명으로 옳지 않은 것은?

① 사업(부) 구조는 조직의 산출물에 기반을 둔 구조화 방식으로 사업(부) 간 기능 조정이 용이하다.

② 매트릭스 구조는 수직적 기능 구조에 수평적 사업 구조를 결합시켜 조직운영상의 신축성을 확보한다.

③ 네트워크 구조는 복수의 조직이 각자의 경계를 넘어 연결고리를 통해 결합 관계를 이루어 환경 변화에 대처한다.

④ 수평(팀제) 구조는 핵심업무 과정 중심의 구조화 방식으로 부서 사이의 경계를 제거하여 의사소통을 원활하게 한다.

09 연공주의(seniority system)에 대한 설명으로 옳은 것만을 모두 고르면?

> ㉠ 장기근속으로 조직에 대한 공헌도를 높인다.
> ㉡ 개인의 성과에 따른 적절한 보상을 통해 사기를 높인다.
> ㉢ 계층적 서열구조 확립으로 조직 내 안정감을 높인다.
> ㉣ 조직 내 경쟁을 통해서 개인의 역량 개발에 기여한다.

① ㉠, ㉡　　　　② ㉠, ㉢

③ ㉡, ㉣　　　　④ ㉢, ㉣

10 앨리슨(Allison)의 관료정치모형(모형 Ⅲ)에 대한 설명으로 옳은 것은?

① 정책결정은 준해결(quasi-resolution)적 상태에 머무르는 경우가 많다.

② 정책결정자들은 국가 전체의 이익이나 전략적 목표를 극대화하기 위한 결정을 한다.

③ 정책결정에 참여하는 구성원들 간의 목표 공유 정도와 정책결정의 일관성이 모두 매우 낮다.

④ 정부는 단일한 결정주체가 아니며 반독립적(semi-autonomous) 하위조직들이 느슨하게 연결된 집합체이다.

11 재니스(Janis)의 집단사고(groupthink)의 특성에 해당하지 않는 것은?

① 토론을 바탕으로 한 집단지성의 활용

② 침묵을 합의로 간주하는 만장일치의 환상

③ 집단적 합의에 대한 이의 제기에 대한 자기 검열

④ 집단에 대한 과대평가로 집단이 실패할 리 없다는 환상

12 조직이론과 그 내용에 대한 설명으로 옳지 않은 것은?

① 구조적 상황이론 – 불안정한 환경 속에 있는 조직은 유기적인 조직구조를 선택하는 것이 효과적이다.

② 전략적 선택이론 – 동일한 환경에 처한 조직도 환경에 대한 관리자의 지각 차이로 상이한 선택을 할 수 있다.

③ 거래비용이론 – 시장에서의 거래비용이 조직의 내부 거래비용보다 클 경우 내부 조직화를 선택한다.

④ 조직군 생태학이론 – 조직군의 변화를 이끄는 변이는 우연적 변화(돌연변이)로 한정되며, 계획적이고 의도적인 변화는 배제된다.

13 직무평가 방법에 대한 설명으로 옳지 않은 것은?

① 점수법은 직무를 구성하는 하위요소별 점수를 합산하여 평가하는 방법이다.

② 분류법은 미리 정한 등급기준표와 직무 전체를 비교하여 등급을 결정하는 비계량적 방법이다.

③ 서열법은 직무의 구성요소를 구별하지 않고 직무 전체의 중요도를 종합적으로 평가하는 방법이다.

④ 요소비교법은 기준직무(key job)와 평가할 직무를 상호 비교해 가며 평가하는 비계량적 방법이다.

14 우리나라의 전자정부에 대한 설명으로 옳지 않은 것은?

① 정부는 '지능정보사회 종합계획'을 3년 단위로 수립하여야 한다.

② 과학기술정보통신부장관은 5년마다 행정기관 등의 기관별 계획을 종합하여 '전자정부기본계획'을 수립하여야 한다.

③ 「전자정부법」상 '전자화문서'는 종이문서와 그 밖에 전자적 형태로 작성되지 아니한 문서를 정보시스템이 처리할 수 있는 형태로 변환한 문서를 말한다.

④ 중앙행정기관의 장과 지방자치단체의 장은 해당기관의 지능정보사회 시책의 효율적 수립·시행과 대통령령이 정하는 업무를 총괄하는 '지능정보화책임관'을 임명하여야 한다.

15 롬젝(Romzeck)의 행정책임 유형에 대한 설명으로 옳지 않은 것은?

① 계층적 책임 – 조직 내 상명하복의 원칙에 따라 통제된다.

② 법적 책임 – 표준운영절차(SOP)나 내부 규칙(규정)에 따라 통제된다.

③ 전문가적 책임 – 전문직업적 규범과 전문가집단의 관행을 중시한다.

④ 정치적 책임 – 민간 고객, 이익집단 등 외부 이해관계자의 기대에 부응하는가를 중시한다.

16 우리나라의 재정사업 성과관리에 대한 설명으로 옳지 않은 것은?

① 재정사업 성과관리의 내용은 성과목표관리와 성과평가로 구성된다.

② 재정사업 성과평가 결과는 지출 구조조정 등의 방법으로 재정운용에 반영될 수 있다.

③ 재정사업 심층평가 결과 기획재정부장관이 필요하다고 판단하면 재정사업 자율평가를 실시할 수 있다.

④ 재정사업 자율평가는 미국 관리예산처(OMB)의 PART(Program Assessment Rating Tool)를 우리나라 실정에 맞게 도입한 제도이다.

17 공직자의 이해충돌에 대한 설명으로 옳지 않은 것은?

① 우리나라는 2021년 5월 「공직자의 이해충돌 방지법」을 제정하였다.

② 이해충돌은 그 특성에 따라 실제적, 외견적, 잠재적 형태로 분류할 수 있다.

③ 이해충돌 회피에 있어서는 '어느 누구도 자신이 연루된 사건의 재판관이 되어서는 안 된다'라는 원칙이 적용된다.

④ 「공직자의 이해충돌 방지법」의 위반행위는 감사원, 수사기관, 국민권익위원회 등에 신고할 수 있으나 위반행위가 발생한 기관은 제외된다.

18 공무원의 직위해제에 대한 설명으로 옳은 것은?

① 직위해제는 공무원 징계의 한 종류이다.

② 직위해제 처분을 받은 공무원은 잠정적으로 공무원 신분이 상실된다.

③ 직무수행 능력이 부족하거나 근무성적이 극히 나쁜 자에 대해서도 직위해제가 가능하다.

④ 직위해제의 사유가 소멸된 경우 임용권자는 인사위원회의 심의를 거쳐 3개월 이내에 직위를 부여하여야 한다.

19 2021년 1월 전부개정된 「지방자치법」에서 처음으로 도입된 주민참여 제도는?

① 주민소환

② 주민의 감사청구

③ 조례의 제정과 개정·폐지 청구

④ 규칙의 제정과 개정·폐지 관련 의견 제출

20 정책평가를 위한 사회실험에 대한 설명으로 옳지 않은 것은?

① 통제집단 사전·사후 설계는 검사효과를 통제할 수 있다.

② 준실험은 진실험에 비해 실행 가능성이 높다는 장점이 있다.

③ 회귀불연속 설계는 구분점(구간)에서 회귀직선의 불연속적인 단절을 이용한다.

④ 솔로몬 4집단 설계는 통제집단 사전·사후 설계와 통제집단 사후 설계의 장점을 갖는다.

✅ 회독 CHECK 1 2 3

01 직업공무원제의 특징으로 옳지 않은 것은?

① 직무급 중심 보수체계
② 능력발전의 기회 부여
③ 폐쇄형 충원방식
④ 신분의 보장

02 정책의 유형 중에서 정책목표에 의해 일반 국민에게 인적 · 물적 자원을 부담시키는 정책은?

① 추출정책
② 구성정책
③ 분배정책
④ 상징정책

03 직위분류제의 주요 개념에 대한 설명으로 옳지 않은 것은?

① '직위'는 한 사람의 공무원에게 부여할 수 있는 직무와 책임을 의미한다.
② '직급'은 직무의 종류가 유사하고 곤란도 · 책임도가 서로 다른 군(群)을 의미한다.
③ '직류'는 동일 직렬 내에서 담당분야가 동일한 직무의 군(群)을 의미한다.
④ '직무등급'은 직무의 곤란도 · 책임도가 유사해 동일 보수를 줄 수 있는 직위의 군(群)을 의미한다.

04 윌슨(Wilson)의 규제정치 유형 중 다음 설명에 해당하는 것은?

> 정부규제로 발생하게 될 비용은 상대적으로 작고 이질적인 불특정 다수에게 부담된다. 그러나 편익은 크고 동질적인 소수에 귀속된다. 이런 상황에서 상당한 이익을 얻을 수 있는 소수집단은 정치조직화하여 편익이 자신들에게 제도적으로 보장될 수 있도록 정치적 압력을 행사한다.

① 대중정치
② 고객정치
③ 기업가정치
④ 이익집단정치

05 동기유발의 과정을 설명하는 '과정이론'에 해당하는 것만을 모두 고르면?

> ㉠ 브룸(Vroom)의 기대이론
> ㉡ 애덤스(Adams)의 공정성이론
> ㉢ 로크(Locke)의 목표설정이론
> ㉣ 앨더퍼(Alderfer)의 ERG이론
> ㉤ 맥그리거(McGregor)의 X이론 · Y이론

① ㉠, ㉡, ㉢
② ㉠, ㉡, ㉣
③ ㉡, ㉢, ㉤
④ ㉢, ㉣, ㉤

06 특별지방자치단체에 대한 설명으로 옳지 않은 것은?

① 2개 이상의 지방자치단체가 공동으로 특정한 목적을 위하여 광역적으로 사무를 처리할 필요가 있을 때에는 특별지방자치단체를 설치할 수 있다.

② 보통의 지방자치단체와 같이 법인격을 갖는다.

③ 특별지방자치단체의 의회는 규약으로 정하는 바에 따라 구성 지방자치단체의 의회 의원으로 구성한다.

④ 구성 지방자치단체의 장은 「지방자치법」상 겸임 제한 규정에 의해 특별지방자치단체의 장을 겸할 수 없다.

07 나카무라(Nakamura)와 스몰우드(Smallwood)의 정책결정자와 정책집행자의 관계에 따른 정책집행의 유형에 대한 설명으로 옳지 않은 것은?

① '고전적 기술자형'은 정책결정자가 구체적인 목표를 설정하면, 정책집행자는 그 목표를 지지하고 목표 달성을 위한 기술적인 수단을 강구하는 역할을 담당한다고 본다.

② '재량적 실험형'은 정책결정자가 추상적인 목표를 설정하면, 정책집행자는 정책결정자를 위해 목표와 수단을 명확하게 하는 역할을 담당한다고 본다.

③ '관료적 기업가형'은 정책집행자가 목표와 수단을 강구한 다음 정책결정자를 설득하고, 정책결정자는 정책집행자가 수립한 목표와 수단을 기술하는 역할을 담당한다고 본다.

④ '지시적 위임형'은 정책결정자가 구체적인 목표와 수단을 설정하면, 정책집행자는 정책결정자의 지시와 위임을 받아 정책대상집단과 협상하는 역할을 담당한다고 본다.

08 목표관리제(MBO)에 대한 설명으로 옳은 것만을 모두 고르면?

┌───┐
│ ㉠ 부하와 상사의 참여를 통해 목표를 설정한다.   │
│ ㉡ 중 · 장기목표를 단기목표보다 강조한다.   │
│ ㉢ 조직 내 · 외의 상황이 안정적이고 예측 가능한 조   │
│ 　 직에서 성공확률이 높다.   │
│ ㉣ 개별 구성원의 직무 특수성을 반영하기 위하여 목   │
│ 　 표의 정성적, 주관적 성격이 강조된다.   │
└───┘

① ㉠, ㉡

② ㉠, ㉢

③ ㉡, ㉣

④ ㉢, ㉣

09 동일 회계연도 예산의 성립을 기준으로 볼 때 시기적으로 빠른 것부터 순서대로 바르게 나열한 것은?

① 본예산, 수정예산, 준예산

② 준예산, 추가경정예산, 본예산

③ 수정예산, 본예산, 추가경정예산

④ 잠정예산, 본예산, 준예산

10 (가)~(라)의 행정이론이 등장한 시기를 순서대로 바르게 나열한 것은?

> (가) 정부와 공공부문에 참여하는 다양한 참여자들의 네트워크를 중시하고, 정부는 전체 네트워크를 관리하는 조정자의 입장에 있다고 하였다.
>
> (나) 미국 행정학의 '지적 위기'를 지적하면서 인간을 이기적·합리적 존재로 전제하고, 공공재의 공급이 서비스 기관 간 경쟁과 고객의 선택에 의해 이루어지는 시스템을 제안하였다.
>
> (다) 정치는 국가의 의지를 표명하고 정책을 구현하는 것이며, 행정은 이를 실천하는 관리활동으로서 정치와 행정의 차이를 분명히 하였다.
>
> (라) 왈도(Waldo)를 중심으로 가치와 형평성을 중시하면서 사회의 문제해결에 대한 현실 적합성을 갖는 새로운 행정학의 정립을 시도하였다.

① (다) → (라) → (가) → (나)
② (다) → (라) → (나) → (가)
③ (라) → (다) → (가) → (나)
④ (라) → (다) → (나) → (가)

11 예산집행의 신축성을 유지하기 위한 제도로 옳지 않은 것은?

① 계속비
② 수입대체경비
③ 예산의 재배정
④ 예산의 이체

12 정부관의 변천에 대한 설명으로 옳지 않은 것은?

① 19세기 근대 자유주의 국가는 '야경국가'를 지향하였다.
② 대공황 이후 케인스주의, 루스벨트 대통령의 뉴딜 정책은 큰 정부관을 강조하였다.
③ 영국의 대처리즘, 미국의 레이거노믹스는 작은 정부를 지향하였다.
④ 하이에크(Hayek)는 『노예의 길』에서 시장실패를 비판하고 큰 정부를 강조하였다.

13 공무원 신분의 변경과 소멸에 대한 설명으로 옳지 않은 것은?

① 직권면직은 법률상 징계의 종류로 규정되어 있지 않다.
② 정직은 징계처분의 일종으로, 정직 기간 중에는 보수의 1/2을 감하도록 되어 있다.
③ 임용권자는 사정에 따라서는 공무원 본인의 의사에도 불구하고 휴직을 명해야 한다.
④ 임용권자는 직무수행 능력 부족을 이유로 직위해제를 받은 공무원이 직위해제 기간에 능력의 향상을 기대하기 어렵다고 인정된 때에 직권면직을 통해 공무원의 신분을 박탈할 수 있다.

14 립스키(Lipsky)의 '일선관료제'에서 일선관료들이 처하는 업무환경의 특징으로 옳지 않은 것은?

① 자원의 부족
② 일선관료 권위에 대한 도전
③ 모호하고 대립되는 기대
④ 단순하고 정형화된 정책대상집단

15 의사결정모형에 대한 설명으로 옳지 않은 것은?

① '최적모형'은 정책결정자의 합리성뿐 아니라 직관 · 판단 · 통찰 등과 같은 초합리성을 아울러 고려한다.

② '쓰레기통모형'은 대학조직과 같이 조직구성원 사이의 응집력이 아주 약한 상태, 즉 조직화된 무정부상태(organized anarchy)에서 의사결정이 이루어지는 과정을 설명하려고 시도한다.

③ '점증모형'은 실제 정책의 결정이 점증적인 방식으로 이루어질 뿐 아니라 정책을 점증적으로 결정하는 것이 바람직하다는 입장을 견지한다.

④ '회사모형'은 조직의 불확실한 환경을 회피하고 조직 내 갈등을 극복하기 위하여 장기적인 전략과 기획의 중요성을 강조한다.

16 공무원의 정치적 중립의 정당화 근거로 옳지 않은 것은?

① 엽관주의의 폐해를 극복하여 행정의 안정성과 전문성을 제고할 수 있다.

② 공무원은 국민 전체의 이익을 위해 공평무사하게 봉사해야 하는 신분이다.

③ 공무원의 정치적 기본권을 강화하여 공직의 계속성을 제고할 수 있다.

④ 공명선거를 통해 민주적 기본질서를 제고할 수 있다.

17 지방교부세에 대한 설명으로 옳지 않은 것은?

① 지역 간 재정력 격차를 완화시키는 재정 균등화 기능을 수행한다.

② 보통교부세, 특별교부세, 부동산교부세, 소방안전교부세로 구분한다.

③ 신청주의를 원칙으로 하며 각 중앙관서의 예산에 반영되어야 한다.

④ 부동산교부세는 종합부동산세를 재원으로 하며 전액을 지방자치단체에 교부한다.

18 「정부업무평가 기본법」상 우리나라 정부업무평가제도에 대한 설명으로 옳지 않은 것은?

① 특정평가는 국무총리가 중앙행정기관과 공공기관을 대상으로 국정을 통합적으로 관리하기 위한 목적을 갖는다.

② 국무총리 소속하에 심의 · 의결기구로서 정부업무평가위원회를 둔다.

③ 지방자치단체의 자체평가에 있어서 행정안전부장관은 평가 관련 사항에 대하여 지방자치단체를 지원할 수 있다.

④ 자체평가는 중앙행정기관 또는 지방자치단체가 소관 정책 등을 스스로 평가하는 것을 말한다.

19 중앙정부 결산보고서상의 재무제표로 옳은 것은?

① 손익계산서, 순자산변동표, 현금흐름표

② 대차대조표, 재정운영보고서, 이익잉여금처분계산서

③ 재정상태표, 재정운영표, 순자산변동표

④ 재정상태보고서, 순자산변동표, 현금흐름보고서

20 「전자정부법」에서 정의하고 있는 다음의 개념은?

> 일정한 기준과 절차에 따라 업무, 응용, 데이터, 기술, 보안 등 조직 전체의 구성요소들을 통합적으로 분석한 뒤 이들 간의 관계를 구조적으로 정리한 체제 및 이를 바탕으로 정보화 등을 통하여 구성요소들을 최적화하기 위한 방법

① 전자문서

② 정보기술아키텍처

③ 정보시스템

④ 정보자원

회독 CHECK 1 2 3

01 정부개입의 근거가 되는 시장실패의 원인으로 옳지 않은 것은?

① 외부효과 발생

② 시장의 독점 상태

③ X-비효율성 발생

④ 시장이 담당하기 어려운 공공재의 존재

02 조직목표의 기능에 대한 설명으로 옳지 않은 것은?

① 조직구성원들이 목표로 인해 일체감을 느끼기 때문에 구성원들의 동기를 유발해준다.

② 조직의 구조와 과정을 설계하는 준거를 제공하고 성과를 평가하는 기준이 되기도 한다.

③ 미래의 바람직한 상태를 밝혀 조직활동의 방향을 제시한다.

④ 조직이 존재하는 정당성의 근거가 될 수는 없다.

03 결정과 기획 같은 핵심기능만 수행하는 조직을 중심에 놓고 다수의 독립된 조직들을 협력 관계로 묶어 일을 수행하는 조직형태는?

① 태스크 포스

② 프로젝트 팀

③ 네트워크 조직

④ 매트릭스 조직

04 행정부에 대한 외부통제에 해당하는 것만을 모두 고르면?

> ㉠ 행정안전부의 각 중앙행정기관 조직과 정원 통제
> ㉡ 국회의 국정조사
> ㉢ 기획재정부의 각 부처 예산안 검토 및 조정
> ㉣ 국민들의 조세부과 처분에 대한 취소소송
> ㉤ 국무총리의 중앙행정기관에 대한 기관평가
> ㉥ 환경운동연합의 정부정책에 대한 반대
> ㉦ 중앙행정기관장의 당해 기관에 대한 자체평가
> ㉧ 언론의 공무원 부패 보도

① ㉠, ㉢, ㉤, ㉦

② ㉡, ㉢, ㉣, ㉤

③ ㉡, ㉣, ㉤, ㉧

④ ㉡, ㉣, ㉥, ㉧

05 우리나라 지방자치단체의 권한(자치권)으로 옳지 않은 것은?

① 지방자치단체는 법률의 위임이 있어야 주민의 권리를 제한하는 조례를 제정할 수 있다.

② 지방자치단체는 주민의 복지증진과 사업의 효율적 수행을 위하여 지방공기업을 설치 · 운영할 수 있다.

③ 지방자치단체는 조례를 위반한 행위에 대하여 조례로써 1,500만 원 이하의 과태료를 정할 수 있다.

④ 지방자치단체조합도 따로 법률로 정하는 바에 따라 지방채를 발행할 수 있다.

06 근무성적평정 과정상의 오류와 완화방법에 대한 설명으로 옳지 않은 것은?

① 일관적 오류는 평정자의 기준이 다른 사람보다 높거나 낮은 데서 비롯되며 강제배분법을 완화방법으로 고려할 수 있다.

② 근접효과는 전체 기간의 실적을 같은 비중으로 평가하지 못할 때 발생하며 중요사건기록법을 완화방법으로 고려할 수 있다.

③ 관대화 경향은 비공식집단적 유대 때문에 발생하며 평정결과의 공개를 완화방법으로 고려할 수 있다.

④ 연쇄효과는 도표식 평정척도법에서 자주 발생하며 피평가자별이 아닌 평정요소별 평정을 완화방법으로 고려할 수 있다.

07 테일러(Taylor)의 과학적 관리론에 대한 설명으로 옳지 않은 것은?

① 관리자는 생산증진을 통해서 노 · 사 모두를 이롭게 해야 한다.

② 조직 내의 인간은 사회적 욕구에 의해 동기가 유발된다고 전제한다.

③ 업무와 인력의 적정한 결합은 노동자가 아닌 관리자에 의해 결정되어야 한다.

④ 업무수행에 관한 유일 최선의 방법을 찾기 위해 동작연구와 시간연구를 사용한다.

08 신공공관리와 뉴거버넌스에 대한 설명으로 옳은 것은?

① 뉴거버넌스가 상정하는 정부의 역할은 방향잡기(steering)이다.

② 신공공관리의 인식론적 기초는 공동체주의이다.

③ 신공공관리가 중시하는 관리 가치는 신뢰(trust)이다.

④ 뉴거버넌스의 관리 기구는 시장(market)이다.

09 로위(Lowi)의 정책유형과 그에 대한 설명으로 옳은 것만을 모두 고르면?

㉠ 규제정책은 특정 개인이나 집단에 대한 선택의 자유를 제한하는 유형의 정책으로 강제력이 특징이다.

㉡ 분배정책의 사례에는 FTA협정에 따른 농민피해 지원, 중소기업을 위한 정책자금지원, 사회보장 및 의료보장정책 등이 있다.

㉢ 재분배정책은 고소득층으로부터 저소득층으로 소득이전을 목적으로 하기 때문에 계급대립적 성격을 지닌다.

㉣ 재분배정책의 사례로는 저소득층을 위한 근로장려금제도, 영세민을 위한 임대주택 건설, 대덕 연구개발 특구 지원 등이 있다.

㉤ 구성정책은 정부기관의 신설과 선거구 조정 등과 같이 정부기구의 구성 및 조정과 관련된 정책이다.

① ㉠, ㉡, ㉢   ② ㉠, ㉢, ㉤
③ ㉡, ㉣, ㉤   ④ ㉢, ㉣, ㉤

10 우리나라 예산제도에 대한 설명으로 옳지 않은 것은?

① 국회는 정부의 동의 없이 정부가 제출한 지출예산 각 항의 금액을 증가시킬 수 없다.

② 정부가 예산안 편성 시 감사원의 세출예산요구액을 감액하고자 할 때에는 국무회의에서 감사원장의 의견을 구하여야 한다.

③ 정부는 회계연도 개시 전까지 예산안이 의결되지 못한 때에는 전년도 예산에 준해 모든 예산을 편성해 운영할 수 있다.

④ 국회는 감사원이 검사를 완료한 국가결산보고서를 정기회 개회 전까지 심의 · 의결을 완료해야 한다.

11 「국가공무원법」에 명시된 공무원의 의무에 해당하지 않는 것은?

① 부패행위 신고의무
② 품위 유지의 의무
③ 복종의 의무
④ 성실 의무

12 예산주기에 비추어 볼 때 2021년도에 볼 수 없는 예산과정은?

① 국방부의 2022년도 예산에 대한 예산요구서 작성
② 기획재정부의 2021년도 예산에 대한 예산배정
③ 대통령의 2022년도 예산안에 대한 국회 시정연설
④ 감사원의 2021년도 예산에 대한 결산검사보고서의 작성

13 「국가재정법」상 추가경정예산안 편성이 가능한 사유에 해당하지 않는 것은?

① 전쟁이나 대규모 재해가 발생한 경우
② 남북관계의 변화와 같은 중대한 변화가 발생한 경우
③ 경기침체, 대량실업 같은 중대한 변화가 발생할 우려가 있는 경우
④ 경제협력, 해외원조를 위한 지출을 예비비로 충당해야 할 우려가 있는 경우

14 공기업에 대한 설명으로 옳지 않은 것은?

① 공공수요가 있으나 민간부문의 자본이 부족한 경우 공기업 설립이 정당화된다.
② 시장에서 독점성이 나타나는 경우 공기업 설립이 정당화된다.
③ 전통적인 자본주의적 사기업 질서에 반하여 사회주의적 간섭을 하는 것으로 볼 수 있다.
④ 주식회사형 공기업은 특별법 혹은 상법에 의해 설립되지만 일반행정기관에 적용되는 조직·인사 원칙이 적용된다.

15 동기요인이론에 대한 설명으로 옳지 않은 것은?

① 아담스(Adams)의 공정성이론에 따르면 공정하다고 인식할 때 동기가 유발된다.
② 매클리랜드(McClelland)의 성취동기이론에 따르면 개인들의 욕구가 학습을 통해 개발될 수 있다.
③ 브룸(Vroom)의 기대이론에서 기대감은 특정 결과는 특정한 노력으로 인해 나타날 수 있다는 가능성에 대한 개인의 신념으로 통상 주관적 확률로 표시된다.
④ 앨더퍼(Alderfer)의 ERG이론에 따르면 상위욕구 충족이 좌절되면 하위욕구를 충족시키고자 할 수 있다.

16 정책평가와 관련하여 실험결과의 외적 타당성을 저해하는 요인으로 옳지 않은 것은?

① 연구자의 측정기준이나 측정도구가 변화되는 경우
② 표본으로 선택된 집단의 대표성이 약할 경우
③ 실험집단 구성원 자신이 실험대상임을 인지하고 평소와 다른 특별한 반응을 보일 경우
④ 실험의 효과가 크게 나타날 것으로 예상되는 집단만을 의도적으로 실험집단에 배정하는 경우

17 우리나라의 주민소환제도에 대한 설명으로 옳지 않은 것은?

① 가장 유력한 직접민주주의 제도이다.
② 비례대표 지방의회의원은 주민소환 대상이 아니다.
③ 심리적 통제 효과가 크다.
④ 군수를 소환하려고 할 경우에는 해당 군의 주민소환 투표청구권자 총수의 100분의 10 이상의 서명을 받아 청구해야 한다.

18 신공공서비스론의 특성에 대한 설명으로 옳지 않은 것은?

① 정부의 역할은 시민에 대한 봉사여야 한다.
② 공익은 개인적 이익의 집합체이기 때문에 시민들과 신뢰와 협력의 관계를 확립해야 한다.
③ 책임성이란 단순하지 않기 때문에 관료들은 헌법, 법률, 정치적 규범, 공동체의 가치 등 다양한 측면에 관심을 기울여야 한다.
④ 생산성보다는 사람에게 가치를 부여하기 때문에 공공조직은 공유된 리더십과 협력의 과정을 통해 작동되어야 한다.

19 공공사업의 경제성분석에 대한 설명으로 옳은 것만을 모두 고르면?

㉠ 할인율이 높을 때는 편익이 장기간에 실현되는 장기투자사업보다 단기간에 실현되는 단기투자사업이 유리하다.
㉡ 직접적이고 유형적인 비용과 편익은 반영하고, 간접적이고 무형적인 비용과 편익은 포함하지 않는다.
㉢ 순현재가치(NPV)는 비용의 총현재가치에서 편익의 총현재가치를 뺀 것이며 0보다 클 경우 사업의 타당성을 인정할 수 있다.
㉣ 내부수익률은 할인율을 알지 못해도 사업평가가 가능하도록 하는 분석기법이다.

① ㉠, ㉡　　　　　　　② ㉠, ㉣
③ ㉡, ㉢　　　　　　　④ ㉠, ㉢, ㉣

20 공공봉사동기이론(public service motivation)에 대한 설명으로 옳지 않은 것은?

① 공사부문 간 업무성격이 다르듯이, 공공부문의 조직원들은 동기구조 자체도 다르다는 입장에 있다.
② 정책에 대한 호감, 공공에 대한 봉사, 동정심(compassion) 등의 개념으로 구성되어 있다.
③ 공공봉사동기가 높은 사람을 공직에 충원해야 한다는 주장의 근거가 될 수 있다.
④ 페리와 와이스(Perry & Wise)는 제도적 차원, 금전적 차원, 감성적 차원을 제시하였다.

회독 CHECK ☑ 1 2 3

01 정치 · 행정 이원론에 대한 설명으로 옳은 것은?

① 정당정치의 개입으로부터 자유로운 행정 영역을 강조하였다.

② 1930년대 뉴딜정책은 정치 · 행정 이원론이 등장하게 된 중요 배경이다.

③ 과학적 관리론과 행정개혁운동은 정치 · 행정 이원론의 한계를 지적하였다.

④ 정치 · 행정 이원론을 대표하는 애플비(Appleby)는 정치와 행정이 단절적이라고 보았다.

02 무의사결정론에 대한 설명으로 옳지 않은 것은?

① 정치체제 내의 지배적 규범이나 절차가 강조되어 변화를 위한 주장은 통제된다고 본다.

② 엘리트들에게 안전한 이슈만이 논의되고 불리한 이슈는 거론조차 못하게 봉쇄된다고 한다.

③ 위협과 같은 폭력적 방법을 통해 특정한 이슈의 등장이 방해받기도 한다고 주장한다.

④ 조직의 주의집중력과 가용자원은 한계가 있어 일부 사회문제만이 정책의제로 선택된다고 주장한다.

03 우리나라 지방자치에 대한 설명으로 옳은 것은?

① 자치사법권은 인정되고 있다.

② 지방자치단체의 예산안 편성권은 지방자치단체장에 속한다.

③ 자치입법권은 지방의회만이 행사할 수 있는 전속적 권한이다.

④ '세종특별자치시'와 제주특별자치도의 '제주시'는 기초자치단체로서 자치권을 가지고 있다.

04 총체적 품질관리(Total Quality Management)에 대한 설명으로 옳은 것만을 모두 고르면?

> ㉠ 고객의 요구를 존중한다.
> ㉡ 무결점을 향한 지속적 개선을 중시한다.
> ㉢ 집권화된 기획과 사후적 통제를 강조한다.
> ㉣ 문제해결의 주된 방법은 집단적 노력에서 개인적 노력으로 옮아간다.

① ㉠, ㉡　　　　② ㉠, ㉢

③ ㉡, ㉣　　　　④ ㉢, ㉣

05 프렌치와 레이븐(French&Raven)이 주장하는 권력의 원천에 대한 설명으로 옳지 않은 것은?

① 합법적 권력은 권한과 유사하며 상사가 보유한 직위에 기반한다.

② 강압적 권력은 카리스마 개념과 유사하며 인간의 공포에 기반한다.

③ 전문적 권력은 조직 내 공식적 직위와 항상 일치하는 것은 아니다.

④ 준거적 권력은 자신보다 뛰어나다고 생각하는 사람을 닮고자 할 때 발생한다.

06 직위분류제와 관련하여 다음 설명에 해당하는 것은?

> - 직무의 곤란성과 책임성을 기준으로 상대적 가치를 결정하는 것이다.
> - 서열법, 분류법, 점수법 등을 활용한다.
> - 개인에게 공정한 보수를 제공하는 데 필요한 작업이다.

① 직무조사　　　　　② 직무분석
③ 직무평가　　　　　④ 정급

07 다음 설명에 해당하는 정책결정모형은?

> 지난 30년간 자료를 중심으로 전국의 자연재난 발생현황을 개략적으로 파악한 다음, 홍수와 지진 등 두 가지 이상의 재난이 한 해에 동시에 발생한 지역을 중심으로 다시 면밀하게 관찰하며 정책을 결정한다.

① 만족모형　　　　　② 점증모형
③ 최적모형　　　　　④ 혼합탐사모형

08 예산의 집행에 대한 설명으로 옳은 것은?

① 기획재정부장관은 각 중앙관서의 장에게 예산을 배정한 때에는 감사원에 통지하여야 한다.
② 기획재정부장관은 반기별 예산배정계획을 작성하여 국회의 심의를 받은 뒤에 예산을 배정한다.
③ 중앙관서의 장에게 자금을 사용할 수 있는 권한을 부여하는 것을 예산 재배정이라고 한다.
④ 기획재정부장관은 매년 2월 말까지 예산집행지침을 각 중앙관서의 장과 국회예산정책처에 통보하여야 한다.

09 정책평가를 위한 측정도구의 타당성과 신뢰성에 대한 설명으로 옳지 않은 것은?

① 타당성은 없지만 신뢰성이 높은 측정도구가 있을 수 있다.
② 신뢰성이 없지만 타당성이 높은 측정도구는 있을 수 없다.
③ 신뢰성은 측정도구의 타당성을 담보할 수 있는 충분조건이다.
④ 타당성이 없는 측정도구는 제1종 오류를 범하는 원인이 될 수 있다.

10 공무원의 인사이동에 대한 설명으로 옳은 것은?

① 겸임은 한 사람에게 둘 이상의 직위를 부여하는 것으로 그 대상은 특정직 공무원이며, 겸임 기간은 3년 이내로 한다.
② 전직은 인사 관할을 달리하는 기관 사이의 수평적 인사이동에 해당하며, 예외적인 경우에만 전직시험을 거치도록 하고 있다.
③ 같은 직급 내에서 직위 등을 변경하는 전보는 수평적 인사이동에 해당하며, 전보의 오용과 남용을 방지하기 위해 전보가 제한되는 기간이나 범위를 두고 있다.
④ 예산 감소 등으로 직위가 폐지되어 하위 계급의 직위에 임용하려면 별도의 심사 절차를 거쳐야 하고, 강임된 공무원에게는 강임된 계급의 봉급이 지급된다.

11 조직 내 갈등에 대한 설명으로 옳지 않은 것은?

① 과업의 상호의존성이 높은 경우 잠재적 갈등이 야기될 수 있다.

② 고전적 관점에서 갈등은 조직 효과성에 부정적인 영향을 끼친다고 가정한다.

③ 의사소통 과정에서 충분한 양의 정보도 갈등을 유발하는 경우가 있다.

④ 진행단계별로 분류할 때 지각된 갈등은 갈등이 야기될 수 있는 상황 또는 조건을 의미한다.

12 예산제도에 대한 설명으로 옳지 않은 것은?

① 품목별 예산제도는 일에 대한 정보를 제공하며, 세입과 세출의 유기적 연계를 고려한다.

② 성과주의 예산제도는 업무량과 단위당 원가를 곱하여 예산액을 산정한다.

③ 계획예산제도는 비용편익분석 등을 활용함으로써 자원 배분의 합리화를 추구한다.

④ 영기준 예산제도는 예산편성에서 의사결정단위(decision unit) 설정, 의사결정 패키지 작성 등이 필요하다.

13 단체위임사무와 기관위임사무에 대한 설명으로 옳지 않은 것은?

① 지방의회는 기관위임사무에 대해 조례제정권을 행사할 수 없다.

② 보건소의 운영업무와 병역자원의 관리업무는 대표적인 기관위임사무이다.

③ 중앙정부는 단체위임사무에 대해 사전적 통제보다 사후적 통제를 주로 한다.

④ 기관위임사무의 처리를 위한 비용은 국가가 부담한다.

14 행정학의 접근 방법에 대한 설명으로 옳은 것은?

① 법적·제도적 접근 방법은 개인이나 집단의 속성과 행태를 행정 현상의 설명변수로 규정한다.

② 신제도주의 접근 방법에서는 제도를 공식적인 구조나 조직 등에 한정하지 않고, 비공식적인 규범 등도 포함한다.

③ 후기 행태주의 접근 방법은 행정을 자연·문화적 환경과 관련하여 이해하면서 행정체제의 개방성을 강조한다.

④ 툴민(Toulmin)의 논변적 접근 방법은 환경을 포함하여 거시적인 관점에서 행정 현상을 분석하고, 확실성을 지닌 법칙 발견을 강조한다.

15 공리주의적 관점에서 공익을 설명한 것으로 옳은 것만을 모두 고르면?

> ㉠ 사회 전체의 효용이 증가하면 공익이 향상된다.
> ㉡ 목적론적 윤리론을 따르고 있다.
> ㉢ 효율성(efficiency)보다는 합법성(legitimacy)이 윤리적 행정의 판단기준이다.

① ㉠   ② ㉢

③ ㉠, ㉡   ④ ㉡, ㉢

16 책임운영기관에 대한 설명으로 옳지 않은 것은?

① 기관장에게 기관 운영의 자율성을 보장하고, 기관 운영 성과에 대해 책임을 지도록 한다.

② 공공성이 크기 때문에 민영화하기 어려운 업무를 정부가 직접 수행하기 위해 고안된 것이다.

③ 객관적이고 신뢰할 수 있는 성과평가 시스템 구축은 책임운영기관의 성공 여부를 결정짓는 요건 중의 하나이다.

④ 1970년대 영국에서 집행기관(executive agency)이라는 이름으로 처음 도입되었고, 우리나라는 1990년부터 운영하고 있다.

17 정책변동에 대한 설명으로 옳지 않은 것은?

① 킹던(Kingdon)의 정책흐름이론에 따르면 정책변동은 정책문제의 흐름, 정치의 흐름, 정책대안의 흐름이 결합하여 이루어진다.

② 무치아로니(Mucciaroni)의 이익집단 위상변동모형에서 이슈 맥락은 환경적 요인과 같이 정책의 유지 혹은 변동에 영향을 미치는 정책요인을 말한다.

③ 실질적인 정책내용이 변하더라도 정책목표가 변하지 않는다면 이를 정책유지라 한다.

④ 정책목표를 달성하기 위한 전반적인 정책수단을 소멸시키고 이를 대체할 다른 정책을 마련하지 않는 것을 정책종결이라 한다.

18 우리나라 인사제도에 대한 설명으로 옳지 않은 것은?

① 인사혁신처는 비독립형 단독제 형태의 중앙인사기관이다.

② 전문경력관이란 직무 분야가 특수한 직위에 임용되는 일반직 공무원을 말한다.

③ 별정직 공무원의 근무상한연령은 65세이며, 일반임기제 공무원으로 채용할 수 있다.

④ 각 부처의 고위공무원을 범정부적 차원에서 효율적으로 관리하고자 고위공무원단 제도를 운영하고 있다.

19 정책변수에 대한 설명으로 옳은 것만을 모두 고르면?

㉠ 매개변수 – 독립변수의 원인인 동시에 종속변수의 원인이 되는 제3의 변수

㉡ 조절변수 – 독립변수와 종속변수 간에 상호작용 효과를 나타나게 하는 제3의 변수

㉢ 억제변수 – 독립변수와 종속변수 간에 상관관계가 없는데도 있는 것으로 나타나게 하는 제3의 변수

㉣ 허위변수 – 독립변수와 종속변수 모두에게 영향을 미치며 이들 사이의 공동변화를 설명하는 제3의 변수

① ㉠, ㉢　　　　　　② ㉠, ㉣

③ ㉡, ㉢　　　　　　④ ㉡, ㉣

20 세계잉여금에 대한 설명으로 옳은 것만을 모두 고르면?

㉠ 일반회계, 특별회계가 포함되고 기금은 제외된다.

㉡ 적자 국채 발행 규모와 부(−)의 관계이며, 국가의 재정 건전성을 파악하는 데 효과적이다.

㉢ 결산의 결과 발생한 세계잉여금은 전액 추가경정예산에 편성하여야 한다.

① ㉠　　　　　　　② ㉡

③ ㉠, ㉡　　　　　　④ ㉡, ㉢

✔ 회독 CHECK 1 2 3

01 정책네트워크에 대한 설명으로 옳지 않은 것은?

① 정책네트워크의 참여자는 정부뿐만 아니라 민간부문까지 포함한다.

② 정책공동체(policy community)에 비해서 이슈네트워크(issue network)는 제한된 행위자들이 정책과정에 참여하며 경계의 개방성이 낮은 특성이 있다.

③ 헤클로(Heclo)는 하위정부모형을 비판적으로 검토하면서 정책이슈를 중심으로 유동적이며 개방적인 참여자들 간의 상호작용 현상을 묘사하기 위한 대안적 모형을 제안하였다.

④ 하위정부(sub-government)는 선출직 의원, 정부관료 그리고 이익집단의 역할에 초점을 맞춘다.

02 「책임운영기관의 설치·운영에 관한 법률」상 책임운영기관에 대한 설명으로 옳지 않은 것은?

① 책임운영기관은 기관장에게 재정상의 자율성을 부여하고 그 운영성과에 대해 책임을 지도록 하는 행정기관의 특성을 갖는다.

② 소속책임운영기관에 두는 공무원의 총 정원 한도는 총리령으로 정하며, 이 경우 고위공무원단에 속하는 공무원의 정원은 부령으로 정한다.

③ 소속책임운영기관 소속 공무원의 임용시험은 기관장이 실시함을 원칙으로 한다.

④ 기관장의 근무기간은 5년의 범위에서 소속중앙행정기관의 장이 정하되, 최소한 2년 이상으로 하여야 한다.

03 「지방자치법」상 주민참여 수단에 대한 설명으로 옳지 않은 것은? 〈변형〉

① 지방자치단체의 장은 주민에게 과도한 부담을 주거나 중대한 영향을 미치는 지방자치단체의 주요 결정사항 등에 대하여 주민투표에 부칠 수 있다.

② 18세 이상의 주민은 그 지방자치단체와 그 장의 권한에 속하는 사무의 처리가 법령에 위반되거나 공익을 현저히 해친다고 인정되면 감사를 청구할 수 있다.

③ 주민은 그 지방자치단체의 장을 소환할 권리는 갖지만, 비례대표 지방의회의원을 소환할 권리를 가지고 있지는 못하다.

④ 주민은 행정기구를 설치하거나 변경하는 것에 관한 사항이나 공공시설의 설치를 반대하는 사항의 조례를 제정하거나 개정하거나 폐지할 것을 청구할 수 있다.

04 나카무라(Nakamura)와 스몰우드(Smallwood)의 정책결정자와 정책집행자의 관계 유형 중 다음 설명에 해당하는 것은?

- 정책집행자는 공식적 정책결정자로 하여금 자신이 결정한 정책목표를 받아들이도록 설득 또는 강제할 수 있다.
- 정책집행자는 목표를 달성하기 위한 수단을 획득하기 위해 정책결정자와 협상한다.
- 미국 FBI의 국장직을 수행했던 후버(Hoover) 국장이 대표적인 예이다.

① 지시적 위임형　　　② 협상형

③ 재량적 실험가형　　④ 관료적 기업가형

05 공익에 대한 설명으로 옳은 것은?

① 「국가공무원법」은 제1조에서 공무원은 국민 전체의 봉사자로서 공익을 추구해야 함을 명시하고 있다.

② 「공무원 헌장」은 공무원이 실천해야 하는 가치로 공익을 명시하고 있다.

③ 신공공서비스론에서는 공익을 행정의 목적이 아닌 부산물로 보아야 한다는 점을 강조한다.

④ 공익에 대한 실체설에서는 공익을 사익 간 타협 또는 집단 간 상호작용의 산물로 본다.

06 공공서비스의 공급 주체 중 정부 부처 형태의 공기업에 해당하는 것은?

① 한국철도공사

② 한국소비자원

③ 국립중앙극장

④ 한국연구재단

07 앨리슨(Allison) 모형에 대한 설명으로 옳은 것은?

① 합리적 행위자 모형에서는 국가전체의 이익과 국가 목표 추구를 위해서 개인의 이익을 고려하지 않는 것을 경계하며 국가가 단일적인 결정자임을 부정한다.

② 조직과정모형에서 조직은 불확실성을 회피하기 위하여 정책 결정을 할 때 표준운영절차(SOP)나 프로그램 목록(program repertory)에 의존하지 않는다.

③ 관료정치모형은 여러 다양한 문제에 관심을 갖는 다수의 행위자를 상정하며 이들의 목표는 일관되지 않는다.

④ 외교안보문제 분석에 있어서 설명력을 높이기 위한 대안적 모형으로 조직과정모형을 고려하지는 않는다.

08 정부규제에 대한 설명으로 옳은 것만을 모두 고르면?

㉠ 포지티브(positive) 규제가 네거티브(negative) 규제보다 자율성을 더 보장해준다.

㉡ 환경규제와 산업재해규제는 사회규제의 성격이 강하다.

㉢ 공동규제는 정부로부터 위임을 받은 민간집단에 의해 이뤄지는 규제를 의미한다.

㉣ 수단규제는 정부의 목표를 달성하기 위해 필요한 기술이나 행위에 대해 사전적으로 규제하는 것을 의미한다.

① ㉠, ㉡   ② ㉢, ㉣

③ ㉠, ㉡, ㉢   ④ ㉡, ㉢, ㉣

09 「정부업무평가 기본법」상 정책평가제도에 대한 설명으로 옳지 않은 것은?

① 지방자치단체의 장은 정부업무평가 시행계획에 기초하여 자체평가계획을 매년 수립하여야 한다.

② 국무총리는 2 이상의 중앙행정기관 관련 시책, 주요 현안시책, 혁신관리 및 대통령령이 정하는 대상부문에 대하여 특정평가를 실시하고, 그 결과를 공개하여야 한다.

③ 중앙행정기관 또는 지방자치단체의 소속기관이 행하는 정책은 정부업무평가의 대상에 포함된다.

④ 정부업무평가위원회는 위원장 1인과 14인 이내의 위원으로 구성한다.

10 지방선거에 대한 설명으로 옳은 것은?

① 이승만 정부에서 처음으로 시·읍·면 의회의원을 뽑는 지방선거가 실시되었다.

② 박정희 정부부터 노태우 정부 시기까지는 지방선거가 실시되지 않았다.

③ 지방자치단체장과 지방의회의원을 동시에 뽑는 선거는 김대중 정부에서 처음으로 실시되었다.

④ 2010년 지방선거부터 정당공천제가 기초지방의원까지 확대되었지만 많은 문제점이 지적되면서 현재는 실시되지 않고 있다.

11 다음 설명에 해당하는 조직의 인간관은?

> • 인간을 자신의 이익을 극대화하기 위해 행동하는 존재로 본다.
> • 인간은 조직에 의해 통제·동기화되는 수동적 존재이며, 조직은 인간의 감정과 같은 주관적 요소를 통제할 수 있도록 설계돼야 한다.

① 합리적·경제적 인간관

② 사회적 인간관

③ 자아실현적 인간관

④ 복잡한 인간관

12 근무성적평정에서 나타나기 쉬운 집중화 경향과 관대화 경향을 시정하기 위한 방법으로 적절한 것은?

① 자기평정법

② 목표관리제 평정법

③ 중요사건기록법

④ 강제배분법

13 정부가 동원하는 공공재원에 대한 설명으로 옳지 않은 것은?

① 조세로 투자된 자본시설은 개인이 대가를 지불하지 않는 것으로 인식되어 과다 수요 혹은 과다 지출되는 비효율성 문제가 발생할 수 있다.

② 수익자부담금은 시장기구와 유사한 매커니즘을 통해 공공서비스의 최적 수준을 지향하여 자원 배분의 효율성을 제고할 수 있다.

③ 국공채는 사회간접자본(SOC) 관련 사업이나 시설로 인해 편익을 얻게 될 경우 후세대도 비용을 분담하기 때문에 세대 간 형평성을 훼손시킨다.

④ 조세의 경우 납세자인 국민들은 정부지출을 통제하고 성과에 대한 직접적인 책임을 요구할 수 있다.

14 정부의 위원회 조직에 대한 설명으로 옳지 않은 것은?

① 결정에 대한 책임의 공유와 분산이 특징이다.

② 복수인으로 구성된 합의형 조직의 한 형태다.

③ 국민권익위원회는 의사결정의 권한이 없는 자문위원회에 해당된다.

④ 소청심사위원회는 행정관청적 성격을 지닌 행정위원회에 해당된다.

15 리더십에 대한 설명으로 옳지 않은 것은?

① 특성론에 대한 비판은 지도자의 자질이 집단의 특성·조직목표·상황에 따라 완전히 달라질 수 있고, 동일한 자질을 갖는 것은 아니며, 반드시 갖춰야 할 보편적인 자질은 없다는 것이다.

② 행태이론에서는 눈에 보이지 않는 능력 등 리더가 갖춘 속성보다 리더가 실제 어떤 행동을 하는가에 초점을 맞춘다.

③ 상황론에서는 리더십을 특정한 맥락 속에서 발휘되는 것으로 파악해, 상황 유형별로 효율적인 리더의 행태를 찾아내기 위한 연구를 수행하였다.

④ 번스(Burns)의 리더십이론에서 거래적 리더십은 카리스마적 리더십을 기반으로 하므로 카리스마적 리더십과 중첩되는 측면이 있다.

16 동기이론에 대한 설명으로 옳지 않은 것은?

① 매슬로우(Maslow)는 충족된 욕구는 동기부여의 역할이 약화되고 그 다음 단계의 욕구가 새로운 동기요인이 된다고 하였다.

② 앨더퍼(Alderfer)는 매슬로우의 5단계 욕구이론을 수정해서 인간의 욕구를 3단계로 나누었다.

③ 허즈버그(Herzberg)는 불만요인(위생요인)을 없앤다고 해서 적극적으로 만족감을 느끼는 것은 아니라고 했다.

④ 브룸(Vroom)의 기대이론에서 수단성(instrumentality)은 특정한 결과에 대한 선호의 강도를 의미한다.

17 공무원의 근무방식과 형태에 대한 설명으로 옳지 않은 것은?

① 유연근무제는 공무원의 근무방식과 형태를 개인·업무·기관 특성에 따라 선택할 수 있는 제도이다.

② 시간선택제 근무는 통상적인 전일제 근무시간(주 40시간)보다 길거나 짧은 시간을 근무하는 제도이다.

③ 탄력근무제는 전일제 근무시간을 지키되 근무시간, 근무일수를 자율 조정할 수 있는 제도이다.

④ 원격근무제는 직장 이외의 장소에서 정보통신망을 이용하여 근무하는 제도이다.

18 다음 설명에 해당하는 교육훈련 방법은?

> 서로 모르는 사람 10명 내외로 소집단을 만들어 허심탄회하게 자신의 느낌을 말하고 다른 사람이 자신을 어떻게 생각하는지를 귀담아듣는 방법으로 훈련을 진행하기 위한 전문가의 역할이 요구된다.

① 역할연기　　　　② 직무순환

③ 감수성 훈련　　　④ 프로그램화 학습

19 품목별 예산제도에 대한 설명으로 옳은 것은?

① 지출을 통제하고 공무원들로 하여금 회계적 책임을 쉽게 확보할 수 있는 데 용이하다.

② 미국 케네디 행정부의 국방장관인 맥나마라(McNamara)가 국방부에 최초로 도입하였다.

③ 거리 청소, 노면 보수 등과 같이 활동 단위를 중심으로 예산재원을 배분한다.

④ 능률적인 관리를 위하여 구성원의 참여를 촉진한다는 점에서는 목표에 의한 관리(MBO)와 비슷하다.

20 예산집행에 대한 설명으로 옳지 않은 것은?

① 예산의 재배정은 행정부처의 장이 실무부서에게 지출을 할 수 있는 권한을 부여하는 것을 의미한다.

② 예산의 전용을 위해서 정부 부처는 미리 국회의 승인을 받아야 한다.

③ 예비비는 공무원 인건비 인상을 위한 인건비 충당을 목적으로 사용할 수 없다.

④ 사고이월은 집행과정에서 재해 등의 이유로 불가피하게 다음 연도로 이월된 경비를 말한다.

✅ 회독 CHECK 1 2 3

01 상황적응적 접근방법(contingency approach)에 대한 설명으로 옳지 않은 것은?

① 체제이론의 거시적 관점에 따라 모든 상황에 적합한 유일최선의 관리방법을 모색한다.
② 체제이론에서와 같이 조직은 일정한 경계를 가지고 환경과 구분되는 체제의 하나로 본다.
③ 조직을 구성하고 운영하는 방법의 효율성은 그것이 처한 상황에 의존한다고 가정한다.
④ 연구대상이 될 변수를 한정하고 복잡한 상황적 조건 들을 유형화함으로써 거대이론보다 분석의 틀을 단순화한다.

02 신공공관리론(NPM)에 대한 비판적 논의에 해당하지 않는 것은?

① 공공부문은 민간부문과 다르기 때문에 민간부문의 관리기법을 공공부문에 그대로 적용하는 데에는 한계가 있다.
② 민주적 책임성과 기업가적 재량권 간의 갈등으로 인하여 정부관료제의 효율성을 제고하기 어렵다.
③ 고객 중심 논리는 국민을 관료주도의 행정서비스 제공에 의존하는 수동적 존재로 전락시킬 우려가 있다.
④ 정치적 논리를 우선하여 내부관리적 효율성을 경시하는 경향이 있다.

03 사이버네틱스(cybernetics) 의사결정모형에 대한 설명으로 옳지 않은 것은?

① 주요 변수가 시스템에 의하여 일정한 상태로 유지되는 적응적 의사결정을 강조한다.
② 문제를 해결하고 목표를 달성하기 위해 정보와 대안의 광범위한 탐색을 강조한다.
③ 자동온도조절장치와 같이 사전에 프로그램된 메커니즘에 따라 의사결정이 이루어진다.
④ 한정된 범위의 변수에만 관심을 집중함으로써 불확실성을 통제하려는 모형이다.

04 근무성적평정상의 오류 중 평가자가 일관성 있는 평정 기준을 갖지 못하여 관대화 및 엄격화 경향이 불규칙하게 나타나는 것은?

① 연쇄 효과(halo effect)
② 규칙적 오류(systematic error)
③ 집중화 경향(central tendency)
④ 총계적 오류(total error)

05 롤스(J. Rawls)의 정의론에 대한 설명으로 옳지 않은 것은?

① 원초적 자연상태(state of nature)하에서 구성원들의 이성적 판단에 따른 사회형태는 극히 합리적일 것이라고 가정하는 사회계약론적 전통에 따른다.

② 현저한 불평등 위에서는 사회의 총체적 효용 극대화를 추구하는 공리주의가 정당화될 수 없다고 본다.

③ 사회의 모든 가치는 평등하게 배분되어야 하며, 불평등한 배분은 그것이 사회의 최소수혜자에게도 유리한 경우에 정당하다고 본다.

④ 자유와 평등의 조화를 추구하는 중도적 입장보다는 자유방임주의에 의거한 전통적 자유주의 입장을 취하고 있다.

06 살라몬(L. M. Salamon)이 제시한 정책수단의 유형에서 직접적 수단으로만 묶은 것은?

─〈보 기〉─

㉠ 조세지출(tax expenditure)
㉡ 경제적 규제(economic regulation)
㉢ 정부소비(direct government)
㉣ 사회적 규제(social regulation)
㉤ 공기업(government corporation)
㉥ 보조금(grant)

① ㉠, ㉡, ㉢　　　　　② ㉠, ㉣, ㉥

③ ㉡, ㉢, ㉤　　　　　④ ㉣, ㉤, ㉥

07 립스키(M. Lipsky)의 일선관료제(Street-Level Bureaucracy) 이론에 대한 설명으로 옳은 것은?

① 일선관료는 고객에 대한 고정관념(stereotype)을 타파함으로써 복잡한 문제와 불확실한 상황에 대처한다.

② 일선관료가 업무를 수행하는 기관에 대한 고객들의 목표기대는 서로 일치하고 명확하다.

③ 일선관료는 집행에 필요한 자원이 부족할 경우 대체로 부분적이고 간헐적으로 정책을 집행한다.

④ 일선관료는 계층제의 하위에 위치하기 때문에, 직무의 자율성이 거의 없고 의사결정에 있어서 재량권의 범위가 좁다.

08 행정기관에 대하여 관계법령에 규정된 내용으로 옳은 것은?

① 부속기관이란 행정권의 직접적인 행사를 임무로 하는 기관에 부속하여 그 기관을 지원하는 행정기관을 말한다.

② 보조기관이란 행정기관이 그 기능을 원활하게 수행할 수 있도록 그 기관장을 보좌함으로써 행정기관의 목적달성에 공헌하는 기관을 말한다.

③ 하부기관이란 중앙행정기관에 소속된 기관으로서, 특별지방행정기관과 부속기관을 말한다.

④ 방송통신위원회, 공정거래위원회, 소청심사위원회 등은 행정기관의 소관 사무에 관하여 자문에 응하거나 조정, 협의, 심의 또는 의결 등을 하기 위해 복수의 구성원으로 이루어진 합의제 기관으로서 행정기관이 아니다.

09 「국가공무원법」상 징계에 대한 설명으로 옳은 것은?

① 징계는 파면 · 해임 · 정직 · 감봉 · 견책으로 구분한다.

② 정직은 1개월 이상 3개월 이하의 기간으로 하고, 정직 처분을 받은 자는 그 기간 중 공무원의 신분은 보유하나 직무에 종사하지 못하며 보수의 3분의 2를 감한다.

③ 감봉은 1개월 이상 3개월 이하의 기간 동안 보수의 3분의 1을 감한다.

④ 감사원에서 조사 중인 사건에 대하여는 조사개시 통보를 받은 후부터 징계 의결의 요구나 그 밖의 징계 절차를 진행할 수 있다.

10 정부회계의 기장 방식에 대한 설명으로 옳지 않은 것은?

① 단식부기는 발생주의 회계와, 복식부기는 현금주의 회계와 서로 밀접한 연계성을 갖는다.

② 단식부기는 현금의 수지와 같이 단일 항목의 증감을 중심으로 기록하는 방식이다.

③ 복식부기에서는 계정 과목 간에 유기적 관련성이 있기 때문에 상호 검증을 통한 부정이나 오류의 발견이 쉽다.

④ 복식부기는 하나의 거래를 대차 평균의 원리에 따라 차변과 대변에 동시에 기록하는 방식이다.

11 예산과 재정 관리에 대한 설명으로 옳지 않은 것은?

① 우리나라의 예산은 행정부가 제출하고 국회가 심의 · 확정하지만, 미국과 같은 세출예산법률의 형식은 아니다.

② 조세는 현 세대의 의사결정에 대한 재정 부담을 미래 세대로 전가하지 않는다는 장점이 있다.

③ 성과주의 예산제도의 도입에도 불구하고 품목별 예산제도는 우리나라에서 여전히 활용되고 있다.

④ 추가경정예산은 예산의 신축성 확보를 위한 제도로서, 최소 1회의 추가경정예산을 편성하도록 「국가재정법」에 규정되어 있다.

12 킹던(J. Kingdon)의 '정책의 창(policy windows) 이론'에 대한 설명으로 옳지 않은 것은?

① 마치(J. G. March)와 올슨(J. P. Olsen)이 제시한 쓰레기통모형을 발전시킨 것이다.

② 문제 흐름(problem stream), 이슈 흐름(issue stream), 정치 흐름(political stream)이 만날 때 '정책의 창'이 열린다고 본다.

③ '정책의 창'은 국회의 예산주기, 정기회기 개회 등의 규칙적인 경우뿐 아니라, 때로는 우연한 사건에 의해 열리기도 한다.

④ 문제에 대한 대안이 존재하지 않을 경우 '정책의 창'이 닫힐 수 있다.

13 조직구조의 설계에 있어서 '조정의 원리'에 대한 설명으로 옳지 않은 것은?

① 수직적 연결은 상위계층의 관리자가 하위계층의 관리자를 통제하고 하위계층 간 활동을 조정하는 것을 목적으로 한다.

② 수직적 연결방법으로는 임시적으로 조직 내의 인적 · 물적 자원을 결합하는 프로젝트 팀(project team)의 설치 등이 있다.

③ 수평적 연결은 동일한 계층의 부서 간 조정과 의사소통을 목적으로 한다.

④ 수평적 연결방법으로는 다수 부서 간의 긴밀한 연결과 조정을 위한 태스크포스(task force)의 설치 등이 있다.

14 우리나라의 성인지 예산제도에 대한 설명으로 옳지 않은 것은?

① 정부는 예산이 여성과 남성에게 미치는 효과를 평가하고, 그 결과를 정부의 예산편성에 반영하기 위하여 노력하여야 한다.

② 성인지 예산서는 기획재정부 장관이 각 중앙관서의 장과 협의하여 제시한 작성기준 및 방식 등에 따라 여성가족부 장관이 작성한다.

③ 성인지 예산서에는 성인지 예산의 개요, 규모, 성평등 기대효과, 성과목표 및 성별 수혜 분석 등의 내용이 포함되어야 한다.

④ 성인지 결산서에는 집행실적, 성평등 효과분석 및 평가 등이 포함되어야 한다.

15 우리나라의 결산에 대한 설명으로 옳지 않은 것은?

① 결산은 한 회계연도의 수입과 지출 실적을 확정적 계수로 표시하는 행위이다.

② 정부는 감사원의 검사를 거친 국가결산보고서를 국회에 제출하여야 한다.

③ 결산은 국회의 심의를 거쳐 국무회의의 의결과 대통령의 승인으로 종료된다.

④ 각 중앙관서의 장은 회계연도마다 소관 기금의 결산보고서를 중앙관서결산보고서에 통합하여 작성하여야 한다.

16 공무원 부패의 사례와 그 유형을 바르게 연결한 것은?

> ㉠ 무허가 업소를 단속하던 공무원이 정상적인 단속 활동을 수행하다가 금품을 제공하는 특정 업소에 대해서는 단속을 하지 않는다.
>
> ㉡ 금융위기가 심각함에도 불구하고 국민들의 동요나 기업활동의 위축을 방지하기 위해 금융위기가 전혀 없다고 관련 공무원이 거짓말을 한다.
>
> ㉢ 인 · 허가와 관련된 업무를 담당하는 공무원의 대부분은 업무를 처리하면서 민원인으로부터 의례적으로 급행료를 받는다.
>
> ㉣ 거래당사자 없이 공금 횡령, 개인적 이익 편취, 회계 부정 등이 공무원에 의해 일방적으로 발생한다.

	㉠	㉡	㉢	㉣
①	제도화된 부패	회색 부패	일탈형 부패	생계형 부패
②	일탈형 부패	생계형 부패	조직 부패	회색 부패
③	일탈형 부패	백색 부패	제도화된 부패	비거래형 부패
④	조직 부패	백색 부패	생계형 부패	비거래형 부패

17 「지방자치법」상 지방의회에 대한 내용으로 옳지 않은 것은?

① 지방의회는 조례로 정하는 바에 따라 위원회를 둘 수 있으며, 위원회의 종류는 상임위원회와 특별위원회로 한다.

② 지방의회는 그 의결로 소속 의원의 사직을 허가할 수 있다. 다만, 폐회 중에는 의장이 허가할 수 있다.

③ 의장은 의결에서 표결권을 가지지 못하며, 찬성과 반대가 같으면 부결된 것으로 본다.

④ 지방의회에서 부결된 의안은 같은 회기 중에 다시 발의하거나 제출할 수 없다.

18 프렌치(J. R. P. French, Jr.)와 레이븐(B. H. Raven)의 권력유형 분류에서 권력의 원천이 아닌 것은?

① 준거(reference)

② 전문성(expertness)

③ 강제력(coercion)

④ 상징(symbol)

19 전문경력관제도에 대한 설명으로 옳지 않은 것은?

① 소속 장관은 해당 기관의 일반직 공무원 직위 중 순환보직이 곤란하거나 장기 재직 등이 필요한 특수 업무 분야의 직위를 인사혁신처장과 협의하여 전문경력관직위로 지정할 수 있다.

② 일반직 공무원과 마찬가지로 계급 구분과 직군 및 직렬의 분류를 적용한다.

③ 전문경력관직위의 군은 직무의 특성·난이도 및 직무에 요구되는 숙련도 등에 따라 구분한다.

④ 임용권자는 일정한 경우에 전직시험을 거쳐 전문경력관을 다른 일반직 공무원으로 전직시킬 수 있다.

20 지방정부의 행정서비스 공급체계 및 방식에 대한 설명으로 옳지 않은 것은?

① 정부의 직접적 공급이 아닌 대안적 서비스 공급 체계(ASD; Alternative Service Delivery)는 생활쓰레기 수거, 사회복지사업 운영, 시설 관리 등의 분야에 적용되고 있다.

② 과잉생산과 독점 등이 야기한 공공부문 비효율의 해결책으로 계약방식을 통한 서비스 공급이 도입되고 있다.

③ 사용자부담 방식의 활용은 재정부담의 공평성 제고에 기여한다.

④ 사바스(E. Savas)가 제시한 공공서비스 공급유형론에 따르면, 자원봉사(voluntary service) 방식은 민간이 결정하고 정부가 공급하는 유형에 속한다.

모든 전사 중 가장 강한 전사는 이 두 가지, 시간과 인내다.

− 레프 톨스토이 −

PART 2

지방직

출제경향

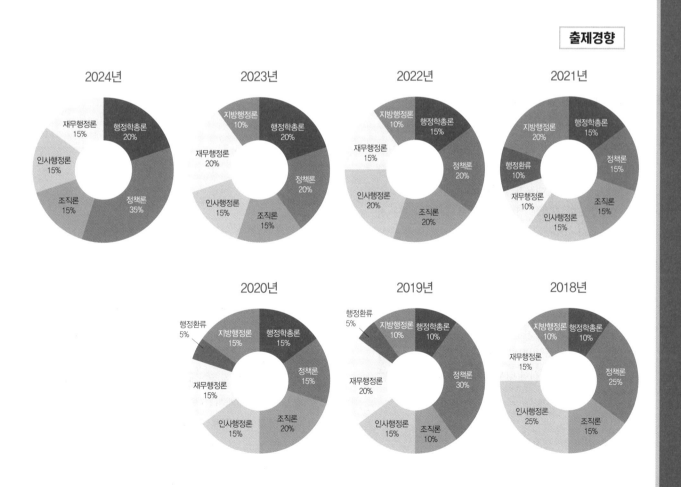

모바일 OMR

01 애덤스(Adams)의 공정성이론에 대한 설명으로 옳지 않은 것은?

① 투입과 산출의 비율을 준거인과 비교하여 공정성을 지각한다.
② 불공정성을 느낄 때 자신의 지각을 의도적으로 왜곡하기도 한다.
③ 노력과 기술은 투입에 해당하며, 보수와 인정은 산출에 해당한다.
④ 준거인과 비교하여 과소보상자는 불공정하다고 생각하고, 과대보상자는 공정하다고 생각한다.

02 공공선택이론에 대한 설명으로 옳지 않은 것은?

① 인간을 이기적이고 합리적인 경제인으로 본다.
② 비시장적 의사결정을 경제학적 관점에서 연구한다.
③ 뷰캐넌(Buchanan), 털럭(Tullock), 오스트롬(Ostrom) 등이 대표적인 학자이다.
④ 경제주체의 집단적 선택행위를 중시하는 방법론적 집단주의 입장이다.

03 피터스(Peters)가 『미래의 국정관리(The Future of Governing)』에서 제시한 정부개혁 모형에 해당하지 않는 것은?

① 시장 모형
② 자유민주주의 모형
③ 참여 모형
④ 탈규제 모형

04 「지방공무원법」상 공무원 인사이동에 대한 설명으로 옳지 않은 것은?

① 전직은 직렬을 달리하는 임명을 말한다.
② 전보는 같은 직급 내에서 보직변경을 말한다.
③ 강임의 경우, 같은 직렬의 하위 직급이 없는 경우 다른 직렬의 하위 직급으로는 이동할 수 없다.
④ 지방자치단체의 장 또는 지방의회의 의장은 공무원을 전입시키려고 할 때에는 해당 공무원이 소속된 지방자치단체의 장 또는 지방의회 의장의 동의를 받아야 한다.

05 프로그램 예산제도에 대한 설명으로 옳지 않은 것은?

① 우리나라 중앙정부는 2007년부터 프로그램 예산제도를 도입하였다.
② 예산 전 과정을 프로그램 중심으로 구조화하고 성과평가체계와 연계시킨다.
③ 세부 업무와 단가를 통해 예산 금액을 산정하는 상향식(bottom up) 방식을 사용한다.
④ 일반회계, 특별회계, 기금이 포괄적으로 표시되어 총체적 재정배분 파악이 가능하다.

06 사회적 형평성(social equity)에 대한 설명으로 옳지 않은 것은?

① 1968년 개최된 미노부룩 회의(Minnowbrook Conference)에서 태동한 신행정론에서 강조하였다.

② 롤스(Rawls)의 『정의론』은 사회적 형평성 논의에 영향을 주었다.

③ 수직적 형평성(vertical equity)은 '동등한 여건에 있지 않은 사람을 동등하게 취급'함을 의미하며, 누진세가 그 예이다.

④ 수평적 형평성(horizontal equity)은 '동등한 여건에 있는 사람을 동등하게 취급'함을 의미하며, 동일 노동 동일임금이 그 예이다.

07 다음 설명에 해당하는 정책분석기법은?

> 관련 사건이 일어났느냐 일어나지 않았느냐에 기초하여 미래에 어떤 사건이 일어날 확률에 대해서 식견 있는 판단(informed judgments)을 끌어내는 방법이다.

① 브레인스토밍

② 교차영향분석

③ 델파이 기법

④ 선형경향추정

08 예산 과정에 대한 설명으로 옳지 않은 것은?

① 「국가재정법」에서는 대통령의 승인을 얻은 정부 예산안이 회계연도 개시 90일 전까지 국회에 제출되어야 한다고 규정하고 있다.

② 기획재정부장관은 국무회의의 심의를 거쳐 대통령의 승인을 얻은 다음 연도의 예산안편성지침을 매년 3월 31일까지 중앙관서의 장에게 통보해야 한다.

③ 국회 예산결산특별위원회는 소관 상임위원회에서 삭감한 세출예산 각 항의 금액을 증가하게 하거나 새 비목을 설치할 경우 소관 상임위원회의 동의를 받아야 한다.

④ 정부는 국회에 예산안을 제출한 후 부득이한 사유로 인하여 그 내용의 일부를 수정하고자 하는 때에는 국무회의의 심의를 거쳐 대통령의 승인을 얻은 수정예산안을 국회에 제출할 수 있다.

09 신공공서비스론에 대한 설명으로 옳지 않은 것은?

① 신공공관리론을 극복하기 위해 등장하였으며, 비판 이론과 포스트모더니즘을 활용한다.

② 공익은 시민의 공유된 가치에 대한 담론의 결과이다.

③ 정부는 '노젓기'보다 '방향잡기'에 집중하면서 시민에게 더 많은 권력을 부여해야 한다.

④ 정부관료는 헌법과 법률, 정치 규범, 시민에 대한 대응성을 중요시해야 한다.

10 팀제 조직에 대한 설명으로 옳은 것만을 모두 고르면?

> ㄱ. 결정과 기획의 핵심 기능만 남기고 사업집행 기능은 전문업체에 위탁한다.
> ㄴ. 역동적 환경변화에 유연하게 적응하고 신속한 문제해결이 가능하다.
> ㄷ. 기술구조 부문이 중심이 되고 작업 과정의 표준화가 주요 조정수단이다.
> ㄹ. 관료제의 병리를 타파하고 업무수행에 새로운 의식과 행태의 변화 필요성으로 등장하였다.

① ㄱ, ㄴ
② ㄱ, ㄷ
③ ㄴ, ㄹ
④ ㄷ, ㄹ

11 옹호연합모형(Advocacy Coalition Framework)에 대한 설명으로 옳은 것만을 모두 고르면?

> ㄱ. 정책하위체제에 초점을 두어 정책변화를 이해한다.
> ㄴ. 정책지향학습은 옹호연합 내부만 아니라 옹호연합 사이에서도 발생한다.
> ㄷ. 행정규칙, 예산배분, 규정의 해석에 대한 결정은 정책 핵심 신념과 관련된다.
> ㄹ. 신념 체계 구조에서 규범적 핵심 신념은 관심 있는 특정 정책 규범에 적용되며, 이차적 측면(secondary aspects)보다 변화 가능성이 작다.

① ㄱ, ㄴ
② ㄱ, ㄹ
③ ㄴ, ㄷ
④ ㄷ, ㄹ

12 「공직자윤리법」에서 규정하고 있는 것만을 모두 고르면?

> ㄱ. 이해충돌 방지 의무
> ㄴ. 등록재산의 공개
> ㄷ. 종교 중립의 의무
> ㄹ. 품위 유지의 의무

① ㄱ, ㄴ
② ㄱ, ㄹ
③ ㄴ, ㄷ
④ ㄷ, ㄹ

13 밑줄 친 연구에 해당하는 것은?

> 이 연구에서는 정책과 성과를 연결하는 모형에 정책기준과 목표, 집행에 필요한 자원, 조직 간 의사소통과 집행 활동(enforcement activities), 집행기관의 특성, 경제·사회·정치적 조건, 정책집행자의 성향(disposition)이라는 변수를 제시하였다.

① 립스키(Lipsky)의 일선관료제 연구
② 오스트롬(Ostrom)의 제도분석 연구
③ 사바티어와 마즈마니언(Sabatier & Mazmanian)의 집행과정 연구
④ 반 미터와 반 혼(Van Meter & Van Horn)의 정책집행과정 연구

14 예산집행의 신축성 유지 방안에 대한 설명으로 옳지 않은 것은?

① 추가경정예산의 경우, 정부는 국회에서 추가경정예산안이 확정되기 전에 이를 미리 배정하거나 집행할 수 없다.

② 예비비의 경우, 정부는 예측할 수 없는 예산 외의 지출 또는 예산초과지출에 충당하기 위하여 일반회계 예산총액의 100분의 5 이내의 금액으로 세입세출예산에 계상할 수 있다.

③ 계속비의 경우, 국가가 지출할 수 있는 연한은 그 회계연도로부터 5년 이내이나, 사업규모 및 국가재원 여건을 고려하여 필요한 경우에는 예외적으로 10년 이내로 할 수 있다.

④ 각 중앙관서의 장은 예산의 목적범위 안에서 재원의 효율적 활용을 위하여 대통령령으로 정하는 바에 따라 기획재정부장관의 승인을 얻어 각 세항 또는 목의 금액을 전용(轉用)할 수 있다.

15 「지방공기업법」상 지방공기업에 대한 설명으로 옳지 않은 것은?

① 지방직영기업의 관리자는 해당 지방자치단체의 공무원으로서 지방직영기업의 경영에 관하여 지식과 경험이 풍부한 사람 중에서 지방자치단체의 장이 임명한다.

② 지방공사를 설립하고자 하는 시장·군수·구청장은 설립 전에 행정안전부장관과 협의하여야 한다.

③ 지방자치단체는 상호 규약을 정하여 다른 지방자치단체와 공동으로 지방공사를 설립할 수 있다.

④ 지방자치단체는 지방직영기업을 설치·경영하려는 경우에는 그 설치·운영의 기본사항을 조례로 정하여야 한다.

16 정책문제의 구조화기법에 대한 설명으로 옳은 것만을 모두 고르면?

ㄱ. 가정분석: 문제상황의 가능성 있는 원인, 개연성(plausible) 있는 원인, 행동가능한 원인을 식별하기 위한 기법

ㄴ. 계층분석: 정책문제에 관해 서로 대립되는 가정의 창조적 종합을 목표로 하는 기법

ㄷ. 시네틱스(유추분석): 문제들 사이에 유사한 관계를 인지하는 것이 분석가의 문제해결 능력을 크게 증가시킬 것이라는 가정에 기초한 기법

ㄹ. 분류분석: 문제상황을 정의하고 분류하기 위해 사용되는 개념을 명확하게 하기 위한 기법

① ㄱ, ㄴ
② ㄱ, ㄹ
③ ㄴ, ㄷ
④ ㄷ, ㄹ

17 직무평가 방법에 대한 설명으로 옳지 않은 것은?

① 분류법은 미리 정해진 등급기준표를 이용하는 비계량적 방법이다.

② 서열법은 비계량적 방법으로, 직무의 수가 적은 소규모 조직에 적절하다.

③ 점수법은 직무와 관련된 평가요소를 선정하고 각 요소별로 중요도를 부여하는 과정에서 계량화를 통해 명확하고 객관적인 이론적 증명이 가능하다.

④ 요소비교법은 조직 내 기준직무(key job)를 선정하여 평가하려는 직무와 기준직무의 평가요소를 상호 비교하여 상대적 가치를 판단하는 방법이다.

18 리더-구성원교환이론에 대한 설명으로 옳은 것만을 모두 고르면?

> ㄱ. 내집단(in-group)에 속한 구성원이 많을수록 집단의 성과가 높아진다고 본다.
> ㄴ. 리더와 구성원이 파트너십 관계로 발전하는 과정을 '리더십 만들기'라 한다.
> ㄷ. 리더가 모든 구성원을 차별 없이 대우하는 공정성을 중시한다.
> ㄹ. 리더와 구성원이 점점 높은 도덕성과 동기 수준으로 서로를 이끌어 가는 상호 관계를 중시한다.

① ㄱ, ㄴ
② ㄱ, ㄹ
③ ㄴ, ㄷ
④ ㄷ, ㄹ

19 정책학의 발달에 대한 설명으로 옳지 않은 것은?

① 1951년 「정책지향(Policy Orientation)」이라는 논문은 정책학의 정체성 확립에 기여하였다.
② 라스웰(Lasswell)은 1971년 『정책학 소개(A Pre-View of Policy Sciences)』에서 맥락지향성, 이론지향성, 연합학문지향성을 제시하였다.
③ 1980년대 정책학의 연구는 정책형성, 집행, 평가, 변동 등 다양한 분야로 확대되었다.
④ 드로(Dror)는 정책결정 단계를 상위정책결정(meta-policymaking), 정책결정(policymaking), 정책결정 이후(post-policymaking)로 나누는 최적모형을 제시하였다.

20 공공가치론에 대한 설명으로 옳은 것만을 모두 고르면?

> ㄱ. 무어(Moore)는 공공가치 실패를 진단하는 도구로 '공공가치 지도그리기(mapping)'을 제안한다.
> ㄴ. 보즈만(Bozeman)은 공공기관에 의해 생산된 순(純) 공공가치를 추정하는 '공공가치 회계'를 제시했다.
> ㄷ. '전략적 삼각형' 모델은 정당성과 지지, 운영 역량, 공공가치로 구성된다.
> ㄹ. 시장과 공공부문이 공공가치 실현에 필수적으로 요구되는 재화와 서비스를 제공하지 못할 때 '공공가치 실패'가 일어난다.

① ㄱ, ㄴ
② ㄱ, ㄹ
③ ㄴ, ㄷ
④ ㄷ, ㄹ

모바일 OMR

01 계급제에 대한 설명으로 옳지 않은 것은?

① 직무의 속성을 중심으로 공직을 분류하는 제도이다.
② 폐쇄형 충원방식을 원칙으로 한다.
③ 일반행정가 양성을 지향한다.
④ 탄력적 인사관리에 용이하다.

02 민츠버그(Mintzberg)가 제시한 조직유형이 아닌 것은?

① 기계적 관료제
② 애드호크라시(adhocracy)
③ 사업부제 구조
④ 홀라크라시(holacracy)

03 정책결정모형에 대한 설명으로 옳은 것은?

① 혼합주사모형(mixed scanning approach)은 1960년대 미국의 쿠바 미사일 위기사건을 설명하기 위해 연구된 모형이다.
② 사이버네틱스모형을 설명하는 예시로 자동온도조절장치를 들 수 있다.
③ 쓰레기통모형은 갈등의 준해결, 문제 중심의 탐색, 불확실성 회피, 표준운영절차의 활용을 설명하는 모형이다.
④ 합리모형은 만족할 만한 수준에서 의사결정이 이루어진다고 설명하는 모형이다.

04 행정이론의 발달을 오래된 순서대로 바르게 나열한 것은?

> (가) 과학적 관리론 – 테일러(Taylor)
> (나) 신공공관리론 – 오스본과 게블러(Osborne & Gaebler)
> (다) 신행정론 – 왈도(Waldo)
> (라) 행정행태론 – 사이먼(Simon)

① (가) – (다) – (라) – (나)
② (가) – (라) – (다) – (나)
③ (라) – (가) – (나) – (다)
④ (라) – (다) – (나) – (가)

05 엘리트이론과 다원주의이론에 대한 설명으로 옳지 않은 것은?

① 고전적 엘리트이론에서 엘리트들은 다른 계층에 대해 책임을 지지 않는다.
② 밀즈(Mills)는 명성접근법을 사용하여 엘리트들을 분석한다.
③ 달(Dahl)은 권력이 분산되어 있음을 전제로 다원주의론을 전개한다.
④ 바흐라흐와 바라츠(Bachrach & Baratz)는 무의사결정이 의제설정과정뿐만 아니라 정책결정과정에서도 발생할 수 있다고 주장한다.

06 예산 불성립에 따른 예산 종류에 대한 설명으로 옳지 않은 것은?

① 준예산은 전년도 예산을 기준으로 예산을 편성해 운영하는 제도이다.
② 현재 우리나라는 준예산제도를 채택하고 있다.
③ 가예산은 1개월분의 예산을 국회의 의결을 거쳐 집행하는 것으로 우리나라가 운영한 경험이 있다.
④ 잠정예산은 수개월 단위로 임시예산을 편성해 운영하는 것으로 가예산과 달리 국회의 의결이 불필요하다.

07 동기부여 이론에 대한 설명으로 옳은 것은?

① 로크(Locke)의 목표설정이론에서는 목표의 도전성(난이도)과 명확성(구체성)을 강조했다.
② 매슬로우(Maslow)의 욕구 5단계설에서는 욕구의 좌절과 퇴행을 강조했다.
③ 해크만과 올드햄(Hackman&Oldham)의 직무특성이론에서는 유의성, 수단성, 기대감을 동기부여의 핵심으로 보았다.
④ 앨더퍼(Alderfer)의 ERG이론에서는 위생요인이 충족되었다고 하더라도 동기부여가 되는 것은 아니라고 주장했다.

08 품목별 예산제도(line-item budget system)에 대한 설명으로 옳지 않은 것은?

① 미국에서 공무원의 부정부패를 막고 행정의 능률을 향상시키기 위해 도입되었다.
② 정부 활동에 대한 총체적인 사업계획과 우선순위 결정에 유리하다.
③ 예산 집행의 책임성을 확보할 수 있는 통제지향 예산제도이다.
④ 특정 사업의 지출 성과에 대해서는 파악하기 어렵다.

09 블랙스버그 선언(Blacksburg Manifesto)과 행정재정립운동(refounding movement)에 대한 설명으로 옳지 않은 것은?

① 블랙스버그 선언은 행정의 정당성을 침해하는 정치·사회적 상황을 비판했다.
② 행정재정립운동은 직업공무원제를 옹호했다.
③ 행정재정립운동은 정부를 재창조하기보다는 재발견해야 한다고 주장했다.
④ 블랙스버그 선언은 신행정학의 태동을 가져왔다.

10 정부예산의 종류에 대한 설명으로 옳지 않은 것은?

① 기금은 예산원칙의 일반적 제약으로부터 벗어나 탄력적으로 운용된다.
② 특별회계예산은 국가의 회계 중 특정한 세입으로 특정한 세출을 충당하기 위한 예산이다.
③ 특별회계예산은 일반회계예산과 달리 예산편성에 있어 국회의 심의 및 의결을 받지 않는다.
④ 기금은 예산 통일성 원칙의 예외가 된다.

11 지방정부의 사무에 대한 설명으로 옳지 않은 것은?

① 기관위임사무의 처리에 드는 경비는 중앙정부와 지방정부가 공동부담하는 것이 원칙이다.
② 단체위임사무는 집행기관장이 아닌 지방정부 그 자체에 위임된 사무이다.
③ 지방의회는 단체위임사무의 처리 과정에 관한 조례를 제정할 수 있다.
④ 중앙정부는 자치사무에 대해 합법성 위주의 통제를 주로 한다.

12 대표관료제에 대한 설명으로 옳지 않은 것은?

① 우리나라는 양성채용목표제, 장애인 의무고용제 등 다양한 균형인사제도를 통해 대표관료제의 논리를 반영하고 있다.

② 다양한 집단의 이익을 반영하는 실적주의 이념에 부합하는 인사제도이다.

③ 할당제를 강요하는 결과를 초래하고, 특정 집단에 대한 역차별 문제를 야기할 수 있다.

④ 임용 전 사회화가 임용 후 행태를 자동적으로 보장한다는 가정하에 전개되어 왔다.

13 킹던(Kingdon)이 제시한 정책흐름모형에 대한 설명으로 옳은 것만을 모두 고르면?

> ㉠ 경쟁하는 연합의 자원과 신념 체계(belief system)를 강조한다.
> ㉡ 쓰레기통모형을 발전시킨 것이다.
> ㉢ 정책 과정의 세 흐름은 문제흐름, 정책흐름, 정치흐름이 있다.

① ㉠   ② ㉢

③ ㉠, ㉡   ④ ㉡, ㉢

14 행정가치에 대한 설명으로 옳지 않은 것은?

① 합리성은 어떤 행위가 궁극적 목표 달성의 최적 수단이 되느냐의 여부를 가리는 개념이다.

② 효율성은 목표의 달성도를 나타내고, 효과성은 투입 대비 산출의 비율을 의미한다.

③ 자율적 책임성은 공무원이 직업윤리와 책임감에 기초해 전문가로서 자발적인 재량을 발휘할 때 확보된다.

④ 행정의 민주성은 국민과의 관계뿐만 아니라 관료조직의 내부의사결정 과정의 측면에서도 고려된다.

15 근무성적평정상의 오류에 대한 설명으로 옳지 않은 것은?

① 평정자가 피평정자를 잘 모르는 경우 집중화 경향이 발생할 수 있다.

② 평정자의 평정기준이 일정하지 않은 경우 총계적 오류(total error)가 발생할 수 있다.

③ 연쇄효과(halo effect)는 초기 실적이나 최근의 실적을 중심으로 평가함으로써 발생하는 시간적 오류를 의미한다.

④ 관대화 경향의 폐단을 막기 위해 강제배분법을 활용할 수 있다.

16 라이트(Wright)의 정부간관계(Inter-Governmental Relations; IGR) 모형에 대한 설명으로 옳지 않은 것은?

① 정부 간 상호권력관계와 기능적 상호의존관계를 기준으로 정부간관계(IGR)를 3가지 모델로 구분한다.

② 대등권위모형(조정권위모형, coordinate-authority model)은 연방정부, 주정부, 지방정부가 모두 동등한 권한을 가지고 있다고 설명한다.

③ 내포권위모형(inclusive-authority model)은 연방정부, 주정부, 지방정부를 수직적 포함관계로 본다.

④ 중첩권위모형(overlapping-authority model)은 연방정부, 주정부, 지방정부가 상호 독립적인 실체로 존재하며 협력적 관계라고 본다.

17 변혁적 리더십에 대한 설명으로 옳지 않은 것은?

① 도전적 목표와 임무, 미래에 대한 비전을 추구하도록 격려한다.

② 구성원 개개인에게 관심을 가지고 배려한다.

③ 상황적 보상과 예외관리를 특징으로 한다.

④ 새로운 관점에서 문제를 재구성하고 해결책을 찾도록 자극한다.

18 무어(Moore)의 공공가치창출론(creating public value)적 시각에 대한 설명으로 옳지 않은 것은?

① 행정의 정당성 위기를 극복하기 위한 대안적 접근이다.

② 전략적 삼각형 개념을 제시한다.

③ 신공공관리론을 계승하여 행정의 수단성을 강조한다.

④ 정부의 관리자들은 공공가치 실현에 힘써야 한다고 주장한다.

19 로위(Lowi)의 정책유형과 리플리와 프랭클린(Ripley & Franklin)의 정책유형에는 없지만, 앨먼드와 파월(Almond & Powell)의 정책유형에는 있는 것은?

① 상징정책

② 재분배정책

③ 규제정책

④ 분배정책

20 정부 예산팽창이론에 대한 설명으로 옳지 않은 것은?

① 바그너(Wagner)는 경제 발전에 따라 국민의 욕구 부응을 위한 공공재 증가로 인해 정부 예산이 증가한다고 주장한다.

② 피코크(Peacock)와 와이즈맨(Wiseman)은 전쟁과 같은 사회적 변동이 끝난 후에도 공공지출이 그 이전 수준으로 되돌아가지 않는 데에서 예산팽창의 원인을 찾고 있다.

③ 보몰(Baumol)은 정부 부문과 민간 부문 간의 생산성 격차를 통해 정부 예산의 팽창 원인을 설명하고 있다.

④ 파킨슨(Parkinson)은 관료들이 자신들의 권력 극대화를 위해 필요 이상으로 자기 부서의 예산을 추구함에 따라 정부 예산이 지속적으로 증가한다고 주장한다.

모바일 OMR

✓ 회독 CHECK 1 2 3

01 공익에 대한 설명으로 옳은 것만을 모두 고르면?

> ㉠ 실체설에 의하면 공익은 사익을 초월한 것이다.
> ㉡ 과정설에 의하면 공익은 사익 간 갈등을 조정·타협하는 과정에서 산출되는 것이다.
> ㉢ 실체설은 다원적 민주주의에 도움을 준다.
> ㉣ 플라톤(Plato)과 루소(Rousseau) 모두 공익 실체설을 주장하였다.

① ㉠, ㉡   ② ㉡, ㉢

③ ㉠, ㉡, ㉣   ④ ㉠, ㉢, ㉣

02 허즈버그(Herzberg)의 욕구충족요인 이원론에서 위생요인에 해당하지 않는 것은?

① 감독   ② 대인관계

③ 보수   ④ 성취감

03 서번트(servant) 리더십에 대한 설명으로 옳은 것만을 모두 고르면?

> ㉠ 구성원들이 공동의 목표를 이뤄 나갈 수 있도록 환경을 조성하고 도와준다.
> ㉡ 보상과 처벌을 핵심 관리수단으로 한다.
> ㉢ 그린리프(Greenleaf)는 존중, 봉사, 정의, 정직, 공동체 윤리를 강조했다.
> ㉣ 리더의 최우선적인 역할은 업무를 명확하게 지시하는 것이다.

① ㉠, ㉢   ② ㉠, ㉣

③ ㉡, ㉢   ④ ㉡, ㉣

04 행정학의 주요 접근법, 학자, 특성을 바르게 연결한 것은?

① 행정생태론 – 오스본(Osborne)과 게블러(Gaebler) – 환경 요인 중시

② 후기행태주의 – 이스턴(Easton) – 가치중립적·과학적 연구 강조

③ 신공공관리론 – 리그스(Riggs) – 시장원리인 경쟁을 도입

④ 뉴거버넌스론 – 로즈(Rhodes) – 정부·시장·시민사회 간 네트워크

05 티부(Tiebout) 모형의 전제조건으로 옳지 않은 것은?

① 시민의 이동성

② 외부효과의 배제

③ 고정적 생산요소의 부존재

④ 지방정부 재정패키지에 대한 완전한 정보

06 관료제 병리현상과 그 특징을 짝 지은 것으로 옳지 않은 것은?

① 할거주의 – 조정과 협조 곤란

② 형식주의 – 번거로운 문서 처리

③ 피터(Peter)의 원리 – 관료들의 세력 팽창 욕구로 인한 기구와 인력의 증대

④ 전문화로 인한 무능 – 한정된 분야의 전문성 강조로 타 분야에 대한 이해력 부족

07 정책집행 연구 중 상향적 접근방법(bottom-up approach)으로 옳은 것만을 모두 고르면?

> ㉠ 엘모어(Elmore)의 후방향적 집행연구
> ㉡ 사바티어(Sabatier)와 매즈매니언(Mazmanian)의 집행과정모형
> ㉢ 립스키(Lipsky)의 일선관료제
> ㉣ 반 미터(Van Meter)와 반 호른(Van Horn)의 집행연구

① ㉠, ㉢   ② ㉠, ㉣
③ ㉡, ㉢   ④ ㉡, ㉣

08 호그우드(Hogwood)와 피터스(Peters)가 제시한 정책변동의 유형에 대한 설명으로 옳지 않은 것은?

① 정책혁신은 기존의 조직이나 예산을 기반으로 새로운 형태의 개입을 결정하는 것이다.
② 정책승계는 정책의 기본 목표는 유지하되, 정책을 대체 혹은 수정하거나 일부 종결하는 것이다.
③ 정책유지는 기존 정책의 기본 골격을 유지하면서 정책수단의 부분적인 변화만 이루어지는 것이다.
④ 정책종결은 다른 정책으로의 대체 없이 기존 정책을 완전히 중단하는 것이다.

09 조직문화의 경쟁가치모형에 대한 설명으로 옳지 않은 것은?

① 위계 문화는 응집성을 강조한다.
② 혁신지향 문화는 창의성을 강조한다.
③ 과업지향 문화는 생산성을 강조한다.
④ 관계지향 문화는 사기 유지를 강조한다.

10 2015년 공무원연금 개혁에 대한 설명으로 옳지 않은 것은?

① 퇴직연금 지급률을 1.7%로 단계적 인하
② 퇴직연금 수급 재직요건을 20년에서 10년으로 완화
③ 퇴직연금 기여율을 기준소득월액의 9%로 단계적 인상
④ 퇴직급여 산정 기준은 퇴직 전 3년 평균보수월액으로 변경

11 특별시·광역시의 보통세와 도의 보통세에 공통적으로 속하는 세목만을 모두 고르면?

> ㉠ 지방소득세   ㉡ 지방소비세
> ㉢ 주민세   ㉣ 레저세
> ㉤ 재산세   ㉥ 취득세

① ㉠, ㉡, ㉣   ② ㉠, ㉢, ㉤
③ ㉡, ㉣, ㉥   ④ ㉢, ㉤, ㉥

12 정부회계에 대한 설명으로 옳지 않은 것은?

① 국가회계는 디브레인(dBrain) 시스템을 통해, 지방자치단체회계는 e-호조 시스템을 통해 처리된다.
② 재무회계는 현금주의 단식부기 회계방식이, 예산회계는 발생주의 복식부기 방식이 적용된다.
③ 발생주의에서는 미수수익이나 미지급금을 자산과 부채로 표시할 수 있다.
④ 재무제표는 거래가 발생하면 차변과 대변 양쪽에 동일한 금액으로 이중기입하는 복식부기 방식을 채택하고 있다.

13 정부위원회에 대한 설명으로 옳은 것만을 모두 고르면?

> ㉠ 책임성이 결여될 수 있다.
> ㉡ 자문위원회는 업무가 계속성·상시성이 있어야 한다.
> ㉢ 민주성을 제고하는 장점이 있다.
> ㉣ 방송통신위원회, 공정거래위원회, 국민권익위원회, 금융위원회, 개인정보 보호위원회, 원자력안전위원회는 중앙행정기관이다.

① ㉠, ㉢
② ㉡, ㉢
③ ㉡, ㉣
④ ㉠, ㉢, ㉣

14 공무원 보수의 유형에 대한 설명으로 옳지 않은 것은?

① 직능급은 자격증을 갖춘 유능한 인재의 확보에 유리하다.
② 연공급은 근속연수를 기준으로 하기 때문에 전문기술인력 확보에 유리하다.
③ 직무급은 동일노동에 대한 동일임금이라는 합리적인 보수 책정이 가능하다.
④ 성과급은 결과를 중시하며 변동급의 성격을 가진다.

15 다음은 「국가재정법」상 예비타당성조사에 대한 내용이다. (가)와 (나)에 들어갈 숫자로 옳은 것은?

> 기획재정부장관은 총사업비가 [(가)]억 원 이상이고 국가의 재정지원 규모가 [(나)]억 원 이상인 신규 사업으로서 건설공사가 포함된 사업 등에 대한 예산을 편성하기 위하여 미리 예비타당성조사를 실시하고, 그 결과를 요약하여 국회 소관 상임위원회와 예산결산특별위원회에 제출하여야 한다.

	(가)	(나)
①	300	100
②	300	200
③	500	250
④	500	300

16 「공직자윤리법」상 재산등록의무자로 옳지 않은 것은?

① 법관 및 검사
② 소령 이상의 장교 및 이에 상당하는 군무원
③ 총경 이상의 경찰공무원과 소방정 이상의 소방공무원
④ 4급 이상의 일반직 공무원에 상당하는 보수를 받는 별정직 공무원

17 살라몬(Salamon)의 정책도구 분류에서 강제성이 가장 높은 것은?

① 경제적 규제
② 바우처
③ 조세지출
④ 직접대출

18 일반회계, 특별회계, 기금에 대한 설명으로 옳지 않은 것은?

① 일반회계는 조세수입 등을 주요 세입으로 하여 국가의 일반적인 세출에 충당하기 위하여 설치한다.

② 특별회계와 기금은 예산총계주의 원칙의 예외이다.

③ 일반회계, 특별회계, 기금 모두 국회로부터 결산의 심의 및 의결을 받아야 한다.

④ 일반회계와 특별회계는 전쟁이나 대규모 재해가 발생한 경우 추가경정예산을 편성할 수 있다.

19 다음 설명에 해당하는 유연근무제의 유형은?

- 탄력근무제의 한 유형
- 1일 8시간에 구애받지 않음
- 주 3.5~4일 근무

① 재택근무형

② 집약근무형

③ 시차출퇴근형

④ 근무시간선택형

20 홀릿(Howlett)과 라메쉬(Ramesh)의 모형에 따라 정책의제설정 유형을 분류할 때, (가)~(라)에 대한 설명으로 옳지 않은 것은?

공중의 지지 / 의제설정 주도자	높음	낮음
사회 행위자(societal actors)	(가)	(나)
국가(state)	(다)	(라)

① (가) – 시민사회단체 등이 이슈를 제기하여 정책의제에 이른다.

② (나) – 특별히 의사결정자들에게 접근할 수 있는 영향력 있는 집단이 정책을 주도한다.

③ (다) – 이미 공중의 지지가 높기 때문에 정책이 결정된 후 집행이 용이하다.

④ (라) – 정책결정자가 이슈를 제기하면 자동적으로 정책의제화되기 때문에 성공적인 집행을 위한 공중의 지지는 필요 없다.

회독 CHECK 1 2 3

01 정치 · 행정 일원론에 대한 설명으로 옳은 것은?

① 행정국가의 등장과 연관성이 깊다.
② 윌슨(Wilson)의 「행정연구」가 공헌하였다.
③ 정치는 의사결정의 영역이고, 행정은 결정된 내용을 집행한다고 보았다.
④ 행정은 경영과 비슷해야 하며, 행정이 지향하는 가치로 절약과 능률을 강조하였다.

02 신공공관리론에서 지향하는 '기업가적 정부'의 특성에 해당하지 않는 것은?

① 경쟁적 정부
② 노젓기 정부
③ 성과 지향적 정부
④ 미래 대비형 정부

03 공직 분류 체계에 대한 설명으로 옳은 것은?

① 소방공무원은 특수경력직 공무원에 해당한다.
② 국회 수석전문위원은 일반직 공무원에 해당한다.
③ 차관에서 3급 공무원까지는 특정직 공무원에 해당한다.
④ 경력직 공무원은 실적과 자격에 의해 임용되고 신분이 보장된다.

04 예산제도에 대한 설명으로 옳지 않은 것은?

① 품목별 예산제도는 행정부의 재량권을 확대하기 위해 도입되었다.
② 성과주의 예산제도에서는 사업의 단위원가를 기초로 예산을 편성한다.
③ 계획예산제도에서는 장기적인 기획과 단기적인 예산편성을 연계하여 합리적 예산 배분을 시도한다.
④ 영기준 예산제도는 예산을 편성할 때 전년도 예산에 구애받지 않는다.

05 특별회계 예산과 기금에 대한 설명으로 옳지 않은 것은?

① 기금은 특정 수입과 지출의 연계가 강하다.
② 특별회계 예산은 세입과 세출이라는 운영 체계를 지닌다.
③ 특별회계 예산은 합목적성 차원에서 기금보다 자율성과 탄력성이 강하다.
④ 특별회계 예산과 기금은 모두 결산서를 국회에 제출하여야 한다.

06 지방재정에 대한 설명으로 옳지 않은 것은?

① 재정자립도는 일반회계 세입 중 지방세와 세외수입이 차지하는 비중을 말한다.
② 국고보조금은 지방재정운영의 자율성을 제고한다.
③ 지방교부세는 지역 간의 재정 불균형을 시정하기 위한 제도이다.
④ 지방자치단체는 재해예방 및 복구사업에 경비를 조달하기 위해서 지방채를 발행할 수 있다.

07 변혁적(transformational) 리더십에 대한 설명으로 옳은 것은?

① 적응보다 조직의 안정을 강조한다.

② 기계적 조직체계에 적합하며, 개인적 배려는 하지 않는다.

③ 부하에게 새로운 비전을 제시하며, 지적 자극을 통한 동기부여를 강조한다.

④ 리더와 부하의 관계를 경제적 교환관계로 인식하고, 보상에 관심을 둔다.

08 조직이론에 대한 설명으로 옳은 것은?

① 인간관계론은 동기 유발 기제로 사회심리적 측면을 강조한다.

② 귤릭(Gulick)은 시간-동작 연구를 통해 과학적 관리론을 주장하였다.

③ 고전적 조직이론은 조직 내 사회적 능률을 강조하고, 조직 속의 인간을 자아실현인으로 간주한다.

④ 상황이론(contingency theory)은 모든 상황에서 적용되는 유일·최선의 조직구조를 찾는다.

09 균형성과표(BSC)에 대한 설명으로 옳지 않은 것은?

① 조직의 장기적 전략 목표와 단기적 활동을 연결할 수 있게 한다.

② 재무적 성과지표와 비재무적 성과지표를 통한 균형적인 성과관리 도구라고 할 수 있다.

③ 재무적 정보 외에 고객, 내부 절차, 학습과 성장 등 조직 운영에 필요한 관점을 추가한 것이다.

④ 고객 관점에서의 성과지표는 시민참여, 적법절차, 내부 직원의 만족도, 정책 순응도, 공개 등이 있다.

10 정책옹호연합모형(advocacy coalition framework)에 대한 설명으로 옳지 않은 것은?

① 외적인 환경변수를 정책 과정과 연계함으로써 정책 변동을 설명한다.

② 정책학습을 통해 행위자들의 기저핵심신념(deep core beliefs)을 쉽게 변화시킬 수 있다.

③ 옹호연합 사이에서 정치적 갈등 발생 시 정책중개자가 이를 조정할 수 있다.

④ 옹호연합은 그들의 신념 체계가 정부 정책에 관철되도록 여론, 정보, 인적자원 등을 동원한다.

11 엽관주의와 실적주의에 대한 설명으로 옳은 것은?

① 엽관주의는 개인의 능력, 적성, 기술을 공직 임용 기준으로 한다.

② 엽관주의는 정치지도자의 국정 지도력을 약화한다.

③ 실적주의는 국민에 대한 관료의 대응성을 높인다.

④ 실적주의는 공직 임용에 대한 기회의 균등을 보장한다.

12 고위공무원단제도에 대한 설명으로 옳지 않은 것은?

① 역량 중심의 인사관리

② 계급 중심의 인사관리

③ 성과와 책임 중심의 인사관리

④ 개방과 경쟁 중심의 인사관리

13 4차 산업혁명에 관한 설명으로 옳지 않은 것은?

① 초연결성, 초지능성 등의 특징이 있다.
② 대량 생산 및 규모의 경제 확산이 핵심이다.
③ 사물인터넷은 스마트 도시 구현에 도움이 된다.
④ 빅데이터를 활용한 맞춤형 공공 서비스 제공이 가능하다.

14 행정통제와 행정책임에 대한 설명으로 옳은 것만을 모두 고르면?

┌───┐
│ ㉠ 파이너(Finer)는 법적 · 제도적 외부통제를 강조 │
│   한다. │
│ ㉡ 감사원의 직무감찰과 회계감사는 외부통제에 해 │
│   당한다. │
│ ㉢ 프리드리히(Friedrich)는 내재적 통제보다 객관 │
│   적 · 외재적 책임을 강조한다. │
└───┘

① ㉠   ② ㉡
③ ㉠, ㉢   ④ ㉡, ㉢

15 자치경찰제도에 대한 설명으로 옳지 않은 것은?

① 지역 실정에 맞는 치안 행정을 펼칠 수 있다.
② 경찰 업무의 통일성과 효율성을 높일 수 있다.
③ 제주자치경찰단은 주민의 생활안전 활동에 관한 사무를 수행한다.
④ 자치경찰사무를 관장하기 위하여 광역자치단체에 시 · 도자치경찰위원회를 둔다.

16 지방자치단체의 예비비에 대한 설명으로 옳지 않은 것은?

① 예측할 수 없는 예산 외의 지출에 충당하기 위하여 예산에 계상한다.
② 일반회계의 경우 예산총액의 100분의 1 이내의 금액을 예비비로 계상하여야 한다.
③ 지방의회의 예산안 심의 결과 감액된 지출항목에 대해 예비비를 사용할 수 있다.
④ 재해 · 재난 관련 목적 예비비는 별도로 예산에 계상할 수 있다.

17 앨리슨(Allison) 모형 중 다음 내용에 초점을 두고 정책결정을 설명하는 것은?

┌───┐
│ 1960년대 쿠바 미사일 사태에서 미국은 해안봉쇄로 │
│ 위기를 극복하였다. 정부의 각 부처를 대표하는 사람 │
│ 들은 위기 상황에서 각자가 선호하는 대안을 제시하 │
│ 였다. 대표자들은 여러 대안에 대하여 갈등과 타협의 │
│ 과정을 거쳤고, 결국 해안봉쇄 결정이 내려졌다. 이 │
│ 는 대통령이 사태 초기에 선호했던 국지적 공습과는 │
│ 다른 결정이었다. 물론 해안봉쇄가 위기를 해소하는 │
│ 최선의 대안이라는 보장은 없었고, 부처에 따라서는 │
│ 불만을 가진 대표자도 있었다. │
└───┘

① 합리적 행위자 모형
② 쓰레기통모형
③ 조직과정모형
④ 관료정치모형

18 신제도주의에 대한 설명으로 옳지 않은 것은?

① 제도는 법률, 규범, 관습 등을 포함한다.

② 역사적 제도주의는 제도가 경로의존성을 따른다고 본다.

③ 사회학적 제도주의는 적절성의 논리보다 결과성의 논리를 중시한다.

④ 합리적 선택 제도주의는 제도가 합리적 행위자의 이기적 행태를 제약한다고 본다.

19 정책실험에서 내적 타당성을 위협하는 요인 중 다음 설명에 해당하는 것은?

> 사전측정을 경험한 실험 대상자들이 측정 내용에 대해 친숙해지거나 학습 효과를 얻음으로써 사후측정 때 실험집단의 측정값에 영향을 주는 효과이며, '눈에 띄지 않는 관찰' 방법 등으로 통제할 수 있다.

① 검사요인

② 선발요인

③ 상실요인

④ 역사요인

20 지방정부의 기관구성 형태에 대한 설명으로 옳지 않은 것은?

① 강시장-의회(strong mayor-council) 형태에서는 시장이 강력한 정치적 리더십을 행사한다.

② 위원회(commission) 형태에서는 주민 직선으로 선출된 의원들이 집행부서의 장을 맡는다.

③ 약시장-의회(weak mayor-council) 형태에서는 일반적으로 의회가 예산을 편성한다.

④ 의회-시지배인(council-manager) 형태에서는 시지배인이 의례적이고 명목적인 기능을 수행한다.

회독 CHECK ①②③

01 작은 정부를 적극적으로 옹호하는 것은?

① 행정권 우월화를 인정하는 정치 · 행정 일원론
② 경제공황 극복을 위한 뉴딜정책
③ 사회복지 프로그램의 확대
④ 신공공관리론

02 기능(functional) 구조와 사업(project) 구조의 통합을 시도하는 조직 형태는?

① 팀제 조직
② 위원회 조직
③ 매트릭스 조직
④ 네트워크 조직

03 지방재정의 세입항목 중 자주재원에 해당하는 것은?

① 지방교부세
② 재산임대수입
③ 조정교부금
④ 국고보조금

04 국내 최고 대학을 졸업했기 때문에 일을 잘했을 것이라고 생각하여 피평정자에게 높은 근무성적평정 등급을 부여할 경우 평정자가 범하는 오류는?

① 선입견에 의한 오류
② 집중화 경향으로 인한 오류
③ 엄격화 경향으로 인한 오류
④ 첫머리 효과에 의한 오류

05 행정 가치에 대한 설명으로 옳지 않은 것은?

① 공익 과정설에 따르면 사익을 초월한 별도의 공익이란 존재할 수 없다.
② 롤스(Rawls)는 사회정의의 제1원리와 제2원리가 충돌할 경우 제1원리가 우선이라고 주장한다.
③ 파레토 최적 상태는 형평성 가치를 뒷받침하는 기준이다.
④ 근대 이후 합리성은 목표를 달성하는 수단과 관련된 개념이다.

06 기술과 조직구조의 관계에 대한 페로(Perrow)의 설명으로 옳지 않은 것은?

① 정형화된(routine) 기술은 공식성 및 집권성이 높은 조직구조와 부합한다.
② 비정형화된(non-routine) 기술은 부하들에 대한 상사의 통솔 범위를 넓힐 수밖에 없을 것이다.
③ 공학적(engineering) 기술은 문제의 분석 가능성이 높다.
④ 기예적(craft) 기술은 대체로 유기적 조직구조와 부합한다.

07 지방분권 추진 원칙 중 다음 설명에 해당하는 것은?

> • 기능 배분에 있어 가까운 정부에게 우선적 관할권을 부여한다.
> • 민간이 처리할 수 있다면 정부가 관여해서는 안 된다.
> • 가까운 지방정부가 처리할 수 있는 업무에 상급 지방정부나 중앙정부가 관여해서는 안 된다.

① 보충성의 원칙　　　② 포괄성의 원칙
③ 형평성의 원칙　　　④ 경제성의 원칙

08 정책집행의 하향식 접근(top-down approach)에 대한 설명으로 옳은 것만을 모두 고르면?

> ㉠ 집행이 일어나는 현장에 초점을 맞춘다.
> ㉡ 일선공무원의 전문지식과 문제해결능력을 중시한다.
> ㉢ 하위직보다는 고위직이 주도한다.
> ㉣ 정책결정자는 정책집행에 영향을 미치는 정치적·조직적·기술적 과정을 충분히 통제할 수 있다.

① ㉠, ㉡　　　　　　② ㉠, ㉢
③ ㉡, ㉣　　　　　　④ ㉢, ㉣

09 조직구성 원리에 대한 설명으로 옳지 않은 것은?

① 분업의 원리 – 일은 가능한 한 세분해야 한다.
② 통솔범위의 원리 – 한 명의 상관이 감독하는 부하의 수는 상관의 통제능력 범위 내로 한정해야 한다.
③ 명령통일의 원리 – 여러 상관이 지시한 명령이 서로 다를 경우 내용이 통일될 때까지 명령을 따르지 않아야 한다.
④ 조정의 원리 – 권한 배분의 구조를 통해 분화된 활동들을 통합해야 한다.

10 직업공무원제의 단점을 보완하는 것으로 옳지 않은 것은?

① 개방형 인사제도
② 계약제 임용제도
③ 계급정년제의 도입
④ 정치적 중립의 강화

11 A 예산제도에서 강조하는 기능은?

> A 예산제도는 당시 미국의 국방장관이었던 맥나마라(McNamara)에 의해 국방부에 처음 도입되었고, 국방부의 성공적인 예산개혁에 공감한 존슨(Johnson) 대통령이 1965년에 전 연방정부에 도입하였다.

① 통제　　　　　　　② 관리
③ 기획　　　　　　　④ 감축

12 직위분류제의 단점은?

① 행정의 전문성 결여
② 조직 내 인력 배치의 신축성 부족
③ 계급 간 차별 심화
④ 직무경계의 불명확성

13 행정통제의 유형 중 외부통제가 아닌 것은?

① 감사원의 직무감찰
② 의회의 국정감사
③ 법원의 행정명령 위법 여부 심사
④ 헌법재판소의 권한쟁의심판

14 민간투자사업자가 사회기반시설 준공과 동시에 해당 시설 소유권을 정부로 이전하는 대신 시설관리운영권을 획득하고, 정부는 해당 시설을 임차 사용하여 약정 기간 임대료를 민간에게 지급하는 방식은?

① BTO(Build-Transfer-Operate)
② BTL(Build-Transfer-Lease)
③ BOT(Build-Own-Transfer)
④ BOO(Build-Own-Operate)

15 정책평가의 논리에서 수단과 목표 간의 인과관계에 대한 설명으로 옳은 것만을 모두 고르면?

㉠ 정책목표의 달성이 정책수단의 실현에 선행해서 존재해야 한다.
㉡ 특정 정책수단 실현과 정책목표 달성 간 관계를 설명하는 다른 요인이 배제되어야 한다.
㉢ 정책수단의 변화 정도에 따라 정책목표의 달성 정도도 변해야 한다.

---

① ㉠　　　　　　　　② ㉢
③ ㉠, ㉡　　　　　　④ ㉡, ㉢

16 비용편익분석에 대한 설명으로 옳지 않은 것은?

① 분야가 다른 정책이나 프로그램은 비교할 수 없다.
② 정책대안의 비용과 편익을 모두 가시적인 화폐 가치로 바꾸어 측정한다.
③ 미래의 비용과 편익의 가치를 현재가치로 환산하는 데 할인율(discount rate)을 적용한다.
④ 편익의 현재가치가 비용의 현재가치를 초과하면 순현재가치(NPV)는 0보다 크다.

17 정책결정모형에 대한 설명으로 옳은 것만을 모두 고르면?

㉠ 만족모형에서는 정책결정을 근본적 결정과 세부적 결정으로 구분한다.
㉡ 점증주의모형은 현상유지를 옹호하므로 보수적이라는 비판을 받고 있다.
㉢ 쓰레기통모형에서 의사결정의 4가지 요소는 문제, 해결책, 선택기회, 참여자이다.
㉣ 갈등의 준해결과 표준운영절차(SOP)의 활용은 최적모형의 특징이다.

---

① ㉠, ㉡　　　　　　② ㉠, ㉣
③ ㉡, ㉢　　　　　　④ ㉢, ㉣

18 조세지출 예산제도에 대한 설명으로 옳지 않은 것은?

① 세제 지원을 통해 제공한 혜택을 예산지출로 인정하는 것이다.
② 예산지출이 직접적 예산 집행이라면 조세지출은 세제상의 혜택을 통한 간접지출의 성격을 띤다.
③ 직접 보조금과 대비해 눈에 보이지 않는 숨겨진 보조금이라고 이해할 수 있다.
④ 세금 자체를 부과하지 않는 비과세는 조세지출의 방법으로 볼 수 없다.

19 유비쿼터스 전자정부에 대한 설명으로 옳은 것만을 모두 고르면?

> ㉠ 기술적으로 브로드밴드와 무선, 모바일 네트워크, 센싱, 칩 등을 기반으로 한다.
> ㉡ 서비스 전달 측면에서 지능적인 업무수행과 개개인의 수요에 맞는 맞춤형 서비스를 제공한다.
> ㉢ Any-time, Any-where, Any-device, Any-network, Any-service 환경에서 실현되는 정부를 지향한다.

① ㉠, ㉡
② ㉠, ㉢
③ ㉡, ㉢
④ ㉠, ㉡, ㉢

20 민원행정의 성격에 대한 설명으로 옳은 것만을 모두 고르면?

> ㉠ 규정에 따라 서비스를 제공하는 전달적 행정이다.
> ㉡ 행정기관도 민원을 제기하는 주체가 될 수 있다.
> ㉢ 행정구제수단으로 볼 수 없다.

① ㉠
② ㉢
③ ㉠, ㉡
④ ㉡, ㉢

지방직 9급 행정학개론

01 행정이 추구하는 가치에 대한 설명으로 옳지 않은 것은?

① 합리성은 어떤 행위가 궁극적인 목표달성을 위한 최적의 수단이 되느냐를 가리키는 개념이다.

② 효과성은 투입 대비 산출의 비율을, 능률성은 목표의 달성도를 나타내는 개념이다.

③ 행정의 민주성은 대외적으로 국민 의사의 존중·수렴과 대내적으로 행정조직의 민주적 운영이라는 두 가지 측면이 있다.

④ 수평적 형평성이란 동등한 것을 동등하게 취급하는 것, 수직적 형평성이란 동등하지 않은 것을 서로 다르게 취급하는 것을 의미한다.

02 대표관료제에 대한 설명으로 옳지 않은 것은?

① 소극적 대표가 적극적 대표를 촉진한다는 가정하에 제도를 운영해 왔다.

② 엽관주의 폐단을 시정하기 위해 등장하였으며 역차별의 문제를 완화할 수 있다.

③ 소극적 대표성은 전체 사회의 인구 구성적 특성과 가치를 반영하는 관료제의 인적 구성을 강조한다.

④ 우리나라는 균형인사제도를 통해 장애인·지방인재·저소득층 등에 대한 공직진출 지원을 하고 있다.

03 조직의 의사결정에 대한 설명으로 옳지 않은 것은?

① 전통적 델파이기법은 전문가들의 다양성을 고려해 의견일치를 유도하지 않는다.

② 현실의 세계에서는 완벽한 합리성이 아닌 제한된 합리성의 상황에서 의사결정이 이루어진다.

③ 브레인스토밍 과정에서는 타인의 아이디어를 비판하거나 평가하지 말아야 한다.

④ 고도로 집권화된 구조나 기능을 중심으로 편제된 조직의 의사결정은 최고관리자 개인이 주도하는 경우가 많다.

04 정책 환경의 불확실성을 극복하는 대처방안 중 소극적인 방법에 해당하는 것은?

① 상황에 대한 정보의 획득

② 정책실험의 수행

③ 협상이나 타협

④ 지연이나 회피

05 광역행정에 대한 설명으로 옳지 않은 것은?

① 기존의 행정구역을 초월해 더 넓은 지역을 대상으로 행정을 수행한다.

② 행정권과 주민의 생활권을 일치시켜 행정 효율성을 증진시킬 수 있다.

③ 규모의 경제를 확보하기 어렵다.

④ 지방자치단체 간에 균질한 행정서비스를 제공하는 계기로 작용해 왔다.

06 옴부즈만(Ombudsman) 제도에 대한 설명으로 옳지 않은 것은?

① 행정에 대한 통제 기능을 수행한다.

② 스웨덴에서는 19세기에 채택되었다.

③ 옴부즈만을 임명하는 주체는 입법기관, 행정수반 등 국가별로 상이하다.

④ 우리나라의 국민권익위원회는 헌법상 독립성을 보장하기 위해 대통령 소속으로 설치되었다.

07 통합재정에 대한 설명으로 옳은 것은?

① 일반회계, 특별회계, 기금을 포함한다.

② 통합재정의 기관 범위에 공공기관은 포함되지만, 지방자치단체는 포함되지 않는다.

③ 국민의 입장에서 느끼는 정부의 지출 규모이며 내부 거래를 포함한다.

④ 2005년부터 정부의 재정규모 통계로 사용하고 있으며 세입과 세출을 총계 개념으로 파악한다.

08 로위(Lowi)가 제시한 구성정책의 사례로 옳지 않은 것은?

① 공직자 보수에 관한 정책

② 선거구 조정 정책

③ 정부기관이나 기구 신설에 관한 정책

④ 국유지 불하 정책

09 예산과정에 대한 설명으로 옳은 것은?

① 예산과정은 예산편성 – 예산집행 – 예산심의 – 예산결산의 순으로 이루어진다.

② 예산집행의 신축성을 확보하기 위해 예비비, 총액계상제도 등을 활용하고 있다.

③ 예산제도 개선 등으로 절약된 예산 일부를 예산성과금으로 지급할 수 있지만 다른 사업에 사용할 수는 없다.

④ 각 중앙부처가 총액 한도를 지정한 후에 사업별 예산을 편성하고 있어 기획재정부의 사업별 예산통제 기능은 미약하다.

10 2016년 이후 정부조직의 변화에 대한 설명으로 옳지 않은 것은? 〈변형〉

① 중소기업, 벤처기업 등에 관한 사무를 관장하는 중소벤처기업부를 신설하였다.

② 행정안전부의 외청으로 소방청을 신설하였다.

③ 국가보훈처가 국가보훈부로 승격되었다.

④ 한국수자원공사에 대한 관할권을 환경부에서 국토교통부로 이관하였다.

11 직업공무원제에 대한 설명으로 옳지 않은 것은?

① 젊고 우수한 인재가 공직을 직업으로 선택해 일생을 바쳐 성실히 근무하도록 운영하는 인사제도이다.

② 폐쇄적 임용을 통해 공무원집단의 보수화를 예방하고 전문행정가 양성을 촉진한다.

③ 행정의 안정성을 확보할 수 있고, 높은 수준의 행동규범을 유지하는 데 도움이 된다.

④ 조직 내에 승진적체가 심화되면서 직원들의 불만이 증가할 수 있다.

12 미국에서 등장한 행정이론인 신행정학(New Public Administration)에 대한 설명으로 옳지 않은 것은?

① 신행정학은 미국의 사회문제 해결을 촉구한 반면 발전행정은 제3세계의 근대화 지원에 주력하였다.

② 신행정학은 정치·행정 이원론에 입각하여 독자적인 행정이론의 발전을 이루고자 하였다.

③ 신행정학은 가치에 대한 새로운 인식을 기초로 규범적이며 처방적인 연구를 강조하였다.

④ 신행정학은 왈도(Waldo)가 주도한 1968년 미노브룩(Minnowbrook) 회의를 계기로 태동하였다.

13 '변혁적 리더십(transformational leadership)'에 대한 설명으로 옳지 않은 것은?

① 조직참여의 기대가 적은 경우에 적합하며 예외관리에 초점을 둔다.

② 리더가 부하에게 특별한 관심을 보이거나 자긍심과 신념을 심어준다.

③ 리더가 부하들의 창의성을 계발하는 지적 자극(intellectual stimulation)을 중시한다.

④ 리더가 인본주의, 평화 등 도덕적 가치와 이상을 호소하는 방식으로 부하들의 의식수준을 높인다.

14 정책결정모형에 대한 설명으로 옳지 않은 것은?

① 린드블롬(Lindblom) 같은 점증주의자들은 합리모형이 불가능한 일을 정책결정자에게 강요함으로써 바람직한 정책결정에 도움을 주지 못한다고 주장한다.

② 사이먼(Simon)의 만족모형은 합리모형에 대한 심각한 도전이자, 인간의 인지능력이라는 기본적인 요소에서 출발했기에 이론적 영향이 컸다.

③ 에치오니(Etzioni)는 합리모형과 점증모형의 단점을 극복하기 위하여 최적모형을 주장하였다.

④ 스타인부르너(Steinbruner)는 시스템 공학의 사이버네틱스 개념을 응용하여 관료제에서 이루어지는 정책결정을 단순하게 묘사하고자 노력하였다.

15 주민참여제도에 대한 설명으로 옳지 않은 것은? 〈변형〉

① 주민참여제도에는 주민투표, 주민소환, 주민소송 등이 있다.

②「지방자치법」에서는 주민소송에 관한 사항을 명시하고 있다.

③ 지역구지방의회의원에 대한 주민소환투표는 당해 지방의회의원의 지역선거구를 대상으로 한다.

④ 지방자치단체가 조례를 제정하면 해당 지역에 거주하는 19세 이상의 외국인에게도 주민투표권이 부여된다.

16 다음 특징을 가진 정책변동모형은?

> • 분석단위로서 정책하위체제(policy sub-system)에 초점을 두고 정책변화를 이해한다.
> • 신념체계, 정책학습 등의 요인은 정책변동에 영향을 준다.
> • 정책변동과정에서 정책중재자(policy mediator)가 중요한 역할을 한다.

① 정책흐름(Policy Stream)모형

② 단절적 균형(Punctuated Equilibrium)모형

③ 정책지지연합(Advocacy Coalition Framework)모형

④ 정책패러다임 변동(Paradigm Shift)모형

17 정책평가에서 내적 타당성에 대한 설명으로 옳지 않은 것은?

① 준실험설계보다 진실험설계를 사용할 때 내적 타당성의 저해요인이 다양하게 나타난다.

② 정책의 집행과 효과 사이에 존재하는 인과관계의 추론이 가능한 평가가 내적 타당성이 있는 평가이다.

③ 허위변수나 혼란변수를 배제할 수 있다면 내적 타당성을 높일 수 있다.

④ 선발요인이나 상실요인을 통제하기 위해서는 무작위배정이나 사전측정이 필요하다.

18 공무원의 근무성적평정에 대한 설명으로 옳은 것은?

① 평정대상자의 근무실적과 직무수행능력을 평가하지만 적성, 근무태도 등은 평가하지 않는다.

② 중요사건기록법은 평정대상자로 하여금 자신의 근무실적을 스스로 보고하도록 하는 방법이다.

③ 평정자가 평정대상자를 다른 평정대상자와 비교함으로써 발생하는 오류는 대비오차이다.

④ 우리나라의 6급 이하 공무원에게는 직무성과계약제가 적용되고 있다.

19 예비타당성조사에 대한 설명으로 옳은 것은?

① 기존에 유지된 타당성조사의 문제점을 보완하기 위해 2013년부터 도입하였다.

② 신규 사업 중 총사업비가 300억 원 이상인 사업은 예비타당성조사대상에 포함된다.

③ 중앙행정기관의 장은 예비타당성조사를 실시하고 기획재정부장관과 그 결과를 협의해야 한다.

④ 조사대상 사업의 경제성, 정책적 필요성 등을 종합적으로 검토하여 그 타당성 여부를 판단한다.

20 국가채무에 대한 설명으로 옳지 않은 것은?

① 기획재정부장관은 국가채무관리계획을 수립하여야 한다.

② 국채를 발행하고자 할 때에는 국회의 의결을 얻어야 한다.

③ 우리나라가 발행하는 국채의 종류에 국고채와 재정증권은 포함되지 않는다.

④ 우리나라의 GDP 대비 국가채무비율은 일본과 미국보다 낮은 상태이다.

모바일 OMR

✔ 회독 CHECK 1 2 3

01 행정이론의 패러다임과 추구하는 가치를 바르게 연결한 것은?

① 행정관리론 – 절약과 능률성
② 신행정론 – 형평성과 탈규제
③ 신공공관리론 – 경쟁과 민주성
④ 뉴거버넌스론 – 대응성과 효율성

02 조직이론에 대한 설명으로 옳지 않은 것은?

① 구조적 상황이론 – 상황과 조직특성 간의 적합 여부가 조직의 효과성을 결정한다.
② 전략적 선택이론 – 상황이 구조를 결정하기보다는 관리자의 상황 판단과 전략이 구조를 결정한다.
③ 자원의존이론 – 조직의 안정과 생존을 위해서 조직의 주도적 · 능동적 행동을 중시한다.
④ 대리인이론 – 주인 · 대리인의 정보 비대칭 문제를 해결하기 위해 대리인에게 대폭 권한을 위임한다.

03 공공선택이론에 대한 설명으로 옳지 않은 것은?

① 사회의 비시장적인 영역들에 대해서 경제학적 방식으로 연구한다.
② 시민들의 요구와 선호에 민감하게 부응하는 제도 마련으로 민주행정의 구현에도 의의가 있다.
③ 전통적 관료제를 비판하고 그것을 대체할 공공재 공급방식의 도입을 강조한다.
④ 효용극대화를 추구한다는 합리적 개인에 대한 가정은 현실 적합성이 높다고 평가받는다.

04 다음 설명에 해당하는 예산제도는?

> • 합리적 선택을 강조하는 총체주의 방식의 예산제도이다.
> • 조직구성원의 참여가 상대적으로 높은 분권화된 관리 체계를 갖는다.
> • 예산편성에 비용 · 노력의 과다한 투입을 요구한다는 비판을 받는다.

① 성과주의 예산제도
② 계획예산제도
③ 영기준 예산제도
④ 품목별 예산제도

05 총액배분 · 자율편성제도에 대한 설명으로 옳지 않은 것은?

① 전략기획과 분권 확대를 예산편성 방식에 도입하기 위해 실시하고 있다.
② 각 중앙부처는 소관 정책과 우선순위에 입각해 연도별 재정규모, 분야별 · 부문별 지출한도를 제시한다.
③ 지출한도가 사전에 제시되기 때문에 부처의 재정사업에 대한 책임과 권한을 강화할 수 있다.
④ 부처의 재량을 확대하였지만 기획재정부는 사업별 예산통제 기능을 유지하고 있다.

06 머스그레이브(Musgrave)의 정부 재정기능의 기본 원칙에 대한 설명으로 옳지 않은 것은?

① 시장실패를 교정하고 사회적 최적 생산과 소비 수준이 이루어지도록 해야 한다.

② 세입 면에서는 차별 과세를 하고, 세출 면에서는 사회보장적 지출을 통해 소외계층을 지원해야 한다.

③ 고용, 물가 등과 같은 거시경제 지표들을 안정적으로 조절해야 한다.

④ 정부에 부여된 목적과 자원을 연계하여 소기의 성과를 거둘 수 있도록 관료를 통제해야 한다.

07 「정부조직법」상 행정기관의 소속으로 옳지 않은 것은?

① 법제처 – 국무총리

② 국가정보원 – 대통령

③ 소방청 – 행정안전부장관

④ 특허청 – 기획재정부장관

08 윌슨(Wilson)의 규제정치 유형과 예시를 연결한 것으로 옳지 않은 것은?

① 고객정치 – 농산물에 대한 최저가격 규제

② 이익집단정치 – 신문·방송·출판물의 윤리규제

③ 대중정치 – 낙태에 대한 규제

④ 기업가정치 – 식품에 대한 위생규제

09 정부에서 실시하고 있는 분석 및 평가제도에 대한 설명으로 옳은 것만을 모두 고르면?

㉠ 규제영향분석 – 「행정규제기본법」상 규제를 신설·강화할 때, 규제를 받는 집단과 국민이 부담해야 할 비용과 편익도 비교·분석해야 한다.

㉡ 지방공기업평가 – 「지방공기업법」에 근거를 두고 있으며, 원칙적으로 지방자치단체장이 실시하되 필요시 행정안전부장관이 실시할 수 있다.

㉢ 정부업무평가 – 「정부업무평가 기본법」상 국무총리는 중앙행정기관의 자체평가 결과에 대해 필요시 정부업무평가위원회의 심의·의결을 거쳐 재평가를 할 수 있다.

㉣ 환경영향평가 – 2003년 「환경영향평가법」에 처음으로 근거가 명시된 후 발전해 온 평가제도이다.

① ㉠, ㉢　　　　② ㉠, ㉣

③ ㉡, ㉢　　　　④ ㉡, ㉣

10 버먼(Berman)의 '적응적 집행'에 대한 설명으로 옳은 것은?

① 미시집행 국면에서 발생하는 정책과 집행조직 사이의 상호적응이 이루어질 때 성공적으로 집행된다.

② 거시적 집행구조는 동원, 전달자의 집행, 제도화의 세 단계로 구분된다.

③ '행정'은 행정을 통해 구체화된 정부프로그램이 집행을 담당하는 지방정부의 사업으로 받아들여지는 것을 의미한다.

④ '채택'은 지방정부가 채택한 사업을 실행사업으로 변화시키는 것을 의미한다.

11 지방재정조정제도 중 「지방교부세법」에서 규정하고 있지 않은 것은?

① 소방안전교부세　　　② 보통교부세
③ 조정교부금　　　　　④ 부동산교부세

12 「국가공무원법」상 공무원 인사에 대한 설명으로 옳지 않은 것은?

① 당연퇴직은 법이 정한 사유가 발생한 경우 별도의 처분 없이 공무원 관계가 소멸되는 것을 말한다.
② 직권면직은 법이 정한 사유가 발생한 경우 임용권자가 일방적으로 공무원 관계를 소멸시키는 것을 말한다.
③ 직위해제는 직무수행능력이 부족하거나 근무성적이 극히 나쁜 경우 공무원의 신분은 유지하지만 강제로 직무를 담당하지 못하게 하는 것이다.
④ 강임은 한 계급 아래로 직급을 내리는 것으로 징계의 종류 중 하나이다.

13 「지방자치법」상 주민의 감사청구에 대한 설명으로 옳지 않은 것은? 〈변형〉

① 주민의 감사청구는 사무처리가 있었던 날이나 끝난 날부터 3년이 지나면 제기할 수 없다.
② 주무부장관이나 시·도지사는 감사청구를 수리한 날부터 60일 이내에 감사 청구된 사항에 대하여 감사를 끝내는 것을 원칙으로 한다.
③ 다른 기관에서 감사한 사항이라도 새로운 사항이 발견되거나 중요 사항이 감사에서 누락된 경우는 감사청구의 대상이 될 수 있다.
④ 지방자치단체의 18세 이상의 주민은 시·도는 500명, 인구 50만 명 이상 대도시는 200명, 그 밖의 시·군 및 자치구는 100명 이내에서 그 지방자치단체의 조례로 정하는 18세 이상의 주민 수 이상이 연대 서명하여 감사를 청구할 수 있다.

14 표준운영절차(SOP)에 대한 설명으로 옳은 것은?

① 업무 담당자가 바뀌게 되면 표준운영절차로 인해 업무처리의 연속성을 유지하는 것이 어렵게 된다.
② 표준운영절차는 업무처리의 공평성을 확보하는 데 기여한다.
③ 표준운영절차에 따른 업무처리는 정책집행 현장의 특수성을 반영하기에 용이하다.
④ 정책결정모형 중 앨리슨(Allison) 모형의 Model I 은 표준운영절차에 따른 의사결정을 가정한다.

15 던리비(Dunleavy)의 관청형성모형에 대한 설명으로 가장 옳은 것은?

① 고위 관료의 선호에 맞지 않는 기능을 민영화나 위탁계약을 통해 지방정부나 준정부기관으로 넘긴다.
② 합리적인 고위직 관료들은 소속기관의 예산 극대화를 추구한다.
③ 중하위직 관료는 주로 관청예산의 증대로 이득을 얻는다.
④ 관료들이 정책결정을 할 때 사적이익보다는 공적이익을 우선시한다.

16 규제의 유형에 대한 설명으로 옳지 않은 것은?

① 리플리와 프랭클린(Ripley&Franklin)은 보호적 규제와 경쟁적 규제로 구분하고 있다.
② 경제규제는 주로 시장의 가격 기능에 개입하고 특정 기업의 시장 진입을 배제하거나 억압하는 방식으로 작동된다.
③ 포지티브 규제는 네거티브 규제보다 피규제자의 자율성을 더 보장한다.
④ 자율규제는 피규제자가 스스로 합의된 규범을 만들고 이를 구성원들에게 적용하는 형태의 규제방식이다.

17 「지방공무원법」상 특정직 지방공무원에 해당하지 않는 것은?

① 지방의회 전문위원
② 교육감 소속의 교육전문직원
③ 자치경찰공무원
④ 지방소방공무원

18 「부정청탁 및 금품 등 수수의 금지에 관한 법률 시행령」의 개정 내용 중 음식물·경조사비 등의 가액 범위로 옳지 않은 것은? (단, 합산의 경우는 배제한다)

	내용	종전(2016.9.8.)	개정(2018.1.17.)
①	유가증권	5만 원	5만 원
②	축의금, 조의금	10만 원	5만 원
③	음식물	3만 원	5만 원
④	농수산물 및 농수산 가공품	5만 원	10만 원

19 역량평가에 대한 설명으로 옳은 것만을 모두 고르면?

> ㉠ 역량은 조직의 평균적인 성과자의 행동특성과 태도를 의미한다.
> ㉡ 다수의 훈련된 평가자가 평가대상자가 수행하는 역할과 행동을 관찰하고 합의하여 평가결과를 도출한다.
> ㉢ 고위공무원단 역량평가의 대상은 문제인식, 전략적 사고, 성과지향, 변화관리, 고객만족, 조정·통합의 6가지 역량으로 구성되어 있다.
> ㉣ 고위공무원단 후보자가 되기 위해서는 역량평가를 거친 후 반드시 고위공무원단 후보자 교육과정을 이수해야 한다.

① ㉠, ㉡　　　　　　② ㉠, ㉣
③ ㉡, ㉢　　　　　　④ ㉢, ㉣

20 유연근무제도에 대한 설명으로 옳지 않은 것은?

① 유연근무제도에는 시간선택제, 전환근무제, 탄력근무제, 원격근무제가 포함된다.
② 원격근무제는 재택근무형과 스마트워크 근무형으로 구분된다.
③ 심각한 보안위험이 예상되는 업무는 온라인 원격근무를 할 수 없다.
④ 재택근무자의 재택근무일에도 시간외 근무수당 실적분과 정액분을 모두 지급하여야 한다.

목적과 그에 따른 계획이 없으면 목적지 없이 항해하는 배와 같다.

– 피츠휴 닷슨 –

PART 3
서울시

출제경향

2020년

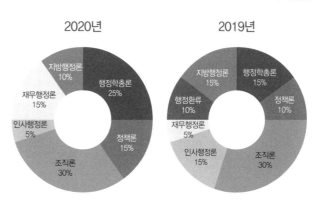

2019년

2018년

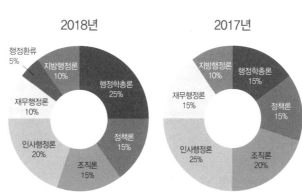

2017년

모바일 OMR

✔ 회독 CHECK 1 2 3

01 〈보기〉가 설명하는 분석 방법은?

---〈보 기〉---
- 대안 간의 쌍대 비교를 한다.
- 사티(Saaty)가 제시한 원리에 따라 상대적 중요도를 설정한다.
- 우선순위를 판단하는 데 도움이 된다.

① 브레인스토밍
② 델파이
③ 회귀분석
④ 분석적 계층화 과정(AHP)

02 민츠버그(Mintzberg)의 정부관리모형에 대한 설명으로 가장 옳지 않은 것은?

① 기계모형 – 정부는 각종 법령과 규칙, 기준에 의해 중앙통제를 받는다.
② 네트워크모형 – 정부는 사업 단위들의 협동적 연계망으로 구성된다.
③ 성과통제모형 – 정부는 계획 및 통제의 역할을 담당하고 모든 집행 역할은 민영화한다.
④ 규범적 통제모형 – 정부는 규범적 가치와 신념에 의해 통제된다.

03 〈보기〉에서 설명하고 있는 개념으로 가장 옳은 것은?

---〈보 기〉---
행정기관이 제공하는 행정서비스의 기준과 내용, 이를 제공받을 수 있는 절차와 방법, 잘못된 서비스에 대한 시정 및 보상조치 등을 구체적으로 정하여 공표하고 이의 실현을 국민에게 약속하는 것

① 고객만족도
② 행정서비스헌장
③ 민원서비스
④ 행정의 투명성 강화

04 「국가재정법」상 국가재정 운용에 대한 설명으로 가장 옳지 않은 것은?

① 정부는 필요한 경우 회계 · 기금 간 여유재원의 전입 · 전출을 할 수 있는데, 국민연금기금과 공무원연금기금은 제외하고 있다.
② 외국차관을 도입하여 전대(轉貸)하는 경우는 예산총계주의 원칙의 예외에 해당한다.
③ 공무원 보수 인상을 위한 인건비 충당을 위해서는 예비비의 사용목적을 지정할 수 없다.
④ 정부는 대통령의 승인을 얻은 예산안을 회계연도 개시 150일 전까지 국회에 제출하여야 한다.

05 베버(Max Weber)가 관료제의 특징으로 제시한 내용에 해당하지 않는 것은?

① 문서화된 규정 – 조직의 목표달성을 위해 필요한 절차와 방법이 기록된 규정이 존재함
② 계층제 – 피라미드 모양의 계층구조를 가지며, 명령과 통제가 위로부터 아래로 전달됨
③ 전문성 – 업무에 대한 지식을 가진 전문적인 관료가 업무를 담당하며, 직무에의 전념을 요구함
④ 협력적 행동 – 원활한 계층 체계 작동을 위해 구성원은 서로 협력하며, 이를 통해 높은 효율과 성과를 거둘 수 있음

06 지방교부세에 대한 설명으로 가장 옳지 않은 것은? 〈변형〉

① 국고보조금과 함께 지방재정조정제도로 운영되고 있다.
② 대표적 지방세로, 내국세 총액의 19.24%와 종합부동산세 총액으로만 구성된다.
③ 보통교부세는 용도를 특정하지 않은 일반재원이다.
④ 소방안전교부세 중 「개별소비세법」에 따라 담배에 부과하는 개별소비세 총액의 20%를 초과하는 부분은 소방 인력의 인건비로 우선 충당하여야 한다.

07 리플리(Ripley)와 프랭클린(Franklin)의 정책유형 중 〈보기〉의 사례에 해당하는 것은?

〈보 기〉

식품의약품안전처는 다이어트, 디톡스 효과 등을 내세우며 거짓·과장 광고를 한 유튜버 등 인플루언서(SNS에서 소비자들에게 큰 영향을 미치는 사람) 15명과 이들에게 법률에서 금지하고 있는 체험형 광고 등을 의뢰한 유통전문 판매업체 8곳을 적발했다고 9일 밝혔다.

---

① 윤리정책
② 경쟁적 규제정책
③ 보호적 규제정책
④ 사회적 규제정책

08 가외성(redundancy)에 대한 설명으로 가장 옳지 않은 것은?

① 동등잠재성(equipotentiality)은 동일한 기능을 여러 기관들이 독자적 상태에서 수행하는 것을 의미한다.
② 란다우(Martin Landau)는 권력분립, 계선과 참모, 양원제와 위원회제도를 가외성 현상이 반영된 제도로 본다.
③ 창조성 제고, 적응성 증진 등에 효용이 있다.
④ 한계로는 비용상의 문제와 조직 내 갈등 유발 등이 지적된다.

09 행정학의 접근방법에 대한 설명으로 가장 옳지 않은 것은?

① 행태론적 접근방법은 과학적 방법의 적용을 강조한다.

② 체제론적 접근방법은 환경의 영향을 중시한다.

③ 사회학적 제도주의는 신제도주의에서 제도의 개념을 가장 좁게 해석한다.

④ 논변적 접근방법은 결정에 대한 주장을 정당화할 수 있도록 논거를 전개할 수 있는 모형을 제공한다.

10 「국가공무원법」상 중앙인사관장기관이 아닌 것은?

① 감사원사무총장

② 법원행정처장

③ 헌법재판소사무처장

④ 국회사무총장

11 「전자정부법」상 전자정부에 대한 설명으로 가장 옳지 않은 것은?

① 행정기관 등은 전자정부의 구현을 위해 중복투자의 방지 및 상호운용성 증진 등을 우선적으로 고려하여야 한다.

② 행정기관 등의 장은 5년마다 해당 기관의 전자정부의 구현·운영 및 발전을 위한 기본계획을 수립하여 중앙사무관장기관의 장에게 제출하여야 한다.

③ 행정기관 등의 장은 해당 기관의 전자정부서비스에 대한 이용실태 등을 주기적으로 조사하여야 한다.

④ 행정기관 등의 장이 행정안전부장관에게 데이터 활용을 신청한 경우 행정안전부장관은 비공개대상정보라도 반드시 제공하여야 한다.

12 정책결정의 장(또는 정책하위시스템)에 대한 이론과 주장하는 내용을 짝 지은 것으로 가장 옳지 않은 것은?

① 다원주의 - 정부는 조정자 역할에 머물거나 게임의 법칙을 진행하는 심판자 역할을 할 것으로 기대한다.

② 조합주의 - 정부는 이익집단 간 이익의 중재에 머물지 않고 국가이익이나 사회의 공공선을 달성하기 위한 주도적인 역할을 할 것으로 기대한다.

③ 엘리트주의 - 엘리트들은 사회의 다원화된 이익을 대변하는 것이 아니라 자신들의 이익을 추구한다.

④ 철의 삼각 - 입법부, 사법부 그리고 행정부 3자가 강철과 같은 장기적이고 안정적이며 우호적인 삼각관계의 역할을 형성하면서 정책결정을 지배하는 것으로 본다.

13 〈보기〉에서 리더십에 대한 이론과 설명이 바르게 연결되지 않은 것을 모두 고른 것은?

─── 〈보 기〉 ───

㉠ 변혁적 리더십: 리더는 부하들에게 영감적 동기를 부여하고 지적 자극 등을 제공하며 조직을 이끈다.

㉡ 거래적 리더십: 리더는 부하의 과업을 정확히 이해하고 목표 달성 정도를 평가하여 성과에 대한 적절한 보상을 한다.

㉢ 셀프 리더십: 리더는 구성원들이 잠재력을 발휘할 수 있도록 구성원들을 섬기는 데 중점을 둔다.

① ㉠

② ㉡

③ ㉢

④ ㉡, ㉢

14 머스그레이브(Musgrave)가 제시한 재정의 기본 원칙에 해당하지 않는 것은?

① 자원 배분 기능
② 소득 분배의 공평화 기능
③ 경제 안정 기능
④ 행정관리적 기능

15 〈보기〉에 해당하는 행정이론을 옳게 짝 지은 것은?

─── 〈보 기〉───

㉠ 집단 동조성과 제한된 결속력은 외부인을 암묵적으로 배제할 수 있고, 구성원의 사적 자유를 제한하게 한다.
㉡ 공익이나 시민 간의 담론을 통합하는 기능에 관료의 역할이 맞추어져야 함을 강조한다.

	㉠	㉡
①	사회자본론	신공공서비스론
②	사회자본론	신공공관리론
③	뉴거버넌스론	신공공서비스론
④	뉴거버넌스론	신공공관리론

16 행정이론에 대한 설명으로 가장 옳지 않은 것은?

① 과학적 관리론은 19세기 말부터 20세기 초 경제 상황의 산물로 절약과 능률을 행정의 가장 중요한 가치로 삼는다.
② 행태주의는 객관성을 유지하기 위해 연구에서 가치와 사실을 명백히 구분하고, 가치중립성을 지킨다.
③ 체제이론은 체제의 부분적인 특성이나 구체적인 행태 측면에 관심을 갖는 미시적 접근방법을 사용한다.
④ 신행정론은 규범성, 문제지향성, 처방성을 강조한다.

17 리더십 이론에 대한 설명 중 가장 옳지 않은 것은?

① 피들러(Fiedler)는 상황 요소로 리더의 자질, 과업 구조, 부하의 특성을 들었다.
② 블레이크(Blake)와 머튼(Mouton)의 리더십 격자모형은 리더의 행태를 사람과 과업(생산)의 두 차원으로 나눈다.
③ 허쉬(Hersey)와 블랜차드(Blanchard)는 리더십의 효과에 영향을 미치는 상황 요소로 부하의 성숙도를 들었다.
④ 아이오와(Iowa) 주립대학의 리더십 연구에서는 리더의 행태를 민주형, 권위형, 방임형으로 분류하였다.

18 「정부조직법」에서 규정하고 있는 관장 사무에 대한 설명으로 가장 옳지 않은 것은?

① 교육부장관은 인적자원개발정책 등에 관한 사무를 관장한다.
② 산업통상자원부장관은 창업 · 벤처기업의 지원 등에 관한 사무를 관장한다.
③ 법무부장관은 출입국관리 등에 관한 사무를 관장한다.
④ 과학기술정보통신부장관은 우편 · 우편환 및 우편대체 등에 관한 사무를 관장한다.

19 예산제도 중 다음 〈보기〉의 내용에 해당하는 것은?

〈보 기〉

기획(Planning), 사업구조화(Programming), 예산(Budgeting)을 연계시킨 시스템적 예산제도로, 시간적으로 장기적 사업의 효과가 나올 수 있도록 예산을 뒷받침한 것으로 볼 수 있다. 조직목표달성 차원에서 성과를 설정하는 것이 가능하며, 자원배분의 효율성을 높일 수 있는 장점이 있다. 그러나 의사결정의 지나친 집권화와 실현 가능성이 낮은 문제가 단점으로 지적된다.

① 성과예산제도
② 계획예산제도
③ 목표관리 예산제도
④ 영기준 예산제도

20 단체위임사무와 기관위임사무에 대한 설명으로 가장 옳지 않은 것은?

① 단체위임사무는 법령에 의하여 국가 또는 상급 지방자치단체로부터 지방자치단체에 위임된 사무이고, 기관위임사무는 법령 등에 의하여 국가 또는 상급 지방자치단체로부터 지방자치단체의 장에게 위임된 사무이다.
② 단체위임사무의 경비는 지방자치단체와 위임기관이 공동으로 부담하며, 기관위임사무의 경비는 그 전액을 위임기관이 부담하는 것이 원칙이다.
③ 단체위임사무는 지방의회가 관여하는 것이 불가능하고, 기관위임사무는 지방의회가 관여할 수 있다.
④ 단체위임사무의 예로는 예방접종, 보건소의 운영 등이 있고, 기관위임사무의 예로는 국민투표 사무, 선거사무 등이 있다.

✅ 회독 CHECK ☐1 ☐2 ☐3

01 정치 · 행정 일원론에 대한 설명으로 가장 옳지 않은 것은?

① 공공조직의 관리자들은 정책결정자를 위한 지원, 정보 제공의 역할만을 수행한다.

② 공공조직의 관리자들은 정책을 구체화하면서 정책결정 기능을 수행한다.

③ 공공조직의 관리자들이 수집, 분석, 제시하는 정보가 가치판단적인 요소를 내포한다.

④ 행정의 파급효과는 정치적인 요소를 내포한다.

02 목표관리제(MBO)와 성과관리제를 비교한 〈보기〉의 설명 중 옳은 것을 모두 고르면?

─── 〈보 기〉 ───

㉠ 목표관리제는 개인이나 부서의 목표를 조직의 관리자가 제시한다는 측면에서 조직목표 달성을 위한 하향식 접근이다.

㉡ 목표관리제와 성과관리제 모두 성과지표별로 목표 달성수준을 설정하고 사후의 목표달성도에 따라 보상과 재정지원의 차등을 약속하는 계약을 체결한다.

㉢ 성과평가에서는 평가의 타당성, 신뢰성, 객관성을 확보하는 것이 중요하다.

㉣ 성과관리는 조직의 비전과 목표로부터 이를 달성하기 위한 부서단위의 목표와 성과지표, 개인단위의 목표와 지표를 제시한다는 점에서 상향식 접근이다.

① ㉢　　　　　　　② ㉡, ㉢

③ ㉠, ㉡, ㉢　　　④ ㉡, ㉢, ㉣

03 다원주의(Pluralism)에 대한 설명으로 가장 옳지 않은 것은?

① 권력은 다양한 세력들에게 분산되어 있다.

② 정책영역별로 영향력을 행사하는 엘리트들이 각기 다르다.

③ 이익집단들 간의 영향력 차이는 주로 정부의 정책과정에 대한 상이한 접근기회에 기인한다.

④ 이익집단들 간의 영향력 차이는 있지만 전체적으로 균형을 유지하고 있다.

04 공익에 대한 설명으로 가장 옳지 않은 것은?

① 과정설은 개인의 사익을 초월한 공동체 전체의 공익이 따로 있다고 보는 견해이다.

② 실체설은 사회 전 구성원의 총효용을 극대화함으로써 공익에 도달할 수 있다고 보는 견해이다.

③ 과정설은 공익이 사익의 총합이거나 사익 간의 타협 · 조정 과정을 통해 얻어지는 것으로 보는 견해이다.

④ 실체설은 사회공동체 내지 국가의 모든 가치를 포괄하는 절대적인 선의 가치가 있다고 보는 견해이다.

05 합리성의 제약요인으로 가장 옳지 않은 것은?

① 다수 간의 조화된 가치선호
② 감정적 요소
③ 비용의 과다
④ 지식 및 정보의 불완전성

06 우리나라의 책임운영기관(Executive Agency)에 대한 설명으로 가장 옳지 않은 것은?

① 신공공관리론(NPM)의 조직원리에 따라 등장한 성과중심 정부 실현의 한 방안으로 도입되었다.
② 책임운영기관의 장에게 행정 및 재정상의 자율성을 부여하고 그 운영성과에 대하여 책임을 지도록 하는 행정기관을 말한다.
③ 책임운영기관은 사무성격에 따라 조사연구형, 교육훈련형, 문화형, 의료형, 시설관리형, 그 밖에 대통령령으로 정하는 기타 유형으로 구분된다.
④ 「책임운영기관의 설치·운영에 관한 법률」에 근거하여 1995년부터 제도가 시행되었다.

07 행정통제에 대한 설명으로 가장 옳지 않은 것은?

① 행정 권한의 강화 및 행정재량권의 확대가 두드러지면서 행정책임 확보의 수단으로서 행정통제의 중요성이 커지고 있다.
② 의회는 국가의 예산을 심의하고 승인하거나 혹은 지출을 금지하거나 제한하는 등의 조치를 통하여 행정부를 통제한다.
③ 행정이 전문성과 복잡성을 띠게 된 현대 행정국가 시대에는 내부 통제보다 외부 통제가 점차 강조되고 있다.
④ 일반 국민은 선거권이나 국민투표권의 행사를 통하여 행정을 간접적으로 통제한다.

08 로위(Lowi)의 정책유형 중 선거구의 조정 등 헌법상 운영규칙과 관련된 정책으로 가장 옳은 것은?

① 구성정책
② 배분정책
③ 규제정책
④ 재분배정책

09 행정통제의 유형 중 공식적·내부통제 유형에 포함되는 방식으로 가장 옳은 것은?

① 정당에 의한 통제
② 감사원에 의한 통제
③ 사법부에 의한 통제
④ 동료집단의 평판에 의한 통제

10 허시(Hersey)와 블랜차드(Blanchard)는 부하의 성숙도(Maturity)에 따른 효과적인 리더십을 제시하였다. 부하가 가장 미성숙한 상황에서 점점 성숙해간다고 할 때, 가장 효과적인 리더십 유형을 〈보기〉에서 골라 순서대로 나열한 것은?

─────── 〈보 기〉 ───────	
(가) 참여형	(나) 설득형
(다) 위임형	(라) 지시형

① (다) → (가) → (나) → (라)
② (라) → (가) → (나) → (다)
③ (라) → (나) → (가) → (다)
④ (라) → (나) → (다) → (가)

11 조직의 규모에 대한 설명으로 가장 옳은 것은?

① 조직의 규모가 클수록 공식화 수준이 낮아진다.

② 조직의 규모가 클수록 조직 내 구성원의 응집력이 강해진다.

③ 조직의 규모가 클수록 분권화되는 경향이 있다.

④ 조직의 규모가 클수록 복잡성이 낮아진다.

12 지방자치단체의 재정자립도에 대한 설명으로 가장 옳지 않은 것은?

① 재정자립도는 세입총액에서 지방세수입과 세외수입이 차지하는 비율을 나타낸다.

② 자주재원이 적더라도 중앙정부가 지방교부세를 증액하면 재정자립도는 올라간다.

③ 재정자립도가 높다고 지방정부의 실질적 재정이 반드시 좋다고 볼 수는 없다.

④ 국세의 지방세 이전은 재정자립도 증대에 도움이 된다.

13 우리나라 지방자치단체 주민투표제도에 대한 설명으로 가장 옳은 것은? 〈변형〉

① 1994년 「지방자치법」 개정에서 도입된 이래 지금까지 시행되고 있다.

② 주민투표에 부쳐진 사항은 법에서 정한 경우를 제외하고는 주민투표권자 총수의 4분의 1 이상의 투표와 유효투표수 과반수의 득표로 확정된다.

③ 지방자치단체의 장은 주민 또는 지방의회의 청구에 의한 경우가 아닌 자신의 직권으로 주민투표를 실시할 수 없다.

④ 일반 공직선거와 마찬가지로 외국인은 어떠한 경우에도 주민투표에 참여할 수 없다.

14 네트워크 조직구조가 가지는 일반적인 장점에 대한 설명으로 가장 옳지 않은 것은?

① 조직의 유연성과 자율성 강화를 통해 창의력을 발휘할 수 있다.

② 통합과 학습을 통해 경쟁력을 제고할 수 있다.

③ 조직의 네트워크화를 통해 환경 변화에 따른 불확실성을 감소시킬 수 있다.

④ 조직의 정체성과 응집력을 강화시킬 수 있다.

15 조직 내에서 구성원 A는 구성원 B와 동일한 정도로 일을 하였음에도 구성원 B에 비하여 보상을 적게 받았다고 느낄 때 애덤스(J. Stacy Adams)의 공정성이론에 의거하여 취할 수 있는 구성원 A의 행동 전략으로 가장 옳지 않은 것은?

① 자신의 투입을 변화시킨다.

② 구성원 B의 투입과 산출에 대해 의도적으로 자신의 지각을 변경한다.

③ 이직을 한다.

④ 구성원 B의 투입과 산출의 실제량을 자신의 것과 객관적으로 비교하여 보상의 재산정을 요구한다.

16 배치전환에 대한 설명으로 가장 옳지 않은 것은?

① 능력의 정체와 퇴행현상을 방지할 수 있다.

② 직무의 부적응을 해소하고 조직 구성원에게 재적응의 기회를 부여할 수 있다.

③ 행정의 전문성과 능률성을 증진시킬 수 있다.

④ 정당한 징계절차에 의하지 않고 일종의 징계수단으로 활용될 가능성이 존재한다.

17 예산 유형에 대한 〈보기〉의 설명 중 옳은 것을 모두 고르면?

─── 〈보 기〉 ───

㉠ 준예산은 회계연도 개시 전까지 예산이 의결되지 않을 경우 편성하는 예산이다.

㉡ 본예산은 매 회계연도 개시 전에 국회의 심의 · 의결을 거쳐 성립되는 예산이다.

㉢ 추가경정예산은 본예산과 별개로 성립하며 결산 심의 역시 별도로 이루어진다.

㉣ 우리나라는 1960년도 이후부터 잠정예산제도를 채택하고 있다.

① ㉠, ㉡   ② ㉠, ㉣

③ ㉡, ㉢   ④ ㉢, ㉣

18 계급제와 직위분류제에 대한 설명으로 가장 옳은 것은?

① 과학적 관리론과 실적제의 발달은 직위분류제의 쇠퇴와 계급제의 발전에 기여했다.

② 우리나라 「국가공무원법」에는 직위분류제 주요 구성 개념인 '직위, 직군, 직렬, 직류, 직급' 등이 제시되어 있다.

③ 직위분류제는 공무원 개인의 능력이나 자격을 기준으로 공직분류체계를 형성한다.

④ 계급제와 직위분류제는 절대 양립불가능하며 우리나라는 계급제를 기반으로 한다.

19 〈보기〉의 설명에 해당하는 근무성적 평정 방법으로 가장 옳은 것은?

─── 〈보 기〉 ───

저는 학생들을 평가함에 있어 성적 분포의 비율을 미리 정해 놓고 등급을 줍니다. 비록 평가 대상 전원이 다소 부족하더라도 일정 비율의 인원이 좋은 평가를 받거나, 혹은 전원이 우수하더라도 일부의 학생은 낮은 평가를 받게 되지만, 이 방법을 통해 학생들의 성적 분포가 과도하게 한쪽으로 집중되는 것을 막아 평정 오차를 방지할 수 있다는 점에서 유용합니다.

① 강제배분법

② 서열법

③ 도표식 평정척도법

④ 강제선택법

20 지방자치의 이념과 사상적 계보에 대한 설명으로 가장 옳은 것은?

① 자치권의 인식에서 주민자치는 전래권으로, 단체자치는 고유권으로 본다.

② 주민자치는 지방분권의 이념을, 단체자치는 민주주의 이념을 강조한다.

③ 주민자치는 의결기관과 집행기관을 분리하여 대립시키는 기관분리형을 채택하는 반면, 단체자치는 의결 기관이 집행기관도 되는 기관통합형을 채택한다.

④ 사무구분에서 주민자치는 자치사무와 위임사무를 구분하지 않지만, 단체자치는 이를 구분한다.

모바일 OMR

✔ 회독 CHECK 1 2 3

01 공익에 대한 설명으로 가장 옳지 않은 것은?

① 과정설은 공익을 서로 충돌하는 이익을 가진 집단들 사이에 상호조정 과정을 거쳐 균형상태의 결론에 도달했을 때 실현되는 것이라고 본다.

② 실체설에서도 전체효용의 극대화를 강조하는 입장에서는 사회구성원의 효용을 계산한 다음에 전 구성원의 총효용을 극대화함으로써 공익에 도달할 수 있다고 본다.

③ 실체설에서 도덕적 절대가치를 공익의 실체로 보는 관점에서는 사회공동체나 국가의 모든 가치를 포괄하는 절대적인 선의 가치가 있다고 가정한다.

④ 실체설에서는 적법절차의 준수를 강조하며 국민주권 원리에 의한 행정의 중심적 역할을 강조한다.

02 공직분류에 대한 설명으로 가장 옳은 것은?

① 직무의 종류는 다르나 곤란도와 책임도가 상당히 유사한 직위의 군을 직렬이라고 한다.

② 직무의 종류는 유사하지만 곤란도와 책임도가 서로 다른 직무의 군을 직급이라고 한다.

③ 비슷한 성격의 직렬들을 모은 직위분류의 대단위는 직군이라고 한다.

④ 동일한 직급 내에 담당 분야가 동일한 직무의 군으로 세분화한 것을 직류라고 한다.

03 정책평가에 대한 설명으로 가장 옳지 않은 것은?

① 총괄평가(summative evaluation)는 정책이 종료된 후에 그 정책이 당초 의도했던 효과를 가져왔는지의 여부를 판단하는 활동이다.

② 메타평가(meta evaluation)는 평가 자체를 대상으로 하며, 평가활동과 평가체제를 평가해 정책평가의 질을 높이고 결과활용을 증진하기 위한 목적으로 활용된다.

③ 평가성 사정(evaluability assessment)은 영향평가 또는 총괄평가를 실시한 후에 평가의 유용성, 평가의 성과증진 효과 등을 평가하는 활동이다.

④ 형성평가(formative evaluation)란 프로그램이 집행과정에 있으며 여전히 유동적일 때 프로그램의 개선을 위해서 실시하는 평가이다.

04 지방자치의 두 요소인 주민자치와 단체자치에 대한 설명으로 가장 옳은 것은?

① 주민자치의 원리는 주로 영국과 미국에서 발달하였으며, 단체자치의 원리는 주로 독일과 프랑스에서 발달하였다.

② 주민자치가 지방자치의 형식적 · 법제적 요소라고 한다면, 단체자치는 지방자치를 실현하기 위한 내용적 · 본질적 요소라고 할 수 있다.

③ 단체자치에서는 법률에 의해 권한이 명시적 · 한시적으로 규정되어 사무를 자주적으로 처리할 수 있는 재량의 범위가 크다.

④ 단체자치에서는 입법통제와 사법통제가 주된 통제 방식이다.

05 조직이론의 유형들을 발달 순으로 옳게 나열한 것은?

> ㉠ 체제이론
> ㉡ 과학적 관리론
> ㉢ 인간관계론
> ㉣ 신제도이론

① ㉠ → ㉡ → ㉣ → ㉢
② ㉡ → ㉢ → ㉠ → ㉣
③ ㉡ → ㉠ → ㉢ → ㉣
④ ㉢ → ㉡ → ㉣ → ㉠

06 포스트모더니즘에 기초한 행정이론의 특징으로 가장 옳지 않은 것은?

① 맥락 의존적인 진리를 거부한다.
② 타자에 대한 대상화를 거부한다.
③ 고유한 이론의 영역을 거부한다.
④ 지배를 야기하는 권력을 거부한다.

07 직위분류제의 장점에 대한 설명으로 가장 옳지 않은 것은?

① 근무성적평정을 객관적으로 할 수 있는 기준을 제시해준다.
② 직위 간의 권한과 책임의 한계를 명확히 해준다.
③ 전문직업인을 양성하는 데 도움이 되고 행정의 전문화에 기여한다.
④ 조직과 직무의 변화 등에 신속히 대응할 수 있다.

08 정부회계제도의 기장 방식에 대한 〈보기〉의 설명과 바르게 짝 지어진 것은?

> ─── 〈보 기〉 ───
> ㉠ 현금의 수불과는 관계없이 경제적 자원에 변동을 주는 사건이 발생된 시점에 거래를 인식하는 방식이다.
> ㉡ 하나의 거래를 대차평균의 원리에 따라 차변과 대변에 이중 기록하는 방식이다.

	㉠	㉡
①	현금주의	복식부기
②	발생주의	복식부기
③	발생주의	단식부기
④	현금주의	단식부기

09 전통적 관리와 TQM(Total Quality Management)에 대한 설명으로 가장 옳지 않은 것은?

① 전통적 관리체제는 기능을 중심으로 구조화되는 데 비해 TQM은 절차를 중심으로 조직이 구조화된다.
② 전통적 관리체제는 개인의 전문성을 장려하는 분업을 강조하는 데 비해 TQM은 주로 팀 안에서 업무를 수행할 것을 강조한다.
③ 전통적 관리체제는 상위층의 의사결정을 위한 정보체제를 운영하는 데 비해 TQM은 절차 내에서 변화를 이루는 사람들이 적시에 정확한 정보를 소유하는 데 초점을 둔다.
④ 전통적 관리체제는 낮은 성과의 원인을 관리자의 책임으로 간주하는 데 비해 TQM은 낮은 성과를 근로자 개인의 책임으로 간주한다.

10 「지방자치법」상 지방자치단체의 사무처리에 관한 설명으로 가장 옳지 않은 것은?

① 지방자치단체는 법령을 위반하여 그 사무를 처리할 수 없다.

② 행정처리 결과가 2개 이상의 시·군 및 자치구에 미치는 광역적 사무는 시·도가 처리한다.

③ 시·도와 시·군 및 자치구의 사무가 서로 경합하면 시·도에서 먼저 처리한다.

④ 지방자치단체는 법률에 다른 규정이 있는 경우를 제외하고 외교, 국방, 사법, 국세 등 국가의 존립에 필요한 사무를 처리할 수 없다.

11 현대 행정학의 주요 이론에 대한 설명으로 가장 옳지 않은 것은?

① 신공공관리론은 공공선택이론의 주장과 같이 정부의 역할을 대폭 시장에 맡겨야 한다는 입장은 아니며, 기존의 계층제적 통제를 경쟁원리에 기초한 시장체제로 대체함으로써 관료제의 효율성과 성과를 높이려 한다.

② 탈신공공관리(post-NPM)는 신공공관리의 역기능적 측면을 교정하고 통치역량을 강화하며, 구조적 통합을 통한 분절화의 확대, 재집권화와 재규제의 축소, 중앙의 정치·행정적 역량의 강화를 강조한다.

③ 피터스(B. Guy Peters)는 뉴거버넌스에 기초한 정부개혁 모형으로 시장모형, 참여정부모형, 유연조직모형, 저통제정부모형을 제시한다.

④ 신공공관리론이 시장, 결과, 방향잡기, 공공기업가, 경쟁, 고객지향을 강조한다면 뉴거버넌스는 연계망, 신뢰, 방향잡기, 조정자, 협력체제, 임무중심을 강조한다.

12 조직문화의 일반적 기능에 관한 설명으로 가장 옳지 않은 것은?

① 조직문화는 조직구성원들에게 소속 조직원으로서의 정체성을 제공한다.

② 조직문화는 조직구성원들의 행동을 형성시킨다.

③ 조직이 처음 형성되면 조직문화는 조직을 묶어주는 접착제 역할을 한다.

④ 조직이 성숙 및 쇠퇴 단계에 이르면 조직문화는 조직혁신을 촉진하는 요인이 된다.

13 정책유형에 대한 설명으로 가장 옳지 않은 것은?

① 로위(Lowi)는 정책의 유형에 따라 정책의 결정 및 집행과정이 달라진다고 보았으며, 정책유형에 따라 정치적 관계가 달라질 것으로 가정하고 있다.

② 로위(Lowi)는 정책유형을 배분정책, 구성정책, 규제정책, 재분배정책으로 구분하였으며, 구분의 기준이 되는 것은 강제력의 행사방법(간접적, 직접적)과 비용의 부담주체(소수에 집중 아니면 다수에 분산)이다.

③ 로위(Lowi)의 분류 중 재분배정책의 예는 연방은행의 신용 통제, 누진소득세, 사회보장제도이고, 구성정책의 예는 선거구 조정, 기관신설 등이다.

④ 리플리와 프랭클린(Ripley&Franklin)은 보호적 규제 정책을 제시하는데, 이는 소수자나 사회적 약자, 그리고 일반대중을 보호하기 위해서 개인이나 집단의 권리 행사나 행동의 자유를 제한하는 정책이다.

14 우리나라의 예산안과 법률안의 의결방식에 대한 설명으로 가장 옳지 않은 것은?

① 법률에 대해서는 대통령의 거부권 행사가 가능하지만 예산은 거부권을 행사할 수 없다.

② 예산으로 법률의 개폐가 불가능하지만, 법률로는 예산을 변경할 수 있다.

③ 법률과 달리 예산안은 정부만이 편성하여 제출할 수 있다.

④ 예산안을 심의할 때 국회는 정부가 제출한 예산안의 범위 내에서 삭감할 수 있고, 정부의 동의 없이 지출예산의 각 항의 금액을 증가하거나 새 비목을 설치할 수 없다.

15 정부의 각종 위원회에 대한 설명으로 가장 옳은 것은?

① 의결위원회는 의사결정의 구속력은 있지만 집행권이 없다.

② 행정위원회의 대표적인 예로 공정거래위원회, 공직자윤리위원회 등을 들 수 있다.

③ 행정위원회는 독립지위를 가진 행정관청으로 결정권은 없고 집행권만 갖는다.

④ 자문위원회는 계선기관으로서 사안에 따라 조사·분석 등의 기능을 수행한다.

16 정책과정에서 행위자 사이의 권력관계이론에 대한 설명으로 가장 옳지 않은 것은?

① 헌터(Hunter)는 지역사회연구를 통해 응집력과 동료의식이 강하고 협력적인 정치 엘리트들이 지역사회를 지배한다는 엘리트론을 주장한다.

② 무의사결정(non-decision making)론은 권력을 가진 집단은 자신들에게 불리하거나 바람직하지 않다고 생각되는 특정 이슈들이 정부 내에서 논의되지 못하도록 봉쇄한다고 설명한다.

③ 다원론을 전개한 다알(Dahl)은 New Haven시를 대상으로 한 연구에서 정책결정을 담당하는 엘리트가 분야별로 다른 형태를 보인다고 설명한다.

④ 신다원론에서는 집단 간 경쟁의 중요성은 여전히 인정하면서 집단 간 대체적 동등성의 개념을 수정하여 특정집단이 다른 집단보다 더욱 강력할 수 있다는 점을 인정하였다.

17 공직윤리와 관련한 설명으로 가장 옳지 않은 것은?

① 정무직 공무원과 일반직 4급 이상 공무원은 재산등록의무가 있다.

② 공무원이 직무와 관련하여 외국인으로부터 10만 원 또는 100달러 이상의 선물을 받은 때에는 소속기관·단체의 장에게 신고하고 그 선물을 인도하여야 한다.

③ 세무·감사·건축·토목·환경·식품위생분야의 대민업무 담당부서에 근무하는 일반직 7급 이상의 경우 재산등록 대상에 해당한다.

④ 4급 이상 공무원과 공직유관단체 임직원은 퇴직일로부터 2년간, 퇴직 전 5년간 소속부서 또는 기관 업무와 밀접한 관련이 있는 사기업체에 취업할 수 없다.

18 정부통제를 내부통제와 외부통제로 구분할 때, 내부통제가 아닌 것은?

① 감찰통제
② 예산통제
③ 인력의 정원통제
④ 정당에 의한 통제

19 행정이념에 대한 설명으로 가장 옳지 않은 것은?

① 디목(Dimock)은 기술적 능률성을 대체하는 개념으로 사회적 능률성을 제시하고 있는데, 이는 행정이 그 목적 가치인 인간과 사회를 위해서 산출을 극대화하고 그 산출이 인간과 사회의 만족에 기여하는 것을 의미한다.
② 1930년대를 분수령으로 하여 정치 · 행정 이원론의 지양과 정치 · 행정 일원론으로 전환과 때를 같이해서 행정에서 민주성의 이념이 대두되었다.
③ 효과성은 수단적 · 과정적 측면에 중점을 두는 반면에 능률성은 목표의 달성도를 중시한다.
④ 합법성은 법률적합성, 법에 의한 행정, 법에 근거한 행정, 즉 법치행정을 의미한다. 합법성을 지나치게 강조하는 경우 수단가치인 법의 준수가 강조되어 목표의 전환(displacement of goal), 형식주의를 가져올 수 있다.

20 직무평가의 방법 중 점수법에 대한 설명으로 가장 옳은 것은?

① 직무 전체를 종합적으로 판단해 미리 정해 놓은 등급기준표와 비교해가면서 등급을 결정한다.
② 대표가 될 만한 직무들을 선정하여 기준 직무(key job)로 정해놓고 각 요소별로 평가할 직무와 기준 직무를 비교해가며 점수를 부여한다.
③ 비계량적 방법을 통해 직무기술서의 정보를 검토한 후 직무 상호 간에 직무 전체의 중요도를 종합적으로 비교한다.
④ 직무평가기준표에 따라 직무의 세부 구성요소들을 구분한 후 요소별 가치를 점수화하여 측정하는데, 요소별 점수를 합산한 총점이 직무의 상대적 가치를 나타낸다.

01 행정가치 중 수단적 가치에 대한 설명으로 가장 옳지 않은 것은?

① 대외적 민주성을 확보하기 위해 행정통제가 필요하다.

② 수단적 가치는 본질적 가치의 실현을 가능하게 하는 가치들이다.

③ 전통적으로 책임성은 제도적 책임성(account ability)과 자율적 책임성(responsibility)으로 구분되어 논의되었다.

④ 사회적 효율성(social efficiency)은 과학적 관리론의 등장과 함께 강조되었다.

02 정책집행에 대한 설명으로 가장 옳지 않은 것은?

① 나카무라(R. T. Nakamura)와 스몰우드(F. Smallwood)는 정책결정자와 집행자 간의 관계에 따라 정책집행을 유형화하였다.

② 사바티어(P. Sabatier)는 정책지지연합모형을 제시하였다.

③ 버만(P. Berman)은 집행현장을 강조하는 입장을 취하였다.

④ 엘모어(R. F. Elmore)는 일선현장에 종사하는 공무원이 정책집행에 가장 큰 영향을 미치는 행위자라고 하면서, 이를 전방접근법(forward mapping)이라고 했다.

03 근무성적평가제에 대한 설명 중 가장 옳은 것은?

① 4급 이상 공무원을 대상으로 한다.

② 매년 말일을 기준으로 연 1회 평가가 실시된다.

③ 평가단위는 소속 장관이 정할 수 있다.

④ 공정한 평가를 위해 평가자와 피평가자의 사전협의가 금지된다.

04 총체적 품질관리(TQM)와 목표관리(MBO)에 대한 설명으로 가장 옳은 것은?

① TQM이 X이론적 인간관에 기반하고 있다면, MBO는 Y이론적 인간관에 기반하고 있다.

② TQM이 분권화된 조직관리 방식이라고 하면, MBO는 집권화된 조직관리 방식이다.

③ TQM이 조직 내부 성과의 효율성에 초점을 둔다면, MBO는 고객만족도 중심의 대응성에 초점을 둔다.

④ TQM이 팀 단위의 활동을 바탕으로 한다면, MBO는 개별 구성원의 활동을 바탕으로 한다.

05 지방공기업 유형 중 지방직영기업에 대한 설명으로 가장 옳지 않은 것은? 〈변형〉

① 지방자치단체가 행정조직 형태로 직접 운영하는 사업을 말한다.

② 지방자치단체의 장이 지방직영기업의 관리자를 임명한다.

③ 소속된 직원은 공무원 신분이 아니다.

④ 「지방공기업법 시행령」에 따라 경영평가가 매년 실시되어야 하나 행정안전부장관이 이에 대해 따로 정할 수 있다.

06 리더십에 대한 다음 설명 중 가장 옳지 않은 것은?

① 자질론은 지도자의 자질·특성에 따라 리더십이 발휘된다는 가정하에, 지도자가 되게 하는 개인의 속성·자질을 연구하는 이론이다.

② 행태이론은 눈에 보이지 않는 능력 등 리더가 갖춘 속성보다 리더가 실제 어떤 행동을 하는가에 초점을 맞춘 이론이다.

③ 상황론의 대표적인 예로 피들러(F. Fiedler)의 상황조건론, 하우스(R. J. House)의 경로-목표모형 등이 있다.

④ 변혁적 리더십은 거래적 리더십을 기반으로 하므로 거래적 리더십과 중첩되는 측면이 있다.

07 공무원 부패에 관한 설명으로 가장 옳지 않은 것은?

① 인·허가와 관련된 업무를 처리할 때 소위 '급행료'를 지불하는 것을 당연시하는 관행은 제도화된 부패에 해당한다.

② 금융위기가 심각함에도 불구하고 국민들의 동요나 기업활동의 위축을 막기 위해 공직자가 거짓말을 하는 것은 회색 부패에 해당한다.

③ 무허가 업소를 단속하던 단속원이 정상적인 단속활동을 수행하다가 금품을 제공하는 특정 업소에 대해서 단속을 하지 않는 것은 일탈형 부패에 해당한다.

④ 공금 횡령, 개인적인 이익의 편취, 회계 부정 등은 비거래형 부패에 해당한다.

08 중앙인사기관에 대한 설명으로 가장 옳지 않은 것은?

① 우리나라의 중앙인사위원회는 합의제 중앙인사기관으로 1999년부터 2008년까지 존속했다.

② 미국의 연방인사위원회가 독립형 합의제 중앙인사기관의 대표적인 예이다.

③ 일본의 총무성은 중앙인사기관이 행정부의 한 부처로 속해 있는 비독립형 단독제 기관의 예이다.

④ 현재 우리나라 인사혁신처는 합의제 중앙인사기관으로 설립되어 있다.

09 다면평가제도에 대한 설명으로 가장 옳지 않은 것은?

① 다수의 평가자가 참여해 합의를 통해 평가 결과를 도출하는 체계이며, 개별평가자의 오류를 방지하고 평가의 공정성을 확보할 수 있다.

② 개인을 평가할 때 직속상사에 의한 일방향의 평가가 아닌 다수의 평가자에 의한 다양한 방향에서의 평가이다.

③ 조직구성원들에게 조직 내외의 모든 사람과 원활한 인간관계를 증진시키려는 강한 동기를 부여함으로써 업무수행의 효율성을 제고할 수 있다.

④ 능력보다는 인간관계에 따른 친밀도로 평가가 이루어져 상급자가 업무추진보다는 부하의 눈치를 의식하는 행정이 이루어질 가능성이 높다.

10 온라인 시민 참여 유형과 관련제도가 바르게 연결된 것은?

① 정책결정형 – 행정절차법

② 협의형 – 국민의 입법 제안

③ 협의형 – 옴부즈만 제도

④ 정책결정형 – 정보공개법

11 예산제도와 그 특성의 연결이 가장 옳지 않은 것은?

① 품목별 예산제도(LIBS) – 통제 지향
② 성과주의 예산제도(PBS) – 관리 지향
③ 계획예산제도(PPBS) – 기획 지향
④ 영기준 예산제도(ZBB) – 목표 지향

12 다음 중 의사결정자가 각 대안의 결과를 알고는 있으나 대안 간 비교 결과 어떤 것이 최선의 결과인지를 알 수 없어 발생하는 개인적 갈등의 원인은?

① 비수락성(unacceptability)
② 불확실성(uncertainty)
③ 비비교성(incomparability)
④ 창의성(creativity)

13 우리나라의 재정건전성 관련 제도에 대한 설명으로 가장 옳은 것은?

① 총사업비관리제도는 예비타당성조사제도와 같은 시기에 도입되었다.
② 예비타당성조사는 총사업비 500억 원 이상이면서 국가재정 지원이 300억 원 이상인 신규사업 중에 일정한 절차를 거쳐 실시한다.
③ 토목사업은 400억 원 이상일 경우 총사업비관리 대상이다.
④ 재정사업자율평가제도는 2004년부터 실시되었다.

14 인사행정제도에 대한 다음 설명 중 가장 옳은 것은?

① 직업공무원제는 장기근무를 장려하고 행정의 계속성과 일관성을 유지하는 데 긍정적인 제도로 개방형 인사제도 및 전문행정가주의에 입각하고 있다.
② 엽관주의는 정당에의 충성도와 공헌도를 임용 기준으로 삼는 인사행정제도로 행정의 민주화에 공헌한다는 장점이 있다.
③ 실적주의는 개인의 능력이나 자격, 적성에 기초한 실적을 임용기준으로 삼는 인사행정제도로 정치지도자들의 행정통솔력을 강화시키는 데 기여한다.
④ 대표관료제는 전체 국민에 대한 정부의 대응성을 향상시키고 실적주의를 강화하여 행정의 능률성을 향상시키는 장점이 있다.

15 우리나라의 지방재정에 대한 설명으로 가장 옳지 않은 것은?

① 지방자치단체의 세입재원은 크게 자주재원과 의존재원으로 나눌 수 있는데, 자주재원에는 지방세와 세외수입이 있고, 의존재원에는 국고보조금과 지방교부세 등이 있다.
② 지방세 중 목적세로는 담배소비세, 레저세, 자동차세, 지역자원시설세, 지방교육세 등이 있다.
③ 지방교부세는 지방자치단체 간 재정력의 불균형을 조정하는 재원으로, 보통교부세 · 특별교부세 · 부동산교부세 및 소방안전교부세로 구분한다.
④ 지방재정자립도를 높이기 위해 국세의 일부를 지방세로 전환할 경우 지역 간 재정불균형이 심화될 수 있다.

16 오스본(D. Osborne)과 게블러(T. Gaebler)의 '정부재창조론'에서 제시된 기업가적 정부 운영의 원리에 관한 내용으로 가장 옳지 않은 것은?

① 시민에 대한 봉사 지향적 정부

② 지역사회가 주도하는 정부

③ 분권적 정부

④ 촉진적 정부

17 예산집행의 신축성을 유지하기 위한 방안에 대한 설명 중 가장 옳지 않은 것은?

① 이체란 정부조직 등에 관한 법령의 제정 · 개정 또는 폐지로 인하여 중앙관서의 직무와 권한에 변동이 있을 때 관련 예산을 이동하는 것이다.

② 전용이란 입법 과목 간 상호 융통으로, 각 중앙관서의 장은 예산의 목적범위 안에서 재원의 효율적 활용을 위하여 기획재정부장관의 승인을 얻어 각 세항 또는 목의 금액을 전용할 수 있다.

③ 이월이란 당해 연도 예산액의 일정 부분을 다음 연도로 넘겨서 사용할 수 있는 제도이다.

④ 계속비란 완성에 수년도를 요하는 사업에 대해 그 경비의 총액과 연도별 지출액을 정하여 미리 국회의 의결을 얻은 범위 안에서 수년도에 걸쳐 지출하는 경비이다.

18 복지국가의 공공서비스 공급 접근방식에 대한 설명으로 가장 옳은 것은?

① 민간부문을 조정 · 관리 · 통제하는 공공서비스 기능이 강조된다.

② 서비스의 배분 준거는 재정효율화이다.

③ 공공서비스의 형태는 선호에 따라 차별적으로 상품화된 서비스이다.

④ 성과관리는 수요자 중심의 맞춤형 관점에서 이루어진다.

19 정책결정모형에 대한 설명 중 가장 옳지 않은 것은?

① 만족모형은 제한된 합리성을 반영하고 있다.

② 점증모형은 기존 정책을 중요시한다.

③ 회사모형은 의사결정자에 의해 조직의 의사결정이 통제된다고 본다.

④ 앨리슨(G. T. Allison)은 관료정치모형의 중요성을 언급하였다.

20 집단의 의사결정기법 중 미래 예측을 위해 전문가 집단의 반복적인 설문조사 과정을 통하여 의견 일치를 유도하는 방법은?

① 델파이기법(Delphi method)

② 브레인스토밍(Brainstorming)

③ 지명반론자기법(Devil's advocate method)

④ 명목집단기법(Normal group technique)

PART 4
고난도 기출

출제경향

2024년 국회직 8급

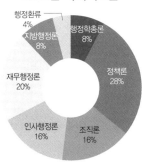

2023년 국회직 8급

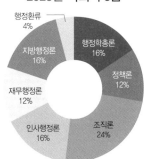

2022년 국회직 8급

2024년 소방간부

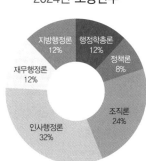

2022년 국가직 7급

2023년 지방직 7급

모바일 OMR

01 조직구조의 유형에 대한 설명으로 옳은 것만을 〈보기〉에서 모두 고르면?

〈보 기〉

ㄱ. 기계적 조직구조의 특징은 기능구조에서 나타난다.

ㄴ. 기계적 조직구조는 규칙과 절차의 고수, 업무의 명확한 구분을 특징으로 한다.

ㄷ. 조직의 외부환경이 안정적인 경우에는 유기적 조직구조가 적합하다.

ㄹ. 기계적 조직구조에서는 수평적 조정을 강조한다.

ㅁ. 유기적 조직구조의 대표적인 예는 학습조직이다.

ㅂ. 성과측정이 어려운 상황에서는 유기적 조직보다 기계적 조직이 적합하다.

① ㄱ, ㄴ, ㄷ

② ㄱ, ㄴ, ㅁ

③ ㄱ, ㄹ, ㅂ

④ ㄴ, ㄷ, ㅁ

⑤ ㄷ, ㄹ, ㅂ

02 엘리트이론과 다원주의론에 대한 설명으로 옳지 않은 것은?

① 고전적 엘리트이론은 집단이 형성되면 소수의 엘리트에 의한 지배체제가 구성된다고 주장한다.

② 무의사결정론은 엘리트들에게 안전한 문제만 논의하고 불리한 문제는 거론조차 되지 못하게 방해하는 결정이 이루어진다고 주장한다.

③ 무의사결정론은 무의사결정이 정책의제설정 단계뿐만 아니라 정책집행과정에서도 일어난다고 주장한다.

④ 다원주의론은 정책 영역별로 영향력을 행사하는 엘리트들이 각기 다르다고 주장한다.

⑤ 다원주의론은 이익집단이 정부 정책과정에 대한 동등한 접근 기회를 가지고 있다고 주장하며, 이를 조정하기 위한 정부의 적극적이고 능동적인 역할 수행을 강조한다.

03 다음 글의 (ㄱ)에 해당하는 개념으로 옳은 것은?

시험을 통해 측정하는 행동이나 질문 주제의 내용이 직무 수행의 중요한 국면을 대표할 수 있는지에 대한 판단과 관련된다. 예를 들어, 워드프로세서 시험에서 실제 근무상황에 사용되는 것과 똑같은 서류 양식을 시험문제로 출제하는 경우나 취재기자 선발시험에서 일반적인 논술 주제가 아닌 구체적인 기사 작성을 시험문제로 출제할 경우, (ㄱ)를 확보할 수 있다.

① 신뢰도

② 기준타당도

③ 내용타당도

④ 구성타당도

⑤ 실용도

04 예산제도에 대한 설명으로 옳은 것은?

① 계획예산제도(PPBS)는 예산 과목을 사업계획과 활동별로 분류한 다음 각 세부 사업별로 '단위원가×업무량=예산액'으로 편성하는 예산제도이다.

② 계획예산제도(PPBS)는 정부가 경제 불황기에 적응하기 위해 시행되었으며, 감축관리의 일환으로 제시되었다.

③ 성과관리예산제도(PBS)는 부처의 사명, 목적, 세부 목적 등을 고려하여 목적 달성에 기여하는 정책과 사업을 구상하고, 사업별 성과 및 목표치와 그것을 달성하는 데에 소요되는 원가를 연계하는 계량적 자료를 제공하여 성과관리와 예산 운영을 통합하려는 제도이다.

④ 품목별예산제도(LIBS)는 최종적으로 투입되는 산출물별로 예산을 할당하고 분류하여 편성하는 예산제도로 하향식 예산 과정을 수반한다.

⑤ 영기준예산제도(ZBB)는 계량모형에 근거한 객관적인 기준을 사용하고, 기대되는 계획과 목적을 달성하는 데에 필요한 정책대안과 지출을 묶어 재정사업을 평가한다.

05 특수경력직 공무원이 아닌 것은?

① 국회사무총장

② 서울특별시 행정2부시장

③ 헌법재판소 사무차장

④ 고위공직자범죄수사처 차장

⑤ 국회 수석전문위원

06 「지방자치법」에 대한 설명으로 옳지 않은 것은?

① 지방의회 의장의 지방의회 소속 사무직원 임용

② 지방의회 의원 정수의 3분의 2 범위에서 정책지원 전문인력 충원

③ 주민투표를 통해 지방의회와 집행기관의 구성 형태 변경 가능

④ 주민은 권리·의무와 직접 관련되는 규칙에 대한 제정·개정 및 폐지 의견을 지방자치단체장에게 제출 가능

⑤ 국가와 지방자치단체 간의 협력을 도모하고 지방자치 발전과 지역 간 균형발전에 관련되는 중요 정책을 심의하기 위한 중앙지방협력회의 도입

07 다음 글의 (ㄱ)과 (ㄴ)에 해당하는 이론으로 옳은 것은?

(ㄱ)이론은 인간이 행위를 하게 만드는 욕구를 확인하고 이를 설명하는 데에 그 초점이 집중되어 왔다. 그러나 인간의 행위에 관한 동기는 욕구만으로는 설명할 수 없으며 욕구가 충족되는 과정에 대한 설명이 수반되어야 한다. 그래서 (ㄴ)이론에서는 동기를 부여하는 요소를 규명하고, 동기를 부여하는 변수 상호 간의 관계를 설명하고 있다.

	(ㄱ)	(ㄴ)
①	맥클랜드의 성취동기 이론	브룸의 기대이론
②	로크의 목표설정이론	포터와 롤러의 업적만족 이론
③	브룸의 기대이론	애덤스의 공정성 이론
④	허즈버그의 2요인이론	앨더퍼의 ERG이론
⑤	애덤스의 공정성 이론	맥클랜드의 성취동기 이론

08 정책분석에 대한 설명으로 옳지 않은 것만을 〈보기〉에서 모두 고르면?

〈보 기〉

ㄱ. 정책문제를 정확하게 인식해야 바람직한 정책목표와 정책대안 분석이 가능하다.

ㄴ. 비용효과분석은 비용과 편익 모두 화폐가치로 측정하기 때문에 대안 간 비교에 용이하다.

ㄷ. 정책의 대상이 되는 문제 자체에 대한 정의를 잘못 내리는 경우에 발생하는 오류를 1종 오류라고 한다.

ㄹ. 정책문제를 구조화하기 위해 경계분석, 계층분석, 브레인스토밍 등이 활용된다.

ㅁ. 정책대안을 평가하는 기준으로 효율성, 효과성, 형평성, 실현 가능성 등이 활용되고 있다.

① ㄱ, ㄴ
② ㄴ, ㄷ
③ ㄴ, ㅁ
④ ㄷ, ㄹ
⑤ ㄹ, ㅁ

09 정책결정모형에 대한 설명으로 옳지 않은 것은?

① 합리모형은 완전한 합리성에 기초하고 있기 때문에 현실적인 정책결정을 설명하기보다는 이상적 모형이라 할 수 있다.

② 린드블롬(Lindblom)의 점증모형은 사이먼(Simon)의 제한된 합리성에 바탕을 두고 있는 이론으로 주로 정책결정자에게 적용된다.

③ 회사모형은 조직의 의사결정 행태와 관련하여 갈등의 준해결, 표준운영절차(SOP), 문제중심의 탐색, 조직체의 학습 등을 기본개념으로 하고 있다.

④ 쓰레기통 모형에서는 불확정적 선호, 불명확한 기술, 상시적 참여자를 기본 전제로 의사결정의 기회, 해결을 요하는 문제, 문제의 해결책, 의사결정의 참여자 등이 서로 다른 시간에 통 안에 들어와 우연히 한 곳에서 만날 때 비로소 결정이 이루어진다고 본다.

⑤ 드로어(Dror)의 최적모형은 양적인 측면과 질적인 측면, 그리고 합리적 요소와 초합리적 요소를 동시에 고려한다.

10 레짐이론에 대한 설명으로 옳은 것은?

① 레짐이론은 경제적·사회적 도전을 극복하는 과정에서 조성되는 정부기관과 비정부기관의 상호의존 관계를 강조함으로써, 정부와 비정부기관의 행위자가 협력하고 조정하는 활동에 초점을 맞춘다.

② 레짐이론은 지방정부의 의사결정에 영향을 주는 외생변수의 중요성에 주목하고 있으며, 지방정부의 정책은 정치행위자들의 요구나 협상력보다는 사회경제적 제약에 의해 영향을 받는다는 견해이다.

③ 레짐이론은 초기 다원주의론과 달리 정치과정이 모든 집단이나 개인에게 똑같이 개방되어 있지 않고, 정부 또한 이들을 동등하게 대우하지 않는다는 전제하에서 출발한다.

④ 레짐이론은 정부의 결정 및 집행에 있어서 비공식적 민관협력이 아닌 공식적 장치를 강조한다.

⑤ 레짐이론은 지방 권력이 소수의 엘리트에 집중되어 있고, 이들 대부분이 정책 영역에서 지방정부의 정책 결정에 지배적인 영향력을 행사한다고 주장한다.

11 공직윤리에 대한 설명으로 옳지 않은 것은?

① 「공직자의 이해충돌 방지법」은 국회, 법원, 중앙행정기관, 지방자치단체 등 공공기관에 소속된 공무원과 공직유관단체·공공기관 임직원, 사립학교 교직원과 언론인에게 적용된다.

② 총경 이상의 경찰공무원과 대령 이상의 군인은 「공직자윤리법」상 재산등록의무가 있다.

③ 「공직자윤리법」에 따르면 재산등록의무자로 퇴직한 공직자는 퇴직 전 5년 이내 담당한 업무와 연관된 기업체에 퇴직일로부터 3년간 취업할 수 없다.

④ 「공무원 행동강령」은 공무원 청렴유지와 관련된 구체적 행동기준을 제시하고 있는 대통령령이다.

⑤ 「공직자윤리법」은 주식백지신탁의무와 이해충돌방지의무를 규정하고 있다.

12 우리나라의 행정통제 제도에 대한 설명으로 옳은 것은?

① 국민권익위원회는 행정부와 독립된 옴부즈만 기능을 수행하는 헌법상 기관으로서, 독립적인 직권조사권과 시찰권은 갖고 있지만 소추권은 갖고 있지 않다.

② 국회는 대통령을 비롯하여 국무총리, 국무위원, 행정각부의 장, 감사원장 등이 직무를 집행함에 있어 법률을 위반할 때 탄핵소추를 의결할 수 있다.

③ 감사원은 헌법적 지위를 갖는 대통령 직속기구로서 회계검사와 직무감찰을 수행하는데, 직무감찰은 행정부, 입법부, 사법부에 소속된 공무원들을 대상으로 한다.

④ 헌법재판소는 9명의 재판관으로 구성되며, 위헌법률심판, 탄핵심판, 정당해산심판, 행정심판, 행정소송 등을 담당한다.

⑤ 국무총리실은 2006년 시행된 「정부업무평가 기본법」에 의해 각 부처의 자체평가를 폐지하고 매년 각 부처를 대상으로 직접 업무평가를 실시하고 있다.

13 조직문화에 대한 설명으로 옳은 것은?

① 조직문화는 조직의 초기 형성 단계에서 조직을 묶어 주는 접착제 역할을 하며, 조직이 성숙 및 쇠퇴 단계에 이르면 혁신을 촉진하는 요인이 된다.

② 조직문화에 관한 기존 연구들은 주로 조직 내부 구성원 간의 거래관계나 조직 내부 환경과의 대응 관계라는 두 가지 범주에서 조직문화의 유형화 기준을 도출하고 있다.

③ 조직문화에 대한 관심이 높은 것은 관리자의 입장에서 조직문화가 조직효과성에 영향을 미치는 중요한 요인으로 이해되기 때문인데, 특히 조직효과성의 여러 측면 중 조직몰입은 조직문화와 직결된다.

④ 퀸(Quinn)과 킴벌리(Kimberly)의 조직문화 유형에 따르면, 합리문화는 조직의 생산성을 강조하고, 구성원들의 신뢰, 팀워크를 통한 참여, 안정지향성에 비중을 둔다.

⑤ 홉스테드(Hofstede)는 권력거리, 개인 대 집단, 불확실성 회피, 남성 대 여성, 장기 대 단기의 다섯 가지 유형으로 문화차원을 구분하였는데, 집단주의가 강한 문화는 개인주의가 강한 문화보다 상대적으로는 느슨한 개인 간 관계를 더 중요시한다.

14 정책대안 탐색 및 집단 의사결정 기법에 대한 설명으로 옳은 것만을 〈보기〉에서 모두 고르면?

〈보 기〉

ㄱ. 델파이기법(Delphi method)은 전문가집단을 대상으로 대면의 토론을 반복해서 소통이 이루어지고 의견의 일치를 유도하는 기법이다.

ㄴ. 브레인스토밍(Brainstorming)은 즉흥적이고 자유분방하게 다양하고 창의적인 아이디어를 얻기 위한 방법으로서, 집단토의 과정에서 아이디어들에 대한 자유로운 비판과 평가를 거쳐 실현가능성 있는 대안을 선택하는 방법이다.

ㄷ. 표적집단면접기법(Focus group interview)은 훈련된 조사자가 소수의 응답자를 한 곳에 모아 관련된 주제에 대해 대화와 토론을 통해 정보를 수집하는 방법으로서, 일반화 가능성이 낮다는 단점이 있다.

ㄹ. 지명반론자기법(Devil's advocate method)은 반론을 제기하는 집단을 지정해 이들이 고의적으로 본래 대안의 단점과 약점을 최대한 적극적으로 지적하게 함으로써 최종 대안의 효과성과 현실적 응성을 높일 수 있다.

ㅁ. 명목집단기법(Nominal group technique)은 관련자들이 의사결정에 대면으로 참여하여 아이디어를 제시하고, 모든 아이디어가 제시된 후 토론을 거치지 않고 바로 투표로 의사를 결정하는 기법이다.

① ㄱ, ㄴ
② ㄱ, ㅁ
③ ㄴ, ㄹ
④ ㄷ, ㄹ
⑤ ㄷ, ㅁ

15 예산결정이론에 대한 설명으로 옳은 것은?

① 예산결정이론은 예산 배분의 경제적 측면을 강조하는 이론과 정치적 측면을 강조하는 이론으로 구분할 수 있는데, 전자는 점증적·단편적 접근이며 후자는 포괄적·분석적 접근이다.

② 총체주의 예산은 목표에 대한 사회적 합의가 도출되지 않은 경우에도 적용할 수 있다는 장점이 있다.

③ 점증주의 예산은 예산을 탄력적으로 활용하여 경기변동에 대응하는 재정정책적 기능을 수행할 수 있다.

④ 점증주의에 기반한 단절균형 모형은 급격한 변화나 단절을 겪은 이후 다시 균형을 지속한다는 예산모형으로 단절의 크기와 시점을 사전에 예측할 수 있다는 장점이 있다.

⑤ 루빈(Rubin)의 실시간 예산운영 모형에서 세입, 세출, 예산균형, 예산집행, 예산과정의 다섯 가지 의사결정 흐름은 서로 느슨하게 연계된 상호의존성을 가지고 있다.

16 특별지방자치단체에 대한 설명으로 옳지 않은 것은?

① 2개 이상의 지방자치단체가 공동으로 특정한 목적을 위하여 광역적으로 사무를 처리할 필요가 있을 때 설치할 수 있다.

② 특별지방자치단체는 법인으로 한다.

③ 지방의회 의원은 특별지방자치단체의 의회 의원을 겸직할 수 없다.

④ 특별지방자치단체를 구성하는 지방자치단체(이하 '구성 지방자치단체'라고 함)는 상호 협의에 따른 규약을 정하여 구성 지방자치단체의 지방의회 의결을 거쳐 행정안전부장관의 승인을 받아야 한다.

⑤ 특별지방자치단체의 사무가 구성 지방자치단체 구역의 일부에만 관계되는 등 특별한 사정이 있을 때에는 해당 지방자치단체 구역의 일부만을 구역으로 할 수 있다.

17 다음의 이론과 그 핵심적 특징의 연결이 옳은 것은 〈보기〉에서 모두 몇 개인가?

〈보 기〉

ㄱ. 공공선택론 – 집권화, 민영화, 유연조직
ㄴ. 신공공관리론 – 시장주의, 고객지향, 규제완화
ㄷ. 뉴거버넌스론 – 공동체주의, 협력체제, 공동공급
ㄹ. 사회자본론 – 형평성, 사회보장, 복지국가
ㅁ. 신공공서비스론 – 사회봉사, 효율성, 방향잡기
---

① 1개
② 2개
③ 3개
④ 4개
⑤ 5개

18 정책평가의 준실험 설계에 대한 설명으로 옳은 것은?

① 준실험 설계는 무작위에 의한 실험집단과 통제집단을 구성한다.

② 진실험 설계와 비교하여, 인위적 요소가 많지 않아 내적타당성이 높고 실험의 실현 가능성이 높은 편이다.

③ 실험집단을 다른 집단과 비교하거나, 시계열적인 방법으로 정책 영향을 평가한다.

④ 준실험적 방법은 진실험적 방법의 약점인 선발효과와 성숙효과를 어느 정도 해결할 수 있다.

⑤ 회귀불연속 설계는 정책의 시행 시점인 구분점에서 기울기와 절편이 모두 변화해야 장기적인 효과가 있다.

19 정책의제 형성에 대한 설명으로 옳지 않은 것은?

① 동원형은 정책의제 형성의 주도자가 주로 정부 내부에 존재한다.

② 외부주도형은 주로 정부 외부에서 문제가 제기되어 확산되고 공중의제화 단계를 거쳐 정책의제가 형성된다.

③ 내부접근형은 정부 내 정책결정과정에 접근가능한 외부집단의 이익이 과도하게 대변될 수 있다.

④ 내부접근형과 동원형은 대중의 지지를 획득하기 위한 공중의제화 단계가 없다.

⑤ 외부주도형은 허쉬만(Hirschman)이 말하는 '강요된 정책문제'에 해당한다.

20 우리나라의 예산에 대한 설명으로 옳은 것은?

① 국회는 예산안을 회계연도 개시 30일 전까지 의결해야 하며, 만일 새로운 회계연도 개시 전까지 의결하지 못할 경우 정부는 1개월 이내의 잠정예산을 집행하도록 되어 있다.

② 예산의 입법과목(장ㆍ관ㆍ항) 간 전용은 원칙적으로 허용되지 않지만, 미리 국회의 의결을 얻었을 때에는 기획재정부 장관의 승인을 얻어 전용할 수 있다.

③ 명시이월은 예산 성립 후 연도 내에 지출원인행위를 하고 불가피한 사유로 지출하지 못한 경비와 지출원인행위를 하지 아니한 그 부대경비의 금액에 대한 이월을 말한다.

④ 추가경정예산은 정부가 예산안을 국회에 제출한 후 예산이 최종 의결되기 전 예산안의 일부를 변경하거나 증액하고자 할 때 편성하는 예산이다.

⑤ 조세지출이란 조세감면ㆍ비과세ㆍ소득공제ㆍ세액공제ㆍ우대세율 적용 또는 과세 이연 등 조세특례에 따른 재정 지원을 의미하는 것으로서, 세제상의 특혜를 준 만큼의 합법적 세수 손실을 지칭한다.

21 공무원 보수에 대한 설명으로 옳은 것은?

① 공무원의 보수는 기본급과 부가급을 포함하는 개념 인데, 이 중 부가급은 보수체계의 유연성을 제고할 수 있으나 보수체계를 복잡하게 만드는 등 부정적 인 측면이 있다.

② 생활급은 공무원과 그 가족의 생활을 보장하려는 목 적을 지닌 속인적 급여이며, 경우에 따라서 직무급 과 직능급을 포함하기도 한다.

③ 실적급은 직무의 상대적 가치를 기준으로 기본급을 결정하는 보수체계로, '동일직무에 대한 동일보수' 의 원칙에 충실하여 보수의 공정성을 높일 수 있다.

④ 연공급은 공무원 개인의 연공을 기준으로 기본급을 결정하는 보수체계로, 주로 직위분류제를 채택하고 있는 국가에서 보수체계의 기초로 활용되고 있다.

⑤ 직능급은 직무수행능력을 기준으로 기본급을 결정 하는 보수체계로, 주로 계급제를 채택하고 있는 국 가에서 보수체계의 기초로 활용되고 있다.

22 행정현상의 접근방법에 대한 설명으로 옳은 것은?

① 생태론적 접근방법의 대표적 학자인 리그스(Riggs) 는 행정에 영향을 미치는 환경적 요인으로 정치체 제의 환경이 가장 중요하다고 보면서 선진국의 행 정이 민주적 정치체제의 환경에 의해 발전되어 온 현상을 분석하는 데에 크게 기여했다.

② 행태론적 접근방법의 대표적 학자인 사이먼 (Simon)은 행정인의 행태를 연구하는 데 있어서 객 관적인 자연현상과 다르게 인간의 주관적 의식과 가치판단 현상을 분석 대상으로 삼아야 한다고 하 였다.

③ 제도론적 접근방법은 전통적 제도주의와 신제도주 의로 구분되는데, 전통적 제도주의는 행태주의에 대 한 반발로서 사회적으로 형성된 제도가 개인의 행위 를 지배한다고 보는데 반해, 신제도주의는 공식적 제도가 형성되는 과정에 분석의 초점을 맞춘다.

④ 현상학적 접근방법은 실증주의와 행태주의를 비판 하는 입장으로서 인간의 주관적 관념, 의식 및 동기 의 의미를 해석하고 가치평가적 연구를 할 수 있게 한다.

⑤ 포스트모더니티 접근방법은 인간의 주체성과 합리 성, 진리기준의 절대성을 전제로 상상, 해체, 탈영 역화, 타자성을 통해 전통적 관료제의 폐쇄성과 경 직성을 극복하는 데에 기여하고 있다.

23 조직이론에 대한 설명으로 옳은 것은?

① 고전적 조직이론은 인간관계론을 배경으로 성립된 조직관으로, 1930년대 완성된 정치·행정이원론과 행정관리론의 입장에서 행정을 규명하던 시기의 조직이론이다.

② 신고전적 조직이론은 조직 내의 기계적 능률을 강조하고 개방체제 또는 환경에 관심이 있는 환경유관론을 특징으로 한다.

③ 대리인이론에서는 주인과 대리인 모두 이기적인 존재라는 점과 주인과 대리인 간에는 정보의 대칭성이 있다는 점을 전제로 한다.

④ 상황론적 조직이론은 모든 상황에서 적용되는 유일 최선의 조직구조나 관리 방법이 있다는 전제하에, 효과적인 조직구조나 관리 방법은 조직설계 등의 상황에 따라 달라지기 때문에 상황에 적합한 조직구조의 설계나 관리 방법을 찾아내고자 한다.

⑤ 자원의존이론은 조직과 환경의 관계에서 중요한 것은 조직에 의한 전략적 선택이며 조직은 능동적으로 환경에 영향을 미치려고 한다는 것을 전제로 한다.

24 예비타당성조사에 대한 설명으로 옳은 것은 〈보기〉에서 모두 몇 개인가?

〈보 기〉

ㄱ. 예비타당성조사제도는 재정운용의 효율성을 제고하기 위해 1999년 김대중정부 때 도입된 제도로서, 건설공사가 포함된 사업만 대상으로 한다.

ㄴ. 예비타당성조사는 총사업비가 500억 원 이상인 대규모 신규사업을 대상으로 국토교통부가 실시하고, 조사 결과를 토대로 기획재정부가 사업추진 여부를 결정한다.

ㄷ. 예비타당성조사를 실시하는 경우 경제성 분석, 정책성 분석, 지역균형발전 분석을 반드시 실시해야 하고, 종합평가는 비용효과분석에 의해 이루어진다.

ㄹ. 편익비용비율이 1보다 작아 경제성이 낮은 경우라도 정책성 분석이나 지역균형발전 분석 등을 통한 종합평가 결과에 의해 예비타당성조사를 통과할 수 있다.

ㅁ. 「국가재정법」은 공공청사 신축 및 증축, 재난복구 지원사업, 지역균형발전사업 등 다양한 사업에 대해 예비타당성조사를 면제할 수 있도록 규정하고 있다.

① 1개
② 2개
③ 3개
④ 4개
⑤ 5개

25 공공부문의 관료조직에 있어서 조직이 추구하는 실질적 목표가 하위단계의 수단적 목표로 대체되는 현상, 즉 목표의 대치가 발생하는 원인으로 옳지 않은 것만을 〈보기〉에서 모두 고르면?

─────── 〈보 기〉 ───────

ㄱ. 공공부문이 갖고 있는 외부성의 문제로서, 외부의 정치적 환경에 의해 목표가 결정되는 현상이 나타나기 때문이다.

ㄴ. 소수 간부에 대한 권력 집중과 지위 강화의 욕구로 설명되는 '과두제의 철칙' 현상이 나타나기 때문이다.

ㄷ. 공공성과 같은 추상적이고 무형적인 목표를 강조함으로써 측정가능성이 낮은 목표에 몰입되기 때문이다.

ㄹ. 법령 자체에 대한 준수 여부를 중요시하여 규칙이나 절차에 집착하는 형식주의 현상이 나타나기 때문이다.

ㅁ. 조직의 사회적 정당성을 확보하기 위해 기존 조직목표의 내용을 변화시키거나 다른 조직목표로 교체함으로써 조직의 존립기반을 강화시키고자 하기 때문이다.

① ㄱ, ㄴ

② ㄱ, ㅁ

③ ㄴ, ㅁ

④ ㄱ, ㄷ, ㅁ

⑤ ㄴ, ㄷ, ㄹ

✅ 회독 CHECK 1 2 3

01 엽관주의에 대한 설명으로 옳지 않은 것은?

① 선거에서 승리한 정당이 관직을 차지한다.
② 혈연, 학연, 지연 등 사적 인간관계를 반영하여 공무원을 선발한다.
③ 정당정치의 발달은 물론 행정의 민주화에 기여할 수 있다.
④ 행정의 전문성을 저하시킬 수 있다.
⑤ 펜들턴법(Pendleton Act)이 제정되면서 엽관주의에서 실적주의로 미국정부의 인사제도가 변화하였다.

02 다음 〈보기〉 중 부패의 접근법에 대한 설명으로 옳지 않은 것만을 모두 고르면?

─── 〈보 기〉 ───

㉠ 개인의 성격 및 독특한 습성과 윤리 문제가 부패와 밀접한 관련이 있다고 보는 입장은 도덕적 접근법에 따른 것이다.
㉡ 특정한 관습이나 경험적 습성과 같은 것이 부패를 조장한다고 보는 입장은 제도적 접근법에 따른 것이다.
㉢ 사회의 법과 제도상의 결함이나 이러한 것들에 대한 관리기구와 운영상의 문제들이 부패의 원인으로 작용한다고 보는 입장은 사회문화적 접근법에 따른 것이다.
㉣ 부패란 어느 하나의 변수에 의해 설명되는 것이 아니라 문화적 특성, 제도적 결함, 구조적 모순, 공무원의 부정적 행태 등 다양한 요인에 의해 복합적으로 나타난다는 입장은 체제론적 접근법에 따른 것이다.

① ㉠, ㉡   ② ㉠, ㉢
③ ㉡, ㉢   ④ ㉡, ㉣
⑤ ㉢, ㉣

03 우리나라 고향사랑 기부금에 대한 설명으로 옳지 않은 것은?

① 지방자치단체는 해당 지방자치단체의 주민이 아닌 사람 또는 법인에 대해서만 고향사랑 기부금을 모금·접수할 수 있다.
② 지방자치단체는 고향사랑 기부금의 효율적인 관리·운용을 위하여 기금을 설치하여야 한다.
③ 고향사랑 기부금은 지방자치단체가 주민복리 증진 등의 용도로 사용하기 위한 재원을 마련하기 위한 것이다.
④ 지방자치단체는 현금, 고가의 귀금속 및 보석류를 답례품으로 제공하여서는 아니 된다.
⑤ 「고향사랑 기부금에 관한 법률」에 따른 고향사랑 기부금의 모금·접수 및 사용 등에 관하여는 「기부금품의 모집 및 사용에 관한 법률」을 적용하지 아니한다.

고난도 기출

행정학

04 다음 〈보기〉 중 시험의 요건에 대한 설명으로 옳지 않은 것만을 모두 고르면?

― 〈보 기〉 ―

㉠ 구성타당성이란 결과의 측정을 위한 도구가 반복적인 측정에서 얼마나 일관성 있는 결과를 얻을 수 있는가에 대한 타당성이다.

㉡ 기준타당성이란 직무수행능력의 예측이 얼마나 정확한가에 대한 타당성이다.

㉢ 내용타당성이란 직무수행에 필요한 지식, 기술, 태도에 관한 요소를 제대로 측정할 수 있는가에 대한 타당성이다.

㉣ 종적 일관성이란 서로 다른 시점에서의 측정결과가 안정된 값을 가지는 것을 의미한다.

㉤ 시험의 신뢰성을 검증하는 방법으로 재시험법, 동질이형법, 이분법 등이 있다.

① ㉠

② ㉠, ㉡

③ ㉠, ㉣

④ ㉡, ㉢, ㉤

⑤ ㉢, ㉣, ㉤

05 목표관리(Management by Objective, MBO)에 대한 설명으로 옳지 않은 것은?

① 상급자와 하급자 간 상호협의를 통해 일정 기간 달성해야 할 구체적인 업무목표를 설정한다.

② 결과지향적 관리전략으로, X이론적 인간관에 기초한다.

③ 계급과 서열을 근거로 위계적으로 운영되는 조직문화에서는 제도 도입의 효과가 크지 않다.

④ 목표달성과정의 자율성과 성과에 따른 보상과 환류를 특징으로 한다.

⑤ 양적 평가는 가능하나 질적 평가에는 한계가 있다.

06 조직유형에 대한 설명으로 옳지 않은 것은?

① 동태적인 조직은 경직된 계층적 관계보다 자율성을 높일 수 있는 유기적인 관계를 강조한다.

② 프로젝트 팀은 특별한 임무를 수행하기 위해 일시적으로 구성된 조직 형태이다.

③ 매트릭스 조직은 기능구조와 생산구조를 조합한 것으로, 생산부서의 특정기능을 담당하는 구성원은 생산부서의 상관과 기능부서의 상관으로부터 동시에 지시를 받는다.

④ 태스크포스는 관련 부서들을 종적으로 연결시켜 여러 부서가 관련된 현안 문제를 해결하는 데 효과적인 조직 유형이다.

⑤ 애드호크라시 조직은 수평적 분화가 강한 반면 수직적 분화는 약하다.

07 특별지방행정기관에 대한 설명으로 옳지 않은 것은?

① 특별지방행정기관의 소속 공무원은 지방공무원이기 때문에 상급기관과의 인사이동에 장벽이 있다.

② 특별지방행정기관은 광역 단위 지방청 아래 소속기관들을 두는 중층 구조를 가진 경우가 많다.

③ 특별지방행정기관은 중앙의 통제를 받다 보니 지방자치단체에 비해 주민의 요구에 대한 대응이 둔감하다.

④ 행정서비스의 특성에 따른 적정수준의 광역행정을 실현하기 위하여 특별지방행정기관의 설치가 필요하다.

⑤ 「지방자치분권 및 지방행정체제개편에 관한 특별법」에 따르면 국가는 특별지방행정기관이 수행하고 있는 사무 중 지방자치단체가 수행하는 것이 더 효율적인 사무는 지방자치단체가 담당하도록 하여야 한다.

08 다음 〈보기〉의 설명과 행정이론을 바르게 연결한 것은?

─── 〈보 기〉 ───

㉠ 정치·행정 일원론적 성격을 지닌다.

㉡ 행정관료를 다양한 이해관계의 조정자로 생각한다.

㉢ 민주적 참여를 통해 정부에 대한 신뢰를 높일 수 있다.

㉣ 성과에 대한 책임성을 통해 시민에 대한 대응성을 강조한다.

㉤ 공공부문의 효율성 제고를 위해 시장원리인 경쟁을 적극 활용한다.

① 신공공관리론 – ㉠, ㉡

② 신공공관리론 – ㉡, ㉤

③ 신공공관리론 – ㉢, ㉣

④ 뉴거버넌스론 – ㉠, ㉣

⑤ 뉴거버넌스론 – ㉡, ㉢

09 동기이론에 대한 설명으로 옳지 않은 것은?

① 브룸(V. Vroom)은 욕구충족과 직무수행 간의 직접적인 관련성에 대해 의문을 제기하였다.

② 앨더퍼(C. Alderfer)는 매슬로우(A. Maslow)와 달리 상위 욕구가 좌절될 경우 하위 욕구를 강조하게 되는 하향적 접근의 가능성을 제시하였다.

③ 로크(E. Locke)는 달성하기 쉽고 단순한 목표, 적절한 환류와 보상, 경쟁 등의 상황이 동기부여에 효과적이라고 보았다.

④ 맥그리거(D. McGregor)는 매슬로우(A. Maslow)의 욕구계층이론을 토대로 인간의 본질에 관한 기본 가정을 두 가지로 구분하였다.

⑤ 애덤스(J. Adams)는 개인의 행위는 타인과의 비교를 통하여 공정성을 실현하는 방향으로 동기가 부여된다고 주장하였다.

10 행정이론에 대한 설명으로 옳지 않은 것은?

① 제퍼슨(T. Jefferson)은 엄격한 법적 및 헌법적 제한을 통해 최고관리자와 관료의 책임성을 확보해야 한다고 주장하였다.

② 비담(D. Beetham)은 관료제 모형을 정의적, 규범적, 설명적인 것으로 분류하고, 베버(M. Weber)의 관료제 이론을 정의적모형에 포함시켰다.

③ 윌슨(W. Wilson)은 「행정연구(The Study of Administration)」라는 논문을 통해 행정의 탈정치화를 제안하였다.

④ 테일러(F. Taylor)는 관리의 지도원리로 계획, 표준화, 능률화 등을 제시하였다.

⑤ 오스본(D. Osborne)과 게블러(T. Gaebler)의 『정부재창조론』은 레이건(R. Reagan) 행정부 '정부재창조운동'의 이론적 기초가 되었다.

11 공식조직과 비공식조직에 대한 설명으로 옳지 않은 것은?

① 비공식조직은 공식조직을 전제하지 않고 독립적으로 구성된다.

② 비공식조직은 사적인 인간관계를 토대로 형성되는 조직이다.

③ 공식조직은 조직 자체의 목표 달성을 우선시하는 반면, 비공식조직은 조직구성원의 욕구충족을 우선시한다.

④ 비공식조직은 공식조직의 경직성 완화, 업무 능률성 증대 등에 기여할 수 있다.

⑤ 비공식조직 간 적대감정이 생기면 조직 내 기능마비 현상이 나타날 수 있다.

12 다음 〈보기〉 중 성과주의 예산제도의 장점으로 옳은 것만을 모두 고르면?

───── 〈보 기〉 ─────
㉠ 예산심의가 용이하다.
㉡ 정책목표의 설정이 용이하다.
㉢ 예산과 사업의 연계가 용이하다.
㉣ 업무측정단위를 선정하기 용이하다.
㉤ 품목별 예산제도에 비해 사업 관리가 용이하다.
㉥ 현금주의를 택하고 있는 조직에서 운영하기 용이하다.

① ㉠, ㉡, ㉢
② ㉠, ㉢, ㉤
③ ㉡, ㉣, ㉤
④ ㉢, ㉤, ㉥
⑤ ㉣, ㉤, ㉥

13 다음 〈보기〉에서 설명하는 정책결정모형으로 가장 적절한 것은?

───── 〈보 기〉 ─────
이 모형은 수요와 공급의 관점에서 정부정책을 검토하는데, 정부가 공공재의 공급자이고 시민들은 수요자가 된다. 시민의 편익을 극대화할 수 있는 서비스의 공급과 생산은 공공 부문의 시장경제화를 통해 가능하다는 것이다. 독점적 정부관료제는 정부실패를 가져오기 때문에 시민 개개인의 선호와 선택을 존중하고 경쟁을 통해 서비스를 생산하고 공급하게 함으로써 행정의 대응성을 높일 수 있다는 것이다. 관료 이기주의를 방지하기 위해 외부계약(contracting-out), 민영화, 정부 부처 간 경쟁 등과 같은 시장 원리를 관료제에 적용시켜야 한다는 것도 이러한 맥락에서 나오는 것이다.

① 혼합주사모형
② 만족모형
③ 회사모형
④ 공공선택모형
⑤ 합리모형

14 다음 〈보기〉 중 우리나라 전자정부에 대한 설명으로 옳지 않은 것만을 모두 고르면?

───── 〈보 기〉 ─────
㉠ 전자정부란 정보기술을 활용하여 행정기관 상호간 행정업무 및 국민에 대한 행정업무를 효율적으로 수행하는 정부이다.
㉡ 전자정부는 행정이념 중에서 효율성과 민주성을 중요시한다.
㉢ 행정기관 등의 장은 전자정부의 구현·운영 및 발전을 위하여 5년마다 전자정부기본계획을 수립하여야 한다.
㉣ 디지털예산회계시스템(dBrain)과 전자조달시스템(나라장터)은 업무재설계(Business Process Reengineering)를 통해 프로세스 중심으로 업무를 재설계하고 정보시스템화한 것으로 평가할 수 있다.
㉤ 전자정부의 경계는 국가기관, 지방자치단체, 공공기관으로 한정된다.

① ㉠, ㉢
② ㉡, ㉢
③ ㉢, ㉤
④ ㉣, ㉤
⑤ ㉢, ㉣, ㉤

15 우리나라 주민참여예산제도에 대한 설명으로 옳지 않은 것은?

① 주민참여예산은 재정민주주의를 강화하는 방안 중 하나이다.
②「지방재정법」은 예산과정의 주민 참여 범위를 예산편성으로 제한하고 있다.
③ 주민참여예산제도의 구체적인 내용은 각 지방자치단체의 조례로 정하도록 하고 있다.
④ 예산의 심의, 결산의 승인 등 지방의회의 의결사항은 주민참여예산의 관여 범위가 아니다.
⑤ 주민참여예산제도의 운영을 위하여 지방자치단체장의 소속으로 주민참여예산기구를 둘 수 있다.

16 화이트(R. White)와 리피트(R. Lippitt)의 리더십 유형에 대한 설명으로 옳지 않은 것은?

① 행태론적 접근방식에 기반하여 리더십 유형을 분류한다.

② 권위형은 의사결정권이 리더에게 집중되어 있으며, 직무수행에 중심을 두는 유형이다.

③ 자유방임형은 구성원들에게 자유재량을 최대한도로 인정하는 유형이다.

④ 화이트(R. White)와 리피트(R. Lippitt)의 실험결과에 따르면 민주형, 자유방임형, 권위형 순으로 피험자들이 선호했다.

⑤ 민주형은 참여와 토의를 강조하는 유형으로서, 정책문제와 절차는 집단적으로 결정된다.

17 다음 〈보기〉 중 「지방자치법」에서 규정하는 지방자치단체의 사무에 해당하는 것만을 모두 고르면?

─── 〈보 기〉 ───
㉠ 국제교류 및 협력에 관한 사무
㉡ 교육·체육·문화·예술의 진흥에 관한 사무
㉢ 농산물·임산물·축산물·수산물 및 양곡의 수급 조절에 관한 사무
㉣ 지역개발과 자연환경보전 및 생활환경시설의 설치·관리에 관한 사무
㉤ 지역민방위 및 지방소방에 관한 사무

① ㉤
② ㉣, ㉤
③ ㉠, ㉡, ㉢
④ ㉠, ㉢, ㉣
⑤ ㉠, ㉡, ㉣, ㉤

18 정책현상에 대한 설명으로 옳지 않은 것은?

① 규제정책은 국가 공권력을 통해 관계 당사자의 순응을 확보하기 때문에 행정권 남용의 가능성이 높다.

② 다원주의 정치와 조합주의 정치보다 엘리트 중심의 정치에서 편견의 동원(mobilization of bias)이 나타날 가능성이 더 크다.

③ 정책결정과정에서 규제정책의 경우 분배정책보다 나눠먹기(pork-barrel)나 담합(log-rolling) 현상이 발생하기 쉽다.

④ 합리모형은 분석적 접근방법에 가깝고, 점증모형은 경험적 접근방법에 가깝다.

⑤ 무의사결정(non-decision making)은 정책집행과정에서도 발생할 수 있다.

19 정부개입을 정당화하는 근거에 대한 설명으로 옳지 않은 것은?

① 정부규제는 수행과정에서 경제주체들 간의 이해관계를 변화시키는 경우가 많아 소득재분배 효과를 낳을 수 있다.

② 외부성이 존재하는 경우 자원이 효율적으로 배분될 수 있도록 사회적 비용 혹은 사회적 편익을 내부화할 필요성이 있다.

③ 자유시장이 자원배분에 효율적이더라도 국가의 윤리적·도덕적 판단을 강조하는 비가치재(demerit goods) 관점에서 정부규제가 정당화될 수 있다.

④ 코즈의 정리(Coase's Theorem)가 내세운 전제조건과는 달리 자발적 거래에 필요한 완벽한 정보는 존재하기 어려우며, 거래비용 역시 발생할 수 있다.

⑤ 정부는 개인이나 기업에게 제한된 공공재화를 배분하거나 경제행위를 할 수 있는 인허가 권한을 내줌으로써 지대추구 행위를 막을 수 있다.

20 비용편익분석에 대한 설명으로 옳지 않은 것은?

① 총체적 예산결정 시 대안 탐색에 사용된다.

② 내부수익률은 편익-비용비율을 1로 만드는 할인율이다.

③ 공공사업의 분배적 효과를 감안한 타당성 평가를 하기 위해 소득계층별로 다른 분배가중치(distributional weight)를 적용해 계층별 순편익을 조정할 수 있다.

④ 사업의 기간이 길어질수록 현재가치는 커진다.

⑤ 현실에서는 비용편익분석을 하는 과정에서 의도적인 왜곡평가를 하려는 유인이 강하게 존재하기 때문에 객관적으로 타당한 결과를 얻기 어려울 수 있다.

21 영기준 예산제도(Zero Based Budget, ZBB)에 대한 설명으로 옳지 않은 것은?

① 사업의 우선순위를 설정할 때 의사결정자들의 주관적 판단이 개입될 여지가 있다.

② 과거연도의 예산지출을 고려하지 않는다.

③ 동일 사업에 대해 예산배분 수준별로 예산이 편성된다.

④ 계속사업의 예산이 점증적으로 증가하는 과정에서 발생하는 비효율을 개선한다.

⑤ 인건비나 임대료 등 경직성 경비의 비중이 높은 사업에 특히 효과적이다.

22 공익에 대한 설명으로 옳지 않은 것은?

① 공익 실체설은 공익 과정설의 주장을 행정의 정당성과 통합성을 확보하기 위한 상징적 수사로 간주한다.

② 적법절차의 준수에 의한 공익의 보장은 공익 과정설에 가깝다.

③ 기초주의(foundationalism) 인식론은 공익 실체설에 가깝다.

④ 공공재의 존재와 공유지 비극의 문제는 공익 실체설의 근거가 될 수 있다.

⑤ 다원적 민주주의에 나타나는 이익집단 사이의 상호조정 과정에 의한 정책결정은 공익 과정설에 가깝다.

23 공무원 교육훈련제도의 발전 방향에 대한 설명으로 옳지 않은 것은?

① 공직 역량 계발을 촉진하는 자발적인 학습조직으로 전환해야 한다.

② 교수(teaching) 중심 체제로의 전환과 함께 현장 체험식 교육훈련을 추가해야 한다.

③ 직무수행의 전문성을 높이기 위해서 분야별 전문교육을 강화해야 한다.

④ 교육훈련에 대한 다면적 평가를 통해 교육효과성 평가와 환류체제를 확립해야 한다.

⑤ 교육훈련에 대한 저항을 줄이기 위해 교육훈련계획 수립 시 피훈련자, 관리자, 감독자 등의 의견을 충분히 반영해야 한다.

24 우리나라 예산제도에 대한 설명으로 옳지 않은 것은?

① 「국회법」에 따르면 예산결산특별위원회는 소관 상임위원회의 예비심사 내용을 존중하여야 하며, 소관 상임위원회에서 삭감한 세출예산 각 항의 금액을 증가하게 하거나 새 비목을 설치할 경우에는 소관 상임위원회의 동의를 받아야 한다.

② 「국가재정법」에 따르면 기획재정부장관은 예산배정요구서에 따라 분기별 예산배정계획을 작성하여 국무회의의 심의를 거친 후 대통령의 승인을 얻어야 한다.

③ 예산편성－예산심의·의결－예산집행－예산결산으로 이루어진 예산주기는 1년이다.

④ 국가재정운용계획은 다년간의 재정수요와 가용재원을 예측하여 거시적 관점에서 기획과 예산을 연계함으로써 합리적으로 자원을 배분하기 위한 제도로서 연동계획(rolling plan)으로 작성된다.

⑤ 예산이 효력을 갖는 일정기간을 회계연도(fiscal year)라 한다.

25 대표관료제(Representative Bureaucracy)에 대한 설명으로 옳지 않은 것은?

① 개인의 출신 및 성장배경, 사회화 과정 등에 의해 개인의 주관적 책무성이 형성된다고 본다.

② 대표관료제는 현대사회의 구조적 문제로 인한 기회의 불평등을 해소하고자 하는 노력이다.

③ 대표관료제는 소극적 대표가 자동적으로 적극적 대표를 보장한다는 가정에서 출발한다.

④ 대표관료제는 실적주의 원칙에 기반하여 행정능률성을 제고한다.

⑤ 정부 관료의 증원에 있어서 다양한 집단을 참여시킴으로써 정부 관료제의 민주화에 기여할 수 있다.

모바일 OMR

✅ 회독 CHECK ① ② ③

01 행정가치에 대한 설명으로 옳은 것만을 〈보기〉에서 모두 고르면?

─── 〈보 기〉 ───

㉠ 공익의 과정설은 집단이기주의의 폐단이 발생할 수 있다는 한계가 있다.

㉡ 롤스(J. Rawls)의 사회정의 원칙에 따르면, 기회균등의 원리와 차등의 원리가 충돌할 때 기회균등의 원리가 차등의 원리에 우선한다.

㉢ 공익의 실체설은 현실주의 혹은 개인주의적으로 공익 개념을 주장한다.

㉣ 롤스(J. Rawls)의 정의관은 자유방임주의에 의거한 전통적 자유주의와 생산수단의 사회적 소유를 주장하는 사회주의의 양극단을 지향한다.

① ㉠, ㉡
② ㉠, ㉢
③ ㉡, ㉢
④ ㉠, ㉡, ㉣
⑤ ㉠, ㉢, ㉣

02 셍게(P. Senge)가 제시한 학습조직(Learning Organization) 구축을 위한 다섯 가지 방법에 해당하지 않는 것은?

① 조직이 달성하고자 하는 목표, 가치 등에 관한 비전 공유가 필요하다.

② 공동학습을 통해 지식을 공유하고 토론을 활성화하는 집단학습이 필요하다.

③ 개인의 전문지식 습득 노력을 통한 자기완성이 필요하다.

④ 조직에 대한 종합적·동태적 이해를 위해 시스템적 사고가 필요하다.

⑤ 학습효과를 극대화하기 위해 관리자의 리더십이 필요하다.

03 현금주의 회계방식과 발생주의 회계방식에 대한 설명으로 옳은 것은?

① 현금주의 회계방식은 재정상태표에 해당하며, 발생주의 회계방식은 재정운영표에 해당한다.

② 현금주의 회계방식은 정보의 적시성을 확보할 수 있으며, 발생주의 회계방식은 회계처리의 객관성 확보에 용이하다.

③ 현금주의 회계방식은 재정 건전성 확보가 가능하며, 발생주의 회계방식은 이해와 통제가 용이하다.

④ 현금주의 회계방식은 의회통제를 회피하기 위해 악용될 가능성이 있으며, 발생주의 회계방식 또한 의회통제와는 거리가 있다.

⑤ 현금주의 회계방식은 화폐자산과 차입금을 측정대상으로 하며, 발생주의 회계방식은 재무자원, 비재무자원을 포함한 모든 경제자원을 측정대상으로 한다.

04 다음 표는 던(W. Dunn)이 분류한 정책대안 예측유형과 그에 따른 기법이다. 분류가 옳지 않은 것만을 모두 고르면?

예측유형	기법
투사 (Project)	㉠ 시계열 분석 ㉡ 최소자승 경향 추정 ㉢ 경로분석
예견 (Predict)	㉣ 선형기획법 ㉤ 자료전환법 ㉥ 회귀분석
추정 (Conjecture)	㉦ 격변예측기법 ㉧ 정책 델파이 ㉨ 교차영향분석

① ㉠, ㉣, ㉤
② ㉡, ㉢, ㉨
③ ㉡, ㉣, ㉧
④ ㉢, ㉤, ㉦
⑤ ㉢, ㉥, ㉧

05 공무원 노동조합에 대한 설명으로 옳은 것은?

① 노동조합과 그 조합원은 정치활동이 허용된다.
② 6급 이하의 일반직 공무원만 노동조합에 가입할 수 있다.
③ 퇴직공무원도 노동조합에 가입할 수 있다.
④ 소방공무원과 교원은 노동조합 가입이 허용되지 않는다.
⑤ 교정·수사 등에 관한 업무에 종사하는 공무원은 노동조합에 가입할 수 있다.

06 비용효과분석에 대한 설명으로 옳은 것은?

① 모든 관련 요소를 공통의 가치 단위로 측정한다.
② 경제적 합리성과 정책대안의 효과성을 강조한다.
③ 시장가격에 대한 의존도가 낮으므로 민간부문의 사업대안 분석에 적용 가능성이 낮다.
④ 외부효과와 무형적 가치 분석에 적합하지 않다.
⑤ 변동하는 비용과 효과의 문제 분석에 활용한다.

07 오스본(D. Osborne)과 개블러(T. Gaebler)의 저서 「정부재창조론」에서 제시된 정부 운영의 원리에 대한 설명으로 옳은 것은?

① 정부의 새로운 역할로 종래의 방향잡기보다는 노젓기를 강조한다.
② 규칙 및 역할 중심 관리방식에서 사명 지향적 관리방식으로 전환되어야 함을 강조한다.
③ 예방적 정부보다는 치료 중심적 정부로 바뀌어야 함을 강조한다.
④ 행정서비스 제공에 경쟁 개념을 도입하기보다는 독점적 공급을 강조한다.
⑤ 주민에게 권한을 부여하기보다는 서비스를 제공하는 방향으로 전환되어야 함을 강조한다.

08 정책지지연합모형(Advocacy Coalition Framework)에 대한 설명으로 옳은 것은?

① 신념체계와 정책변화는 정책지향적 학습에 의해서만 가능하다고 가정한다.
② 정책변화의 과정과 정책지향적 학습의 역할을 이해하려면 단기보다는 5년 정도의 중기 기간이 필요하다고 전제한다.
③ 정책변화를 분석하기 위한 분석단위로 정책하위체계를 설정한다.
④ 하향식 접근법의 분석단위를 채택하여 공공 및 민간 분야까지 확장하면서 행위자들의 전략적 행위를 검토한다.
⑤ 정책행위자가 강한 정책신념을 가지고 있다고 간주하므로 정책행위자의 신념을 변경시키는 데에 있어 과학적, 기술적인 정보는 중요한 역할을 담당하지 못한다고 가정한다.

09 〈보기〉의 내용을 미국 행정학의 발달과정 순서대로 나열한 것은?

━━━━━ 〈보 기〉 ━━━━━
(가) 행정조직의 공식적 측면을 강조한 행정관리학파의 원리 제시
(나) 신공공관리론의 등장
(다) 행정과학의 적실성에 대한 논쟁
(라) 거버넌스 이론의 유행
(마) 가치문제를 중시하는 신행정론의 등장
(바) 비교행정론과 발전행정론의 등장

① (가) － (다) － (바) － (마) － (나) － (라)
② (가) － (마) － (바) － (라) － (다) － (나)
③ (가) － (바) － (마) － (다) － (나) － (라)
④ (마) － (가) － (바) － (나) － (다) － (라)
⑤ (마) － (라) － (바) － (가) － (다) － (나)

10 균형성과표(Balanced Score Card)를 활용한 성과관리에 대한 설명으로 옳지 않은 것은?

① 결과에 초점을 둔 재무지표 방식의 성과관리에 대한 대안으로 개발되었다.

② 성과관리를 위한 단기적 관점과 장기적 관점의 균형을 중시한다.

③ 고객관점의 성과지표로 고객만족도, 민원인의 불만율 등을 제시한다.

④ 재무적 관점은 전통적인 선행 성과지표이다.

⑤ 성과에 대한 조직구성원 간의 커뮤니케이션 도구로 사용할 수 있다.

11 계급제의 특징에 대한 설명으로 옳은 것은?

① 업무 분담과 직무분석으로 합리적인 정원관리 및 사무관리에 유리하다.

② 계급에 따른 권한과 책임의 명확화를 통해 전문화되고 체계적인 조직관리가 가능하다.

③ 동일 직무에 대한 동일 보수의 원칙을 따르는 직무급제도를 통해 합리적인 보수체계를 확립할 수 있다.

④ 직무의 종류 · 책임도 · 곤란도에 따라 공직을 분류하므로 시험 · 임용 · 승진 · 전직을 위한 기준을 제공해줄 수 있다.

⑤ 담당할 직무와 관계없이 인사배치를 할 수 있어 인사배치의 신축성 · 융통성을 기할 수 있다.

12 현행 「지방자치법」에 근거하는 제도에 해당하지 않는 것은?

① 주민참여예산제 　② 주민투표제

③ 주민감사청구제 　④ 주민소송제

⑤ 주민소환제

13 조직이론의 주요 학자와 주장을 바르게 연결한 것은?

① 테일러(F. Taylor)는 조직의 생산성과 능률성을 향상시키기 위해 관리자의 직관에 따를 것을 강조하였다.

② 페이욜(H. Fayol)은 최고관리자의 관점에서 14가지 조직관리의 원칙을 제시하였다.

③ 귤릭(L. Gulick)이 제시한 최고관리자의 기능 중에는 협력(Cooperation)이 포함된다.

④ 베버(M. Weber)는 근대관료제가 카리스마적 지배를 받는다고 주장하였다.

⑤ 메이요(E. Mayo)의 호손(Hawthorne)실험은 공식조직의 중요성을 강조하였다.

14 피터스(B. Guy Peters)가 제시한 시장모형의 구조 개혁 방안으로 옳은 것은?

① 계층제

② 분권화

③ 평면조직

④ 가상조직

⑤ 기업가적 정부

15 윌슨(James Q. Wilson)의 규제정치이론에 따를 때, 규제의 감지된 편익은 소수에게 집중되는 반면, 감지된 비용은 다수에게 분산되는 유형에 해당하는 것은?

① 대중정치

② 이익집단정치

③ 과두정치

④ 고객정치

⑤ 기업가정치

16 동기부여 이론가와 주장을 바르게 연결한 것은?

① 맥클랜드(D. McCelland) - 동기의 강도는 행동이 일정한 결과로 이어진다는 기대감과 결과에 대한 선호의 정도에 달려 있다.

② 맥그리거(D. McGregor) - X이론은 주로 상위욕구를, Y이론은 주로 하위욕구를 중요시하는 것이다.

③ 매슬로우(A. Maslow) - 인간의 욕구는 생리적 욕구, 소속의 욕구, 안전에 대한 욕구, 존경에 대한 욕구, 자아실현의 욕구의 순서에 따라 유발된다.

④ 허즈버그(F. Herzberg) - 조직구성원에게 불만족을 주는 동기요인과 만족을 주는 위생요인이 각각 별개로 존재한다.

⑤ 앨더퍼(C. Alderfer) - 매슬로우의 욕구계층이론을 수정하여 인간의 욕구를 생존(존재), 관계, 성장의 3단계로 구분한다.

18 국세에 해당하는 것만을 〈보기〉에서 모두 고르면?

〈보 기〉
ㄱ 증여세　　　　　　ㄴ 취득세
ㄷ 담배소비세　　　　ㄹ 농어촌특별세
ㅁ 레저세　　　　　　ㅂ 재산세
ㅅ 등록면허세　　　　ㅇ 종합부동산세

① ㄱ, ㄷ, ㅂ
② ㄱ, ㄹ, ㅇ
③ ㄴ, ㄹ, ㅁ
④ ㄴ, ㅁ, ㅂ
⑤ ㄷ, ㅅ, ㅇ

19 지방자치단체장의 권한 및 기능에 해당하지 않는 것은?

① 지방의회에 조례안을 제출할 수 있다.

② 교육기관을 설치, 이전 및 폐지할 수 있다.

③ 조례나 규칙으로 정하는 바에 따라 그 권한에 속하는 사무의 일부를 보조기관 등에 위임할 수 있다.

④ 법령 또는 조례의 범위에서 그 권한에 속하는 사무에 관하여 규칙을 제정할 수 있다.

⑤ 주민에게 과도한 부담을 주거나 중대한 영향을 미치는 지방자치단체의 주요 결정사항 등에 대하여 주민투표에 부칠 수 있다.

17 우리나라 예산에 대한 설명으로 옳은 것은?

① 세입세출예산은 일반회계와 특별회계 및 기금으로 구분한다.

② 국회의 예산에 예비금을 두며 국회의장이 이를 관리한다.

③ 세입예산은 관·항·목으로 구분한다.

④ 특별회계는 국가가 특정한 목적을 위해 특정한 자금을 신축적으로 운영하기 위해 법률로써 설치한다.

⑤ 국회에 예산안이 제출되면 상임위원회 회의에서 정부의 시정연설이 이루어진다.

20 티부(C. Tiebout) 모형의 가정으로 옳지 않은 것은?

① 지방정부의 재원에 국고보조금은 포함되지 않아야 한다.

② 지방정부의 공공서비스에 외부효과가 발생하지 않아야 한다.

③ 고용기회와 관련된 제약조건은 거주지 의사결정에 왜곡을 초래할 수 있으므로 고려하지 않아야 한다.

④ 개인은 자신의 선호에 따라 다른 지방정부의 지역으로 자유롭게 이주할 수 있어야 한다.

⑤ 소수의 대규모 지방자치단체가 존재해야 한다.

21 「책임운영기관의 설치·운영에 관한 법률」의 내용으로 옳지 않은 것은?

① 행정안전부장관은 5년 단위로 책임운영기관의 관리 및 운영 전반에 관한 중기관리계획을 수립한다.

② 중앙책임운영기관의 장의 임기는 2년으로 하되, 한 차례만 연임할 수 있다.

③ 소속책임운영기관에는 소속 기관을 둘 수 없다.

④ 중앙책임운영기관의 장은 고위공무원단에 속하는 공무원을 제외한 소속 공무원에 대한 일체의 임용권을 가진다.

⑤ 책임운영기관운영위원회는 위원장 및 부위원장 각 1명을 포함한 15명 이내의 위원으로 구성한다.

22 다음 사례에서 최대최솟값(Maximin) 기준에 의한 대안과 그에 따른 이득의 크기는?

> K시는 복합시민센터의 이용수요를 향상시킬 목적으로 리모델링을 진행하고자 한다. 시민의 이용수요 상황에 따른 각 대안의 이득에 대한 표는 다음과 같다.

상황＼대안	S1 (수요낮음)	S2 (수요보통)	S3 (수요높음)
A1(소규모)	15	20	50
A2(중규모)	20	40	80
A3(대규모)	10	70	100

	대안	이득의 크기
①	A1	15
②	A1	50
③	A2	20
④	A2	80
⑤	A3	100

23 교육훈련 방식에 대한 설명으로 옳은 것만을 〈보기〉에서 모두 고르면?

〈보 기〉

㉠ 멘토링은 조직 내 핵심 인재의 육성과 지식 이전, 구성원들 간의 학습활동을 촉진할 수 있는 방법으로, 조직 내 업무 역량을 조기에 배양할 수 있다.

㉡ 학습조직은 암묵적 지식으로 관리되던 조직의 내부 역량을 체계적으로 관리하는 방법으로, 조직설계 기준 제시가 용이하다.

㉢ 액션러닝은 참여와 성과 중심의 교육훈련을 지향하는 방법으로, 현장에서 발생하는 현안 문제를 가지고 자율적 학습 또는 전문가의 지원을 받아 구체적인 문제 해결 방안을 모색한다.

㉣ 워크아웃 프로그램은 전 구성원의 자발적 참여에 의한 행정혁신을 추진하는 방법으로, 관리자의 의사결정과 문제 해결이 지연되는 한계가 있다.

① ㉠, ㉡ ② ㉠, ㉢

③ ㉠, ㉣ ④ ㉡, ㉢

⑤ ㉡, ㉣

24 시장실패와 정부실패에 대한 설명으로 옳지 않은 것은?

① 시장은 배타성과 경쟁성을 모두 갖지 않는 재화를 충분히 공급하기 어렵다.

② 정부는 시장 활동이 초래하는 환경오염과 같은 부정적 외부효과를 막기 위해 규제 등의 수단을 가지고 시장에 개입한다.

③ 공유지의 비극은 개인의 합리적인 행동으로 인해 공동자원이 훼손되는 현상을 설명하는 용어이다.

④ 관료의 외부성은 관료가 부서의 확장에만 집착하는 것을 의미한다.

⑤ 정부의 독점적인 공공서비스 공급은 경쟁의 부재로 인해 생산성이 낮아져 정부실패를 초래할 수 있다.

25 예산과 재정운영제도에 대한 설명으로 옳지 않은 것은?

① 국회는 국가재정운용계획과 예산안을 함께 심의하여 확정한다.

② 총액배분·자율편성제도는 정부가 사전에 설정한 지출한도에 맞추어 각 중앙부처가 예산을 편성하는 것을 의미한다.

③ 프로그램예산제도는 유사 정책을 시행하는 사업의 묶음인 프로그램별로 예산을 편성하는 제도로 우리나라의 경우 중앙정부와 지방정부 모두 도입하고 있다.

④ 기획재정부장관은 예비타당성조사의 결과를 국회 소관 상임위원회와 예산결산특별위원회에 제출하여야 한다.

⑤ 정부는 예산이 온실가스 감축에 미칠 영향을 미리 분석한 보고서를 작성하여야 한다.

01 신행정론에 대한 설명으로 옳지 않은 것은?

① 현실의 사회문제 해결을 강조하였다.

② 가치지향적 관리를 중시하였다.

③ 정책보다는 논리실증주의에 초점을 두었다.

④ 실천성과 적실성의 회복을 강조하였다.

⑤ 행정이 사회적 형평성을 실현해야 한다고 주장하였다.

02 관료제의 문제점에 대한 설명으로 옳지 않은 것은?

① 훈련된 무능(trained incapacity)이란 관료가 기존 및 변화된 상황에서 모두 무능력하여 부적절한 결과를 가져왔음을 뜻한다.

② 관료제의 권력집단화 경향에 의해 국민에 대한 둔감 현상이 발생할 수 있다.

③ 번문욕례(red tape)란 국민의 요구보다 규칙·절차만을 지나치게 중시하는 것을 뜻한다.

④ 목표대치(goal displacement)란 관료들이 법규의 엄격한 적용과 준수의 강조로 목표보다 수단을 더 중시하는 것을 뜻한다.

⑤ 관료를 수동적인 존재로 만들거나 관료가 창의적으로 행동할 기회가 적기 때문에 능력발전을 저해할 수 있다.

03 에머리(Emery)와 트리스트(Trist)가 구분한 조직환경의 변화에 대한 설명으로 옳은 것은?

① '정적-집약적' 환경의 예로는 독과점이 대표적이다.

② '격동의 장'에서는 계획을 통하여 환경변화를 예측하는 것이 용이하다.

③ '교란-반응적' 환경의 예로는 1차 산업의 환경 등이 있다.

④ '교란-반응적' 환경보다 '격동의 장'에서의 불확실성·복잡성이 더 높다.

⑤ '정적-임의적' 환경에서는 각 조직이 상호작용을 하면서 경쟁한다.

04 다음 제시문이 설명하는 조직이론은?

> 조직과 환경의 관계에서 조직은 스스로의 이익을 위하여 주도적·능동적으로 행동한다. 조직은 환경을 자신에게 유리하도록 관리하려는 존재이다. 조직과 환경의 관계에서 중요한 것은 조직에 의한 전략적 선택이다.

① 거래비용이론

② 상황적응론

③ 조직군생태론

④ 인간관계론

⑤ 자원의존이론

05 국가공무원의 직권면직과 직위해제에 대한 설명으로 옳은 것만을 〈보기〉에서 있는 대로 고른 것은?

〈보 기〉

ㄱ. 임용권자는 직무수행 능력이 부족하여 직위해제된 자에게 3개월의 범위에서 대기를 명할 수 있다.

ㄴ. 임용권자는 예산의 감소에 따라 과원(過員)이 되어 직권면직시킬 경우에는 미리 관할 징계위원회의 의견을 들어야 한다.

ㄷ. 공무원에 대하여 근무성적이 극히 나쁘다는 사유와 형사 사건으로 기소되었다는 사유가 경합(競合)할 때에는 근무성적이 극히 나쁘다는 사유로 직위해제 처분을 하여야 한다.

---

① ㄱ
② ㄱ, ㄴ
③ ㄱ, ㄷ
④ ㄴ, ㄷ
⑤ ㄱ, ㄴ, ㄷ

06 중앙인사기관에 대한 설명으로 옳은 것은?

① 위원회형은 독립성과 합의성을 중시한다.
② 미국의 실적제보호위원회(MSPB)는 비독립합의형에 해당한다.
③ 위원회형은 비독립단독형에 비해 책임소재가 분명하다.
④ 소청심사 등 준사법기능은 중앙인사기관의 기능으로 볼 수 없다.
⑤ 비독립단독형은 위원회형에 비해 인사행정의 계속성을 더 보장한다.

07 품목별 예산제도에 대한 설명으로 옳지 않은 것은?

① 투입 중심이기 때문에 지출에 따른 효과는 제대로 고려되지 않는다.
② 회계 책임을 분명히 할 수 있고, 지출을 통제하는 것이 용이하다.
③ 미국에서는 1900년대 초반 행정의 절약과 능률을 증진시키기 위하여 도입되었다.
④ '무엇을 위한 지출인가'에 대해서 충분한 정보를 제공해 준다.
⑤ 예산을 집행할 때 재량권의 범위가 제약되기 때문에 신축적이지 못하다.

08 「국가공무원법」상 경력직공무원에 해당하지 않는 것은?

① 헌법재판소 헌법연구관
② 비서관
③ 소방공무원
④ 검사
⑤ 국가정보원 직원

09 국가공무원의 적극행정에 대한 설명으로 옳지 않은 것은?

① 적극행정은 공무원이 불합리한 규제를 개선하는 등 공공의 이익을 위해 창의성과 전문성을 바탕으로 적극적으로 업무를 처리하는 행위이다.

② 적극행정 우수공무원으로 선정될 경우 특별승진이나 특별승급 등의 인사상 우대 조치를 부여받을 수 있다.

③ 공무원이 적극행정을 추진한 결과에 대해 그의 행위에 고의 또는 중대한 과실이 없는 경우에는 징계 요구 등 책임을 묻지 않는다.

④ 적극행정위원회는 적극행정 우수공무원 선발 및 우수사례 선정과 면책 건의에 관한 사항을 심의한다.

⑤ 적극행정의 주무부처인 국무총리실 국무조정실장은 중앙행정기관의 장에게 적극행정 실행계획과 그 성과에 관한 자료의 제출을 요구할 수 있다.

10 근무성적평정의 타당도, 신뢰성, 수용성을 저해하는 요소로서 다음 설명에 해당하는 것은?

> 평가자가 피평가자들에게 중간이나 평균치(보통) 정도의 점수를 주는 심리적 경향을 말한다.

① 연쇄 효과(halo effect)

② 역산식(逆算式) 평정 관행

③ 집중화 경향(central tendency)

④ 선입견과 편견

⑤ 근접 효과(recency effect)

11 다음 설명에 해당하는 공무원 교육훈련 방법은?

> 이 방법은 2005년에 중앙공무원교육원 고위정책 과정과 신임관리자 과정 훈련에 적용되었다. 행동하면서 학습하는 이 교육훈련 방법은 교육참가자들이 소그룹 규모의 팀을 구성해 개인, 그룹 또는 조직에 중요한 의미를 갖는 실제 현안 문제를 해결하면서, 동시에 문제해결 과정에 대한 성찰을 통해 학습하는 방식이다.

① 감수성훈련

② 역할연기

③ 신디케이트

④ 사례연구

⑤ 액션러닝

12 「국가재정법」상 예산의 원칙에 대한 설명으로 옳지 않은 것은?

① 정부는 예산과정의 전문성과 효율성을 제고하기 위하여 노력하여야 한다.

② 정부는 국민부담의 최소화를 위하여 최선을 다하여야 한다.

③ 정부는 재정건전성의 확보를 위하여 최선을 다하여야 한다.

④ 정부는 재정을 운용할 때 재정지출 및 조세지출의 성과를 제고하여야 한다.

⑤ 정부는 성별영향평가의 결과를 포함하여 예산이 여성과 남성에게 미치는 효과를 평가하고, 그 결과를 정부의 예산 편성에 반영하기 위하여 노력하여야 한다.

13 앨리슨(Allison)의 정책결정모형에 포함되는 것만을 〈보기〉에서 고른 것은?

――――〈보 기〉――――
ㄱ. 합리적 행위자 모형
ㄴ. 점증모형
ㄷ. 조직과정모형
ㄹ. 관료정치모형
ㅁ. 쓰레기통모형

① ㄱ, ㄴ, ㅁ　　　　② ㄱ, ㄷ, ㄹ
③ ㄴ, ㄷ, ㄹ　　　　④ ㄴ, ㄹ, ㅁ
⑤ ㄷ, ㄹ, ㅁ

14 「국가공무원법」상 복무에 관한 규정으로 옳지 않은 것은?

① 집단 행위의 금지
② 청렴의 의무
③ 정치 운동의 금지
④ 복종의 의무
⑤ 이해충돌 방지의 의무

15 우리나라의 책임운영기관에 대한 설명으로 옳지 않은 것은?

① 책임운영기관은 중앙책임운영기관과 소속책임운영기관으로 구분된다.
② 행정안전부장관은 별도의 평가단을 구성하거나 지정하여 평가업무를 지원할 수 있다.
③ 특별회계의 예산 및 결산은 책임운영기관특별회계기관의 조직별로 구분할 수 있다.
④ 중앙책임운영기관의 장은 고위공무원단에 속하는 공무원을 포함하여 소속 공무원에 대한 일체의 임용권을 가진다.
⑤ 소속책임운영기관은 정원의 일부를 임기제공무원으로 임용할 수 있다.

16 우리나라 소청심사제도에 대한 설명으로 옳은 것은?

① 「정당법」에 따른 정당의 당원도 인사혁신처 소청심사위원회의 위원이 될 수 있다.
② 본인의 의사에 반한 불리한 처분에 관한 행정소송은 소청심사위원회의 심사ㆍ결정을 거치지 않고 제기할 수 있다.
③ 소청심사위원회의 결정은 원징계부가금 부과처분보다 무거운 징계부가금을 부과하는 결정을 하지 못한다.
④ 중앙선거관리위원회사무처는 별도의 소청심사위원회를 두지 않는다.
⑤ 소청심사위원회의 결정은 처분 행정청을 기속하지 않는다.

17 다음 중 시장실패를 유발하는 원인이 아닌 것은?

① 자연독점
② 정보의 비대칭성
③ 외부효과
④ X-비효율성
⑤ 불완전경쟁

18 무의사결정에 대한 설명으로 옳지 않은 것은?

① 엘리트들은 자신들의 이익을 침해하는 요구는 정책문제화하지 않고 억압한다.
② 무의사결정을 위해 정치체제 내의 지배적 규범이나 절차를 강조하여 변화나 혁신적 주장을 억제하기도 한다.
③ 무의사결정의 행태는 정책과정 전반에서 일어날 수 있다.
④ 엘리트들은 직접 정책과정에 참여하지 않고 힘이나 영향력, 권위에 의해 해당 정책을 자신들이 원하는 방향으로 유도할 수 있다.
⑤ 엘리트들의 가치중립적 행동을 강조한다.

고난도 기출

행정학

19 대표관료제의 장점이 아닌 것은?

① 실적주의 강화

② 행정의 대응성 향상

③ 외부통제 약화 현상의 개선

④ 사회적 형평성 제고

⑤ 국민 대표성 강화

20 「정부조직법」상 국가행정기관에 관한 설명으로 옳지 않은 것은?

① 국무총리가 특별히 위임하는 사무를 수행하기 위하여 부총리 2명을 두고, 기획재정부장관과 교육부 장관이 각각 겸임한다.

② 인사혁신처는 국무총리 소속이다.

③ 국가안전보장에 관련되는 정보·보안 및 중대범죄 수사에 관한 사무를 담당하기 위하여 대통령 소속으로 국가정보원을 둔다.

④ 행정안전부의 안전·재난 업무 담당은 소방공무원으로 보할 수 있다.

⑤ 재외동포에 관한 사무를 관장하기 위하여 외교부 장관 소속으로 재외동포청을 둔다.

21 법률상 주민의 권리에 관한 설명으로 옳지 않은 것은?

① 주민은 지방자치단체의 장이 제정할 수 있는 자치법규로서의 규칙(권리·의무와 직접 관련되는 사항으로 한정)의 폐지와 관련된 의견을 해당 지방자치단체의 장에게 제출할 수 있다.

② 지방의회는 주민청구조례안이 수리된 날부터 1개월 이내에 주민청구조례안을 의결하여야 한다.

③ 행정기구의 설치·변경에 관한 사항은 주민투표에 부칠 수 없다.

④ 공공시설의 설치를 반대하는 사항은 주민조례청구 대상에서 제외한다.

⑤ 주민은 그 지방자치단체의 장 및 지방의회의원(비례대표 지방의회의원은 제외)을 소환할 권리를 가진다.

22 「지방자치법」상 지방의회의원에 대한 징계가 아닌 것은?

① 공개회의에서의 경고

② 공개회의에서의 사과

③ 30일 이내의 출석정지

④ 자격심사에 따른 자격상실 의결

⑤ 제명

23 비용편익분석에 대한 설명으로 옳지 않은 것은?

① 내부수익률은 순현재가치를 0으로 만드는 할인율이다.

② 순현재가치는 편익의 총현재가치에서 비용의 총 현재가치를 뺀 것이다.

③ 비용편익비가 1보다 크면 경제성이 있는 것으로 볼 수 있다.

④ 할인율을 낮게 적용할수록 편익의 미래 가치를 과소평가할 수 있다.

⑤ 사업 및 정책의 성과 여부를 화폐단위로 환산하여 측정하는 방법이다.

24 사회적 자본에 대한 설명으로 옳지 않은 것은?

① 경제자본에 비해 형성과정이 투명하고 경계가 명확하여 상호 간 거래가 촉진된다.

② 공유되는 행동 규범과 문화적 정체성이 중요하다.

③ 시민의 자발적 참여에 의해 생산되는 무형의 자본을 의미한다.

④ 공동이익을 위한 상호조정과 협력을 촉진한다.

⑤ 사회적 관계에서 거래비용을 감소시켜 준다.

25 우리나라의 전자정부와 지능정보화에 대한 설명으로 옳지 않은 것은?

① 행정안전부장관은 전자정부의 구현·운영 및 발전을 위하여 5년마다 전자정부기본계획을 수립하여야 한다.

② 행정기관 등의 장은 5년마다 해당 기관의 전자정부의 구현·운영 및 발전을 위한 기본계획을 수립하여 중앙사무관장기관의 장에게 제출해야 한다.

③ 국가의 안전보장과 관련된 행정정보일지라도 공동이용센터를 통한 공동이용 대상정보에서 제외할 수 없다.

④ 지속적인 전자정부의 발전을 촉진하기 위하여 매년 6월 24일을 전자정부의 날로 정하였다.

⑤ 지능정보화책임관은 해당 기관의 지능정보사회시책의 효율적인 수립·시행 업무와 지능정보화 사업의 조정 등 대통령령으로 정하는 업무를 총괄한다.

✔ 회독 CHECK ①②③

01 조직구조에 대한 설명으로 옳지 않은 것은?

① 일상적 기술을 가진 조직의 경우 높은 공식화 구조를 가진다.

② 조직구조의 형태를 기계적 구조와 유기적 구조로 구분할 수 있다.

③ 환경이 복잡하고 불안정한 경우 유기적 구조가 적합하다.

④ 조직구조는 조직 내 여러 부문 간 결합의 형태로 구성원 간 상호작용과는 관련성이 없다.

02 동기부여이론에 대한 설명으로 옳지 않은 것은?

① 앨더퍼(Alderfer)의 욕구내용 중 관계욕구는 머슬로(Maslow)의 생리적 욕구와 안전욕구에 해당한다.

② 브룸(Vroom)의 기대이론은 과정이론에 해당한다.

③ 허즈버그(Herzberg)는 위생요인이 충족되었다고 하더라도 동기부여가 되는 것은 아니라고 하였다.

④ 애덤스(Adams)는 투입한 노력 대비 얻은 보상에 대해서 준거인과 비교해 상대적으로 느끼는 공평함의 정도가 동기부여에 영향을 미친다고 하였다.

03 2022년 10월 14일 기준, 「국가공무원법」상 공무원으로 임용될 수 없는 사람은? (단, 다른 상황은 고려하지 않음)

① 2021년 10월 13일에 성년후견이 종료된 甲

② 파산선고를 받고 2021년 10월 13일에 복권된 乙

③ 2019년 10월 13일에 공무원으로서 징계로 파면처분을 받은 丙

④ 2017년 금고형을 선고받고 그 집행유예기간이 2019년 10월 13일에 끝난 丁

04 정실주의와 엽관제에 대한 설명으로 옳지 않은 것은?

① 실적제로 전환을 위한 영국의 추밀원령은 미국의 펜들턴법보다 시기적으로 앞섰다.

② 엽관제는 전문성을 통한 행정의 효율성 제고와 정부 관료의 역량 강화에 기여한 것으로 평가된다.

③ 미국의 잭슨 대통령은 엽관제를 민주주의의 실천적 정치원리로 인식하고 인사행정의 기본 원칙으로 채택하였다.

④ 엽관제는 관료제의 특권화를 방지하고 국민에 대한 대응성을 높인다는 점에서 현재도 일부 정무직에 적용되고 있다.

05 관료제에 대한 설명으로 옳지 않은 것은?

① 계층제의 원리에 의해 체계가 확립된다.

② 업무에 대한 훈련을 받고 지식을 갖춘 전문적인 관료가 업무를 담당할 것을 요구한다.

③ 훈련된 무능은 관료가 제한된 분야에서 전문성은 있으나 새로운 상황에서 적응력과 업무능력이 떨어지는 현상이다.

④ 동조과잉은 적극적으로 새로운 과업을 찾아서 실행하기보다 현재의 주어진 업무만을 소극적으로 수행하는 것이다.

06 전문경력관제도에 대한 설명으로 옳지 않은 것은?

① 계급 구분과 직군 및 직렬의 분류를 적용하지 않는다.

② 직무의 특성, 난이도 및 직무에 요구되는 숙련도 등에 따라 가군, 나군, 다군으로 구분한다.

③ 전직시험을 거쳐 다른 일반직 공무원을 전문경력관으로 전직시킬 수 있으나, 전문경력관을 다른 일반직 공무원으로 전직시킬 수는 없다.

④ 소속 장관은 해당 기관의 일반직 공무원 직위 중 순환보직이 곤란하거나 장기 재직 등이 필요한 특수업무 분야의 직위를 인사혁신처장과 협의하여 전문경력관직위로 지정할 수 있다.

07 다음은 동기부여 실험에 대한 설명이다. (가)~(다)에 들어갈 말을 바르게 연결한 것은?

> 유치원 어린이들을 세 집단으로 나누고 그림 그리기 놀이를 하였다. 첫 번째 집단에는 그림을 완성하면 선물을 준다고 약속하였고 그림을 완성한 어린이들에게는 약속한 선물을 주었다. 두 번째 집단에는 선물을 준다는 약속은 없었지만 그림을 완성한 어린이들에게는 깜짝 선물을 주었다. 세 번째 집단에는 어떤 약속도 선물도 없이 평소처럼 그림 그리기를 하였다. 그 이후, 그림 그리기 놀이를 계속하는지에 대한 집단 간 차이를 관찰하였다. 관찰 결과, 두 번째와 세 번째 집단은 그림 그리기 놀이를 계속하였지만 첫 번째 집단은 상대적으로 적은 수만이 그림 그리기 놀이를 계속하였다. 이러한 현상을 통해 학자들은 (가) 동기가 (나) 동기를 밀어내는 구축효과가 있다는 점을 제시하였으며 (나) 동기의 예시로는 (다) 을/를 들 수 있다.

	(가)	(나)	(다)
①	내재적	외재적	성과급
②	내재적	외재적	가치관 일치
③	외재적	내재적	처벌
④	외재적	내재적	일에 대한 즐거움

08 정책의 효과를 확인하기 위한 평가설계에 대한 설명으로 옳은 것만을 모두 고르면?

> ㉠ 동일 정책대상집단에 대해 정책집행을 기준으로 여러 번의 사전, 사후측정을 하여 정책효과를 추정하는 '단절적 시계열설계'는 준실험설계 유형 중 하나이다.
>
> ㉡ 내적 타당성을 위협하는 역사요인은 정책집행 기간이 상대적으로 길고 정책대상이 사람일 때 주로 나타나며 시간의 경과 때문에 발생하는 조사대상집단의 특성변화가 정책의 효과에 혼재되어 나타나는 경우를 말한다.
>
> ㉢ 정책실험을 할 수 없는 경우, 통계분석 기법을 이용해서 정책효과의 인과관계를 추론하는 것을 비실험적 정책평가설계라고 하며 회귀분석이나 경로분석 등이 있다.

① ㉠

② ㉠, ㉢

③ ㉡, ㉢

④ ㉠, ㉡, ㉢

09 중앙정부의 지출 성격상 의무지출에 해당하는 것만을 모두 고르면?

> ㉠ 지방교부세
> ㉡ 유엔 평화유지활동(PKO) 예산 분담금
> ㉢ 정부부처 운영비
> ㉣ 지방교육재정교부금
> ㉤ 국채에 대한 이자지출

① ㉠, ㉡, ㉤

② ㉡, ㉢, ㉣

③ ㉠, ㉡, ㉣, ㉤

④ ㉠, ㉢, ㉣, ㉤

10 예산제도에 대한 설명으로 옳지 않은 것은?

① 영기준 예산제도는 예산배분의 관행을 인정하지 않는 제도로서 미국의 민간기업 Texas Instruments에서 처음 시작되었고, 1970년대 미국 연방정부에 도입되었다.

② 계획예산제도는 장기적 계획, 사업, 예산을 연결시키는 제도로서 미국에서 베트남 전쟁, 위대한 사회 프로그램 등 정부예산이 팽창하던 1960년대에 도입·운영되었다.

③ 성과주의 예산제도는 산출 이후의 성과에 관심을 가지며 예산집행의 재량과 결과에 대한 책임을 강조하는 제도로서 1950년 연방정부를 비롯해 지방정부에 확산되었다.

④ 품목별 예산제도는 예산을 지출대상별로 분류해 편성하는 통제지향적 제도로서 1920년대 대부분 미국 연방 부처가 도입하였다.

11 정치·행정 이원론에 대한 설명으로 옳지 않은 것은?

① 행정과 경영이 차이가 없음을 강조하는 공사행정 일원론의 입장을 취한다.

② 의사결정 역할을 하는 정치와 결정된 의사를 집행하는 행정의 역할을 엄격하게 구분할 것을 주장하였다.

③ 윌슨(Wilson)은 행정을 전문적·기술적 영역으로 규정하고, 정부는 효율성과 전문성을 갖추어야 한다고 주장하였다.

④ 대공황 이후 각종 사회문제를 해결하기 위해서 행정의 정책결정·형성 및 준입법적 기능수행을 정당화하였다.

12 정부실패의 요인에 대한 설명으로 옳지 않은 것은?

① 'X-비효율성'은 정부가 가진 권력을 통해 불평등한 분배가 이루어지는 현상이다.

② '지대추구'는 정부개입에 따라 발생하는 인위적 지대를 획득하기 위해 자원을 낭비하는 활동이다.

③ '파생적 외부효과'는 시장실패를 해결하기 위해 정부가 개입하지만 의도하지 않은 부작용을 초래하는 것이다.

④ '내부성(internalities)'은 공공조직이 공익적 목표보다는 관료 개인이나 소속기관의 이익을 우선적으로 고려하는 것이다.

13 리플리(Ripley)와 프랭클린(Franklin)의 경쟁적 규제정책에 대한 설명으로 옳지 않은 것은?

① 국가가 소유한 희소한 자원에 대해 다수의 경쟁자 중에서 지정된 소수에게만 서비스나 재화를 공급하도록 규제한다.

② 선정된 승리자에게 공급권을 부여하는 대신에 이들에게 규제적인 조치를 하여 공익을 도모할 수 있다.

③ 경쟁적 규제정책의 예로는 주파수 할당, 항공노선 허가 등이 있다.

④ 정책집행 단계에서 규제받는 자들은 규제기관에 강하게 반발하거나 저항하기도 한다.

14 지방자치단체의 기관구성형태에 대한 설명으로 옳지 않은 것은?

① 기관통합형은 행정에 주민들의 의사를 보다 정확하게 반영할 수 있다는 장점이 있다.

② 기관통합형은 지방의회에서 의결기능과 집행기능을 모두 수행하는 형태로, 영국의 의회형이 대표적이다.

③ 기관대립형 중 약시장–의회형은 시장의 고위직 지방공무원인사에 대해서 의회의 동의를 요하는 반면, 시장은 지방의회의결에 대한 거부권을 가진다.

④ 기관대립형은 견제와 균형을 통해 권력남용을 방지하는 장점이 있지만, 의결기관과 집행기관 간의 대립 및 마찰 가능성이 있다는 단점이 있다.

15 전자정부 구현사례에 대한 설명으로 옳지 않은 것은?

① 'G2B'의 대표적 사례는 '나라장터'이다.

② 'G2C'는 조달 관련 온라인 서비스를 통합적으로 제공하는 것이다.

③ 'G4C'는 단일창구를 통한 민원업무혁신사업으로 데이터베이스 공동활용시스템 구축을 내용으로 한다.

④ 'G2G'는 정부 내 업무처리의 전자화를 내용으로 하고 있으며 대표적 사례로는 '온–나라시스템'이 있다.

16 우리나라 중앙예산기관의 변천에 대한 설명으로 옳지 않은 것은?

① 국무총리 직속 기획처 예산국이 우리나라에서 처음으로 중앙예산기관의 역할을 담당하였다.

② 1961년 설립된 경제기획원은 수입·지출의 총괄기능을 담당하였으며, 재무부는 중앙예산기관의 역할을 담당하였다.

③ 김영삼 정부는 1994년 정부조직개편을 통해 경제기획원과 재무부를 재정경제원으로 통합하여 세제, 예산, 국고 기능을 일원화하였다.

④ 현재는 기획재정부 예산실이 중앙예산기관의 역할을 담당하고 있다.

17 다음의 역사적 배경을 바탕으로 태동한 행정학 연구에 대한 설명으로 옳지 않은 것은?

> • 월남전 패배, 흑인 폭동, 소수민족 문제 등 미국사회의 혼란을 해결하지 못하는 학문의 무력함에 대한 반성으로 나타났다.
> • 1968년 미국 미노브룩 회의에서 왈도의 주도 하에 새로운 행정학의 방향모색으로 태동하였다.

① 고객중심의 행정, 시민의 참여, 가치문제 등을 중시했다.

② 행정학의 실천적 성격과 적실성을 회복하기 위한 정책 지향적 행정학을 요구하였다.

③ 행정의 능률성을 강조했으며, 논리실증주의 및 행태주의의 주장을 지지하였다.

④ 소외계층을 위한 복지서비스를 확대해 사회적 형평을 실현해야 한다는 행정의 적극적 역할을 강조했다.

고난도 기출 행정학

18 정책결정요인론에 대한 설명으로 옳은 것은?

① 정책의 내용에 영향을 미치는 요인이 무엇인가를 밝히는 이론으로, 사회경제적 요인의 중요성을 과소평가했다는 비판을 받고 있다.

② 도슨-로빈슨(Dawson-Robinson) 모형은 사회경제적 변수가 정치체제와 정책 모두에 영향을 미친다는 모형으로, 사회경제적 변수로 인해 정치체제와 정책의 상관관계가 유발된다고 설명한다.

③ 키-로커트(Key-Lockard) 모형은 사회경제적 변수가 정책에 직접적으로 영향을 미친다는 모형으로, 예를 들면 경제발전이 복지지출 수준에 직접 영향을 준다고 본다.

④ 루이스-벡(Lewis-Beck) 모형은 사회경제적 변수가 정책에 영향을 주는 직접효과가 있고, 정치체제가 정책에 독립적 영향을 주지 않는다고 설명한다.

19 공직부패의 유형에 대한 설명으로 옳지 않은 것은?

① 인·허가 업무처리 시 소위 '급행료'를 당연하게 요구하는 행위를 일탈형 부패라고 한다.

② 정치인이나 고위공무원이 자신의 권력을 남용해 사적 이익을 추구하는 것을 권력형 부패라고 한다.

③ 공금 횡령, 회계 부정 등 거래 당사자 없이 공무원에 의해 일방적으로 발생하는 부패를 사기형 부패라고 한다.

④ 사회체제에 파괴적 영향을 미칠 잠재성이 있음에도 불구하고, 일부 집단은 처벌을 원하는 반면, 다른 집단은 처벌을 원하지 않는 경우를 회색부패라고 한다.

20 다음 설명에 해당하는 정책집행 모형을 제시한 학자는?

- 효과적인 정책집행을 위해 갖추어야 할 조건으로서 정책결정의 내용은 타당한 인과이론에 바탕을 두어야 하며 정책내용으로서 법령은 명확한 정책지침을 가지고 있어야 한다.
- 집행과정에서 발생할 수 있는 변수들을 미리 예견할 수 있도록 해 주는 체크리스트로서의 기능을 한다는 장점이 있다.
- 정책집행 현장의 일선관료들이나 대상집단의 전략 등을 과소평가하거나 쉽게 파악할 수 없다는 단점이 있다.

---

① 사바티어(Sabatier)와 마즈매니언(Mazmanian)

② 린드블럼(Lindblom)

③ 프레스만(Pressman)과 윌다브스키(Wildavsky)

④ 레인(Rein)과 라비노비츠(Rabinovitz)

21 우리나라 공공기관의 정보공개제도에 대한 설명으로 옳지 않은 것은?

① 당시 법률의 구체적 위임은 없었으나 청주시에서 우리나라 최초로 행정정보공개조례가 제정되었다.

② 청구에 의한 공개도 가능하지만 특정 정보는 별도의 청구 없이도 사전에 공개해야 한다.

③ 비공개 대상 정보를 제외한 모든 정보를 공개 대상으로 하는 네거티브 방식을 취하고 있다.

④ 정보목록은 비공개 대상 정보가 포함된 경우라도 공공기관이 작성, 공개하여야 한다.

22 신고전 조직이론에 대한 설명으로 옳은 것은?

① 조직군생태론, 자원의존이론 등이 대표적이다.

② 인간을 복잡한 내면구조를 가진 복잡인으로 간주한다.

③ 환경과 상호작용하는 개방적 · 동태적 · 유기적 조직을 강조한다.

④ 조직 내 사회적 능률을 강조하고, 조직의 비공식적 구조나 요인에 초점을 둔다.

23 「지방자치법」상 지방자치단체 종류별 사무배분의 기준에 대한 설명으로 옳지 않은 것은?

① 인구 30만 이상의 시에 대해서는 도가 처리하는 사무의 일부를 직접 처리하게 할 수 있다.

② 시 · 군 및 자치구가 독자적으로 처리하기 어려운 사무는 시 · 도의 사무이다.

③ 지방자치단체의 구역, 조직, 행정관리 등은 시 · 도와 시 · 군 및 자치구에 공통된 사무이다.

④ 국가와 시 · 군 및 자치구 사이의 연락 · 조정 등의 사무는 시 · 도의 사무이다.

24 우리나라 지방자치의 역사에 대한 설명으로 옳은 것은?

① 제헌의회가 성립하면서 1949년 전국에서 도의회의원 선거가 실시되었다.

② 1991년 지방선거에서 지방의회의원을 선출하였으나, 지방자치단체장 선거는 실시되지 않았다.

③ 1995년부터 주민직선제에 의한 시 · 도교육감 선거가 실시되면서 실질적 의미의 교육자치가 시작되었다.

④ 1960년 지방선거에서는 서울특별시장 · 도지사 선거는 실시되었으나, 시 · 읍 · 면장 선거는 실시되지 않았다.

25 다음은 정책순응을 확보하기 위한 수단과 그 특징에 대한 설명이다. (가)~(다)에 들어갈 말을 바르게 연결한 것은?

> • (가) : 일선 집행관료는 큰 저항을 하지 않으나 정책에 의해 피해를 입는 대상집단은 의도적으로 불응의 핑계를 찾으려 한다.
>
> • (나) : 도덕적 자각이나 이타주의적 고려에 의해 자발적으로 순응하는 사람들의 명예나 체면을 손상시키고 사람의 타락을 유발할 수 있다.
>
> • (다) : 불응의 형태를 정확하게 점검 및 파악하기 어려운 경우가 많다는 약점이 있다.

	(가)	(나)	(다)
①	도덕적 설득	유인	처벌
②	도덕적 설득	처벌	유인
③	유인	도덕적 설득	처벌
④	처벌	유인	도덕적 설득

✔ 회독 CHECK 1 2 3

01 직위분류제의 특징이 아닌 것은?

① 특정 직무에 대한 능력과 전문성을 갖춘 사람을 임용 대상으로 한다.

② 동일직무에 대한 동일보수의 원칙을 반영한 직무급 체계가 확립될 수 있다.

③ 개방형 인사제도를 기반으로 운영되며, 공직 내부에서 수평적 이동 시 인사배치의 유연함과 신축성이 있다.

④ 조직개편이나 직무의 불필요성 등으로 직무 자체가 없어진 경우, 그 직무 담당자는 원칙적으로 퇴직의 대상이 된다.

02 사바스(Savas)의 재화 및 서비스 유형에 대한 설명으로 옳지 않은 것은?

① 시장재(private goods)는 소비자 보호와 서비스 안전을 위해 행정의 개입도 가능하다.

② 공유재(common pool goods)는 과다 소비와 공급 비용 귀착 문제가 발생한다.

③ 요금재(toll goods)는 X-비효율성으로 인해 발생할 수 있는 문제 때문에 대부분 정부가 공급한다.

④ 집합재(collective goods)는 비용 부담에 따라 서비스 혜택을 차별화하거나 배제할 수 없기 때문에 무임승차 문제가 발생한다.

03 행정가치에 대한 설명으로 옳은 것은?

① 가외성은 예측하지 못한 행정수요에 대응이 가능하게 함으로써 행정에 대한 신뢰성을 제고한다.

② 공익 실체설은 공익을 사익의 총합이거나 사익 간 타협 또는 집단 간 상호작용의 산물로 본다.

③ 기계적 효율성은 행정의 사회목적 실현과 다차원적 이익들 간의 통합 조정 등을 내용으로 한다.

④ 수평적 형평성은 '다른 사람은 다르게 취급한다'는 원칙으로, 실적과 능력의 차이로 인한 상이한 배분을 용인한다.

04 다음 글의 저자와 그의 주장으로 옳은 것은?

> 격언에 대한 일반적인 사실의 하나는, 예를 들어 "뛰기 전에 살펴라"라는 격언과 "지체하는 자는 진다"라는 격언에서 볼 수 있듯이, 상호모순적인 경우가 많다는 것이다. 이러한 격언과 같이 기존 행정학의 내용을 구성하고 있는 수많은 원리는 상호모순성이 많다.

① 윌슨(Wilson)은 행정의 탈정치화를 통해 자유로운 행정 영역을 확립하려고 했다.

② 애플비(Appleby)는 정치와 행정의 관계는 연속·순환적이기 때문에 양자를 구별하는 것은 적절하지 않다고 했다.

③ 굿노(Goodnow)는 정치를 국가의지의 표명으로, 행정을 국가의지의 집행으로 정의했다.

④ 사이먼(Simon)은 사실과 가치를 구분해 사실만을 다루는 과학으로서의 행정학을 주장했다.

05 「국가재정법」상 (가)에 해당하는 기관만을 모두 고르면?

> 정부는 협의에도 불구하고 (가) 의 세출예산요구액을 감액하고자 할 때에는 국무회의에서 해당 (가) 의 장의 의견을 들어야 하며, 정부가 (가) 의 세출예산요구액을 감액한 때에는 그 규모 및 이유, 감액에 대한 (가) 의 장의 의견을 국회에 제출하여야 한다.

> ㄱ. 헌법재판소
> ㄴ. 중앙선거관리위원회
> ㄷ. 국민권익위원회
> ㄹ. 국가인권위원회

① ㄱ, ㄴ
② ㄱ, ㄹ
③ ㄴ, ㄷ
④ ㄷ, ㄹ

06 공공기관 기업지배구조의 이념형적 모델인 주주(shareholder) 자본주의 모델과 이해관계자(stakeholder) 자본주의 모델에 대한 설명으로 옳지 않은 것은?

① 주주 자본주의 모델은 주주가 기업의 주인이라고 보며, 주주의 이익 극대화가 경영목표이다.
② 주주 자본주의 모델의 기업규율방식에는 이사회의 경영감시, 시장에 의한 규율 등이 있다.
③ 이해관계자 자본주의 모델은 기업을 하나의 공동체로 보며, 이해관계자의 이익 극대화가 경영목표이다.
④ 이해관계자 자본주의 모델에서 근로자의 경영 참여는 종업원 지주제도 등을 통해서 이루어지며 단기 업적주의를 추구한다.

07 주민참여제도에 대한 설명으로 옳은 것은?

① 주민투표의 대상·발의자·발의요건, 그 밖에 투표절차 등에 관한 사항은 따로 「주민투표법」으로 정하고 있다.
② 주민은 지방자치단체의 권한에 속하는 사무의 처리가 법령에 위반되거나 공익을 현저히 해친다고 판단될 때 해당 지방자치단체장에게 감사를 청구할 수 있다.
③ 주민은 지방자치단체의 공금지출에 관한 위법한 행위에 대하여 해당 지방자치단체의 장을 상대방으로 주민소송이 가능하며, 이 제도는 2021년 「지방자치법」 전부개정을 통해 처음 도입되었다.
④ 주민은 지방의회의원과 지방자치단체장에 대해 소환할 권리를 가지며 비례대표 지방의회의원도 소환 대상에 포함된다.

08 동기부여이론에 대한 설명으로 옳지 않은 것은?

① 앨더퍼(Alderfer)의 ERG이론은 하위단계에서 상위단계로의 욕구단계 이동뿐만 아니라 욕구 좌절 시 회귀적이고 하향적인 욕구단계로의 이동도 가능하다고 본다.
② 허츠버그(Herzberg)의 2요인이론은 종업원의 직무환경 개선과 창의적 업무 할당을 통한 직무성취감 증대가 동기부여에 미치는 영향이 다르다고 본다.
③ 아담스(Adams)의 공정성이론은 인식된 불공정성이 중요한 동기요인으로 작동한다고 본다.
④ 브룸(Vroom)의 기대이론은 노력, 성과, 보상, 만족, 환류로 이어지는 동기부여 과정을 제시하면서 노력−성과 간 관계에 있어 개인의 능력과 자질, 그리고 역할 인지를 강조했다.

09 「지방자치법」상 지방자치단체 상호 간 분쟁 발생 시 조정에 대한 설명으로 옳지 않은 것은?

① 지방자치단체 상호 간 사무를 처리할 때 의견이 달라 생긴 분쟁이 공익을 현저히 해쳐 조속한 조정이 필요하다고 인정되면 당사자의 신청이 없어도 행정안전부장관이나 시·도지사가 직권으로 조정할 수 있다.

② 행정안전부장관이나 시·도지사는 조정 결정 사항이 성실히 이행되지 아니할 경우 그 지방자치단체에 대하여 직무이행명령을 통해 이행하게 할 수 있다.

③ 지방분쟁조정위원회는 시·도에 설치하며 시·도와 시·군 및 자치구 간 또는 그 장 간의 분쟁을 심의·의결한다.

④ 중앙분쟁조정위원회는 행정안전부에 설치하며 시·도 간 또는 그 장 간의 분쟁을 심의·의결한다.

10 조직문화 및 변동의 이론에 대한 설명으로 옳은 것만을 모두 고르면?

ㄱ. 퀸(Quinn)은 경쟁가치모형을 활용해 '내부지향–외부지향'과 '유연성–통제(안정성)'라는 두 가지 차원에서 4가지 조직문화 유형을 도출하였다.

ㄴ. 홉스테드(Hofstede)는 '권력거리'의 크기가 큰 문화에서는 평등한 관계를 중시하기 때문에 조직 내 의사소통이 활발하고 분권화된 경우가 많다고 본다.

ㄷ. 레빈(Lewin)은 조직 변화의 과정을 현재 상태에 대한 해빙(unfreezing), 원하는 상태로의 변화(moving), 새로운 변화가 지속될 수 있도록 재동결(refreezing)하는 3단계로 제시하였다.

① ㄱ

② ㄱ, ㄷ

③ ㄴ, ㄷ

④ ㄱ, ㄴ, ㄷ

11 다음 설명에 해당하는 근무성적평정 방법은?

- 다수의 평정요소와 평정요소별 수준을 나타내는 등급으로 구성
- 평정요소별 해당 등급에 표시하는 방법으로 평정 대상자 평가
- 평정요소와 평정등급에 대한 평정자의 자의적 해석 가능

① 도표식 평정척도법

② 가감점수법

③ 서열법

④ 체크리스트 평정법

12 현대조직이론에 대한 설명으로 옳지 않은 것은?

① 자원의존이론은 조직을 환경적 결정에 피동적인 존재로 보지 않고 스스로의 이익을 위해 주도적·능동적으로 환경에 대처하며, 환경을 조직에 유리하도록 관리하려는 존재로 본다.

② 조직군생태론은 조직을 외부 환경의 선택에 따라 좌우되는 피동적인 존재로 보고, 조직의 발전이나 소멸의 원인을 환경에 대한 조직 적합도에서 찾는다.

③ 혼돈이론은 조직이라는 복잡한 체제의 총체적 이해를 도울 수 있다는 장점이 있으나, 복잡한 현상에 대한 통합적 연구를 지향한다는 점에서 현실세계에 적용하기 어렵다는 한계를 보인다.

④ 상황론적 조직이론은 기술, 규모, 환경 등의 다양한 상황요인에 대한 조직적합성을 발견함으로써, 모든 상황에 적합하고 유일한 최선의 조직설계와 관리방법을 찾을 수 있다고 본다.

13 공무원 임용에 대한 설명으로 옳지 않은 것은?

① 국가기관의 장은 국가안보 및 보안·기밀에 관계되는 분야를 제외하고 대통령령 등으로 정하는 바에 따라 외국인을 공무원으로 임용할 수 있다.

② 임용시험 성적과 임용 후 근무성적 간의 연관성이 높다면 임용시험의 기준 타당성이 높다고 할 수 있다.

③ 국가기관의 장은 업무의 특성이나 기관의 사정 등을 고려하여 소속 공무원을 대통령령 등으로 정하는 바에 따라 통상적인 근무시간보다 짧게 근무하는 공무원으로 임용할 수 있다.

④ 신규 채용되는 공무원의 경우 시보 임용을 면제하거나 그 기간을 단축할 수 없다.

14 공직윤리 관련 제도에 대한 설명으로 옳지 않은 것은?

① 공익신고자의 동의 없이 공익신고자의 인적사항 등을 다른 사람에게 알려주거나 공개할 경우, 징역 또는 벌금 등 법적 제재 대상이 된다.

② 지방공무원이 외국 정부로부터 영예나 증여를 받을 경우에는 소속 지방자치단체장의 허가를 받아야 한다.

③ 「공직자윤리법」을 통해 이해 충돌 방지 의무를 규정하고 주식백지신탁 제도를 도입하였다.

④ 「공직자윤리법」상 재산 등록의무자 모두가 등록재산 공개대상은 아니다.

15 지방재정에 대한 설명으로 옳지 않은 것은?

① 재정자립도는 일반회계 예산규모에서 지방세와 세외수입 합계액의 비(比)를 의미하며 지방자치단체의 실제 재정력과 차이가 있다는 비판이 있다.

② 재정자주도는 일반회계 예산규모에서 자체수입과 자주재원 합계액의 비를 의미하며 보통교부세 교부 여부의 적용기준으로 활용된다.

③ 재정력지수는 기준재정수요액에서 기준재정수입액의 비를 의미하며 기본적 행정 수행을 위한 재정수요의 실질적 확보 능력을 판단하는 기준이 된다.

④ 주민 1인당 지방세 부담액은 지방세액을 해당 지방자치단체 주민 수로 나눈 것으로 세입구조 안정성을 판단하는 기준이 된다.

16 예산과정에 대한 설명으로 옳지 않은 것은?

① 각 중앙관서의 장은 그 소관에 속하는 다음 연도의 세입세출예산·계속비·명시이월비 및 국고채무부담행위 요구서를 작성하여 매년 5월 31일까지 기획재정부장관에게 제출하여야 한다.

② 정부는 예산안을 국회에 제출한 후 부득이한 사유로 그 내용의 일부를 수정하고자 할 때에는 국무회의의 심의를 거쳐 대통령의 승인을 얻은 수정예산안을 국회에 제출할 수 있다.

③ 국회에 제출된 예산안은 예산결산특별위원회에서 예비심사하여 그 결과를 의장에게 보고하고, 의장은 소관 상임위에 회부하여 심사가 끝난 후 본회의에 부의한다.

④ 기획재정부장관은 회계연도마다 작성하여 대통령의 승인을 받은 국가결산보고서를 다음 연도 4월 10일까지 감사원에 제출하여야 한다.

17 정책대안의 탐색에 대한 설명으로 옳지 <u>않은</u> 것은?

① 과거 또는 현재의 정책을 참고로 하거나 외국 또는 다른 지방자치단체에서 활용한 정책들을 대안으로 고려하는 것은 점증주의적 접근에 해당한다.

② 다른 정부의 정책을 대안으로 고려할 때는 가급적 사회문화적 배경이 이질적인 지역을 선택하는 것이 바람직하다.

③ 주관적 · 직관적 판단을 이용하는 방법으로 브레인스토밍과 델파이가 있으며 이들은 대안의 개발뿐만 아니라 대안의 결과예측에서도 활용된다.

④ 브레인스토밍은 기발하고 다양한 아이디어를 자유분방하게 제안하도록 함으로써 많은 아이디어를 얻기 위한 활동이다.

18 정책의 유형에 대한 설명으로 옳은 것은?

① 로위(Lowi)의 분배정책은 돈이나 권력 등을 많이 소유하고 있는 집단으로부터 그렇지 못한 집단으로 이전시키는 정책이다.

② 리플리(Ripley)와 프랭클린(Franklin)의 보호적 규제정책은 국민을 보호하기 위해 개인이나 집단의 행동을 통제하는 정책이다.

③ 아몬드(Almond)와 파월(Powell)의 상징정책은 정책목표를 달성하기 위해 민간에게 인적 · 물적 자원을 부담시키는 정책이다.

④ 로위(Lowi)가 제시한 정책유형론은 포괄성과 상호 배타성을 확보하고 있다.

19 정책평가의 설계에 대한 설명으로 옳지 <u>않은</u> 것은?

① 사후적 비교집단 구성(비동질적집단 사후측정설계)은 선정효과로 인해 내적 타당성이 훼손될 수 있다.

② 진실험은 모방효과로 인해 내적 타당성이 훼손될 수 있다.

③ 비동질적 통제집단설계는 진실험과 같은 수준의 내적 타당성을 확보할 수 있다.

④ 진실험과 준실험을 비교하면 실행가능성 측면에서는 준실험이, 내적 타당성 측면에서는 진실험이 더 우수하다.

20 「정부업무평가 기본법」상 정부업무평가제도에 대한 설명으로 옳은 것은?

① 기획재정부장관은 중앙행정기관의 자체평가결과를 확인 · 점검 후 평가의 객관성과 신뢰성에 문제가 있어 다시 평가가 필요하다고 판단되는 경우, 위원회의 심의 · 의결을 거쳐 재평가를 실시할 수 있다.

② 중앙행정기관의 장은 자체평가조직 및 자체평가위원회를 구성 · 운영하여야 하며, 이 경우 평가의 공정성과 객관성을 확보하기 위하여 자체평가위원의 3분의 2 이상은 민간위원으로 하여야 한다.

③ 행정안전부장관은 둘 이상의 중앙행정기관 관련 시책, 주요 현안 시책, 혁신관리 및 대통령령이 정하는 부문에 대하여 특정평가를 실시하고 그 결과를 공개하여야 한다.

④ 지방자치단체 또는 그 장이 위임받아 처리하는 국가사무, 국고보조사업 그리고 국가의 주요 시책사업 등에 대해 국무총리는 관계 중앙행정기관의 장과 합동으로 평가를 실시할 수 있다.

행정학개론

해설편

끝까지 책임진다! 시대에듀!

QR코드를 통해 도서 출간 이후 발견된 오류나 개정법령, 변경된 시험 정보, 최신기출문제, 도서 업데이트 자료
등이 있는지 확인해 보세요! **시대에듀 합격 스마트 앱**을 통해서도 알려 드리고 있으니 구글 플레이나 앱 스토어
에서 다운받아 사용하세요. 또한, 파본 도서인 경우에는 구입하신 곳에서 교환해 드립니다.

PART 1

국가직

한눈에 훑어보기

✓ 빠른 정답

01	02	03	04	05	06	07	08	09	10
④	③	①	①	④	②	①	③	①	④
11	12	13	14	15	16	17	18	19	20
④	③	④	②	①	②	③	②	③	②

✓ 점수 체크

구분	1회독	2회독	3회독
맞힌 문항 수	/ 20	/ 20	/ 20
나의 점수	점	점	점

---

01 난도 ★☆☆　　　　　　　　　　정답 ④

정책론 > 정책결정

정답의 이유

④ 철의 삼각은 비공식적인 참여자로 분류되는 이익집단과 공식적 참여자인 소관부처(관료조직), 의회의 상임위원회 간 3자 연합(트로이카 체제)이 정책의 결정과 집행에 주도적인 영향을 미친다고 보는 이론이다.

02 난도 ★☆☆　　　　　　　　　　정답 ③

인사행정론 > 인사행정의 기초이론

정답의 이유

③ 실적주의의 본질적 요소에는 정치적 중립, 공개경쟁시험, 독립된 인사기구, 공무원의 신분보장, 능력 중심의 공직임용 등이 있다.

오답의 이유

①·② 미국의 잭슨(Jackson) 대통령은 소수 귀족계급의 공직 특권화를 타파하고 공직을 널리 시민에게 개방함으로써 국민의사를 국정에 반영하겠다는 민주적 신념을 기반으로 엽관주의를 공식화하였다.

④ 사회적 형평성을 가장 중요한 가치로 삼아 사회의 모든 계층과 집단에 공평하게 대응하도록 하는 인사제도는 대표관료제이다. 실적주의는 일부 계층 또는 집단에 대하여 불리한 제도로 작용하여 형평성을 저해할 우려가 있다.

03 난도 ★☆☆　　　　　　　　　　정답 ①

행정학총론 > 행정학의 주요 이론

정답의 이유

① 신공공관리론은 형평성의 가치보다 경쟁과 효율성의 가치를 강조한다.

더 알아보기

신공공관리론의 특징

구분		신공공관리론
정부 기능	정부 – 시장관계의 기본 철학	시장지향주의 – 규제완화
	주요 행정가치	능률성, 경제적 가치 강조
	정부규모와 기능	정부규모와 기능 감축 – 민간화 · 민영화 · 민간위탁
	공공서비스 제공의 초점	시민과 소비자 관점의 강조
	공공서비스 제공 방식	시장 메커니즘의 활용
조직 구조	기본모형	탈관료제모형
	조직구조의 특징	비항구적 · 유기적 구조, 분권화
	조직개편의 방향	소규모의 준자율적 조직으로 행정의 분절화
관리 기법	조직관리의 기본철학	경쟁과 자율성을 강조하는 민간부문의 관리기법 도입
	통제 메커니즘	결과 · 산출 중심의 통제
	인사관리	경쟁적 인사관리, 개방형 인사제도

04 난도 ★☆☆   정답 ①

행정학총론 > 행정과 환경

정답의 이유

① 민영화를 강조하는 작은 정부론은 정부실패에 대한 대응으로 제기되었다.

오답의 이유

② 시장실패란 시장경제체제에서 시장기구가 그 기능을 제대로 발휘하지 못하여 자원이 효율적으로 배분되지 못하는 상태를 말한다.

③ 자유방임상태가 오히려 시장실패를 초래하므로 시장실패를 치유할 목적으로 공적 공급, 공적 유도, 규제 등 정부의 개입이 필요하다.

④ 시장실패의 원인으로는 공공재의 존재, 불완전한 경쟁(독과점의 발생), 정보의 불충분성(비대칭), 외부효과의 발생 등이 있다.

05 난도 ★★☆   정답 ④

재무행정론 > 예산이론

정답의 이유

④ 집권화된 관리체계를 갖는 것은 계획예산제도(PPBS)이다. 영기준예산은 계획예산제도보다 운영 면에서의 전문성을 적게 요구하기 때문에 조직구성원 모두가 참여할 수 있는 분권화된 관리체계를 갖는다.

오답의 이유

① 영기준예산제도는 과거의 관행(기득권, 매몰비용)을 전혀 고려하지 않고 목적, 방법, 자원에 대한 근본적인 재평가를 바탕으로

하여 예산을 편성하는 제도를 말한다.

② 우리나라는 1983년 회계연도부터 예산안 편성에 이 제도를 부분적으로 도입하였다.

③ 의사결정 단위(decision unit)는 영기준예산편성의 기본단위로, 조직의 관리자가 독자적인 업무수행의 범위 및 예산편성의 결정권을 갖는 사업단위 또는 조직 단위를 지칭한다.

06 난도 ★★☆   정답 ②

정책론 > 정책결정

정답의 이유

② 정당은 비공식적 참여자이다.

더 알아보기

정책 결정의 참여자

공식적 참여자	• 정책 결정에 합법적인 권한을 가지고 참여하는 사람들 또는 기관 • 행정수반(우리나라는 대통령), 입법부, 사법부, 행정부처, 지방정부 등
비공식적 참여자	• 정책 결정에 있어 합법적인 권한을 가지고 있지 않음 • 이익집단, 정당, 시민(TLALS), 비정부기구(NGO), 전문가집단(정책공동체), 언론 등

07 난도 ★★☆   정답 ①

재무행정론 > 예산과정

정답의 이유

ㄱ. 국가재정법 제25조(국고채무부담행위) 제3항

> 제25조(국고채무부담행위)
> ③ 국고채무부담행위는 사항마다 그 필요한 이유를 명백히 하고 그 행위를 할 연도 및 상환연도와 채무부담의 금액을 표시하여야 한다.

ㄴ. 국고채무부담행위는 국가가 예산의 확보 없이 미리 채무를 부담하는 행위로, 연도를 경과하여 다음 연도 이후에 채무이행을 할 수 있도록 한다.

오답의 이유

ㄷ. 국가재정법 제25조(국고채무부담행위) 제1항

> 제25조(국고채무부담행위)
> ① 국가는 법률에 따른 것과 세출예산금액 또는 계속비의 총액의 범위 안의 것 외에 채무를 부담하는 행위를 하는 때에는 미리 예산으로써 국회의 의결을 얻어야 한다.

ㄹ. 계속비는 공사나 제조 및 연구개발사업 등으로 대상이 한정되어 있으며, 국고채무부담행위는 대상이 한정되지 않는다(국가재정법 제23조 제1항).

제23조(계속비)
① 완성에 수년이 필요한 공사나 제조 및 연구개발사업은 그 경비의 총액과 연부액(年賦額)을 정하여 미리 국회의 의결을 얻은 범위 안에서 수년도에 걸쳐서 지출할 수 있다.

08 난도 ★☆☆   정답 ③

정책론 > 정책평가

정답의 이유

③ 논리모형은 프로그램을 통해 정책이 해결하려는 핵심 문제 및 정책의 목표, 달성 여부를 명확하게 보여준다.

오답의 이유

① 논리모형은 정책프로그램의 요소와 해결하려는 문제들 사이의 인과경로를 투입(input) − 활동(activity) − 산출(output) − 결과(outcome)로 도식화하여 표현하는 일종의 다이어그램이라고 할 수 있다.

② 산출은 정책집행의 결과로 생산된 직접적 생산물을 뜻하며, 결과는 산출로 인해 나타난 정책의 실질적 목표 달성도를 의미한다.

④ 프로그램 논리를 분석하고 정리하는 과정을 통해 다양한 이해관계자의 이해도를 높일 수 있다.

09 난도 ★☆☆   정답 ①

정책론 > 정책유형

정답의 이유

① 정부 혹은 정치체제의 정통성과 정당성을 확보하고, 국민의 단결력이나 자부심을 높여 줌으로써 정부의 정책활동을 원활하게 하기 위한 정책은 앨먼드(Almond)와 파웰(Powell)의 정책유형 중 상징정책이다. 구성정책은 행정수행에 필요한 운영규칙과 관련된 정책으로서 주로 정부기구의 구조와 기능 및 운영과 관련된 정책이다.

오답의 이유

② 재분배정책은 사회 내의 계층 또는 집단에게 나타나 있는 재산·소득·권리 등의 불균형 상태를 사회적 형평성에 맞게 변화시키는 것을 목적으로 하는 정책이다.

③ 분배(배분)정책은 국민에게 권리나 이익·편익·서비스를 배분하는 정책이다.

④ 규제정책은 특정한 사회구성원이나 집단에 대해 재산권행사나 행동의 자유를 제한함으로써 다수의 사람이나 집단을 보호하려는 것을 목적으로 하는 정책이다.

10 난도 ★★☆   정답 ④

재무행정론 > 정책론의 기초이론

정답의 이유

④ 대통령이 아닌 행정안전부장관, 시·도지사나 특례시의 장에게 제출하여야 하며, 공개 등에 필요한 사항은 행정안전부령으로 정한다(「비영리민간단체 지원법」 제9조 제1항, 제3항).

제9조(사업보고서 제출 등)
① 등록비영리민간단체는 제8조의 사업계획서에 따라 사업을 완료한 때에는 다음 회계연도 1월 31일까지 사업보고서를 작성하여 행정안전부장관, 시·도지사나 특례시의 장에게 제출하여야 한다.
③ 사업 평가, 사업보고서 및 평가결과의 공개 등에 필요한 사항은 행정안전부령으로 정한다.

오답의 이유

① 비영리민간단체 지원법 제2조(정의)

제2조(정의)
이 법에 있어서 "비영리민간단체"라 함은 영리가 아닌 공익활동을 수행하는 것을 주된 목적으로 하는 민간단체로서 다음 각 호의 요건을 갖춘 단체를 말한다.
1. 사업의 직접 수혜자가 불특정 다수일 것
2. 구성원 상호 간에 이익분배를 하지 아니할 것
3. 사실상 특정정당 또는 선출직 후보를지지·지원 또는 반대할 것을 주된 목적으로 하거나, 특정 종교의 교리전파를 주된 목적으로 설립·운영되지 아니할 것
4. 상시 구성원수가 100인 이상일 것
5. 최근 1년 이상 공익활동실적이 있을 것
6. 법인이 아닌 단체일 경우에는 대표자 또는 관리인이 있을 것

② 비영리민간단체 지원법 제6조 제1항, 제2항

제6조(보조금의 지원)
① 행정안전부장관, 시·도지사나 특례시의 장은 제4조 제1항에 따라 등록된 비영리민간단체(이하 "등록비영리민간단체"라 한다)에 다른 법률에 따라 보조금을 교부하는 사업 외의 사업으로서 공익활동을 추진하기 위한 사업(이하 "공익사업"이라 한다)의 소요경비를 지원할 수 있다.
② 제1항에 따라 지원하는 소요경비의 범위는 사업비를 원칙으로 한다.

③ 비영리민간단체 지원법 제8조

제8조(사업계획서 제출)
등록비영리민간단체가 공익사업을 추진하기 위하여 보조금을 교부받고자 할 때에는 사업의 목적과 내용, 소요경비, 기타 필요한 사항을 기재한 사업계획서를 해당 회계연도 2월 말까지 행정안전부장관, 시·도지사나 특례시의 장에게 제출하여야 한다.

11 난도 ★★☆　　　　　　　　　　　정답 ④

행정학 총론 > 행정학의 주요 접근

[정답의 이유]

④ 신고전적 조직이론은 고전적 조직이론과 달리 사회적 능률, 인간의 사회·심리적 요인, 비공식적·비경제적 요인의 강조 등을 중시한다.

[오답의 이유]

①·②·③ 고전적 조직이론에 대한 설명이다.

12 난도 ★★☆　　　　　　　　　　　정답 ③

조직론 > 조직의 양태와 조직유형

[정답의 이유]

③ 양쪽 모두의 이익을 극대화하는 유형은 '협동'이다. 타협은 갈등 당사자 양쪽이 조금씩 양보하여 수용 가능한 해결책을 찾는 방법이다.

더 알아보기

토마스(Thomas)의 갈등관리모형

회피	자신과 상대방의 관심사 모두를 무시하고 갈등이 없었던 것처럼 행동하여 갈등을 의도적으로 피하려고 한다.
경쟁	상대방을 희생시키고 자신의 이익을 극대화하려는 유형으로 'win-lose' 전략을 취한다.
수용(순응)	보다 좋은 인간관계를 위해 자신의 이익을 양보하고 상대방의 주장에 따름으로서 갈등을 해소하는 방식이다.
타협	자신과 상대방이 모두 조금씩 양보하여 수용 가능한 해결책을 찾는 방식이다.
협동	양쪽의 관심사를 전부 만족시키려는 접근으로, 모두의 이익을 극대화하는 'win-win' 전략을 취한다.

13 난도 ★★☆　　　　　　　　　　　정답 ④

조직론 > 조직의 양태와 조직유형

[정답의 이유]

④ 제시문에서 설명하는 조직유형은 '매트릭스 구조'이다. 매트릭스 구조는 이원적 권한체계, 즉 조직구성원이 동시에 두 상관에게 보고하는 체계를 가지므로 기능부서와 사업부서의 갈등이 발생할 수도 있으나 기존의 기능부서 인력을 공유할 수 있어 유연한 인적자원 활용이 용이하다.

더 알아보기

매트릭스 구조(matrix structure)

- 기능구조와 사업구조를 화학적(이중적)으로 결합하여 이중적 권한구조를 가지는 조직구조로, 기능부서의 전문성과 사업부서(프로젝트구조)의 신속한 대응성을 결합한 조직이다.
- 고도의 정보처리능력이 요구되는 상황과 하나의 자원이 동시적으로 충족되는 경우처럼, 두 가지 영역의 문제에 동일한 비중의 관심을 기울일 때 매트릭스 조직구조가 유용하다.
- 이원적 권한체계를 갖는다. 즉, 조직구성원은 동시에 두 상관에게 보고하는 체계를 가진다. 따라서 탁월한 인간관계기술이 필요하다.
- 조정곤란이라는 기능구조의 단점과 비용중복이라는 사업구조의 단점을 해소하려는 조직으로 수직적으로는 기능부서의 권한이 흐르고, 수평적으로는 사업구조의 권한구조가 지배하는 입체적 조직이다.

14 난도 ★★☆　　　　　　　　　　　정답 ②

인사행정론 > 사기앙양과 근무규율

[정답의 이유]

② '직무관련자'에 대한 설명이다(공직자의 이해충돌 방지법 제2조 제5호).

제2조(정의)

5. "직무관련자"란 공직자가 법령(조례·규칙을 포함한다. 이하 같다)·기준(제1호 라목부터 바목까지의 공공기관의 규정·사규 및 기준 등을 포함한다. 이하 같다)에 따라 수행하는 직무와 관련되는 자로서 다음 각 목의 어느 하나에 해당하는 개인·법인·단체 및 공직자를 말한다.

　가. 공직자의 직무수행과 관련하여 일정한 행위나 조치를 요구하는 개인이나 법인 또는 단체

　나. 공직자의 직무수행과 관련하여 이익 또는 불이익을 직접적으로 받는 개인이나 법인 또는 단체

　다. 공직자가 소속된 공공기관과 계약을 체결하거나 체결하려는 것이 명백한 개인이나 법인 또는 단체

　라. 공직자의 직무수행과 관련하여 이익 또는 불이익을 직접적으로 받는 다른 공직자. 다만, 공공기관이 이익 또는 불이익을 직접적으로 받는 경우에는 그 공공기관에 소속되어 해당 이익 또는 불이익과 관련된 업무를 담당하는 공직자를 말한다.

공직자의 이해충돌 방지법 제2조(정의)

6. "사적이해관계자"란 다음 각 목의 어느 하나에 해당하는 자를 말한다.

　가. 공직자 자신 또는 그 가족(「민법」 제779조에 따른 가족을 말한다. 이하 같다)

　나. 공직자 자신 또는 그 가족이 임원·대표자·관리자 또는 사외이사로 재직하고 있는 법인 또는 단체

　다. 공직자 자신이나 그 가족이 대리하거나 고문·자문 등을 제공하는 개인이나 법인 또는 단체

　라. 공직자로 채용·임용되기 전 2년 이내에 공직자 자신이 재직하였던 법인 또는 단체

　마. 공직자로 채용·임용되기 전 2년 이내에 공직자 자신이 대리하거나 고문·자문 등을 제공하였던 개인이나 법인 또는 단체

　바. 공직자 자신 또는 그 가족이 대통령령으로 정하는 일정 비율 이상의 주식·지분 또는 자본금 등을 소유하고 있는 법인 또는 단체

　사. 최근 2년 이내에 퇴직한 공직자로서 퇴직일 전 2년 이내에 제5조 제1항 각 호의 어느 하나에 해당하는 직무를 수행하는 공직자와 국회규칙, 대법원규칙, 헌법재판소규칙, 중앙선거관리위원회규칙 또는 대통령령으로 정하는 범위의 부서에서 같이 근무하였던 사람

　아. 그 밖에 공직자의 사적 이해관계와 관련되는 자로서 국회규칙, 대법원규칙, 헌법재판소규칙, 중앙선거관리위원회규칙 또는 는 대통령령으로 정하는 자

15 난도 ★★☆　　　　　　　　　　정답 ①

인사행정론 > 임용과 능력발전

정답의 이유

① 액션러닝 방법에 대한 설명이다. 액션러닝은 참여와 성과 중심의 교육훈련을 지향하는 방법으로, 현장에서 발생하는 현안 문제를 가지고 자율적 학습 또는 전문가의 지원을 받아 구체적인 문제 해결 방안을 모색한다. 현재 5급 이상의 관리자 훈련 시 국가기관에서 사용되고 있다.

오답의 이유

② 역할연기는 어떤 사례를 피훈련자가 여러 사람 앞에서 실제의 행동으로 연기하고, 사회자가 청중들에게 그 연기내용을 비평·토론하도록 한 후 결론적인 설명을 하는 훈련 방법이다.

③ 감수성훈련은 자신과 타인에 대한 이해를 높이기 위하여 서로 모르는 10명 내외의 소집단을 구성하고, 피훈련자들끼리 자유로운 소통을 통하여 어떤 문제의 해결 방안이나 상대방에 대한 이해를 얻도록 하는 교육 방법이다.

④ 서류함기법은 의사결정능력을 개발하기 위한 방법으로, 피훈련자에게 조직 운영상 의사결정에 필요한 다양한 정보나 자료를 제공한 후 이를 분석하여 의사결정을 하도록 하는 교육 방법이다.

16 난도 ★★★　　　　　　　　　　정답 ②

조직론 > 조직의 구조형태

정답의 이유

② 검사의 경우 소청심사제도가 없다.

소청심사기관 관할

구분			소청심사기준
국가 공무원	경력직	일반직	인사혁신처 소청심사위원회
		외무 공무원	인사혁신처 소청심사위원회
		경찰 공무원	
		소방 공무원	
		검사	소청심사제도 없음
		교원	교원 소청심사위원회
		군인 (장교 및 준사관)	국방부 중앙군인사 소청심사위원회
			항고심사위원회
		군인 (부사관)	각 군 본부의 군인사 소청심사위원회
			항고심사위원회
		군무원	국방부 군무원 인사소청심사위원회
			항고심사위원회
		국가 정보원	인사혁신처 소청심사위원회
		대통령 경호실	
	특수경력직		원칙적으로 소청대상에 포함되지 않음
지방 공무원	경력직	일반직	시·도 지방공무원 소청심사위원회
			교육소청심사위원회(지방직 교육직렬)
	특수경력직		원칙적으로 소청대상에 포함되지 않음

17 난도 ★★★　　　　　　　　　　정답 ③

지방행정론 > 지방자치단체의 조직

정답의 이유

③ 지방의회의원의 의정활동을 지원하기 위하여 도입되었다(지방자치법 제41조 제1항).

제41조(의원의 정책지원 전문인력)

① 지방의회의원의 의정활동을 지원하기 위하여 지방의회의원 정수의 2분의 1 범위에서 해당 지방자치단체의 조례로 정하는 바에 따라 지방의회에 정책지원 전문인력을 둘 수 있다.

| 국가직 9급 |
| 행정학개론 |

① 지방자치법 제19조 제1항

> **제19조(조례의 제정과 개정 · 폐지 청구)**
> ① 주민은 지방자치단체의 조례를 제정하거나 개정하거나 폐지할 것을 청구할 수 있다.

② 지방자치법 제6조 제4항, 제7항

> **제6조(지방자치단체의 관할 구역 경계변경 등)**
> ④ 행정안전부장관은 대통령령으로 정하는 바에 따라 관계 지방자치단체 등 당사자 간 경계변경에 관한 사항을 효율적으로 협의할 수 있도록 경계변경자율협의체(이하 이 조에서 "협의체"라 한다)를 구성 · 운영할 것을 관계 지방자치단체의 장에게 요청하여야 한다.
> ⑦ 행정안전부장관은 다음 각 호의 어느 하나에 해당하는 경우에는 위원회의 심의 · 의결을 거쳐 경계변경에 대하여 조정할 수 있다.
> 　1. 관계 지방자치단체가 제4항에 따른 행정안전부장관의 요청을 받은 날부터 120일 이내에 협의체를 구성하지 못한 경우
> 　2. 관계 지방자치단체가 제5항에 따른 협의 기간 이내에 경계변경 여부 및 대상 등에 대하여 합의를 하지 못한 경우

④ 국가경찰과 자치경찰의 조직 및 운영에 관한 법률 제18조 제1항, 제2항

> **제18조(시 · 도자치경찰위원회의 설치)**
> ① 자치경찰사무를 관장하게 하기 위하여 특별시장 · 광역시장 · 특별자치시장 · 도지사 · 특별자치도지사(이하 "시 · 도지사"라 한다) 소속으로 시 · 도자치경찰위원회를 둔다. 다만, 제13조 후단에 따라 시 · 도에 2개의 시 · 도경찰청을 두는 경우 시 · 도지사 소속으로 2개의 시 · 도자치경찰위원회를 둘 수 있다.
> ② 시 · 도자치경찰위원회는 합의제 행정기관으로서 그 권한에 속하는 업무를 독립적으로 수행한다.

18 난도 ★☆☆　　　　　　　　　　　정답 ②

정책론 > 정책의 본질과 유형

② 네거티브 규제는 소극적 규제 방식으로 원칙적으로 허용, 예외적으로 금지하는 규제 방식이며, 포지티브 규제는 적극적 규제 방식으로 원칙적으로 금지, 예외적으로 허용하는 방식이다. 따라서 네거티브 규제가 피규제자의 자율성을 더 보장한다.

① 시장유인적 규제 방식은 개인이나 기업에게 의무를 부과하지만 그것을 달성하는 구체적인 방법은 자율적인 판단에 맡기는 간접적 규제로, 대표적인 예로는 오염배출부과금제도, 이산화탄소 배출권거래제도, 폐기물처리비 예치제도, 노후차 세제지원, 건강부과금 등이 있다.

③ 명령지시적 규제는 국가의 강제력에 의존하여 기업 및 개인이 정부 요구에 따르지 않을 경우 불이익을 주고 제재를 가하는 방식이다. 명령지시적 규제방식은 시장유인적 규제에 비해 집행상 유연성이 떨어지고 경제적 비효율성이 높지만, 제시된 규제기준을 통해 해야 할 일과 규제 집행을 통해 어떠한 결과가 발생할지 명확하게 예측할 수 있어 시장유인적 규제에 비해 쉽고 직관적인 설득력이 높다.

④ 사회규제는 사회구성원의 삶의 질을 향상시키기 위하여 개인 및 기업의 사회적 행동에 책임과 부담을 가하는 것이다.

19 난도 ★★★　　　　　　　　　　　정답 ③

재무행정론 > 예산과정

③ 정부의 기금은 온실가스감축인지 예산제도 대상에 포함된다(국가재정법 제68조의3 제1항).

> **제68조의3(온실가스감축인지 기금운용계획서의 작성)**
> ① 정부는 기금이 온실가스 감축에 미칠 영향을 미리 분석한 보고서(이하 "온실가스감축인지 기금운용계획서"라 한다)를 작성하여야 한다.

① 국가재정법 제16조 제6호

> **제16조(예산의 원칙)**
> 정부는 예산을 편성하거나 집행할 때 다음 각 호의 원칙을 준수하여야 한다.
> 6. 정부는 예산이 「기후위기 대응을 위한 탄소중립 · 녹색성장 기본법」 제2조 제5호에 따른 온실가스(이하 "온실가스"라 한다) 감축에 미치는 효과를 평가하고, 그 결과를 정부의 예산편성에 반영하기 위하여 노력하여야 한다.

② 국가재정법 제27호 제2항

> **제27조(온실가스감축인지 예산서의 작성)**
> ② 온실가스감축인지 예산서에는 온실가스 감축에 대한 기내효과, 성과목표, 효과분석 등을 포함하여야 한다.

④ 국가재정법 제57조의2 제1항

> **제57조의2(온실가스감축인지 결산서의 작성)**
> ① 정부는 예산이 온실가스를 감축하는 방향으로 집행되었는지를 평가하는 보고서(이하 "온실가스감축인지 결산서"라 한다)를 작성하여야 한다.

행정환류 > 4차 산업혁명

오답의 이유

① 인공지능(AI): 인간의 지적능력을 컴퓨터로 구현하는 과학기술이다. 상황을 인지하고 이성적이고 논리적으로 판단하고 행동하며, 감성적·창의적인 기능을 수행하는 능력까지 포함한다. 2000년대 들어 컴퓨팅 파워가 성장하고 우수한 알고리즘의 등장, 스마트폰의 보급과 네트워크 발전 등으로 데이터가 축적되면서 인공지능은 급속히 진보했다.

③ 빅데이터(big data): 기존 데이터베이스 관리 도구의 데이터 수집·저장·관리·분석의 역량을 넘어서는 대량의 정형 또는 비정형 데이터 세트와 이러한 데이터로부터 가치를 추출하고 결과를 분석하는 기술을 의미한다. 대규모 데이터의 생성·수집·분석을 특징으로 하는 빅데이터는 과거에는 불가능했던 기술을 실현시키기도 하며, 전 영역에 걸쳐서 사회와 인류에 가치 있는 정보를 제공하기도 한다.

④ 사물인터넷(IoT): 사물들이 서로 연결된 것 혹은 사물들로 구성된 인터넷을 말한다. 여기서의 '사물'에는 단순히 유형의 사물에만 그치지 않고 공간은 물론 상점의 결제 프로세스 등의 무형 사물까지도 포함된다고 본다. 이러한 사물들이 연결되어 개별적인 사물들이 제공하지 못했던 새로운 서비스를 제공하는 것을 의미한다.

행정학개론 | 2023년 국가직 9급

한눈에 훑어보기

✓ 영역 분석

행정학총론   01
1문항, 5%

정책론   04   06   10   11   20
5문항, 25%

조직론   02   08   12   14
4문항, 20%

인사행정론   09   13   17   18
4문항, 20%

재무행정론   03   05   16
3문항, 15%

지방행정론   07   19
2문항, 10%

행정환류   15
1문항, 5%

✓ 빠른 정답

01	02	03	04	05	06	07	08	09	10
③	①	②	④	②	③	①	①	②	③
11	**12**	**13**	**14**	**15**	**16**	**17**	**18**	**19**	**20**
①	④	④	②	②	③	④	③	④	①

✓ 점수 체크

구분	1회독	2회독	3회독
맞힌 문항 수	/ 20	/ 20	/ 20
나의 점수	점	점	점

01 난도 ★★☆   정답 ③

행정학총론 > 행정학의 주요 이론

[정답의 이유]
③ 신행정론은 1970년대 전후 미국 사회의 격동기에 등장한 문제들을 해결하기 위하여 행태론의 논리실증주의 접근법을 비판하고 형평성과 적실성을 강조한 새로운 행정학 접근법이다.

[오답의 이유]
① 과학적 관리론은 최고관리자의 기능을 연구한 것이 아니라 현장의 실무를 담당하는 노동자의 직무를 분석한 이론이다. 귤릭(Gulick)의 POSDCoRB이론은 과학적 관리론이 아니라 최고관리자의 기능을 연구한 것으로 행정관리론에 해당한다.
② 사이먼(Simon)의 행정행태론은 가치를 기반으로 한 것이 아니라 가치와 사실을 구분하고 사실에 근거한 행정학의 과학화를 추구한 접근법이다.
④ 민간과 공공 부문의 파트너십을 강조하고 기업가 정신보다 시민권을 중요시한 것은 신공공관리론이 아니라 신공공서비스론이다. 신공공관리론은 민·관의 경쟁과 고객중심주의를 강조한 이론이다.

02 난도 ★★☆   정답 ①

조직론 > 조직의 구조형태

[정답의 이유]
① 베버(Weber)의 이념형 관료제 성립배경은 봉건적·전근대적 지배체제의 확립이 아니라 법적·합리적 지배를 바탕으로 한 근대적 사회 확립이다.

[오답의 이유]
② 이념형 관료제는 법적·합리적 권위에 기초를 둔 근대사회의 조직구조이다.
③ 관료의 권한과 임무는 문서화된 법규에 의하여 규정된다.
④ 관료제 내에서 하급관료는 원칙적으로 상관이 임명하고 지휘·감독한다.

03 난도 ★☆☆   정답 ②

재무행정론 > 예산이론

[정답의 이유]
② 점증주의는 거시적 예산결정이 아니라 미시적 예산결정이론이며, 다원화된 사회를 배경으로 한 예산결정이론이다. 거시적 예산결정과 예산삭감을 설명하기에 적합한 이론은 총체주의이다.

오답의 이유

① 계획예산(PPBS), 영기준예산(ZBB)은 총체주의의 대표적 예산 제도이며, 품목별예산(LIBS), 성과주의예산(PBS)은 점증주의의 대표적 예산제도이다.

③ 총체주의는 합리적 분석을 통하여 자원을 효율적으로 배분하려는 합리주의 예산이다.

④ 점증주의는 예산을 결정할 때 모든 대안을 총체적으로 고려하는 것이 아니라 기본적인 대안(전년도 예산)을 인정하고 신규로 요구되는 추가 부분만 고려하여 분석한다. 모든 대안을 총체적으로 고려하는 것은 영기준예산(ZBB)이다.

04 난도 ★☆☆　　　　　　　　　　　　　　　정답 ④

정책론 > 정책의제설정

정답의 이유

④ 무의사결정론은 신다원주의가 아니라 신엘리트이론에 해당한다. 무의사결정론을 대표하는 이론가인 바흐라흐(Bachrach)는 다원주의가 권력의 두 얼굴 중 '밝은 얼굴'만 고려하고 '어두운 얼굴'은 고려하지 못했다고 비판하였다.

오답의 이유

① 무의사결정은 정책의제 설정과정에서 주로 나타나지만 넓게는 정책의 모든 과정에서 나타난다고 볼 수 있다.

② 기존의 규범이나 절차·편견을 동원하여 변화 요구를 봉쇄하는 것도 무의사결정의 한 수단이다. 이를 샤츠슈나이더(Schattschneider)는 '편견의 동원'이라 하였다.

③ 무의사결정은 정책문제화를 막기 위해 폭력이나 강제력을 사용하기도 한다.

05 난도 ★★★　　　　　　　　　　　　　　　정답 ②

재무행정론 > 재무행정의 기초이론

정답의 이유

② 통합재정은 일반회계, 특별회계, 기금을 포함한 국가재정 전체를 의미하지만, 공공 부문 전체가 포함되는 것은 아니다.

오답의 이유

① 세입과 세출은 거래의 성격에 따라 경상거래(단기적·소모적 계정)와 자본거래(장기적·투자적 계정)로 구분하여 작성한다.

③ 통합재정은 정부의 재정이 국민 경제에 미치는 효과를 총체적으로 파악하기 위하여 작성되는 예산의 분류체계이다.

④ 통합재정은 내부거래와 보존거래를 제외한 예산순계형식으로 작성된다.

06 난도 ★☆☆　　　　　　　　　　　　　　　정답 ③

정책론 > 정책평가

정답의 이유

③ 내적 타당성은 정책수단(집행된 정책내용)과 정책효과 사이의 상관관계에 관한 인과적 추론의 정확성 정도를 의미한다.

오답의 이유

① 외적 타당성에 대한 설명이다. 외적 타당성은 분석 및 평가 결과가 다른 상황에서도 일반화될 수 있는지의 정도를 의미한다.

② 구성적 타당성에 대한 설명이다. 구성적 타당성은 이론적 구성요소들의 추상적 개념을 성공적으로 조작화한 정도를 의미한다.

④ 신뢰성에 대한 설명이다. 신뢰성은 반복해서 측정했을 때 일관성 있는 결과를 얻는 정도를 의미한다.

더 알아보기

정책평가 타당성의 종류

구성적 타당성	처리, 결과, 모집단 및 상황들에 대한 이론적 구성요소들이 성공적으로 조작화된 정도
통계적 결론의 타당성	정밀하고 강력하게 연구설계(평가기획)가 이루어진 정도로, 제1종 및 제2종 오류가 발생하지 않은 정도
내적 타당성	조작화된 결과에 대하여 찾아낸 효과가 다른 경쟁적인 원인(외생변수)들에 의해서라기보다는 조작화된 처리(원인변수)에 기인한 것이라고 볼 수 있는 정도 → 인과적 추론의 정확도 정도
외적 타당성	실험결과를 다른 상황에까지 일반화시킬 수 있는지의 정도

07 난도 ★★★　　　　　　　　　　　　　　　정답 ①

지방행정론 > 지방공무원법

정답의 이유

① 지방의회의원, 정당의 당원, 공무원 임용결격사유가 있는 자 등은 지방공무원법상 시·도 인사위원회의 위원으로 임명 또는 위촉될 수 없다(지방공무원법 제7조 제6항).

제7조(인사위원회의 설치)

⑥ 다음 각 호의 어느 하나에 해당하는 사람은 위원으로 위촉될 수 없다.

　1. 제31조 각 호의 어느 하나에 해당하는 사람

　2. 「정당법」에 따른 정당의 당원

　3. 지방의회의원

오답의 이유

②·③·④ 지방공무원법 제7조 제5항

제7조(인사위원회의 설치)

⑤ 지방자치단체의 장과 지방의회의 의장은 각각 소속 공무원(국가공무원을 포함한다) 및 다음 각 호에 해당하는 사람으로서 인사행정에 관한 학식과 경험이 풍부한 사람 중에서 위원을 임명하거나 위촉하되, 위원의 자격요건에 관하여 필요한 사항은 대통령령으로 정한다. 다만, 시험위원은 시험실시기관의 장이 따로 위촉할 수 있다.

　1. 법관·검사 또는 변호사 자격이 있는 사람

　2. 대학에서 조교수 이상으로 재직하거나 초등학교·중학교·고등학교 교장 또는 교감으로 재직하는 사람

3. 공무원(국가공무원을 포함한다)으로서 20년 이상 근속하고 퇴직한 사람

4. 「비영리민간단체 지원법」에 따른 비영리민간단체에서 10년 이상 활동하고 있는 지역단위 조직의 장

5. 상장법인의 임원 또는 「공공기관의 운영에 관한 법률」 제5조에 따라 지정된 공기업의 지역단위 조직의 장으로 근무하고 있는 사람

---

08 난도 ★☆☆   정답 ①

조직론 > 조직의 구조형태

정답의 이유

① 사업(부) 구조는 조직의 산출물에 기반을 둔 구조화 방식으로, 사업부 내에서의 이질적 기능 조정이 용이하다.

더 알아보기

데프트(Daft)의 조직유형

조직	특징
기계적 구조	• 고전적이고 전형적인 관료제 조직 • 엄격한 분업과 계층, 좁은 통솔범위, 높은 공식화 · 표준화 · 집권화
기능 구조	• 전체 업무를 공동 기능별로 부서화한 조직 • 기능 간 수평적 조정 곤란, 높은 전문성, 규모의 경제 구현
사업 구조	• 산출(성과) 중심의 자기완결적 조직 • 부서 내 기능 간 조정 용이, 사업부서(영역) 간 갈등, 전문성 저하, 규모의 불경제
매트릭스 구조	• 기능 구조와 사업 구조를 결합한 이중적 권한 구조로, 전문성과 대응성을 결합한 조직 • 수평적 조정, 규모의 경제
수평 구조	• 핵심업무과정 중심으로 조직화한 구조 • 의사소통 · 수평적 조정 용이, 팀 내 계층 타파, 절차의 병렬화
네트워크 구조	• 핵심역량만 조직화하고 나머지는 다른 조직에 아웃소싱하여 수행하는 구조 • 시장과 계층제의 중간 형태
유기적 구조	• 가장 유기적인 조직으로 학습조직(지식의 창조 · 공유 · 활용)이 대표적 • 낮은 표준화 · 공식화, 분권과 참여적 조직, 팀조직 · 네트워크 · 가상조직 등도 포함

---

09 난도 ★★☆   정답 ②

인사행정론 > 인사행정의 기초이론

정답의 이유

연공주의란 개인의 실적(성과)이나 능력보다는 경력, 특히 근속년수를 기준으로 하는 인사제도로 공직입문시기나 선임순위(seniority), 근무연한 등 연공서열을 중시하는 폐쇄형 인사제도를 말한다.

㉠ 연공주의는 장기근속으로 조직에 대한 충성도 및 공헌도를 높인다.

㉢ 연공주의는 연공서열에 따른 계층적 서열구조 확립으로 조직 내 안정감 및 질서유지에 기여한다.

오답의 이유

㉡ · ㉣ 성과주의에 대한 설명이다. 성과주의는 개인의 성과에 따라 적절한 보상을 제공하여 조직구성원의 사기를 진작시키고 조직 내 경쟁을 통해 개인의 역량 개발에 기여한다.

---

10 난도 ★☆☆   정답 ③

정책론 > 정책결정모형

정답의 이유

③ 관료정치모형(모형 Ⅲ)은 참여자들 간의 갈등과 타협에 의해 이루어지는 의사결정모형으로 구성원 간 목표 공유 정도와 정책결정의 일관성이 매우 낮다.

오답의 이유

① 정책결정과정에서 갈등의 준해결을 중시하는 것은 조직과정모형(모형 Ⅱ)에 대한 설명이다.

② 정책결정자들이 국가 전체의 이익이나 전략적 목표를 극대화하기 위한 결정을 하는 것은 합리모형(모형 Ⅰ)에 대한 설명이다.

④ 정부를 독립적 하부조직의 느슨한 연합체라고 보는 것은 조직과정모형(모형 Ⅱ)에 대한 설명이다.

---

11 난도 ★★☆   정답 ①

정책론 > 정책결정

정답의 이유

① 집단사고란 조직원들의 사회적 배경과 관념의 동질성이 높을 때 집단이 외부로부터 고립되어 충분한 토의가 일어날 수 없는 상황에서 의사결정이 이루어짐으로써 결국 잘못된 의사결정에 도달하게 되는 현상을 말한다. 따라서 토론을 바탕으로 한 집단지성의 활용은 집단사고를 방지할 수 있는 방안에 해당한다.

더 알아보기

재니스(Janis)의 집단사고 증상 8가지

무오류의 환상	집단이 절대 잘못될 리 없다는 생각
합리화의 환상	내 · 외부의 경고를 무시하기 위해 자신들의 주장을 집단적으로 합리화하는 현상. 집단의 생각과 맞지 않는 상호 모순되는 생각은 철저하게 무시
도덕성의 환상	자신들이 도덕적으로 우월하다고 생각
적에 대한 상동적인 태도	반대 집단에 대해 부정적 편견을 갖는 태도
동조압력	집단과 다른 견해에 대해 무언의 압력을 행사
자기검열	시키지는 않았지만 집단이 싫어할까봐 알아서 자기자신을 검열하는 것
만장일치의 환상	조직원 상호 간에 만장일치로 동의했다고 믿음
집단 초병	방어기제로 외부의 반대 정보를 적극적으로 차단

12 난도 ★★★　　　　　　　　　　　　　정답 ④

조직론 > 조직이론

정답의 이유

④ 조직군 생태학이론은 조직군의 변화를 유발하는 변이가 외부환경에 의하여 계획적·우연적으로 일어나며 조직은 이에 수동적으로 대응할 수밖에 없다는 극단적인 환경결정론적 거시조직론이다.

오답의 이유

① 구조적 상황이론은 개별조직이 놓여 있는 상황에 따라 조직의 구조를 설계하는 것이 효과적이라고 보는 이론으로 안정된 환경에서는 기계적 구조가, 불안정한 환경에서는 유기적 구조가 적합하다고 여긴다.

② 전략적 선택이론은 환경이 조직을 지배하는 것이 아니라 관리자의 전략적 선택이 중요하다고 보는 이론으로 동일한 환경에서도 환경에 대한 관리자의 가치관이나 지각·신념 등의 차이로 상이한 구조나 전략이 선택될 수 있다는 이론이다.

③ 거래비용이론은 시장에서의 거래비용이 조직 내 거래비용(행정비용)보다 크면 거래가 필요 없는 거래의 내부화(내부조직화)가 나타난다고 본다.

13 난도 ★★☆　　　　　　　　　　　　　정답 ④

인사행정론 > 인사행정의 기초이론

정답의 이유

④ 직위분류제의 직무평가 방법 중 요소비교법은 기준직무와 평가할 직무를 비교하여 점수를 설정하고 보수액을 정해주는 계량적 평가방법이다.

오답의 이유

① 점수법은 직무평가기준표에 의하여 직무의 구성요소별로 점수를 부여하고 이를 합산하여 평가하는 방법이다.

② 분류법은 미리 정한 등급기준표에 의하여 직무 전체를 평가하여 등급을 결정하는 비계량적 방법이다.

③ 서열법과 분류법은 직무를 구성요소별로 나누지 않고 직무 전체의 중요도를 종합적으로 평가하는 방법이다.

14 난도 ★★★　　　　　　　　　　　　　정답 ②

조직론 > 전자정부와 지식정부론

정답의 이유

② '전자정부기본계획'은 행정안전부장관이 5년 단위로 수립한다. 과학기술정보통신부장관이 3년마다 작성하는 기본계획은 '지능정보사회종합계획'이다(전자정부법 제5조 제1항·제2조 제4호).

제5조(전자정부기본계획의 수립)

① 중앙사무관장기관의 장은 전자정부의 구현·운영 및 발전을 위하여 5년마다 제5조의2 제1항에 따른 행정기관 등의 기관별 계획을 종합하여 전자정부기본계획을 수립하여야 한다.

제2조(정의)

이 법에서 사용하는 용어의 뜻은 다음과 같다.

4. "중앙사무관장기관"이란 국회 소속 기관에 대하여는 국회사무처, 법원 소속 기관에 대하여는 법원행정처, 헌법재판소 소속 기관에 대하여는 헌법재판소사무처, 중앙선거관리위원회 소속 기관에 대하여는 중앙선거관리위원회사무처, 중앙행정기관 및 그 소속 기관과 지방자치단체에 대하여는 행정안전부를 말한다.

오답의 이유

① 정부는 지능정보사회 정책의 효율적·체계적 추진을 위하여 지능정보사회 종합계획을 3년 단위로 수립하여야 한다(지능정보화 기본법 제6조 제1항).

③ 전자정부법 제2조 제8호

④ 지능정보화 기본법 제8조 제1항

15 난도 ★★★　　　　　　　　　　　　　정답 ②

행정환류 > 행정책임과 통제

정답의 이유

② 롬젝(Romzek)은 행정책임의 원천과 통제의 정도에 따라 행정책임 유형을 4가지로 나누었다. 그중 법적 책임은 표준운영절차(SOP) 등 내부 규칙이나 규정에 따른 통제가 아닌 입법부·사법부 등 외부 법률 관련 기관에 의한 통제를 의미한다.

오답의 이유

① 계층적 책임은 상명하복의 원칙에 따라 상급자에 대하여 하급자가 지는 책임을 의미한다.

③ 전문가적 책임은 전문가가 기관장에 대하여 지는 내부적 책임으로 전문직업적 규범이나 전문가 집단의 관행 등을 중시한다.

④ 정치적 책임이란 관료가 외부 유권자나 민간 고객, 이익집단, 일반대중 등 외부 이해관계자의 기대에 부응하는 책임을 의미한다.

더 알아보기

듀브닉(Dubnick)과 롬젝(Romzek)의 행정책임성 유형

구분		관료조직 통제의 소재	
		내부	외부
조직의 자율성 (통제의 정도)	낮음(높음)	계층적 책임성	법률적 책임성
	높음(낮음)	전문적 책임성	정치적 책임성

16 난도 ★★☆　정답 ③

재무행정론 > 예산과정

정답의 이유

③ 재정사업 자율평가 결과 기획재정부장관이 필요하다고 판단하면 재정사업 심층평가를 실시할 수 있다(국가재정법 시행령 제39조의3 제1항 제1호).

제39조의3(재정사업의 성과평가 등)

① 기획재정부장관은 법 제85조의8 제1항에 따라 각 중앙관서의 장과 기금관리주체에게 기획재정부장관이 정하는 바에 따라 주요 재정사업을 스스로 평가(이하 "재정사업 자율평가"라 한다)하도록 요구할 수 있으며, 다음 각 호의 어느 하나에 해당하는 사업에 대해서는 심층평가를 실시할 수 있다. 다만, 「과학기술기본법」 제11조에 따른 국가연구개발사업에 대한 평가는 「국가연구개발사업 등의 성과평가 및 성과관리에 관한 법률」에 따른 성과평가로 재정사업 자율평가 또는 심층평가를 대체할 수 있다.
　1. 재정사업 자율평가 결과 추가적인 평가가 필요하다고 판단되는 사업

오답의 이유

① 국가재정법 제85조의2 제1항

제85조의2(재정사업의 성과관리)

① 정부는 성과중심의 재정운용을 위하여 다음 각 호의 성과목표관리 및 성과평가를 내용으로 하는 재정사업의 성과관리(이하 "재정사업 성과관리"라 한다)를 시행한다.
　1. 성과목표관리: 재정사업에 대한 성과목표, 성과지표 등의 설정 및 그 달성을 위한 집행과정·결과의 관리
　2. 성과평가: 재정사업의 계획 수립, 집행과정 및 결과 등에 대한 점검·분석·평가

② 국가재정법 제85조의10 제2항

제85조의10(재정사업 성과관리 결과의 반영 등)

② 기획재정부장관은 재정사업의 성과평가 결과를 재정운용에 반영할 수 있다.

④ 재정사업 자율평가는 미국 클린턴(Clinton) 정부 시절(1992) 관리예산처(OMB)가 도입한 PART(Program Assessment Rating Tool)가 그 시초이며 우리나라는 2005년 이를 우리 실정에 맞게 수정·도입하였다. 미국의 PART는 2010년 폐지되었다.

17 난도 ★★☆　정답 ④

인사행정론 > 사기앙양과 근무규율

정답의 이유

④ 이해충돌 위반행위는 감사원, 수사기관, 국민권익위원회 등에 신고할 수 있으며, 위반행위가 발생한 공공기관 및 그 감독기관에도 신고할 수 있다(공직자의 이해충돌 방지법 제18조 제1항).

제18조(위반행위의 신고 등)

① 누구든지 이 법의 위반행위가 발생하였거나 발생하고 있다는 사실을 알게 된 경우에는 다음 각 호의 어느 하나에 해당하는 기관에 신고할 수 있다.
　1. 이 법의 위반행위가 발생한 공공기관 또는 그 감독기관
　2. 감사원 또는 수사기관
　3. 국민권익위원회

18 난도 ★★☆　정답 ③

인사행정론 > 사기앙양과 근무규율

정답의 이유

③ 직위해제는 일정기간 직위를 부여하지 않는 처분으로 직무수행 능력이 부족하거나 근무성적이 극히 나쁜 자에 대해서는 직위해제가 가능하다.

오답의 이유

① 직위해제는 일정기간 직위를 부여하지 않는 것으로, 징계처분에 해당하지는 않는다(국가공무원법 제79조).

제79조(징계의 종류)

징계는 파면·해임·강등·정직·감봉·견책(譴責)으로 구분한다.

② 직위해제는 공무원 신분은 유지되고 직무수행만 정지된다.

④ 직위해제의 사유가 소멸된 경우 임용권자는 지체 없이 직위를 부여하여야 한다(국가공무원법 제73조의3 제2항).

제73조의3(직위해제)

① 임용권자는 다음 각 호의 어느 하나에 해당하는 자에게는 직위를 부여하지 아니할 수 있다.
　1. 삭제
　2. 직무수행 능력이 부족하거나 근무성적이 극히 나쁜 자
　3. 파면·해임·강등 또는 정직에 해당하는 징계 의결이 요구 중인 자
　4. 형사 사건으로 기소된 자(약식명령이 청구된 자는 제외한다)
　5. 고위공무원단에 속하는 일반직공무원으로서 제70조의2 제1항 제2호부터 제5호까지의 사유로 적격심사를 요구받은 자
　6. 금품비위, 성범죄 등 대통령령으로 정하는 비위행위로 인하여 감사원 및 검찰·경찰 등 수사기관에서 조사나 수사 중인 자로서 비위의 정도가 중대하고 이로 인하여 정상적인 업무수행을 기대하기 현저히 어려운 자

② 제1항에 따라 직위를 부여하지 아니한 경우에 그 사유가 소멸되면 임용권자는 지체 없이 직위를 부여하여야 한다.

지방행정론 > 지방자치단체와 주민

[정답의 이유]

④ 주민의 법규 발안에 있어 종래에는 주민조례개폐청구만 인정되고 규칙에 대해서는 의견 제출 규정이 없었으나, 지방자치법 개정(2021.1.12. 개정, 2022.1.13. 시행)에 의하여 주민들이 자치단체장에게 규칙 개폐 의견을 제출할 수 있도록 하는 주민규칙 개폐의견 제출제도가 처음 도입되었다(지방자치법 제20조).

제20조(규칙의 제정과 개정·폐지 의견 제출)

① 주민은 제29조에 따른 규칙(권리·의무와 직접 관련되는 사항으로 한정한다)의 제정, 개정 또는 폐지와 관련된 의견을 해당 지방자치단체의 장에게 제출할 수 있다.

② 법령이나 조례를 위반하거나 법령이나 조례에서 위임한 범위를 벗어나는 사항은 제1항에 따른 의견 제출 대상에서 제외한다.

③ 지방자치단체의 장은 제1항에 따라 제출된 의견에 대하여 의견이 제출된 날부터 30일 이내에 검토 결과를 그 의견을 제출한 주민에게 통보하여야 한다.

④ 제1항에 따른 의견 제출, 제3항에 따른 의견의 검토와 결과 통보의 방법 및 절차는 해당 지방자치단체의 조례로 정한다.

[오답의 이유]

①·②·③ 우리나라의 주민참여제도는 조례 제정·개폐청구제도 (1999) → 주민감사청구제도(1999) → 주민투표제도(2004) → 주민소송제도(2005) → 주민소환제도(2006)의 순으로 도입되었다.

20 난도 ★★★   정답 ①

정책론 > 정책평가

[정답의 이유]

① 통제집단 사전·사후 설계는 무작위로 실험집단과 통제집단을 구분하기 때문에 검사 효과를 통제할 수 없다.

[오답의 이유]

② 준실험은 진실험에 비해 실현 가능성과 외적 타당도가 높다는 장점이 있다.

③ 회귀불연속 설계는 실험집단과 통제집단에 실험대상을 배정할 때 분명하게 알려진 자격기준에 따라 두 집단을 다르게 구성하여 집단 간 회귀분석의 결과를 비교하는 방식으로, 구분점(구간)에서 회귀직선의 불연속적인 단절을 이용한다.

④ 솔로몬 4집단 설계는 사전측정을 생략한 통제집단 사후 설계와 통제집단 사전·사후 설계를 결합한 방식으로, 검사효과를 방지할 수 있다는 통제집단 사후 설계의 장점과 최초의 차이점을 파악할 수 있다는 통제집단 사전·사후 설계의 장점을 갖는다.

행정학개론 | 2022년 국가직 9급

한눈에 훑어보기

✔ 영역 분석

행정학총론 04 10 12
3문항, 15%

정책론 02 07 14 15 18
5문항, 25%

조직론 05 08 20
3문항, 15%

인사행정론 01 03 13 16
4문항, 20%

재무행정론 09 11 19
3문항, 15%

지방행정론 06 17
2문항, 10%

✔ 빠른 정답

01	02	03	04	05	06	07	08	09	10
①	①	②	②	①	④	④	②	③	②
11	12	13	14	15	16	17	18	19	20
③	④	②	④	④	③	③	①	③	②

✔ 점수 체크

구분	1회독	2회독	3회독
맞힌 문항 수	/ 20	/ 20	/ 20
나의 점수	점	점	점

01 난도 ★☆☆   정답 ①

인사행정론 > 인사행정의 기초이론

[정답의 이유]

① 직업공무원제는 생활급 중심 보수체계를 특징으로 한다. 직무급 중심 보수체계는 직위분류제에 기반한 실적주의의 특징에 해당한다.

[오답의 이유]

② 직업공무원제는 장기적인 발전 가능성이나 잠재능력을 중요시하므로 다양한 능력발전의 기회를 부여한다.

③ · ④ 직업공무원제는 폐쇄형 충원방식, 신분보장, 일반행정가 등을 특징으로 한다.

더 알아보기

직업공무원제와 실적주의 비교

구분	직업공무원제	실적주의
공통점	• 신분보장 • 정치적 중립 • 자격이나 능력에 의한 인사	
친화적인 제도	계급제	직위분류제
결원보충 방식	폐쇄형	개방형
행정가	일반행정가	전문행정가
채용 시 중시되는 요소	장기적인 발전 가능성 (잠재능력)	채용 당시의 직무수행 능력
보수체계	생활급	직무급
임용 시 제한	연령 · 학력 등이 제약된 기회균등	연령 · 학력 등의 제한이 없는 기회균등
신분보장	강함	상대적으로 약함

02 난도 ★☆☆   정답 ①

정책론 > 정책의 유형

[정답의 이유]

① 정책목표에 의해 일반국민들로 하여금 인적 · 물적 자원을 동원하고 부담시키는 정책은 추출정책이다. 징병, 조세, 각종 부담금 및 성금, 토지수용 등과 관련된 정책이 이에 해당한다.

[오답의 이유]

② 구성정책은 정부기관의 신설 및 변경 등 체제의 구조와 운영에 관련된 정책을 말한다.

③ 분배정책은 정부가 국민들이 필요로 하는 재화나 서비스 등의 가치를 분배하는 정책을 말한다.

④ 상징정책은 정부의 정통성과 국가 권력에 대한 순응을 확보하기 위해 국가적 상징물을 활용하는 정책을 말한다.

03 난도 ★★☆ 　　　　　　　　　　　　　　　　정답 ②

인사행정론 > 인사행정의 기초이론

정답의 이유

② 직급이란 직무의 종류와 곤란도·책임도가 상당히 유사한 직위의 군을 말한다. 직무의 종류가 유사하고 곤란도·책임도가 서로 다른 군을 의미하는 것은 직렬이다.

오답의 이유

① 직위란 한 사람의 근무를 필요로 하는 직무와 책임의 양을 말한다.

③ 직류란 같은 직렬 내에서 담당 분야가 같은 직무의 군을 말한다.

④ 직무등급이란 직무의 종류는 다르지만 직무의 곤란도·책임도가 유사하여 동일한 보수를 줄 수 있는 직위의 군을 말한다.

04 난도 ★☆☆ 　　　　　　　　　　　　　　　　정답 ②

행정학총론 > 윌슨의 규제정치모형

정답의 이유

② 제시문은 윌슨(Wilson)의 규제정치 유형 중 고객정치에 대한 설명이다. 고객정치는 정부규제로 인하여 발생하게 될 비용이 불특정 다수에게 분산되고 편익은 소수에게 집중되어 있는 상황이므로 소수 집단은 자신들의 이익을 보장받기 위하여 적극적으로 압력을 행사하게 된다.

오답의 이유

① 대중정치는 정부규제로 인하여 발생되는 비용과 편익이 모두 이질적인 불특정 다수에게 분산되어 있는 상황이다.

③ 기업가정치는 비용은 소수에게 집중되어 있으나 편익은 불특정 다수에게 분산되어 있는 상황이다.

④ 이익집단정치는 비용과 편익이 모두 소수에게 집중되어 있는 상황이다.

더 알아보기

윌슨(Wilson)의 규제정치모형

구분		정책 편익	
		분산	집중
정책 비용	분산	대중정치	고객정치
	집중	기업가정치	이익집단정치

05 난도 ★★☆ 　　　　　　　　　　　　　　　　정답 ①

조직론 > 과정이론

정답의 이유

㉠·㉡·㉢ 브룸(Vroom)의 기대이론, 애덤스(Adams)의 공정성이론, 로크(Locke)의 목표설정이론은 과정이론에 해당한다.

오답의 이유

㉣·㉤ 앨더퍼(Alderfer)의 ERG이론, 맥그리거(McGregor)의 X이론·Y이론은 내용이론에 해당한다.

더 알아보기

동기부여이론 체계

과정이론	기대이론	• Vroom의 기대이론 • Porter&Lawler의 업적만족이론 • Georgopoulos의 통로·목표이론
	형평성이론	Adams의 공정성이론
	목표설정이론	Locke의 목표설정이론
	학습이론	• Pavlov의 고전적 조건강화이론 • Skinner의 조작적 조건강화이론
내용이론		• Maslow의 욕구계층이론 • Alderfer의 ERG이론 • McGregor의 X·Y이론 • Herzberg의 동기·위생요인이론 • Argyris의 성숙·미성숙이론 • Likert의 4대 관리체제론 • McClelland의 성취동기이론 • Schein의 복잡인모형 • Hackman&Oldham의 직무특성이론

06 난도 ★★☆ 　　　　　　　　　　　　　　　　정답 ④

지방행정론 > 지방자치의 의의와 종류

정답의 이유

④ 구성 지방자치단체의 장은 지방자치법 제109조(겸임 등의 제한)에도 불구하고 특별지방자치단체의 장을 겸할 수 있다(지방자치법 제205조 제2항).

오답의 이유

① 지방자치법 제199조 제1항

② 특별지방자치단체는 법인으로 한다(지방자치법 제199조 제3항). 따라서 보통의 지방자치단체와 같이 법인격을 갖는다.

③ 지방자치법 제204조 제1항

07 난도 ★★★ 　　　　　　　　　　　　　　　　정답 ④

정책론 > 정책집행과 기획

정답의 이유

④ 지시적 위임형은 정책결정자가 구체적인 목표는 설정하지만 목표 달성에 필요한 수단(권한)은 정책집행자에게 위임하는 유형이다. 따라서 정책결정자가 구체적인 목표를 설정한 다음 권한을 위임하면 정책집행자들은 집행자 상호 간의 협상을 통해 정책을 집행한다.

오답의 이유

① 고전적 기술자형은 정책결정자가 구체적인 목표를 설정하면 정책집행자는 그 목표를 지지하고 목표 달성을 위한 기술적인 수단을 강구하여 충실하게 정책을 집행하는 유형이다.

② 재량적 실험형은 정책결정자가 추상적인 목표를 설정하고 정책집행자에게 목표와 수단을 명확하게 달성할 수 있도록 광범위한 재량권을 부여하는 유형이다.

③ 관료적 기업가형은 정책집행자가 목표를 설정하여 수단을 강구한 다음 정책결정자를 설득하고, 정책결정자는 정책집행자가 설정한 목표와 수단을 지지하는 역할을 담당하는 유형이다.

더 알아보기

나카무라(Nakamura)와 스몰우드(Smallwood)의 정책집행유형 분류

집행유형	정책결정자	정책집행자
고전적 기술자형	• 구체적인 목표를 설정 • 목표 달성을 위해 정책집행자에게 기술적 문제에 관한 권한 위임	• 정책결정자가 설정한 목표를 지지 • 목표 달성을 위한 기술적 수단을 강구
지시적 위임형	• 구체적인 목표를 설정 • 정책집행자에게 목표 달성에 필요한 수단을 강구할 행정적 권한 위임	• 정책결정자가 설정한 목표를 지지 • 목표 달성 수단에 관하여 집행자 상호 간 협상
협상형	• 정책결정자가 목표를 제시하지만 정책집행자는 무조건 동의하지는 않음 • 정책결정자와 정책집행자는 목표와 수단에 관하여 협상	
재량적 실험형	• 추상적 목표를 설정 • 정책집행자가 목표와 수단을 설정할 수 있도록 광범위한 재량권 위임	정책결정자를 위하여 목표와 수단을 구체화
관료적 기업가형	정책집행자가 설정한 목표와 수단을 지지	목표와 수단을 강구하여 정책결정자를 설득

08 난도 ★☆☆   정답 ②

조직론 > 관리과정론

정답의 이유

㉠ 목표관리제는 상관과 부하직원들의 적극적인 참여를 바탕으로 협의를 통하여 목표를 설정한다.

㉢ 목표관리제는 유동적이고 복잡한 환경보다는 안정적이고 예측 가능한 조직에서 성공확률이 높다.

오답의 이유

㉡ 목표관리제는 중·장기목표보다는 비교적 단기적이고 측정 가능한 목표를 강조한다.

㉣ 목표관리제는 정성적이거나 주관적인 목표가 아닌 구체적이고 계량적인 목표를 강조한다.

09 난도 ★☆☆   정답 ③

재무행정론 > 재무행정의 기초이론

정답의 이유

③ 예산의 성립을 기준으로 볼 때 시기적으로 빠른 것부터 나열하면 수정예산, 본예산, 추가경정예산의 순이다. 수정예산은 본예산이 의결되기 전에 수정하여 제출한 예산을 말하고, 추가경정예산은 본예산이 의결된 후에 추가 또는 변경하여 제출한 예산을 말한다.

더 알아보기

예산 성립시기에 따른 구분

수정예산	정부가 국회에 제출한 본예산안에 대하여 의결되기 전에 다시 수정하여 제출한 예산
본예산 (당초예산)	당초에 국회의 의결을 얻어서 확정·성립된 예산
추가경정예산	예산이 국회에서 의결된 이후에 새로운 사정으로 인하여 본예산에 추가 또는 변경을 가하는 예산
준예산	새로운 회계연도가 개시될 때까지 예산이 국회에서 의결되지 못한 경우, 의회의 승인 없이 전년도 예산에 준하여 경비를 지출할 수 있는 예산

10 난도 ★★☆   정답 ②

행정학총론 > 행정학의 주요 이론

정답의 이유

(가) 1990년대에 등장한 뉴거버넌스에 대한 설명이다.

(나) 1970년대에 등장한 공공선택론에 대한 설명이다.

(다) 1900년에 등장한 정치·행정 이원론에 대한 설명이다.

(라) 1960년대 말에 등장한 신행정론에 대한 설명이다.

따라서 행정이론이 등장한 시기를 순서대로 나열한 것은 ② (다) → (라) → (나) → (가)이다.

11 난도 ★☆☆   정답 ③

재무행정론 > 예산제도

정답의 이유

③ 예산의 재배정은 중앙관서의 장이 예산 배정의 범위 내에서 하급기관에게 예산액을 배정해주는 것을 말하며, 예산집행의 통제와 관련된 제도이다.

오답의 이유

① 계속비는 장기간에 걸쳐 소요되는 공사·제조·연구개발사업에 대하여 미리 국회의 의결을 얻은 범위 안에서 지출을 할 수 있도록 허용하는 제도이다.

② 수입대체경비는 국가가 용역 및 시설을 제공함으로써 발생하는 수입의 범위 내에서 초과지출을 운용할 수 있는 제도이다.

④ 예산의 이체는 정부조직 등에 관한 법령의 제정·개정·폐지로 인하여 그 직무와 권한에 변동이 있을 때에 예산의 책임소관을 변경하는 제도이다.

더 알아보기

예산집행의 신축성 유지 방안과 통제 방안

신축성 유지 방안	• 이용 · 전용 • 이체 • 이월 • 계속비 • 예비비 • 국고채무부담행위 • 수입대체경비	• 국고여유자금의 활용 • 총액예산 • 조상충용 • 장기계속계약제도 • 수입 · 지출의 특례 • 추가경정예산 • 준예산
통제 방안	• 예산의 배정 · 재배정 • 지출원인행위에 대한 통제 • 정원 · 보수에 대한 통제 • 회계기록 및 보고제도 • 계약의 통제 • 총사업비 관리 • 예비타당성조사	

12 난도 ★★☆　　　　　　　　　　정답 ④

행정학총론 > 행정의 기초

정답의 이유

④ 하이에크(Hayek)는 『노예의 길』에서 정부실패를 비판하고 작은 정부를 강조하였다.

오답의 이유

① 19세기 근대 자유주의 국가는 정부의 간섭과 개입을 최소화하고 개인의 자유주의를 강조하는 야경국가를 지향하였다.

② 경제대공황 이후 케인스주의와 루스벨트 대통령의 뉴딜정책 등을 통해 정부의 적극적인 개입의 필요성을 주장하는 큰 정부관이 강조되었다.

③ 영국의 대처리즘, 미국의 레이거노믹스는 신자유주의를 바탕으로 작은 정부를 지향하였다.

13 난도 ★★☆　　　　　　　　　　정답 ②

인사행정론 > 사기양양과 근무규율

정답의 이유

② 정직은 징계처분의 일종으로, 정직 기간 중에는 보수의 전액을 감하도록 되어 있다(국가공무원법 제80조 제3항).

> **제80조(징계의 효력)**
> ③ 정직은 1개월 이상 3개월 이하의 기간으로 하고, 정직 처분을 받은 자는 그 기간 중 공무원의 신분은 보유하나 직무에 종사하지 못하며 보수는 전액을 감한다.

오답의 이유

① 직권면직은 일정한 사유에 의하여 직권으로 면직시키는 처분으로 국가공무원법상 징계의 종류에는 규정되어 있지 않다.

③ 국가공무원법 제71조 제1항

> **제71조(휴직)**
> ① 공무원이 다음 각 호의 어느 하나에 해당하면 임용권자는 본인의 의사에도 불구하고 휴직을 명하여야 한다.
> 　1. 신체 · 정신상의 장애로 장기 요양이 필요할 때
> 　2. 삭제
> 　3. 「병역법」에 따른 병역 복무를 마치기 위하여 징집 또는 소집된 때
> 　4. 천재지변이나 전시 · 사변, 그 밖의 사유로 생사(生死) 또는 소재(所在)가 불명확하게 된 때
> 　5. 그 밖에 법률의 규정에 따른 의무를 수행하기 위하여 직무를 이탈하게 된 때
> 　6. 「공무원의 노동조합 설립 및 운영 등에 관한 법률」 제7조에 따라 노동조합 전임자로 종사하게 된 때

④ 임용권자는 직무수행 능력 부족을 이유로 직위해제된 자에게 3개월의 범위에서 대기를 명할 수 있고, 대기 명령을 받은 자가 그 기간에 능력 또는 근무성적의 향상을 기대하기 어렵다고 인정된 때에는 직권으로 면직시킬 수 있다(국가공무원법 제70조 제1항 제5호).

14 난도 ★☆☆　　　　　　　　　　정답 ④

정책론 > 립스키의 일선관료제

정답의 이유

립스키(Lipsky)의 일선관료제에서 일선관료란 정책의 최종적 과정에서 고객과 접촉하며 상당한 재량권을 행사하는 하위직(교사, 경찰, 복지요원 등)으로 구성된 공공서비스 집단을 말한다.

④ 단순하고 정형화된 정책대상집단은 일선관료들의 적응방식과 관련된다. 일선관료들은 문제가 발생하게 되면 상황에 유연하게 대처하기보다는 습관적이고 정형화된 형태로 문제를 해결하려고 한다.

오답의 이유

① 일선관료들은 과중한 업무량에 비하여 인적 · 물적 자원이나 시간적 · 기술적 자원이 부족하다.

② 일선관료들의 업무현장에서는 권위에 대한 도전과 위협이 존재한다.

③ 일선관료들의 업무현장에서 고객의 목표와 기대는 모호하고 대립되며 비현실적인 경우가 많다.

15 난도 ★★☆　　　　　　　　　　정답 ④

정책론 > 의사결정모형

정답의 이유

④ 회사모형은 조직의 불확실한 환경을 회피하고 조직 내 갈등을 극복하기 위하여 단기적인 전략과 문제중심 탐색의 중요성을 강조한다.

오답의 이유

① 최적모형은 경제적 합리성뿐만 아니라 직관·판단·통찰 등과 같은 초합리성을 함께 고려해야 한다고 보는 규범적·처방적 모형이다.

② 쓰레기통모형은 조직 구성원 사이의 응집성이 약하고 혼란스러운 상황, 즉 조직화된 무정부상태에서 이루어지는 의사결정형태를 설명하려는 비합리모형이다.

③ 점증모형은 기존 정책을 바탕으로 현실을 긍정하고 그보다 약간 향상된 내용을 추구하는 의사결정모형으로 정치적 합리성을 중시한다.

16 난도 ★★☆　　　　　　　　　　　정답 ③

인사행정론 > 공무원의 행동규범

정답의 이유

③ 공무원의 정치적 기본권을 강화하면 정치적 중립과 기본권인 참정권 등이 제한될 수 있다는 한계가 있다.

오답의 이유

① 정치적 중립과 객관성을 통하여 엽관주의의 문제점을 극복하고 행정의 안전성과 전문성을 제고할 수 있다.

② 공무원은 국민 전체의 봉사자로서 정치적 중립을 지키며 공평무사하게 임해야 하는 신분이다.

④ 공무원의 정치적 중립을 통해 부정선거를 방지하여 공명선거가 가능해지고 이에 따라 민주적 기본질서를 제고할 수 있다.

17 난도 ★★☆　　　　　　　　　　　정답 ③

지방행정론 > 지방재정

정답의 이유

③ 지방교부세는 자치단체의 신청 없이도 법적 기준에 따라 재원을 교부한다. 신청주의를 원칙으로 하며 각 중앙관서의 예산에 반영되어야 하는 것은 국고보조금이다.

오답의 이유

① 지방교부세는 지역 간의 재정력 격차를 완화시키기 위한 제도이며, 국세의 일부로서 징수한 재원을 기준에 따라 각 자치단체에 배분하여 수평적·수직적 조정을 하는 역할을 한다.

② 지방교부세법 제3조

④ 부동산교부세는 종합부동산세를 재원으로 하며 지방자치단체에 전액 교부하여야 한다(지방교부세법 제9조의3 제1항).

> 제9조의3(부동산교부세의 교부)
> ① 부동산교부세는 지방자치단체에 전액 교부하여야 한다.

18 난도 ★★☆　　　　　　　　　　　정답 ①

정책론 > 정책평가

정답의 이유

① 특정평가는 중앙행정기관을 대상으로 하며, 공공기관은 대상이 아니다(정부업무평가 기본법 제2조 제4호).

> 제2조(정의)
> 이 법에서 사용하는 용어의 정의는 다음과 같다.
> 4. "특정평가"라 함은 국무총리가 중앙행정기관을 대상으로 국정을 통합적으로 관리하기 위하여 필요한 정책 등을 평가하는 것을 말한다.

오답의 이유

② 정부업무평가의 실시와 평가기반의 구축을 체계적·효율적으로 추진하기 위하여 국무총리 소속하에 정부업무평가위원회를 둔다(정부업무평가 기본법 제9조 제1항).

③ 행정안전부장관은 평가의 객관성 및 공정성을 높이기 위하여 평가지표, 평가방법, 평가기반의 구축 등에 관하여 지방자치단체를 지원할 수 있다(정부업무평가 기본법 제18조 제4항).

④ 자체평가라 함은 중앙행정기관 또는 지방자치단체가 소관 정책 등을 스스로 평가하는 것을 말한다(정부업무평가 기본법 제2조 제3호).

19 난도 ★★☆　　　　　　　　　　　정답 ③

재무행정론 > 재무행정의 기초이론

정답의 이유

③ 우리나라 정부의 결산보고서 재무제표는 재정상태표, 재정운영표, 순자산변동표로 구성된다(국가회계법 제14조 제3호).

> 제14조(결산보고서의 구성)
> 결산보고서는 다음 각 호의 서류로 구성된다.
> 3. 재무제표
> 　　가. 재정상태표
> 　　나. 재정운영표
> 　　다. 순자산변동표

20 난도 ★★☆　　　　　　　　　　　정답 ②

조직론 > 전자정부와 지식정부론

정답의 이유

② 제시문은 전자정부법에서 정의하고 있는 정보기술아키텍처에 대한 설명이다(전자정부법 제2조 제12호).

> 제2조(정의)
> 이 법에서 사용하는 용어의 뜻은 다음과 같다.
> 12. "정보기술아키텍처"란 일정한 기준과 절차에 따라 업무, 응용, 데이터, 기술, 보안 등 조직 전체의 구성요소들을 통합적으로 분석한 뒤 이들 간의 관계를 구조적으로 정리한 체제 및 이를 바탕으로 정보화 등을 통하여 구성요소들을 최적화하기 위한 방법을 말한다.

오답의 이유
① 전자문서란 컴퓨터 등 정보처리능력을 지닌 장치에 의하여 전자적인 형태로 작성되어 송수신되거나 저장되는 표준화된 정보를 말한다(전자정부법 제2조 제7호).

③ 정보시스템이란 정보의 수집 · 가공 · 저장 · 검색 · 송신 · 수신 및 그 활용과 관련되는 기기와 소프트웨어의 조직화된 체계를 말한다(전자정부법 제2조 제13호).

④ 정보자원이란 행정기관 등이 보유하고 있는 행정정보, 전자적 수단에 의하여 행정정보의 수집 · 가공 · 검색을 하기 쉽게 구축한 정보시스템, 정보시스템의 구축에 적용되는 정보기술, 정보화예산 및 정보화인력 등을 말한다(전자정부법 제2조 제11호).

행정학개론 | 2021년 국가직 9급

한눈에 훑어보기

✓ 영역 분석

행정학총론 01 07 08 18
4문항, 20%

정책론 09 16 19
3문항, 15%

조직론 02 03 14 15 20
5문항, 25%

인사행정론 06 11
2문항, 10%

재무행정론 10 12 13
3문항, 15%

지방행정론 05 17
2문항, 10%

행정환류 04
1문항, 5%

✓ 빠른 정답

01	02	03	04	05	06	07	08	09	10
③	④	③	④	③	③	②	①	②	③
11	12	13	14	15	16	17	18	19	20
①	④	④	④	①	①	④	②	②	④

✓ 점수 체크

구분	1회독	2회독	3회독
맞힌 문항 수	/ 20	/ 20	/ 20
나의 점수	점	점	점

---

01 난도 ★☆☆   정답 ③

행정학총론 > 행정과 환경

[정답의 이유]

③ X-비효율성은 경쟁체제가 아님으로 인하여 비용이 상승하거나 생산성이 저하되는 현상을 말한다. 이는 시장실패가 아니라 정부실패의 원인이며 정부의 독점적 성격, 종결메커니즘의 결여, 산출물 측정의 곤란성, 생산기술의 불확실성 등으로 인해 발생한다.

더 알아보기

시장실패와 정부실패의 원인

시장실패 원인	• 공공재의 존재 • 불완전경쟁 • 자연독점 • 외부효과의 발생 • 정보의 비대칭성
정부실패 원인	• X-비효율성, 비용체증 • 사적 목표의 설정 • 파생적 외부효과 • 권력의 편재

---

02 난도 ★☆☆   정답 ④

조직론 > 조직목표

[정답의 이유]

④ 조직목표는 조직의 존재 그 자체와 조직활동을 사회 내에서 정당화하는 정당성의 근거를 제공한다.

더 알아보기

조직목표의 기능

조직 활동의 방향 제시	조직이 추구하는 미래의 상태를 밝혀줌으로써 조직구성원들에게 방향감각과 행동기준을 제공
정당화의 근거	조직의 존재 그 자체와 조직활동을 사회 내에서 정당화하는 정당성의 근거를 제공
동기유발	조직구성원들이 조직에 일체감을 느끼고 조직활동의 동기를 유발하게 하는 데 필요한 기초를 제공
조직평가의 기준	조직의 성공도와 그에 대한 기여도를 평가하는 기준을 제공
조직설계의 준거	조직의 구조와 과정을 설계하는 준거를 제공

03 난도 ★☆☆　　　　　　　　　　　　　정답 ③

조직론 > 조직의 양태와 조직유형

[정답의 이유]

③ 네트워크 조직은 조직의 자체기능은 핵심역량 위주로 합리화하고, 여타 기능은 외부와 계약 관계를 통해 수행하는 구조이다.

[오답의 이유]

① 태스크 포스는 특별한 임무를 수행하기 위하여 편성되는 임시조직으로서 과업이 완성된 후 해체되는 조직을 말한다.

② 프로젝트 팀은 특정 사업을 추진하거나 과제를 해결하기 위하여 전문가나 이해관계자로 구성되는 임시적·동태적 조직을 말한다.

④ 매트릭스 조직은 기능 구조와 사업 구조의 화학적 결합을 시도하는 조직 구조로서 기능부서 통제 권한의 계층은 수직적으로 흐르고, 사업부서 간 조정권한의 계층은 수평적으로 흐르는 이원적 권한체계를 지닌다.

04 난도 ★★☆　　　　　　　　　　　　　정답 ④

행정환류 > 행정책임과 통제

[정답의 이유]

ⓛ 국회의 국정조사는 입법통제로서 외부통제에 해당한다.

ⓔ 국민들의 조세부과 처분에 대한 취소소송은 행정소송에 의한 민중통제로서 외부통제에 해당한다.

ⓗ 환경운동연합의 정부정책에 대한 반대는 시민단체에 의한 통제로 외부통제에 해당한다.

ⓞ 언론의 공무원 부패 보도는 언론기관에 의한 통제로 외부통제에 해당한다.

[오답의 이유]

ⓙ 행정안전부의 각 중앙행정기관 조직과 정원 통제는 정부막료부처에 의한 통제로 내부통제에 해당한다.

ⓒ 기획재정부의 각 부처 예산안 검토 및 조정은 정부막료부처에 의한 통제로 내부통제에 해당한다.

ⓜ 국무총리의 중앙행정기관에 대한 기관평가는 정부업무평가에 의한 통제로 내부통제에 해당한다.

ⓢ 중앙행정기관장의 당해 기관에 대한 자체평가는 정부업무평가에 의한 통제로 내부통제에 해당한다.

05 난도 ★★☆　　　　　　　　　　　　　정답 ③

지방행정론 > 지방자치단체의 권한

[정답의 이유]

③ 지방자치단체는 조례를 위반한 행위에 대하여 조례로써 1천만원 이하의 과태료를 정할 수 있다(지방자치법 제34조 제1항).

[오답의 이유]

① 지방자치단체는 법령의 범위에서 그 사무에 관하여 조례를 제정할 수 있다. 다만 주민의 권리 제한 또는 의무 부과에 관한 사항이나 벌칙을 정할 때에는 법률의 위임이 있어야 한다(지방자치법 제28조 제1항).

② 지방자치단체는 주민의 복리증진과 사업의 효율적 수행을 위하여 지방공기업을 설치·운영할 수 있다(지방자치법 제163조 제1항).

④ 지방자치단체의 장이나 지방자치단체조합은 따로 법률로 정하는 바에 따라 지방채를 발행할 수 있다(지방자치법 제139조 제1항).

06 난도 ★★☆　　　　　　　　　　　　　정답 ③

인사행정론 > 임용과 능력발전

[정답의 이유]

③ 관대화 경향은 하급자와의 불편한 인간관계를 의식하여 평정결과 분포가 전반적으로 우수한 쪽에 집중되는 경향을 말하며, 관대화의 경향을 완화하는 방법으로는 강제배분법(강제할당법)과 서열법을 고려할 수 있다.

[오답의 이유]

① 일관적 오류는 평정자의 기준이 다른 사람보다 높거나 낮은 데서 비롯되므로 등급분포비율을 할당하는 강제배분법을 완화방법으로 고려할 수 있다.

② 근접효과는 최근의 실적을 중심으로 평가할 때 발생하며 이를 방지하기 위해 독립된 평가센터, 목표관리제 평정, 주요사건기록법 등이 활용된다.

④ 연쇄효과는 한 평정요소에 대한 평정자의 판단이 연쇄적으로 다른 요소의 평정에도 영향을 주는 오류를 말하며 연쇄효과를 완화하기 위한 방식으로 각 평정요소별로 모든 피평정자를 순차적으로 평정하는 방식 등이 있다.

07 난도 ★☆☆　　　　　　　　　　　　　정답 ②

행정학총론 > 행정학의 주요 이론

[정답의 이유]

② 조직 내의 인간은 사회적 욕구에 의해 동기가 유발된다고 전제하는 것은 인간관계론에 대한 설명이다. 테일러(Taylor)의 과학적 관리론은 경제적 욕구를 지나치게 강조하여 자기실현 욕구나 사회적 욕구를 간과했다는 비판을 받는다.

[더 알아보기]

인간관계론과 과학적 관리론의 비교

구분	인간관계론	과학적 관리론
인간관	사회적 인간관 (Y인간)	합리적·경제적 인간관 (X인간)
연구의 중점	인간 중심	직무 중심
분석 대상	비공식적 인간관계	공식적 구조
능률관	규범적· 사회적 능률관	가치중립적· 기계적 능률관
동기부여 요인	사회심리적 욕구충족	경제적 유인체계 강조
이론적 기초	호손실험	시간과 동작연구
공헌	민주성 확립	절약과 능률 증진

08 난도 ★☆☆　　　　　　　　　　　정답 ①

행정학총론 > 행정학의 주요 이론

정답의 이유

① 뉴거버넌스와 신공공관리론은 정부의 역할을 방향잡기(steering)로 본다.

오답의 이유

② 신공공관리의 인식론적 기초는 신자유주의이다.

③ 신공공관리가 중시하는 관리 가치는 경쟁이다.

④ 뉴거버넌스가 중시하는 관리 기구는 서비스연계망이다.

더 알아보기

신공공관리론과 뉴거버넌스의 비교

구분	신공공관리론	뉴거버넌스
인식론적 기초	신자유주의 · 신공공관리	공동체주의 · 참여주의
관리 가치	결과(생산성)	과정(민주성, 신뢰)
관리 기구	시장주의	서비스연계망(공동체)에 의한 공동생산
관료 역할	공공기업가	조정자
서비스	민영화, 민간위탁	공동생산 (시민 · 기업의 참여)
작동 원리	시장 메커니즘	신뢰와 협력체제
관리 방식	고객지향	임무 중심
분석 수준	조직 내	조직 간
정치성	정치 · 행정 이원론	정치 · 행정 일원론
정부 역할	방향키(수비수)	방향키(심판관)

09 난도 ★★☆　　　　　　　　　　　정답 ②

정책론 > 정책유형

정답의 이유

㉠ 규제정책은 개인이나 일부집단에 대한 권리행사의 제한이나 의무를 부과하는 정책유형으로 그 행사에 있어서 강제력을 갖는다.

㉢ 재분배정책은 고소득층으로부터 저소득층으로 소득이전을 목적으로 하기 때문에 가진 자와 못 가진 자, 노동자 계급과 자본 계급의 대립 형태인 계급대립적 · 계급정책적 성격을 가진다.

㉺ 구성정책은 주로 정부기구의 구조와 기능의 변화와 관련되며, 정치체제에서 투입을 조직화하거나 체제의 구조와 운영에 관련된 정책이다.

오답의 이유

㉡ 사회보장 및 의료보장정책은 재분배정책에 해당한다.

㉣ 대덕 연구개발 특구 지원은 분배정책에 해당한다.

10 난도 ★★☆　　　　　　　　　　　정답 ③

재무행정론 > 예산제도

정답의 이유

③ 준예산은 회계연도 개시 전까지 예산안이 의결되지 못한 경우 헌법에 규정된 일정한 범위의 경비만을 전년도 예산에 준하여 집행할 수 있는 예산을 말한다.

> **헌법 제54조**
> ③ 새로운 회계연도가 개시될 때까지 예산안이 의결되지 못한 때에는 정부는 국회에서 예산안이 의결될 때까지 다음의 목적을 위한 경비는 전년도 예산에 준하여 집행할 수 있다.
> 　1. 헌법이나 법률에 의하여 설치된 기관 또는 시설의 유지 · 운영
> 　2. 법률상 지출의무의 이행
> 　3. 이미 예산으로 승인된 사업의 계속

오답의 이유

① 국회는 정부의 동의 없이 정부가 제출한 지출예산 각항의 금액을 증가하거나 새 비목을 설치할 수 없다(헌법 제57조).

② 정부는 감사원의 세출예산요구액을 감액하고자 할 때에는 국무회의에서 감사원장의 의견을 들어야 한다(국가재정법 제41조).

④ 국회는 결산에 대한 심의 · 의결을 정기회 개회 전까지 완료하여야 한다(국회법 제128조의2).

11 난도 ★★☆　　　　　　　　　　　정답 ①

인사행정론 > 공무원의 의무

정답의 이유

① 부패행위 신고의무는 부패방지 및 국민권익위원회의 설치와 운영에 관한 법률에 규정되어 있다.

더 알아보기

국가공무원법상 공무원의 13대 의무

① 성실 의무

② 복종의 의무

③ 직장 이탈 금지의 의무

④ 친절 · 공정의 의무

⑤ 비밀엄수의 의무

⑥ 청렴의 의무

⑦ 외국정부의 영예 등 수령 규제

⑧ 품위 유지의 의무

⑨ 영리 업무 및 겸직 금지

⑩ 정치 운동의 금지

⑪ 집단 행위의 금지

⑫ 선서의 의무

⑬ 종교중립의 의무

12 난도 ★★☆

재무행정론 > 예산과정

정답 ④

정답의 이유

④ 감사원의 2021년도 예산에 대한 결산검사보고서의 작성은 2022년도에 이루어지므로 2021년도에는 볼 수 없다.

오답의 이유

① 2022년도 예산에 대한 예산요구서는 2021년 5월 31일까지 기획재정부장관에게 작성 및 제출되어야 한다.

② 2021년도 예산에 대한 예산배정은 당해연도인 2021년도에 이루어진다.

③ 2022년도 예산안에 대한 대통령의 국회 시정연설은 전년도인 2021년도 정기국회에서 이루어진다.

13 난도 ★☆☆

재무행정론 > 재무행정의 기초이론

정답 ④

정답의 이유

④ 경제협력, 해외원조를 위한 지출을 예비비로 충당해야 할 우려가 있는 경우는 추가경정예산안 편성이 가능한 사유에 해당하지 않는다.

오답의 이유

① · ② · ③ 국가재정법 제89조 제1항

제89조(추가경정예산안의 편성)

① 정부는 다음 각 호의 어느 하나에 해당하게 되어 이미 확정된 예산에 변경을 가할 필요가 있는 경우에는 추가경정예산안을 편성할 수 있다.

1. 전쟁이나 대규모 재해(「재난 및 안전관리 기본법」 제3조에서 정의한 자연재난과 사회재난의 발생에 따른 피해를 말한다)가 발생한 경우

2. 경기침체, 대량실업, 남북관계의 변화, 경제협력과 같은 대내 · 외 여건에 중대한 변화가 발생하였거나 발생할 우려가 있는 경우

3. 법령에 따라 국가가 지급하여야 하는 지출이 발생하거나 증가하는 경우

14 난도 ★★☆

조직론 > 조직의 구조형태

정답 ④

정답의 이유

④ 주식회사형 공기업은 특별법 또는 상법에 의해 설립되지만 일반행정기관은 아니다. 따라서 일반행정기관에 적용되는 조직 · 인사 원칙이 적용되지 않는다.

오답의 이유

① 공공수요가 있으나 막대한 자본이 소요되는 사업은 민간기업의 참여가 쉽지 않으므로 공기업의 설립이 정당화된다.

② 독점성이 나타나는 사업의 경우 민간독점을 방지하기 위해 공기업의 설립이 정당화된다.

③ 공기업은 전통적인 자본주의적 사기업 질서에 반하여 정부가 개입하는 형태이므로 사회주의적 간섭을 하는 것으로 볼 수도 있다.

15 난도 ★★☆

조직론 > 조직관리

정답 ①

정답의 이유

① 아담스(Adams)의 공정성이론에 따르면 자신의 노력과 보상의 정도가 준거인과 비교하여 불공정하다고 인식할 때 동기가 유발된다.

오답의 이유

② 매클리랜드(McClelland)의 성취동기이론에 따르면 개인들의 욕구는 사회문화와 상호작용하는 과정에서 학습된다.

③ 브룸(Vroom)의 기대이론에서 기대감은 노력 및 능력을 투입하면 성과가 나타날 수 있다는 것으로, 통상 주관적 확률로 표시된다.

④ 앨더퍼(Alderfer)의 ERG이론에 따르면 상위욕구 충족이 좌절되면 하위욕구를 충족하고자 하는 '좌절-퇴행접근법'이 나타날 수 있다.

16 난도 ★★☆

정책론 > 정책평가

정답 ①

정답의 이유

① 연구자의 측정기준이나 측정도구가 변화되는 경우, 내적 타당성을 저해하는 요인으로 작용할 수 있다.

오답의 이유

② 표본의 대표성이 부족하면 그 결과를 일반화하기 곤란하여 외적 타당성을 저해하는 요인이 된다.

③ 호손효과에 대한 설명으로, 외적 타당성을 저해하는 대표적인 요인이다.

④ 크리밍효과에 대한 설명으로, 외적 타당성을 저해하는 요인에 해당한다.

더 알아보기

외적 타당성 저해요인

호손효과	실험집단이 실험대상이라는 사실을 인지하여 평소와 다른 심리적 행동을 하는 현상(실험조작 반응효과)
다수적 처리에 의한 간섭	동일 집단에 여러 번 실험적 처리를 가하여 실험조작에 익숙해짐으로 인해 발생하는 현상
표본의 대표성 부족	표본집단의 사회적 대표성 부족으로 인해 일반화가 곤란한 현상
크리밍효과	큰 효과가 나타날 집단만을 의도적으로 실험집단에 배정하여 일반화가 곤란한 현상

17 난도 ★★☆　　　　　　　　　　정답 ④

지방행정론 > 지방자치단체와 주민

[정답의 이유]

④ 군수를 소환하려고 할 경우에는 해당 군의 주민소환투표청구권자 총수의 100분의 15 이상의 서명을 받아 청구해야 한다(주민소환에 관한 법률 제7조 제1항 제2호).

> **제7조(주민소환투표의 청구)**
> ① 전년도 12월 31일 현재 주민등록표 및 외국인등록표에 등록된 제3조 제1항 제1호 및 제2호에 해당하는 자(이하 "주민소환투표청구권자"라 한다)는 해당 지방자치단체의 장 및 지방의회의원(비례대표선거구시·도의회의원 및 비례대표선거구자치구·시·군의회의원은 제외하며, 이하 "선출직 지방공직자"라 한다)에 대하여 다음 각 호에 해당하는 주민의 서명으로 그 소환사유를 서면에 구체적으로 명시하여 관할선거관리위원회에 주민소환투표의 실시를 청구할 수 있다.
> 　2. 시장·군수·자치구의 구청장: 당해 지방자치단체의 주민소환투표청구권자 총수의 100분의 15 이상

[오답의 이유]

① 주민소환제도는 선거로 취임한 지방공직자에 대한 해임을 주민에 의하여 결정하는 제도로, 가장 유력한 직접민주주의 제도이다.

② 주민은 그 지방자치단체의 장 및 지방의회의원(비례대표 지방의회의원은 제외)을 소환한다. 비례대표 지방의회의원은 주민소환 대상이 아니다.

③ 주민소환제도는 주민들이 지방공직자에 대한 해임 등을 청구한다는 점에서 공직자에 대한 심리적 통제 효과가 크다고 할 수 있다.

18 난도 ★★☆　　　　　　　　　　정답 ②

행정학총론 > 행정학의 주요 이론

[정답의 이유]

② 신공공서비스론에서는 공익을 공동체가 공유하는 가치에 대한 담론의 결과로 인식한다. 공익을 개인적 이익의 집합체로 보는 것은 신공공관리론이다.

[오답의 이유]

① 신공공서비스론에서 정부는 서비스 제공자로서, 시민에 대해 봉사하여야 한다.

③ 신공공서비스론에서의 책임은 다원적이고 복잡하다. 따라서 관료들은 헌법과 법률, 지역사회의 가치, 정치적 규범 등 다양한 측면에 관심을 기울여야 한다.

④ 신공공서비스론에서 공공조직은 단순히 생산성이 아니라 인간 존중 의식을 바탕으로 한 리더십과 협력의 과정을 통해 작동되어야 한다고 본다.

19 난도 ★★☆　　　　　　　　　　정답 ②

정책론 > 정책결정

[정답의 이유]

㉠ 할인율이 높을 때는 미래가치를 더 낮게 평가하게 되므로 할인 기간이 긴 장기투자사업의 경우 순현재가치가 낮아져 불리하지만, 단기투자사업은 유리하다.

㉣ 내부수익률은 편익과 비용의 현재가치가 같아지도록 만드는 할인율로, 할인율이 제시되지 않은 경우에 유용하게 사용될 수 있다.

[오답의 이유]

㉡ 직접적이고 유형적인 비용과 편익뿐만 아니라 간접적이고 무형적인 비용과 편익까지도 모두 포함되어야 한다.

㉢ 순현재가치란 편익의 총현재가치에서 비용의 총현재가치를 뺀 것을 말하며, 0보다 클 경우 사업의 타당성을 인정할 수 있다.

20 난도 ★★★　　　　　　　　　　정답 ④

조직론 > 조직관리

[정답의 이유]

④ 페리와 와이스(Perry & Wise)는 합리적 차원, 규범적 차원, 정서적(감성적) 차원을 제시하였다.

[오답의 이유]

① 공공부문 종사자들은 민간부문 종사자들과 달리 공공봉사동기를 갖고 있다고 전제한다.

② 공공봉사동기이론은 정책에 대한 호감, 공공에 대한 봉사, 동정심 등의 개념으로 구성되어 있고, 이들 각각이 합리적 차원, 규범적 차원, 감성적 차원의 하위 차원에 해당한다고 본다.

③ 공공봉사동기이론에 따르면, 공공봉사동기가 높은 사람을 공직에 충원해야 한다는 주장의 근거가 될 수 있다.

행정학개론 | 2020년 국가직 9급

빠른 정답

01	02	03	04	05	06	07	08	09	10
①	④	②	①	②	③	④	①	③	③
11	12	13	14	15	16	17	18	19	20
④	①	②	②	③	④	③	③	④	①

점수 체크

구분	1회독	2회독	3회독
맞힌 문항 수	/ 20	/ 20	/ 20
나의 점수	점	점	점

01 난도 ★★☆   정답 ①

행정학총론 > 행정의 본질

정답의 이유

① 정치 · 행정 이원론은 부패, 비능률, 전문성의 저하 등 폐해를 가져오는 엽관주의에서 벗어나기 위해 정치와 행정의 분리를 추구하여 자유로운 행정 영역을 강조하였다.

오답의 이유

② 1930년대 발생한 경제대공황과 이를 극복하기 위해 시행되었던 뉴딜정책은 정치 · 행정 일원론의 등장 배경이다.

③ 과학적 관리론과 행정개혁운동은 정치 · 행정 이원론이 아닌 정치 · 행정 일원론의 한계를 지적하였다.

④ 애플비(Appleby)는 정치 · 행정 일원론의 대표적인 학자로, 정치와 행정을 연속적이고도 융합적인 관계로 바라보았다. 반면 정치와 행정이 단절적이라고 판단한 정치 · 행정 이원론의 대표적인 학자는 굿노(Goodnow)이다.

02 난도 ★★☆   정답 ④

정책론 > 정책의제설정

정답의 이유

④ 신엘리트이론에 해당하는 무의사결정론은 현 체제 또는 기득권층에게 방해가 되는 정책의제의 채택을 의도적으로 회피하거나 억압한다. 조직의 주의집중력과 가용자원 차원의 문제는 만족모형에 대한 설명에 해당한다.

오답의 이유

① 무의사결정론에서는 현 정치체제 내의 지배적 규범이나 절차가 강조되어, 이에 위협이 되는 변화를 위한 주장은 통제된다고 본다.

② 무의사결정론에서는 현 기득권층인 엘리트들에게 안전한 이슈만이 논의되고 불리한 것은 거론조차 못하게 봉쇄된다고 본다.

③ 무의사결정론에서는 현 정치체제를 위협할만한 특정한 이슈는 위협과 같은 폭력적 방법을 통해 방해받기도 한다고 주장한다.

03 난도 ★★☆   정답 ②

지방행정론 > 지방자치

정답의 이유

② 지방자치단체의 장은 회계연도마다 예산안을 편성하여 시 · 도는 회계연도 시작 50일 전까지, 시 · 군 및 자치구는 회계연도 시작 40일 전까지 지방의회에 제출하여야 한다(지방자치법 제142조 제1항).

오답의 이유

① 지방자치단체는 외교, 국방, 사법(司法), 국세 등 국가의 존립에 필요한 사무를 처리할 수 없다(지방자치법 제15조 제1호).

③ 자치입법권은 지방자치에 필요한 조례와 규칙을 제정하는 권한을 의미한다. 조례는 지방자치단체 차원에서 법령의 범위 내에서 사무에 관하여 제정할 수 있고, 규칙은 지방자치단체장이 법령이나 조례가 위임한 범위 내에서 사무에 관하여 제정할 수 있다.

④ '세종특별자치시'는 자치권이 인정되나 광역자치단체이고, 제주특별자치도의 '제주시'는 자치권이 없는 행정시이다.

04 난도 ★☆☆　　　　　　　　　　　　정답 ①

조직론 > 조직의 변동

정답의 이유

총체적 품질관리(TQM)는 통계학에 따른 표준을 정하고 이에 따라 품질을 관리하는 과정통제기법이다.

㉠ 고객의 요구부터 그에 따른 고객만족까지 관리한다.

㉡ 무결점을 위한 지속적 개선을 중시한다. 이는 결과에 대한 보상의 차원이 아닌 투입, 과정 단계와 같은 절차에서부터의 개선을 의미한다.

오답의 이유

㉢ 사후적 통제가 아닌 예방의 차원에서 사전적인 관리를 강조하며, 수평적이고 분권화된 구조를 가지고 있는 것이 특징이다.

㉣ 개인의 노력을 통한 문제해결보다는 조직 전체의 노력을 통한 문제의 해결(품질의 향상)을 중시한다.

더 알아보기

총체적 품질관리(TQM; Total Quality Management)

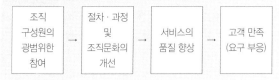

05 난도 ★★☆　　　　　　　　　　　　정답 ②

조직론 > 조직관리

정답의 이유

② 강압적 권력은 인간의 공포, 혹여 상사에게 처벌받지 않을까 하는 심리에 기반하여 성립하는 반면 카리스마 개념은 능력이 뛰어난 상사에게 느끼는 동경에 따른 동일시의 심리에 기반한다. 카리스마 개념과 유사한 권력은 준거적 권력이다.

오답의 이유

① 합법적 권력은 조직 내 공식적인 직위에 있는 상사가 권한에 따라 정당하게 권력을 행사할 수 있을 때 성립한다. 즉, 상사가 보유한 직위에 기반하여 성립한다.

③ 전문적 권력은 조직 내 구성원의 전문 지식, 정보에 기반하여 성립한다. 따라서 조직 내 공식적 직위와 관계없이 가질 수 있기 때문에 공식적 직위와 항상 일치하지 않는다.

④ 준거적 권력은 상사가 압도적인 능력을 가지고 있거나 매력을 가지고 있을 때, 이를 닮아가려고 하는 동일시의 심리에 기반하여 성립한다.

06 난도 ★☆☆　　　　　　　　　　　　정답 ③

인사행정론 > 인사행정의 기초이론

정답의 이유

③ 개인에게 공정한 보수를 제공하기 위해 서열법, 분류법, 점수법, 요소비교법 등을 활용하여 직무의 곤란성과 책임성을 기준으로 상대적 가치를 결정하는 것은 직무평가이다.

오답의 이유

① 직무조사는 직무에 해당하는 업무 내용, 직무의 특징 등 관련 자료를 수집하고 기록하여 직무기술서를 작성하는 단계로, 직무에 대한 정보 수집을 의미한다.

② 직무분석은 직무조사를 통해 확보한 정보를 바탕으로 직무를 분류하는 단계이다. '직위-직류-직렬-직군'과 같은 수직적 구조를 형성한다.

④ 정급은 각 단계를 거쳐 파악된 모든 직위를 형성된 구조에 맞춰 배정하는 단계이다.

더 알아보기

직위분류제 수립절차

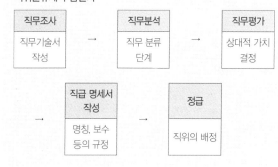

07 난도 ★☆☆　　　　　　　　　　　　정답 ④

정책론 > 정책결정모형

정답의 이유

지난 30년간 자료를 중심으로 기본적인 사항을 확인하고, 홍수와 지진 등 두 가지 이상의 재난이 한 해에 동시에 발생한 지역을 중심으로 다시 면밀히 관찰하여 세부적인 사항을 확인하는 점에서 제시문은 혼합탐사모형에 대한 설명임을 알 수 있다.

④ 혼합탐사모형은 합리모형과 점증모형을 결합한 모형으로, 기본적인 사안에 대하여 포괄적으로 검토하고, 세부적인 사안을 한정적으로 결정하되 정해진 사안에 대하여 면밀히 관찰하는 모형이다.

오답의 이유

① 만족모형은 발생한 특정 사안만을 고려하여 최선의 대안을 제시하기보다는 그 외의 여러 요인을 파악하여 해당 사안에 대해 만족할 수준 정도로 정책을 결정하는 모형이다.

② 점증모형은 발생한 어떤 사안에 대하여 모든 상황을 고려하지는 못하나 현실적으로 가능성이 높은 정책을 결정하는 모형이다.

③ 최적모형은 발생한 사안에 대한 정책결정의 전체 과정을 검토하고, 결정자의 직관, 판단력 등의 초합리적인 요소까지 고려하여 최적의 정책을 결정하는 모형이다.

08 난도 ★★★　　　　　　　　　　　정답 ①

재무행정론 > 예산과정

정답의 이유

① 기획재정부장관은 각 중앙관서의 장에게 예산을 배정한 때에는 감사원에 통지하여야 한다(국가재정법 제43조 제2항).

오답의 이유

② 기획재정부장관은 예산배정요구서에 따라 분기별 예산배정계획을 작성하여 국무회의의 심의를 거친 후 대통령의 승인을 얻어야 한다(국가재정법 제43조 제1항).

③ 기획재정부장관이 중앙관서의 장에게 자금을 사용할 수 있는 권한을 부여하는 것은 예산배정이라고 한다. 중앙관서의 장이 하급기관에 자금을 사용할 수 있는 권한을 부여하는 것을 예산 재배정이라고 한다.

④ 기획재정부장관은 국가재정법 제44조에 따른 예산집행지침을 매년 1월말까지 각 중앙관서의 장에게 통보하여야 한다(국가재정법 시행령 제18조 제1항).

09 난도 ★★★　　　　　　　　　　　정답 ③

정책론 > 정책평가

정답의 이유

③ 신뢰성은 측정도구의 타당성을 담보할 수 있는 필요조건이다.

오답의 이유

①·② 신뢰성은 타당성의 필요조건이므로 타당성이 없고 신뢰성이 높은 측정도구가 있을 수 있지만 신뢰성이 없고 타당성이 높은 측정도구는 있을 수 없다.

④ 제1종 오류는 정책효과가 없음에도 이를 선택하는 오류를 말하며 타당성이 없는 측정도구는 측정에 있어 정확도를 잃은 것이므로 정책효과를 오인할 소지가 있다. 따라서 제1종 오류를 범하는 원인이 될 수 있다.

10 난도 ★★★　　　　　　　　　　　정답 ③

인사행정론 > 임용과 능력발전

정답의 이유

③ 전보란 같은 직급 내에서의 보직 변경 또는 고위공무원단 직위 간의 보직 변경을 말하며, 이는 같은 직급 내라는 점에서 수평적 인사이동에 해당한다. 또한 전보의 오용과 남용을 방지하기 위하여 임용한 날부터 필수보직기간의 범위를 두고 있다.

> **공무원임용령 제45조(필수보직기간의 준수 등)**
> ① 임용권자 또는 임용제청권자는 소속 공무원을 해당 직위에 임용된 날부터 필수보직기간(휴직기간, 직위해제처분기간, 강등 및 정직

처분으로 인하여 직무에 종사하지 않은 기간은 포함하지 않는다)이 지나야 다른 직위에 전보(소속 장관이 다른 기관으로 전보하는 경우는 제외한다)할 수 있다. 이 경우 필수보직기간은 3년으로 하되,「정부조직법」제2조 제3항 본문에 따라 실장·국장 밑에 두는 보조기관 또는 이에 상당하는 보좌기관인 직위에 보직된 3급 또는 4급 공무원, 연구관 및 지도관과 고위공무원단 직위에 재직 중인 공무원의 필수보직기간은 2년으로 한다.

오답의 이유

① 겸임은 직위와 직무 내용이 유사하고 담당 직무 수행에 지장이 없다고 인정하면 한 사람에게 둘 이상의 직위를 부여하는 것으로, 그 대상은 경력직 공무원 상호 간이나 경력직 공무원과 대통령령으로 정하는 관련 교육·연구기관, 그 밖의 기관·단체의 임직원 간이다(국가공무원법 제32조의3). 겸임의 기간은 2년 이내로 하며 특히 필요한 경우 2년의 범위에서 연장할 수 있다(공무원임용령 제40조 제3항).

> **국가공무원법 제32조의3(겸임)**
> 직위와 직무 내용이 유사하고 담당 직무 수행에 지장이 없다고 인정하면 대통령령 등으로 정하는 바에 따라 경력직 공무원 상호 간에 겸임하게 하거나 경력직 공무원과 대통령령으로 정하는 관련 교육·연구기관, 그 밖의 기관·단체의 임직원 간에 서로 겸임하게 할 수 있다.
>
> **공무원임용령 제40조(겸임)**
> ③ 제2항에 따른 겸임기간은 2년 이내로 하며, 특히 필요한 경우 2년의 범위에서 연장할 수 있다.

② 전직은 직렬을 달리하는 임명을 말하며, 이는 직무의 종류가 서로 다른 직렬로의 수평적 이동을 의미한다. 한편 공무원을 전직 임용하려는 때에는 전직시험을 거쳐야 한다. 다만 대통령령 등으로 정하는 전직의 경우에는 시험의 일부나 전부를 면제할 수 있다(국가공무원법 제28조의3).

④ 임용권자는 직제 또는 정원의 변경이나 예산의 감소 등으로 직위가 폐직되거나 하위의 직위로 변경되어 과원이 된 경우 또는 본인이 동의한 경우에는 소속 공무원을 강임할 수 있다(국가공무원법 제73조의4 제1항). 또한 강임된 사람에게는 강임된 봉급이 강임되기 전보다 많아지게 될 때까지는 강임되기 전의 봉급에 해당하는 금액을 지급한다(공무원보수규정 제6조 제1항).

11 난도 ★★☆　　　　　　　　　　　정답 ④

조직론 > 조직관리

정답의 이유

④ 폰디(L. R. Pondy)는 갈등을 진행단계별로 분류하였다. 그중 갈등이 야기될 수 있는 상황 또는 조건을 의미하는 개념은 잠재적 갈등에 해당한다. 지각된 갈등은 구성원들이 느끼게 된 갈등을 의미한다.

오답의 이유
① 구성원의 과업 간 상호의존성이 매우 낮고 분할이 심할 경우 의견대립과 갈등 가능성이 높아진다. 반대로 과업 간 상호의존성이 매우 높고 책임의 모호성이 생길 경우 잠재적 갈등이 야기될 수 있다.
② 고전적(전통적) 관점에서 갈등은 조직 효과성에 부정적인 영향을 끼치므로 언제나 예방하고 제거해야 할 것으로 본다.
③ 의사소통 과정에서 정보가 과도하게 억제되거나 과도하게 제공되면 갈등을 유발할 수 있다.

12 난도 ★☆☆   정답 ①

재무행정론 > 예산제도

정답의 이유
① 품목별 예산제도는 지출 대상(품목)에 따라 예산을 편성하는 방식으로, 기관이 무엇에 지출하는지에 대하여는 알 수 있으나 왜 지출하는지에 대해서는 밝혀지지 않기 때문에 지출을 통해 어떠한 정책이나 사업을 추진하는 것인지에 대한 정보 파악이 어렵다. 재정의 통제가 용이하다는 장점을 지니지만 세입과 세출의 유기적인 연계가 곤란하다는 단점을 지닌다.

오답의 이유
② 성과주의 예산제도는 사업을 업무에 따라 분류하고 분류한 업무량에 단위당 원가를 곱하여 예산액을 산정한다.
③ 계획예산제도는 계획(장기적)과 예산 편성(단기적)을 유기적으로 연결시켜 합리적인 자원 배분을 추구한다. 이때 유기적 연결의 방법으로 비용편익분석과 같은 체제 분석 프로그램을 활용한다.
④ 영기준 예산제도의 예산 편성에는 의사결정단위 설정, 의사결정 패키지 작성, 우선순위의 결정 등이 필요하다.

더 알아보기

영기준 예산제도의 예산 편성 절차

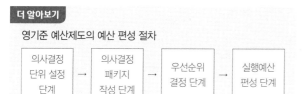

의사결정 단위 설정 단계 → 의사결정 패키지 작성 단계 → 우선순위 결정 단계 → 실행예산 편성 단계

13 난도 ★★☆   정답 ②

지방행정론 > 지방자치단체와 국가

정답의 이유
② 병역자원의 관리업무는 대표적인 기관위임사무이나, 보건소의 운영업무는 대표적인 단체위임사무이다.

오답의 이유
① 기관위임사무는 지방자치단체가 아닌 집행에 적합하다고 판단되는 특정기관에 국가사무를 위임한 것이므로 지방의회에서 조례제정권을 행사할 수 없다.
③ 중앙정부는 주로 이미 지방자치단체에 위임한 사무에 대해 예방적 차원의 사전적 통제보다는 이해관계와 합법적인 절차를 고려하여 사후적 통제를 한다.

④ 기관위임사무는 효과적인 집행을 위해 특정기관에 위임되었으나 엄밀히 국가사무이다. 따라서 집행에 있어 발생하는 처리비용은 국가가 부담한다.

14 난도 ★★☆   정답 ②

행정학총론 > 행정학의 접근 방법

정답의 이유
② 신제도주의 접근 방법에서는 공식적인 구조나 조직뿐만 아니라 비공식적인 규범과 문화까지 제도에 포함한다.

오답의 이유
① 개인이나 집단의 속성과 행태를 행정 현상의 설명변수로 규정하는 접근 방법은 행태론적 접근 방법이다. 법적·제도적 접근 방법은 명확한 기술과 연구로 법과 제도를 규정한다.
③ 자연·문화적 환경과 관련하여 이해하면서 행정체제의 개방성을 강조하는 접근 방법은 생태론적 접근 방법이다. 후기 행태주의 접근 방법은 사회적 적실성과 실천성을 고려한 행정을 강조한다.
④ 툴민(Toulmin)의 논변적 접근 방법은 불확실한 행정 현상을 분석하기 위해 상호 타협을 통한 합의와 민주적 절차를 강조한다.

15 난도 ★★☆   정답 ③

행정학총론 > 행정의 이념(가치)

정답의 이유
㉠ 공리주의적 관점은 이익의 공평한 분배보다 공동체의 이익 향상에 집중하는 것이 공익 향상에 도움이 된다고 본다. 즉, 사회 전체의 효용이 증가하면 공익이 향상된다고 본다.
㉡ 공리주의는 절대적 가치에 회의적인 상대주의적 윤리관으로, 공리주의적 관점은 목적 달성과 결과를 중시하는 목적론적 윤리론을 따른다.

오답의 이유
㉢ 공리주의적 관점은 목적 달성과 결과를 위한 효율성을 윤리적 행정의 판단기준으로 본다.

16 난도 ★★☆   정답 ④

조직론 > 조직의 기초이론

정답의 이유
④ 집행기관은 1980년대 말 영국에서 처음 도입되었고, 우리나라의 경우 1990년대 말에 영국으로부터 도입하여 2000년대에 들어 운영하기 시작했다.

오답의 이유
①·②·③ 책임운영기관은 공공성이 강하여 민영화하기는 어려우나 전문성과 경쟁이 요구되는 업무를 정부가 직접 수행하기 위해 중앙행정기관으로부터 분리하여 전담하게 한 공무기관으로, 기관장에게 기관 운영의 자율성을 보장하나 그 책임을 지게 한다. 경쟁을 통해 성과가 나타나므로 신뢰성을 바탕으로 성과에 대해 객관적으로 평가할 수 있는 성과평가 시스템이 강조된다.

17 난도 ★★☆   정답 ③

정책론 > 정책변동

정답의 이유

③ 실질적인 정책내용이 변하더라도 정책목표가 변하지 않는 것은 정책승계라고 한다. 정책유지는 구체적인 수단은 변동되면서 실질적인 정책내용은 변하지 않는 것을 말한다.

더 알아보기

정책변동의 유형

구분	정책유지	정책승계	정책혁신	정책종결
정책목표	−	−	+	+
정책내용	−	+	+	+
구체적 수단	+	+	+	+

* 변동 가능은 +, 변동 불가능은 −로 표시

18 난도 ★★★   정답 ③

인사행정론 > 임용과 능력발전

정답의 이유

③ 별정직 공무원의 근무상한연령은 비서·비서관 또는 임용권자나 인사혁신처장과 협의된 별정직 공무원을 제외하면 일반직 공무원과 동일한 60세이다(별정직 공무원 인사규정 제6조 제1항). 또한 별정직 공무원 출신이라고 하더라도 근무상한연령을 넘기면 일반임기제 공무원으로 채용할 수 없다.

제6조(근무상한연령)

① 별정직 공무원의 근무상한연령은 60세로 한다. 다만, 「대통령 등의 경호에 관한 법률」 제6조에 따른 별정직 공무원에 대해서는 임용권자나 임용제청권자가 근무상한연령을 따로 정할 수 있다.

② 제1항에도 불구하고 다음 각 호의 어느 하나에 해당하는 별정직 공무원에 대해서는 근무상한연령을 두지 않는다.

　1. 비서, 비서관(「전직대통령 예우에 관한 법률」 제6조 제1항에 따른 비서관을 포함한다), 정책보좌관 및 그 밖에 이에 준하는 직위

　2. 근무기간이 정해져 있는 등의 사유로 임용권자나 임용제청권자가 근무상한연령을 두지 않는 것으로 정한 별정직 공무원

오답의 이유

① 우리나라 인사혁신처는 국무총리 소속기관으로서, 비독립형 단독제 형태의 중앙인사기관이다.

② 전문경력관이란 직무분야가 특수한 직위에 임용되는 일반직 공무원으로 직렬, 직군 등의 구분이 적용되지 않는 공무원이다.

④ 국가의 고위공무원을 범정부적 차원에서 효율적으로 인사관리하여 정부의 경쟁력을 높이기 위하여 고위공무원단을 구성한다(국가공무원법 제2조의2 제1항).

19 난도 ★★☆   정답 ④

정책론 > 정책평가

정답의 이유

ⓒ 조절변수는 독립변수와 종속변수 간의 효과를 강화 혹은 약화시키는 변수로, 상호작용 효과를 나타나게 하는 제3의 변수이다.

ⓔ 허위변수는 독립변수와 종속변수 간에 상관관계가 없으나 있어 보이게 하는 변수로, 독립변수와 종속변수 모두에게 영향을 미치며 이들 사이의 공동변화를 설명하는 제3의 변수이다.

오답의 이유

㉠ 매개변수는 독립변수의 결과이자 종속변수의 원인으로 두 변수를 매개하는 제3의 변수이다.

ⓒ 억제변수는 독립변수와 종속변수 간에 상관관계가 있으나 없어 보이게 하는 제3의 변수이다.

더 알아보기

정책평가의 변수

구성변수	포괄적 개념을 구체화시키는 하위변수
매개변수	독립변수의 결과이자 종속변수의 원인이 되도록 두 변수를 매개하는 변수
선행변수	독립변수보다 선행하고 독립변수에 영향력을 행사하는 변수
억제변수	독립변수와 종속변수 간에 상관관계가 있으나 없어 보이게 하는 제3의 변수
왜곡변수	독립변수와 종속변수를 정반대의 관계로 보이게 하는 제3의 변수
조절변수	독립변수와 종속변수 간의 상호작용 효과를 강화 혹은 약화시키는 제3의 변수
허위변수	독립변수와 종속변수 간에 상관관계가 없으나 있어 보이게 하는 제3의 변수
혼란변수	독립변수와 종속변수 간의 상관관계를 과대·과소평가하게 하는 제3의 변수

20 난도 ★★★   정답 ①

재무행정론 > 재무행정의 기초이론

정답의 이유

㉠ 세계잉여금은 매 회계연도 세입세출 결산상에 생긴 잉여금을 말한다. 세계잉여금에는 일반회계, 특별회계는 포함되나 기금은 제외된다.

오답의 이유

ⓒ 세계잉여금과 적자 국채 발행 규모는 정(+)의 관계이다. 또한 세계잉여금 유무와 적자 국채 발행 상관관계는 필연적이지 않으므로 국가의 재정 건전성 파악에 부적합하다.

ⓒ 세계잉여금은 교부세 정산, 공적자금 상환, 국가채무 상환 이후, 즉 결산 이후에 추가경정예산에 편성하여 활용할 수 있다.

더 알아보기

세계잉여금의 사용 순서

특별회계의 세계잉여금은 자체재원으로 충당되나, 일반회계의 세계잉여금은 국가재정법에 규정된 다음의 우선순위에 따라 처리하게 된다.

① 지방교부세, 지방교육재정교부금에 사용. 이렇게 사용하고 남은 잔액의 100분의 30 이상을 공적자금 상환에 사용하여야 한다.

② 공적자금을 상환하고 남은 금액의 100분의 30 이상은 국채와 차입금 상환 등에 사용하여야 한다.

③ 그 후 남은 금액은 추가경정예산편성과 다음 연도 세입이입처리가 가능하다. 다만, 추가경정예산의 재원으로 사용되기 위해서는 국가재정법의 추가경정예산편성요건에 부합되어야 한다.

행정학개론 | 2019년 국가직 9급

한눈에 훑어보기

✓ **영역 분석**

행정학총론 05
1문항, 5%

정책론 01 04 07 08 09
5문항, 25%

조직론 02 06 11 14 15 16
6문항, 30%

인사행정론 12 17 18
3문항, 15%

재무행정론 13 19 20
3문항, 15%

지방행정론 03 10
2문항, 10%

✓ **빠른 정답**

01	02	03	04	05	06	07	08	09	10
②	②	④	④	②	③	③	④	④	①
11	**12**	**13**	**14**	**15**	**16**	**17**	**18**	**19**	**20**
①	④	③	③	④	④	②	③	①	②

✓ **점수 체크**

구분	1회독	2회독	3회독
맞힌 문항 수	/ 20	/ 20	/ 20
나의 점수	점	점	점

---

01 난도 ★★☆　　　　　　　　　　　　　　정답 ②

정책론 > 정책의제설정

[정답의 이유]
② 이슈네트워크에 비해서 정책공동체는 전문지식을 공유하는 집단으로 참여자가 더 제한적이며, 경계의 개방성이 낮다는 특성이 있다.

[오답의 이유]
① 정책네트워크의 참여자는 정부뿐만 아니라 민간부문의 공식적 · 비공식적 참여자들까지 포함한다.
③ 헤클로(Heclo)는 하위정부모형을 비판적으로 검토하면서 정책이슈를 중심으로 유동적이며 개방적인 참여자들 간의 상호작용 현상을 묘사하기 위한 대안적 모형으로 이슈네트워크를 제안하였다.
④ 하위정부모형은 선출직 의원, 정부관료, 이익집단이 각 정책 영역별로 안정적인 관계를 형성하기 위하여 서로에게 이익이 되는 방향으로 정책을 결정하는 정책네트워크 유형이다.

02 난도 ★★★　　　　　　　　　　　　　　정답 ②

조직론 > 조직의 기초이론

[정답의 이유]
② 소속책임운영기관에 두는 공무원의 총 정원 한도는 대통령령으로 정하고, 공무원의 종류별 · 계급별 정원, 고위공무원단에 속하는 공무원 정원의 경우 총리령 또는 부령으로 정하되, 대통령령으로 정하는 바에 따라 통합하여 정할 수 있다(책임운영기관의 설치 · 운영에 관한 법률 제16조 제1항).

[오답의 이유]
① 책임운영기관은 기관장에게 재정상의 자율성을 부여하고 그 운영성과에 대해 책임을 지도록 하는 행정기관의 특성을 갖는다.
③ 소속책임운영기관 소속 공무원의 임용시험은 기관장이 실시한다(책임운영기관의 설치 · 운영에 관한 법률 제19조 제1항).
④ 기관장의 근무기간은 5년의 범위에서 소속중앙행정기관의 장이 정하되, 최소한 2년 이상으로 하여야 한다(책임운영기관의 설치 · 운영에 관한 법률 제7조 제3항).

03 난도 ★★☆　　※개정 · 변경된 내용으로 선지 교체　　정답 ④

지방행정론 > 지방자치단체와 주민

[정답의 이유]
④ 행정기구를 설치하거나 변경하는 사항이나 공공시설의 설치를 반대하는 사항은 주민조례청구 대상에서 제외한다(주민조례발안에 관한 법률 제4조 제3호 · 제4호).

오답의 이유

① 지방자치법 제18조 제1항

② 18세 이상의 주민은 그 지방자치단체의 조례로 정하는 수 이상의 인원이 연대 서명하여 그 지방자치단체와 그 장의 권한에 속하는 사무의 처리가 법령에 위반되거나 공익을 현저히 해친다고 인정되면 감사를 청구할 수 있다(지방자치법 제21조 제1항).

> **제21조(주민의 감사 청구)**
> ① 지방자치단체의 18세 이상의 주민으로서 다음 각 호의 어느 하나에 해당하는 사람(「공직선거법」 제18조에 따른 선거권이 없는 사람은 제외한다. 이하 이 조에서 "18세 이상의 주민"이라 한다)은 시·도는 300명, 제198조에 따른 인구 50만 이상 대도시는 200명, 그 밖의 시·군 및 자치구는 150명 이내에서 그 지방자치단체의 조례로 정하는 수 이상의 18세 이상의 주민이 연대 서명하여 그 지방자치단체와 그 장의 권한에 속하는 사무의 처리가 법령에 위반되거나 공익을 현저히 해친다고 인정되면 시·도의 경우에는 주무부장관에게, 시·군 및 자치구의 경우에는 시·도지사에게 감사를 청구할 수 있다.
> 　1. 해당 지방자치단체의 관할 구역에 주민등록이 되어 있는 사람
> 　2. 「출입국관리법」 제10조에 따른 영주(永住)할 수 있는 체류자격 취득일 후 3년이 경과한 외국인으로서 같은 법 제34조에 따라 해당 지방자치단체의 외국인등록대장에 올라 있는 사람

③ 주민은 그 지방자치단체의 장 및 지방의회의원(비례대표 지방의회의원은 제외한다)을 소환할 권리를 가진다(지방자치법 제25조 제1항).

04 난도 ★☆☆　　　　　　　　　　　　　　정답 ④

정책론 > 정책집행과 기획

정답의 이유

④ 제시문은 관료적 기업가형에 대한 설명이다. 관료적 기업가형은 정책집행자가 정책결정자의 권한을 장악하고 설정한 목표와 수단을 받아들이도록 설득 또는 강제할 수 있고, 목표달성의 수단을 획득하기 위하여 정책결정자와 협상한다.

오답의 이유

① 지시적 위임형은 정책결정자가 구체적인 목표를 설정하고 정책집행자에게 목표 달성에 필요한 수단을 강구할 행정적 권한을 위임하는 유형이다.

② 협상형은 정책결정자가 목표를 제시하지만 정책집행자는 무조건 동의하지는 않으며 목표와 수단에 관하여 협상하는 유형이다.

③ 재량적 실험가형은 정책결정자가 추상적인 목표를 설정하고 정책집행자에게 목표와 수단을 설정할 수 있도록 광범위한 재량권을 위임하는 유형이다.

05 난도 ★★☆　　　　　　　　　　　　　　정답 ②

행정학총론 > 행정의 이념(가치)

정답의 이유

② 공무원 헌장에는 공무원이 실천해야 하는 가치로 공익을 명시하고 있다.

> **공무원 헌장**
> 우리는 자랑스러운 대한민국의 공무원이다.
> 우리는 헌법이 지향하는 가치를 실현하며 국가에 헌신하고 국민에게 봉사한다.
> 우리는 국민의 안녕과 행복을 추구하고 조국의 평화 통일과 지속 가능한 발전에 기여한다. 이에 굳은 각오와 다짐으로 다음을 실천한다.
> 하나. 공익을 우선시하며 투명하고 공정하게 맡은 바 책임을 다한다.
> 하나. 창의성과 전문성을 바탕으로 업무를 적극적으로 수행한다.
> 하나. 우리 사회의 다양성을 존중하고 국민과 함께 하는 민주행정을 구현한다.
> 하나. 청렴을 생활화하고 규범과 건전한 상식에 따라 행동한다.

오답의 이유

① 국가공무원법 제1조에서는 '이 법은 각급 기관에서 근무하는 모든 국가공무원에게 적용할 인사행정의 근본 기준을 확립하여 그 공정을 기함과 아울러 국가공무원에게 국민 전체의 봉사자로서 행정의 민주적이며 능률적인 운영을 기하게 하는 것을 목적으로 한다.'라고 규정하고 있다. 공익 추구에 대한 내용은 명시되어 있지 않다.

③ 신공공서비스론에서는 공익을 행정의 부산물이 아닌 궁극적인 목표로 보아야 한다는 점을 강조한다.

④ 공익의 실체설이 아닌 공익의 과정설에 대한 설명이다.

06 난도 ★★★　　　　　　　　　　　　　　정답 ③

조직론 > 조직의 구조형태

정답의 이유

③ 국립중앙극장은 책임운영기관으로서 정부 부처에 해당한다. 다만, 정부 부처형 공기업을 '정부기업', '책임운영기관 특별회계기관'으로 정의하는 견해도 있다. 이 견해에 따르면 국립중앙극장은 일반회계로 운영되는 책임운영기관으로, 정부 부처형 공기업에 포함되지 않아 논란이 될 수 있다.

오답의 이유

① 공공기관 중 준시장형 공기업에 해당한다.

②·④ 공공기관 중 위탁집행형 준정부기관에 해당한다.

07 난도 ★★☆　　　　　　　　　　　　　　정답 ③

정책론 > 정책결정모형

정답의 이유

③ 앨리슨(Allison)의 관료정치모형은 정부행위자는 다수의 개별 행위자들이며, 이들 간 목표의 공유도나 일관성, 응집력이 약하다고 본다.

오답의 이유

① 합리적 행위자 모형에서 행위자는 합리적이고 단일한 의사결정 자로서의 국가 또는 정부이다.

② 조직과정모형은 회사모형과 전제조건이 유사하며 조직은 불확 실성을 회피하기 위하여 정책결정을 할 때 표준운영절차(SOP) 나 프로그램 목록에 의존한다.

④ 앨리슨(Allison)은 1960년대 초 쿠바 미사일 사건과 관련된 미 국의 외교정책 과정을 분석한 후 정부의 정책결정 과정을 설명 하고 예측하기 위한 분석틀로 기존에 제시되었던 합리모형과 조 직과정모형에 관료정치모형을 새롭게 추가하여 세 가지 의사결 정모형을 제시하였다.

더 알아보기

앨리슨(Allison) 모형의 비교

구분	합리적 행위자 모형(합리모형)	조직과정모형	관료정치모형
조직관	조정과 통제가 잘된 유기체	느슨하게 연결된 반독립적인 하위 조직들의 연합체	독립적인 개인적 행위자들의 집합체
목표의 공유도	강함	중간	약함
행위자의 목표	조직전체의 목표	조직전체의 목표 +하위조직의 목표	조직전체의 목표 +하위조직의 목표 +행위자 개인의 목표
정책결정 일관성	매우 강함	약함	매우 약함
권력의 소재	조직의 두뇌와 같은 최고 지도자가 보유	반독립적인 하위 조직에 분산	개인적 행위자들의 정치적 자원에 의존
정책결정 양태	최고 지도자의 명령과 지시	SOP에 의한 관습적 결정	정치적 결정 (타협·협상)
적용 계층	전체 계층	하위 계층	상위 계층
합리성	완전한 합리성	제한된 합리성	정치적 합리성

08 난도 ★★☆　　　　　　　　　　　　　　　　정답 ④

정책론 > 정책의 본질과 유형

정답의 이유

ⓒ 사회규제의 예에는 환경규제와 산업재해규제 등이 있다.

ⓒ 공동규제는 정부로부터 위임을 받은 민간집단에 의해 이루어지 는 규제로서, 직접규제와 자율규제의 중간 형태이다.

ⓔ 수단규제는 특정 목표를 달성하기 위해 필요한 기술이나 행위에 대해 사전적으로 규제하는 것이다.

오답의 이유

ⓒ 포지티브(positive) 규제보다 네거티브(negative) 규제가 자율성 을 더 보장해준다.

더 알아보기

규제 대상에 따른 규제의 유형

수단규제	정부가 목표달성을 위하여 필요한 기술이나 행위 등 수 단을 사전적으로 규제
성과규제	특정 사회문제 해결에 대한 목표달성 수준을 정하고 피 규제자에게 이를 달성할 것을 요구하는 규제
관리규제	수단과 성과가 아닌 규제과정(규제절차)을 규제

09 난도 ★★☆　　　　　　　　　　　　　　　　정답 ④

정책론 > 정책평가

정답의 이유

④ 정부업무평가위원회는 2인의 위원장을 포함한 15인 이내의 위 원으로 구성한다(정무업무평가 기본법 제10조 제1항).

오답의 이유

① 지방자치단체의 장은 정부업무평가시행계획에 기초하여 소관 정책 등의 성과를 높일 수 있도록 제15조 각 호의 사항이 포함 된 자체평가계획을 매년 수립하여야 한다(정무업무평가 기본법 제18조 제3항).

② 국무총리는 2 이상의 중앙행정기관 관련 시책, 주요 현안시책, 혁신관리 및 대통령령이 정하는 대상부문에 대하여 특정평가를 실시하고, 그 결과를 공개하여야 한다(정무업무평가 기본법 제 20조 제1항).

③ 중앙행정기관 또는 지방자치단체의 소속기관이 행하는 정책은 정부업무평가의 대상에 포함된다(정무업무평가 기본법 제2조 제2호).

10 난도 ★★★　　　　　　　　　　　　　　　　정답 ①

지방행정론 > 지방행정의 기초이론

정답의 이유

① 1948년 대한민국 정부수립 이후 이승만 정부에 의해 1949년 지 방자치법이 제정되었고, 1952년에 일부 지역에서 처음으로 지 방선거(시·읍·면 의원선거)가 실시되었다.

오답의 이유

② 박정희 정부부터 전두환 정부까지는 지방선거가 실시되지 않았다.

③ 지방자치단체장과 지방의회의원을 동시에 뽑는 선거는 1995년 김영삼 정부에서 처음으로 실시되었다.

④ 2006년 지방선거부터 정당공천제가 기초지방의원까지 확대되 었으며 현재도 정당공천이 실시되고 있다.

11 난도 ★☆☆ 정답 ①

조직론 > 조직관리

정답의 이유

① 제시문은 합리적·경제적 인간관에 대한 설명이다. 이 인간관에 따르면 인간은 자신의 이익을 극대화하기 위해 행동하며, 수동적이고 외재적인 요인에 의해 동기가 유발된다고 본다.

오답의 이유

② 사회적 인간관은 인간을 사회적 욕구를 지닌 존재로 파악하며 애정, 우정, 소속감 등 감정과 같은 요인들에 의해 동기가 유발된다고 보는 유형이다.

③ 자아실현적 인간관은 인간의 자율성을 강조하며 자신의 잠재력을 실현하려는 욕구에 의해 동기가 유발된다고 보는 유형이다.

④ 복잡한 인간관은 인간을 복잡하고 다양한 요구를 지닌 존재로 보기 때문에 환경, 사회·경제적 상황 등에 따라 다양하게 동기가 유발된다고 보는 유형이다.

12 난도 ★☆☆ 정답 ④

인사행정론 > 임용과 능력발전

정답의 이유

④ 강제배분법은 점수의 분포비율을 미리 정해서 평가하는 방법으로 집중화와 관대화 경향을 방지하기 위해 사용된다.

오답의 이유

① 자기평정법은 피평정자가 자신의 근무 성적을 스스로 평가하는 방법으로, 자신의 직무 수행을 돌아보고 반성할 수 있는 기회를 제공한다.

② 목표관리제 평정법은 부하직원이 상사와의 합의를 통하여 수행할 목표를 설정하고, 그 목표의 달성도(결과)를 중심으로 근무성적을 평정하는 방법이다.

③ 중요사건기록법은 피평정자의 근무실적에 큰 영향을 주는 중요한 사건들을 기술하는 평정 방법이다.

13 난도 ★★☆ 정답 ③

재무행정론 > 재무행정의 기초이론

정답의 이유

③ 국공채는 사회간접자본(SOC) 관련 사업이나 시설로 인해 편익을 얻게 될 경우 후세대도 비용을 분담하기 때문에 이용자나 세대 간 비용부담의 형평성을 높여준다.

오답의 이유

① 조세로 투자된 자본시설은 대가를 지불하지 않는 자유재로 인식되어 과다 수요 혹은 과다 지출되는 비효율성의 문제가 발생할 수 있다.

② 수익자부담금은 특별한 이익을 받는 자에 대하여 그 수익의 한도 내에서 과하는 부담금으로, 시장기구와 유사한 메커니즘을 통해 공공서비스의 최적 수준을 결정할 수 있기 때문에 자원 배분의 효율성을 제고할 수 있다.

④ 조세는 납세자인 국민들이 정부 지출을 통제하고 성과에 대한 직접적인 책임을 강하게 요구할 수 있다.

14 난도 ★★☆ 정답 ③

조직론 > 조직의 기초이론

정답의 이유

③ 국민권익위원회는 고충처리, 부패방지, 행정심판 등의 기능을 수행하는 행정위원회에 해당한다.

오답의 이유

①·② 위원회는 복수의 위원이 합의를 통해 의사결정을 하는 합의제 행정기관으로, 결정에 대한 책임도 공유 및 분산되어 있다.

④ 소청심사위원회는 법적 구속력이 있는 결정을 할 수 있는 행정위원회에 해당한다.

15 난도 ★☆☆ 정답 ④

조직론 > 조직관리

정답의 이유

④ 번스(Burns)의 리더십이론에서 변혁적 리더십은 카리스마적 리더십을 기반으로 하므로 카리스마적 리더십과 중첩되는 측면이 있다. 거래적 리더십은 리더가 부하의 과업을 정확히 이해하고, 목표 달성 정도를 평가하여, 성과에 대한 적절한 보상이 이루어졌는가에 초점을 맞춘다.

오답의 이유

① 특성론은 리더가 가져야 할 특성(자질)을 가진 사람들이 훌륭한 리더가 될 수 있다고 보는 이론이다. 하지만 지도자의 자질이 집단의 특성·조직목표·상황에 따라 완전히 달라질 수 있고, 동일한 자질을 갖는 것은 아니며, 반드시 갖춰야 할 보편적인 자질은 없다고 본다.

② 행태이론은 리더의 행태가 리더십의 효과성을 결정한다는 이론으로, 눈에 보이지 않는 특성보다는 리더의 실제 행동에 초점을 맞춰 연구를 수행한다.

③ 상황론은 효율적인 리더의 행태는 상황적인 요인에 따라 달라진다고 보는 이론이다. 따라서 상황 유형별로 효율적인 리더의 행태를 찾기 위한 연구를 수행한다.

16 난도 ★★☆ 정답 ④

조직론 > 조직관리

정답의 이유

④ 브룸(Vroom)의 기대이론에서 특정한 결과에 대한 선호의 강도를 의미하는 것은 유의성에 해당한다. 수단성은 1차 수준의 결과가 2차 수준의 결과를 가져오게 될 것이라고 믿는 주관적인 정도이다.

오답의 이유

① 매슬로우(Maslow)는 상위 욕구를 느끼기 위해서는 하위 욕구가 어느 정도 충족되어야 한다는 점을 지적했다. 즉, 충족된 욕구는 동기부여의 역할이 약화되고 그 다음 단계의 욕구가 새로운 동기요인이 된다고 보았다.

② 앨더퍼(Alderfer)는 매슬로우(Maslow)의 5단계 욕구이론을 수정해서 인간의 욕구를 존재, 관계, 성장의 3단계로 나누었다.

③ 허즈버그(Herzberg)는 불만과 만족은 별개의 요인이기 때문에

불만요인(위생요인)을 없앤다고 해서 적극적으로 만족감을 느끼는 것은 아니고 불만족을 제거할 뿐이라고 하였다.

17 난도 ★★☆ 　　　　　　　　　　　　　　정답 ②

인사행정론 > 사기앙양과 근무규율

정답의 이유

② 시간선택제 근무란 통상적인 근무시간(주 40시간)보다 짧게 근무하는 제도이다. 보통 시간선택제 임기제 공무원의 주당 근무시간은 15시간 이상 35시간 이하의 범위에서 임용권자 또는 임용제청권자가 정한다.

오답의 이유

① 유연근무제는 공무원의 근무방식과 형태를 개인·업무·기관의 특성에 따라서 유연하게 선택하여 근무할 수 있는 제도이다.

③ 탄력근무제는 전일제 근무시간을 지키면서 1일 근무시간, 주 근무일수를 자율적으로 조정하여 근무할 수 있는 제도이다.

④ 원격근무제는 직장 이외의 재택이나 별도의 사무실에서 정보통신망을 이용하여 근무할 수 있는 제도이다.

18 난도 ★★☆ 　　　　　　　　　　　　　　정답 ③

인사행정론 > 임용과 능력발전

정답의 이유

③ 제시문은 감수성 훈련에 대한 설명이다. 감수성 훈련은 자신과 타인에 대한 이해를 높이기 위하여 서로 모르는 10명 내외의 소집단을 구성하고, 피훈련자들끼리 자유로운 소통을 통하여 어떤 문제의 해결 방안이나 상대방에 대한 이해를 얻도록 하는 교육방법이다.

오답의 이유

① 역할연기는 어떤 사례를 피훈련자가 여러 사람 앞에서 실제의 행동으로 연기하고, 사회자가 청중들에게 그 연기내용을 비평·토론하도록 한 후 결론적인 설명을 하는 훈련 방법이다.

② 직무순환은 여러 분야의 직무를 경험할 수 있도록 계획된 순서에 따라 여러 직무를 담당하게 하는 방법이다.

④ 프로그램화 학습은 사전에 프로그램화된 학습내용을 단계별로 스스로 배워가는 훈련 방법이다.

19 난도 ★★☆ 　　　　　　　　　　　　　　정답 ①

재무행정론 > 예산제도

정답의 이유

① 품목별 예산제도는 지출대상인 급여·여비·수당·시설비 등을 품목별로 분류하여 지출대상과 그 한계를 규정함으로써 예산통제에 효과적인 제도이다.

오답의 이유

② 미국 케네디 행정부의 국방장관인 맥나마라(McNamara)가 국방부에 최초로 도입한 예산제도는 계획예산제도이다.

③ 거리 청소, 노면 보수 등과 같이 활동 단위를 중심으로 예산재원을 배분하는 것은 성과주의 예산제도이다.

④ 능률적인 관리를 위하여 구성원의 참여를 촉진한다는 점에서는

목표에 의한 관리(MBO)와 비슷한 예산제도는 영기준 예산제도이다.

20 난도 ★★☆ 　　　　　　　　　　　　　　정답 ②

재무행정론 > 예산과정

정답의 이유

② 예산의 전용(轉用)은 행정과목 간의 상호 융통으로 국회의 승인 없이 기획재정부장관의 승인으로 가능하며, 예산의 이용(移用)은 입법과목 간의 상호 융통으로 국회의 승인을 받아야 한다.

오답의 이유

① 예산의 재배정은 중앙관서의 장이 그 부속기관이나 하위 기관에 예산액을 배정하는 것을 말한다.

③ 공무원의 보수 인상을 위한 인건비 충당은 예비비의 사용 목적으로 지정할 수 없다.

④ 사고이월은 지출원인행위를 하였으나 불가피한 사유로 연도 내에 지출을 하지 못한 경우와 지출원인행위를 하지 아니한 경우에 그 부대경비를 이월하는 것을 말한다.

더 알아보기

예산의 이용과 전용

구분	이용	전용
개념	입법과목(장·관·항) 간 융통 사용	행정과목(세항·세세항·목) 간 융통 사용
국회 의결	필요(국회의 의결을 얻은 후 기획재정부장관의 승인)	불필요 (기획재정부장관의 승인)

행정학개론 | 2018년 국가직 9급

한눈에 훑어보기

✔ 영역 분석

행정학총론 02 05 20
3문항, 15%

정책론 03 06 07 12
4문항, 20%

조직론 01 08 13 18
4문항, 20%

인사행정론 04 09 16 19
4문항, 20%

재무행정론 10 11 14 15
4문항, 20%

지방행정론 17
1문항, 5%

✔ 빠른 정답

01	02	03	04	05	06	07	08	09	10
①	④	②	④	④	③	③	①	③	①
11	12	13	14	15	16	17	18	19	20
④	②	②	②	③	③	③	④	②	④

✔ 점수 체크

구분	1회독	2회독	3회독
맞힌 문항 수	/ 20	/ 20	/ 20
나의 점수	점	점	점

01 난도 ★★☆ 정답 ①

조직론 > 조직의 기초이론

정답의 이유

① 상황적응적 접근방법은 모든 상황에 적합한 유일한 최선의 관리방법(The best one way)은 없으며, 개별 조직이 놓여 있는 상황에 따라 해결책은 다양하다는 이론이다.

오답의 이유

② 상황적응적 접근방법은 체제이론과 같이 조직을 유기체(체제)로 본다.

③ 상황적응적 접근방법은 조직을 환경에 대한 종속변수로 이해한다.

④ 상황적응적 접근방법은 거시이론보다는 제한되지만 미시이론보다는 확대된 행정현상을 한정된 변수로서 설명하는 중범위 이론에 해당한다.

더 알아보기

구조적 상황이론(상황적응이론, contingency theory)

• 1960년대 등장한 상황이론은 원리접근법을 비판하면서 조직은 환경에 피동적으로 적응해 간다고 보았다. 환경에 대한 적합성이 조직 생존의 관건이라고 보고 환경의 절대성을 강조하였다.

• 로렌스(Lawrence)와 로쉬(Lorsch)는 모든 상황에서 효과적인 유일한 조직의 유형은 없으며 효과적인 조직설계의 유형은 환경의 불확실성에 따라 다르다고 주장하였다. 로렌스(Lawrence)와 로쉬(Lorsch)의 상황적응이론은 개방체제론을 조직현상에 응용한 것으로 분화와 통합을 강조한다.

• 유일한 최선의 방법(The best one way)을 부정하였으나 부분적으로 효과적인 방법(차선)은 인정하였다. 즉, 유일한 최선의 방법은 오직 상황적응적으로만 존재할 수 있다고 본다.

02 난도 ★☆☆ 정답 ④

행정학총론 > 행정학의 주요 이론

정답의 이유

④ 신공공관리론(NPM)은 정부의 비효율성을 극복하기 위해서 시장의 원리와 경영기법의 도입을 주장한 이론으로서 내부관리의 효율성과 성과를 제고시키려는 기법이므로 행정의 정치적 성격 등을 경시하는 경향이 있다.

오답의 이유

① 신공공관리론(NPM)은 민간부문의 관리기법을 공공부문에서도 적용하려고 하지만 공공부문은 민간부문과 다르기 때문에 민간부문의 관리기법을 공공부문에 그대로 적용하는 데에는 한계가 있다는 비판이 있다.

② 신공공관리론(NPM)은 정부관료제의 효율성을 추구하지만 민주적 책임성과 기업가적 재량권 간의 갈등으로 인하여 오히려 정부관료제의 효율성 제고가 어려워질 수 있다.
③ 고객 중심 논리는 시민을 서비스 공급의 객체(대상)로 보기 때문에 수동적인 존재로 만들 수 있다.

더 알아보기

신공공관리론(NPM)
- 1970년대 신행정론과 1980년대 정부실패를 치유하기 위해 신공공관리론이 등장했다.
- 신공공관리론은 수익자부담 원칙 강화, 경쟁원리 강화, 민영화 확대, 규제 완화 등을 제시한다.
- 기업식 정부운영을 주장하면서 신자유주의적 행정개혁에 앞장섰다.
- 업무의 과정보다 결과를 중시한다.
- 집행기능이나 서비스 전달기능은 시장에 맡기지만 정부의 역할인 방향잡기(steering)는 정부가 수행해야 한다고 본다.
- 정부와 시장 기능의 재정립을 통한 정부역할의 축소를 지향한다.
- 행정서비스 향상을 위한 노력을 통해 고객지향적 행정체제를 확립한다.
- 권력의 집중화보다는 분권화를 지향한다.
- 신공공관리론의 책임행정체제는 정책(결정)기능과 집행기능의 분리를 강조하여 작지만 강력한 정부를 지향한다.
- 신공공관리론은 공공부문과 민간부문 사이의 근본적인 환경 차이를 도외시하여, 기업경영의 원리와 기법을 그대로 정부에 이식하려고 한다는 비판을 받는다.
- 신공공관리론은 행정 효율성을 향상시키기 위해 기업가적 재량권을 선호하므로 공공책임성의 문제를 야기할 수 있다.
- 무분별한 민영화의 시도는 행정의 공공성, 책임성을 해칠 수 있다.
- 전통적인 행정가치인 형평성이나 공익성을 해칠 우려가 있다.

---

03 난도 ★★★   정답 ②

정책론 > 정책결정모형

[정답의 이유]
② 문제를 해결하고 목표를 달성하기 위해 정보와 대안의 광범위한 탐색을 강조하는 모형은 합리모형이다. 사이버네틱스모형은 합리모형과 가장 극단적으로 대립되는 적응적·관습적 의사결정모형으로, 분석적 합리성이 완전히 존재하지 않은 상태에서 습관적·적응적 의사결정을 다룬 모형이다. 즉, 광범위하고 복잡한 탐색을 거치지 않고 표준운영절차에 따라 처리하고 미리 개발해둔 해결 목록(SOP)에 의하여 문제를 해결한다.

[오답의 이유]
① 사이버네틱스모형은 적응적 의사결정을 강조한다.
③ 사이버네틱스모형은 자동온도조절장치와 같이 사전에 프로그램된 메커니즘에 따라 일정한 중요변수에 대한 적응적·기계적 의사결정이 이루어진다.

④ 한정된 변수나 문제에만 관심을 집중시키는 문제 중심의 탐색을 통하여 불확실성을 통제하려는 모형이다.

더 알아보기

사이버네틱스(cybernetics) 의사결정모형
- 사이버네틱스란 생물·기계에 있어서 제어·통제·환류를 의미한다.
- 사이버네틱스모형은 습관적인 의사결정을 설명하는 데 유용하며 반복적 의사결정과정의 수정이 환류된다.

구분	분석적 패러다임	사이버네틱 패러다임
합리성	완전한 합리성	제한된 합리성 (인지능력의 한계)
대안의 분석	동시적 분석	순차적 분석
의사결정 문제해결	• 최적수단의 선택 (목표의 극대화) • 알고리즘(연역적 방식)	• 비목적적 적응 • 휴리스틱(귀납적 방식)
학습	인과적 학습	도구적 학습 (시행착오적 학습)
불확실성 대응	불확실성 감소 추구	불확실성의 통제
관련 모형	합리모형, Allison I 모형	조직모형, 회사모형, Allison II 모형

---

04 난도 ★☆☆   정답 ④

인사행정론 > 임용과 능력발전

[정답의 이유]
④ 평가자가 일관성 있는 평정기준을 갖지 못하여 관대화 및 엄격화 경향이 불규칙하게 나타나는 오류는 총계적 오류에 해당한다.

[오답의 이유]
① 연쇄 효과는 후광 효과라고도 한다. 특정 평정요소의 평정이 다른 평정요소에 대한 평정에도 피평정자의 전반적 인상으로 작용하여 영향을 미치는 것 또는 피평정자의 전반적인 인상이 평정에 영향을 미치는 착오이다.
② 규칙적 오류(일관적 착오)는 한 평정자가 다른 평정자보다 일반적·지속적으로 과대 또는 과소평정하는 것을 말한다.
③ 집중화 경향은 척도상의 중심점에 집중하여 점수를 주는 경향을 말한다.

더 알아보기

평정상의 착오

관대화	상관의 유능함을 보여주고자 실제보다 점수를 후하게 주는 현상
고정관념, 상동적 오차	피평정자에 대해 평정자가 지닌 사회적 통념이나 편견, 선입관에 의해서 평정하는 오류
논리적 오차	평정요소 간에 존재하는 논리적 상관관계에 의하여 생기는 오류. 어떤 평정요소가 특별히 좋거나 혹은 아주 낮은 점수를 받는 경우에 상관관계에 있는 다른 요소도 높게 혹은 낮게 평정하는 경향
대비 오차	평정대상자를 바로 직전의 피평정자나 평정자 자신과 비교하여 평정함으로써 나타나는 오차
근접오류, 시간적 오차	시간적·공간적으로 근접하여 평정하는 데에서 생기는 오차. 즉 쉽게 기억할 수 있는 최근의 실적이나 능력을 중심으로 평가하려는 데에서 생기는 오차
선택적 지각의 착오	자신에게 유리한 부분적인 정보만을 받아들여 판단을 내리는 것
기대성 착오	평가자가 사전에 가지고 있는 기대에 따라 무비판적으로 사실을 지각
근본적 귀속의 착오	타인의 성공을 평가할 때에는 개인적 요인보다는 상황적 요인을 높게 평가하고, 실패를 평가할 때에는 상황적 요인보다는 개인적 요인을 높게 평가하려는 경향
귀인적 편견	드러나는 행위를 기초로 해서 관찰자가 자신이나 피평가자의 내적 상태를 추론함으로써 발생하는 오류
이기적 착오	자신의 성공을 평가할 때에는 개인적인 요인을 높게 평가하고 실패를 평가할 때에는 상황적 요인을 높게 평가하려는 경향
피그말리온 효과	자기충족적 예언 효과

05 난도 ★☆☆   정답 ④

행정학총론 > 행정의 이념(가치)

정답의 이유

④ 롤스(J. Rawls)의 정의론은 자유와 평등의 조화를 추구하는 중도적 입장을 취한다. 정의론에 대한 비판적 시각에 의하면 우파(자유방임주의)에서는 개인의 자유를 제한한다고 비판하며, 좌파(사회주의자)들은 완전한 평등이 아닌 바람직한 불평등이라는 개념을 인정하지 않는다.

더 알아보기

롤스(J. Rawls)의 정의론

- 정의를 공정성(fairness)으로 보았다.
- 이념적·가설적 상황으로서 원초적 상태를 설정하였다.
- 롤스(J. Rawls)가 말하는 정의(justice)는 다른 사람의 유사한 자유와 상충되지 않는 한도 내에서 개개인의 기본적 자유권이 평등하게 인정되어야 한다는 것이다.

- 정의의 제1원리는 기본적 자유의 평등원리로, 모든 사람은 다른 사람의 유사한 자유와 상충되지 않는 한도 내에서 최대한의 기본적 자유에의 평등한 권리를 인정하는 것이다.
- 정의의 제2원리의 하나인 차등의 원리는 가장 불우한 사람들의 편익을 최대화해야 한다는 원리이다.
- 정의의 제2원리의 하나인 기회균등의 원리는 사회·경제적 불평등은 그 모체가 되는 모든 직무와 지위에 대한 기회균등이 공정하게 이루어진 조건하에서 직무나 지위에 부수해 존재해야 한다는 원리이다.
- 롤스(J. Rawls)는 정의론에서 가장 먼저 선행되어야 할 우선적 원리는 제1원리(동등한 자유의 원리)이며, 다음으로 제2원리 중 기회균등의 원리(기회의 공평)를 적용한 후 최종적으로 차등의 원리(결과의 공평)를 적용해야 한다고 하였다. 즉, 동등한 자유의 원리가 전제되어야 한다고 주장하였다.
- 롤스(J. Rawls)의 정의론은 결과보다는 과정이나 동기를 중시하는 의무론(절대론)에 해당한다.

06 난도 ★★★   정답 ③

정책론 > 정책집행과 기획

정답의 이유

ㄴ·ㄷ·ㅁ 살라몬(L. M. Salamon)은 형평성에 대한 고려가 중요한 경우에는 직접적 수단이 간접적 수단보다 적절하다고 주장하였다. 직접적 수단에는 경제적 규제, 정부소비, 공기업 등이 있다.

더 알아보기

직접성의 정도에 의한 정책수단의 분류(L. M. Salamon)

직접성	정책수단
낮음	손해책임법, 보조금, 대출보증, 바우처, 정부출자기업
중간	조세지출(조세감면), 계약, 사회적 규제, 벌금(교정조세)
높음	정부소비(직접시행), 경제적 규제, 보험, 직접대출, 정보제공, 공기업

07 난도 ★★★   정답 ③

정책론 > 정책집행과 기획

정답의 이유

③ 일선관료는 업무량에 비하여 제공되는 인적·물적 자원이 만성적으로 부족하기 때문에 이를 해결하기 위해 부분적이고 간헐적으로 정책을 집행한다.

오답의 이유

① 일선관료는 고객에 대한 고정관념을 가짐으로써 복잡한 문제와 불확실한 상황에 대처하지 못하게 된다. 주로 고객을 범주별로 구별하여 서비스를 공급한다.

② 일선관료에 대한 고객들의 목표와 기대는 일치하지도 않고, 명확하지도 않다.

④ 일선관료는 직무의 자율성이 높고, 의사결정에 있어서 재량권의 범위가 넓다.

> **더 알아보기**
>
> **립스키(M. Lipsky)의 일선관료제**
> - 일선관료란 시민들과 직접 접촉하는 공무원, 즉 교사, 경찰, 복지요원, 하급 법원 판사 등을 말한다.
> - 규칙적인 직무수행과정에서 시민들과 끊임없이 상호작용한다.
> - 일선행정관료들의 업무는 기계적이기보다는 인간적인 차원에서 대처해야 할 상황이 많다.
> - 서류업무보다 대민업무가 많다. 따라서 의사결정에 필요한 준비 시간이 절대적으로 부족하다.
> - 재량권은 일선행정관료들이 고객들의 복지에 아주 중요한 역할을 하고 있다고 믿게 하고 싶은 그들의 욕망을 충족시켜줌으로써 그들의 자부심을 높여준다.
> - 일선관료의 전문지식 독점은 중앙관료에 대항할 수 있는 무기가 된다.

08 난도 ★★☆

정답 ①

조직론 > 조직의 구조형태

[정답의 이유]
① 부속기관이란 중앙행정기관 등에 부속하여 그 기관을 지원하는 기관(시험연구 · 교육훈련 · 문화 · 의료 · 제조 · 자문기관 등)을 말한다.

[오답의 이유]
② 보조기관이란 행정기관 의사의 결정이나 표시를 통해 조직목표 달성을 위해 직접적으로 기여하는 기관을 말한다. 행정기관이 그 기능을 원활하게 수행할 수 있도록 그 기관장을 보좌함으로써 행정기관의 목적달성에 공헌하는 기관은 보좌기관이다.
③ 하부기관이란 중앙행정기관의 하위기관으로서 보조기관과 보좌기관으로 구성된다. 중앙행정기관에 소속된 기관으로서, 특별지방행정기관과 부속기관을 말하는 것은 소속기관이다.
④ 방송통신위원회, 공정거래위원회, 소청심사위원회 등은 행정위원회로서 행정기관에 해당한다.

> **행정기관의 조직과 정원에 관한 통칙 제2조(정의)**
> 이 영에서 사용되는 용어의 정의는 다음과 같다.
> 3. "부속기관"이라 함은 행정권의 직접적인 행사를 임무로 하는 기관에 부속하여 그 기관을 지원하는 행정기관을 말한다.
> 6. "보조기관"이라 함은 행정기관의 의사 또는 판단의 결정이나 표시를 보조함으로써 행정기관의 목적달성에 공헌하는 기관을 말한다.
> 7. "보좌기관"이라 함은 행정기관이 그 기능을 원활하게 수행할 수 있도록 그 기관장이나 보조기관을 보좌함으로써 행정기관의 목적달성에 공헌하는 기관을 말한다.
> 8. "하부조직"이라 함은 행정기관의 보조기관과 보좌기관을 말한다.

09 난도 ★★☆

정답 ③

인사행정론 > 사기앙양과 근무규율

[정답의 이유]
③ 감봉은 1개월 이상 3개월 이하의 기간 동안 보수의 3분의 1을 감한다(국가공무원법 제80조 제4항).

[오답의 이유]
① 징계는 파면 · 해임 · 강등 · 정직 · 감봉 · 견책으로 구분한다(국가공무원법 제79조).
② 정직은 1개월 이상 3개월 이하의 기간으로 하고, 정직 처분을 받은 자는 그 기간 중 공무원의 신분은 보유하나 직무에 종사하지 못하며, 해당 기간 동안 보수의 전액을 감한다(국가공무원법 제80조 제3항).
④ 감사원에서 조사 중인 사건에 대하여는 조사개시 통보를 받은 날부터 징계 의결의 요구나 그 밖의 징계 절차를 진행하지 못한다(국가공무원법 제83조 제1항).

> **더 알아보기**
>
> **징계의 종류**
>
> | 구분 | | 내용 | 비고 |
> | --- | --- | --- | --- |
> | 경징계 | 견책 | 전과(前過)에 대하여 훈계하고 회개하게 함 | 직무수행 |
> | | 감봉 | 1~3개월의 기간 동안 보수의 1/3을 감함 | |
> | 중징계 | 정직 | 1~3개월의 기간 동안 보수의 전액을 감하며, 직무수행이 정지됨 | 직무수행 정지, 신분 보유 |
> | | 강등 | 1계급 아래로 직급을 내리고, 3개월간 직무수행이 정지되며 보수의 전액을 감함 | |
> | | 해임 | 강제퇴직, 3년간 재임용 불가 | 신분박탈 |
> | | 파면 | 강제퇴직, 5년간 재임용 불가, 퇴직급여의 1/2~1/4 지급 제한 | |
>
> - 견책~강등까지는 공무원 신분을 보유함. 징계에 불복 시 소청심사 가능
> - 해임의 경우 원칙적으로 퇴직급여액은 삭감되지 않으나, 금품 및 향응 수수, 공금의 횡령 · 유용으로 징계 해임된 때에는 퇴직급여액을 삭감할 수 있음
> - 파면의 경우 퇴직급여액이 삭감되며(재직 기간이 5년 이상인 경우 50%, 5년 미만인 경우 25% 삭감), 퇴직수당은 50% 삭감됨

10 난도 ★☆☆

정답 ①

재무행정론 > 재무행정의 기초이론

[정답의 이유]
① 단식부기는 현금주의 회계, 복식부기는 발생주의 회계와 서로 밀접한 연계성을 갖는다.

오답의 이유

② 단식부기는 단순히 재산 변동사항의 발생만을 단편적으로 기록·계산하는 장부 기장 방식으로서, 현금의 증감이 발생하면 회계 처리하는 현금주의에서 주로 채택한다.

③ 복식부기에서는 대차 평균의 원리에 따라 자동오류검증기능을 가지는 장점이 있다.

④ 복식부기는 대차 평균의 원리에 따라 어느 경제단위의 재산의 변동과정을 그 재산의 조달원천과 운용형태별로 질서적인 2차적 구조하에서 기록·계산하며 발생주의에서 주로 채택한다.

더 알아보기

단식부기와 복식부기 – 기장 방식에 의한 분류

단식부기(불완전부기)	복식부기(2차원적 가치계산)
• 단식부기를 사용할 경우 이익과 손실의 원인을 명확히 파악하기 힘들다. • 기록, 계산과정에서 오류나 빠진 것이 있어도 부기 자체의 구조를 통한 자동적 검출이 불가능하다.	• 자기검증기능 내지 자동오류검출이 가능하다. • 기술적으로 복잡한 단점이 있다.

현금주의와 발생주의 – 인식시점에 따른 분류

구분	현금주의	발생주의
장점	• 절차가 간편하고 이해가 쉬움 • 관리와 통제가 용이 • 현금 흐름 파악 용이 • 회계처리의 객관성 확보	• 비용·편익 등 재정성과 파악 용이 • 자산과 부채파악으로 재정의 건전성 확보 • 자기검정기능으로 회계오류 시정 • 재정의 투명성·신뢰성·책임성 제고 • 출납폐쇄기한 불필요
단점	• 경영성과 파악 곤란 • 자산과 부채 파악 곤란 • 감가상각 등 거래의 실질 및 원가 미반영, 자산의 감소를 기록 못함	• 복잡하고 작성비용이 과다 • 회계담당자의 주관성 작용 • 절차 복잡 및 현금 흐름 파악 곤란 • 수익의 과대평가 가능성

11 난도 ★★☆　　　　　　　　　정답 ④

재무행정론 > 재무행정의 기초이론

정답의 이유

④ 추가경정예산은 편성사유에 대한 규정이 있지만 그 편성시기와 횟수에 대하여는 규정이 없다.

오답의 이유

① 우리나라는 예산에 대해 법형식설을 취하고 있으며, 예산법률주의를 취하고 있는 미국과 달리 예산이 법률의 형식을 취하지 않는다.

② 조세는 현 세대의 재정부담이 미래 세대로 전가되지 않는다.

③ 품목별 예산제도는 재정민주주의를 구현하기 위해 우리나라에서 사용하는 기본적인 예산제도이다.

더 알아보기

추가경정예산

• 국회에서 심의·의결을 통하여 예산이 성립(확정)된 후 새로 발생한 사유로 예산을 변경할 필요가 있을 때 국회에 제출하여 승인을 받는 것으로, 이미 국회를 통과한 예산을 고친다는 점에서 국회 의결 전에 예산을 바꾸는 수정예산안과 차이가 있다.

• 국회제출 시기와 편성횟수 제한은 없으며, 우리나라의 경우 거의 매년 편성해 왔다.

• 단일성 원칙의 예외에 해당한다.

• 추가경정예산안 편성·집행의 제한: 특정한 사유를 제외하고는 추가경정예산을 편성할 수 없도록 제한하였고, 정부는 국회에서 추가경정예산안이 확정되기 전에 이를 미리 배정하거나 집행할 수 없다(→ 국가재정법이 제정되기 전까지는 추가경정예산의 편성사유에 대한 제한이 없었다).

• 추가경정예산안 편성의 사유(국가재정법 제89조)
 – 전쟁이나 대규모 재해가 발생한 경우
 – 경기 침체, 대량 실업, 남북관계의 변화, 경제협력과 같은 대내·외 여건에 중대한 변화가 발생하였거나 발생할 우려가 있는 경우
 – 법령에 따라 국가가 지급하여야 하는 지출이 발생하거나 증가하는 경우

12 난도 ★★☆　　　　　　　　　정답 ②

정책론 > 정책결정이론

정답의 이유

② 킹던(J. Kingdon)의 정책의 창(policy windows) 이론은 쓰레기통모형을 정책에 적용시킨 것으로 3가지 흐름(정책문제의 흐름, 정치의 흐름, 정책대안의 흐름)이 우연히 결합하여 정책의 창이 열리고 새로운 정책이 결정된다는 이론이다.

더 알아보기

정책의 창 이론의 3가지 흐름

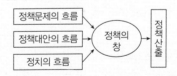

• 정책문제의 흐름: 지표의 변동, 위기 또는 재난 등으로 발생

• 정책대안의 흐름: 정치체제의 분화정도, 정책가의 활동, 이익집단의 개입 등

• 정치의 흐름: 여론 및 정권 변화, 국회 의석수 변화 등

13 난도 ★★☆　　　　　　　　　정답 ②

조직론 > 조직의 기초이론

정답의 이유

② 프로젝트 팀, 태스크포스의 설치 등은 수직적 연결방법이 아닌 수평적 연결방법에 해당한다.

더 알아보기

조직의 조정기제

조직에 있어서 조정은 조직의 전체목표를 달성하기 위한 조직 내에 부서 간, 계층 간 협력과 통합(연결)의 질을 의미하는데 조정기제에는 수직적·수평적 조정기제 두 가지가 있다.

수평적 기제	의의	동일한 계층의 부서 간 조정과 의사소통 목적
	방법	정보시스템, 직접접촉(연락담당자 지정), 임시사업단(TF), 프로젝트 매니저(통합관리자), 프로젝트 팀, 위원회나 회의, 태스크포스 등
수직적 기제	의의	상위계층이 하위계층을 통제·조정 목적
	방법	계층제의 활용 또는 계층직위의 추가, 규칙과 상위계획의 마련, 수직정보시스템(정기보고, 문서화된 정보, 정보통신시스템)의 활용 등

14 난도 ★★☆   정답 ②

재무행정론 > 예산제도

정답의 이유

② 성인지 예산서는 기획재정부장관이 여성가족부장관과 협의하여 제시한 작성기준(성인지 예산서 작성 대상사업 선정 기준을 포함한다) 및 방식 등에 따라 각 중앙관서의 장이 작성한다(국가재정법 시행령 제9조 제2항).

오답의 이유

① 정부는 예산이 여성과 남성에게 미치는 효과를 평가하고, 그 결과를 정부의 예산편성에 반영하기 위하여 노력하여야 한다.

③ 정부는 예산이 여성과 남성에게 미칠 영향을 미리 분석한 보고서(성인지 예산서)를 작성하여야 하고 보고서에는 예산의 개요, 규모, 성 평등 기대효과, 성과목표 및 성별 수혜분석 등의 내용을 포함해야 한다.

④ 정부는 여성과 남성이 동등하게 예산의 수혜를 받고 예산이 성차별을 개선하는 방향으로 집행되었는지를 평가하는 보고서(성인지 결산서)를 작성하여야 한다. 이때 집행실적, 성평등 효과분석 및 평가 등이 포함되어야 한다.

더 알아보기

성인지 예산(남녀평등예산)

• 정부는 예산이 여성과 남성에게 미치는 효과를 평가하고, 그 결과를 정부의 예산편성에 반영하기 위하여 노력하여야 한다.

• 남녀평등예산(gender responsive budget)이란 예산이 남성과 여성에 미치는 영향이 서로 다르다고 전제하고, 남녀평등을 구현하려는 정책의지를 예산 과정에 명시적으로 도입한 차별철폐지향적 예산이다.

• 예산정책의 남녀차별적 영향을 해소하기 위해서 예산의 우선순위를 재설정하며, 세입예산(조세) 및 특히 세출예산에서의 차별철폐에 관심을 갖는다.

• 성인지 예산은 성별영향평가제도와 함께 남녀평등을 구현하려는 우리나라 성주류화정책(gender mainstreaming policy)의 핵심적 요소이다.

15 난도 ★☆☆   정답 ③

재무행정론 > 예산과정

정답의 이유

③ 결산은 국무회의의 의결과 대통령의 승인 후 국회에 제출하여 국회의 최종 심의를 거쳐 종료된다. 정부(기획재정부장관)가 국회에 국가결산보고서를 제출하는 일정은 다음 연도 5월 31일까지이고 국회의 결산심의·의결은 정기회 개회 전까지 완료해야 한다.

오답의 이유

① 결산이란 수입·지출의 실적에 대한 정부의 사후적 재정보고를 의미하며 한 회계연도 동안의 국가의 수입·지출의 실적을 확정적 계수로 표시하는 행위이다.

② 정부는 결산심사에 따라 감사원의 검사를 거친 국가결산보고서를 다음 연도 5월 31일까지 국회에 제출하여야 한다.

④ 각 중앙관서의 장은 국가회계법에서 정하는 바에 따라 회계연도마다 소관 기금의 결산보고서를 중앙관서결산보고서에 통합하여 작성한 후 기획재정부장관에게 제출하여야 한다(국가재정법 제73조).

더 알아보기

예산과 결산

• 예산과 결산이 정확히 일치할 수는 없다. 수입의 경우 실제 징수액은 추정액과 다르며, 지출의 경우 일치하지 않는 이유로서 예산 성립 후에 전년도로부터의 이월, 예비비의 지출, 당해 연도에 사용하지 않은 불용액, 예산결정 이후에 행하여진 이용·전용·이체에 의한 예산액의 증감, 예산집행자의 고의 또는 과실로 인한 위법적 혹은 부당한 지출 등이 있다.

• 결산은 예산편성 및 심의과정에 환류시킬 수 있는 정보를 산출하는 일체의 활동이다.

• 위법·부당지출을 무효·취소할 수 없다. 따라서 결산의 효과는 법적이라기보다는 정치적인 것이다. 그러나 관련 공무원의 개인적 변상책임이나 형사책임까지 면제되는 것은 아니다.

16 난도 ★★☆   정답 ③

인사행정론 > 사기앙양과 근무규율

정답의 이유

㉠ 일탈형 부패는 구조화되지 않은 일시적 부패로, 개인의 윤리적 일탈에 의한 부패이다. 뇌물수수, 공금횡령 등이 이에 해당한다.

㉡ 백색 부패는 사회적으로 용인될 수 있는 수준의 부패로, 사회에 심각한 해가 없거나 사익을 추구하려는 의도가 없는 선의의 목적으로 행해지는 부패이다.

㉢ 관행화된 제도적 부패는 공모에 의한 조직 부패라고 볼 수 있는데, 공직자가 죄의식을 느끼지 못하면서 조직의 옹호를 받도록 제도화된 부패이다. 급행료, 병역비리 등이 이에 해당한다.

㉣ 비거래형 부패 혹은 사기형 부패, 내부 부패는 거래하는 상대방이 없이 공무원에 의하여 일방적으로 발생하는 부패로, 공금횡령이나 회계부정이 이에 해당한다.

더 알아보기

공직 부패에 대한 접근법

기능주의	관료 부패를 발전의 종속물 · 부산물로 간주. 국가가 성장하여 어느 정도 발전단계에 들어섰을 때에는 사라지는 자기파괴적인 것으로 간주
후기 기능주의	부패를 '먹이를 먹고 살아가는 유기체'로 규정. 1970년대 이후부터는 다양한 원인을 먹고 사는 하나의 괴물로 파악
도덕적 접근법	부패를 개인의 윤리, 자질 탓으로 돌리는 경우
사회문화적 접근법	특정한 지배적 관습이 관료 부패를 조장한다고 보는 입장
제도적(구조적) 접근법	사회의 법과 제도상의 결함이나 운영상의 문제들, 예기치 않았던 부작용들이 부패의 원인으로 작용한다고 보는 입장
체제론적 접근법	부패는 그 나라의 문화적 특성, 제도상의 결함, 구조상의 모순 등 다양한 요인에 의하여 복합적으로 나타난다고 보므로 관료 부패를 지엽적이고 부분적인 대응만으로는 억제하기가 어렵다고 보는 입장
권력문화적 분석	공직의 사유관과 권력남용에 의한 부패 유발
정치경제학적 분석	성장이념에 근거한 정치가와 경제엘리트 간의 야합 및 이권개입에 의한 부패유발(정경유착)
거버넌스적 접근법	부패란 정부주도의 독점적이고 일방적 통치에서 비롯된 것이므로 정부 내부적 노력이나 외부통제로는 부패의 척결이 어려우므로 정부와 시민 간 대등한 참여와 상호보완적 감시에 의한 협력적 네트워크에 의하여 해결될 수 있다는 입장

17 난도 ★★☆　　　　　　　　　　　정답 ③

지방행정론 > 지방자치단체의 조직

정답의 이유

③ 지방의회의장은 의결에서 표결권을 가지며, 찬성과 반대가 같은 경우 부결된 것으로 본다. 가부동수의 경우에 의장이 결정할 수 있는 권한을 캐스팅보트라고 하는데, 우리나라는 이러한 제도가 없다.

오답의 이유

① 지방의회는 조례로 정하는 바에 따라 위원회를 둘 수 있으며, 위원회의 종류는 상임위원회와 특별위원회로 한다(지방자치법 제64조 제1항 · 제2항).

② 지방의회는 그 의결로 소속 지방의회의원의 사직을 허가할 수 있다. 다만, 폐회 중에는 지방의회의 의장이 허가할 수 있다(지방자치법 제89조).

④ 지방의회에서 부결된 의안은 같은 회기 중에 다시 발의하거나 제출할 수 없다(지방자치법 제80조).

더 알아보기

캐스팅보트(casting vote)

표결에서 가부동수(可否同數)가 나왔을 때 결과를 결정하게 되는 표를 말한다. 가결과 부결의 표가 같을 때 의장은 결과를 확정하기 위해 둘 중 한 쪽에 투표할 수 있다.

18 난도 ★★★　　　　　　　　　　　정답 ④

조직론 > 조직관리

정답의 이유

④ 프렌치(J. R. P. French, Jr.)와 레이븐(B. H. Raven)은 권력의 5가지 원천에 따라 권력을 유형화하였다. 상징은 여기에 해당하지 않는다.

더 알아보기

권력의 5가지 유형

보상적 권력 (reward power)	타인이 원하는 것을 줄 수 있을 때 성립하는 권력
강압적 권력 (coercive power)	상대방을 처벌할 수 있을 때 성립하는 권력
정당한(정통적) 권력 (legitimate power)	자신의 가치관에 비추어 권력행사가 정당한 권력을 행사할 수 있는 권리를 가지고 있다고 인정되는 경우에 성립하는 권력
준거적 권력 (referent power)	복종자가 지배자와 일체감을 가지고 자기의 행동모형을 권력행사자로부터 찾으려고 할 때 성립하는 권력
전문가적 권력 (expert power)	권력행사자가 전문가로서 인정받을 때 성립하는 권력

19 난도 ★★★　　　　　　　　　　　정답 ②

인사행정론 > 인사행정의 기초이론

정답의 이유

② 전문경력관이란 계급 구분과 직군 및 직렬의 분류를 적용하지 아니하는 직위에 임용되는 일반직 공무원을 말한다.

오답의 이유

① 소속 장관은 해당 기관의 일반직 공무원 직위 중 순환보직이 곤란하거나 장기 재직 등이 필요한 특수 업무 분야의 직위를 인사혁신처장과 협의하여 전문경력관직위로 지정할 수 있다(전문경력관 규정 제3조 제1항).

③ 전문경력관직위의 군은 직무의 특성 · 난이도 및 직무에 요구되는 숙련도 등에 따라 가군, 나군 및 다군으로 구분한다(전문경력관 규정 제4조 제1항).

④ 임용권자는 일정한 경우에 전직시험을 거쳐 전문경력관을 다른 일반직 공무원으로 전직시키거나 다른 일반직 공무원을 전문경력관으로 전직시킬 수 있다(전문경력관 규정 제17조 제1항).

행정학총론 > 행정국가와 신행정국가

정답의 이유

④ 사바스(E. Savas)의 공공서비스 공급유형론에 따르면 자원봉사 방식은 민간이 결정하고 민간이 공급하는 유형에 속한다.

더 알아보기

공급과 생산의 분리에 따른 서비스의 전달체계

구분		공급	
		정부	민간
생산	정부	• 정부의 직접공급방식 • 정부 간 계약방식(정부 간 협정) • 공기업	정부위탁형: 정부서비스 판매
	민간	• 계약 • 허가 • 보조금 지급	• 서비스 구매권 • 시장공급 • 자원봉사조직 • 자급방식

합격의 공식 시대에듀 www.sdedu.co.kr

PART 2

지방직

한눈에 훑어보기

 영역 분석

행정학총론 02 03 09 20
4문항, 20%

정책론 06 07 11 13 15 16 19
7문항, 35%

조직론 01 10 18
3문항, 15%

인사행정론 04 12 17
3문항, 15%

재무행정론 05 08 14
3문항, 15%

빠른 정답

01	02	03	04	05	06	07	08	09	10
④	④	②	③	③	③	②	①	③	③
11	12	13	14	15	16	17	18	19	20
①	①	④	②	②	④	③	①	②	④

점수 체크

구분	1회독	2회독	3회독
맞힌 문항 수	/ 20	/ 20	/ 20
나의 점수	점	점	점

01 난도 ★☆☆ 　　　　　　　　　　정답 ④

조직론 > 조직관리

[정답의 이유]

④ 투입과 산출의 비율을 준거인과 비교하여 과소보상자와 과대보상자 모두 불공정하다고 인식하여 기존의 행동을 바꾸게 된다. 불공정성에 대한 민감성은 과소보상에서 더욱 예민하게 나타난다.

[오답의 이유]

① 공정성 이론은 조직 내 개인들이 자신의 투입과 산출의 비율을 비교가 되는 다른 사람의 투입과 산출의 비율과 비교하여 공정하다고 지각한다.

② 지각한 불공정성을 해소하기 위한 방안으로는 자신의 투입이나 산출물 변경, 자기 자신이나 타인에 대한 지각 왜곡, 준거대상 변경, 상황 변경 등이 있다.

③ 투입(공헌)에는 직무수행에 들인 노력, 기술, 직무수행능력 향상을 위한 교육, 경험, 사회적 지위 등이 있으며, 산출(보상)에는 보수, 승진, 학습기회, 작업조건, 직무만족 등이 있다.

02 난도 ★☆☆ 　　　　　　　　　　정답 ④

행정학총론 > 행정학의 주요 이론

[정답의 이유]

④ 공공선택이론은 경제주체의 개별적 선택행위를 중시하는 방법론적 개체주의 입장이다.

[오답의 이유]

① 공공선택이론은 합리적이며 경제적 인간관을 가정하고 개인을 자신의 이익극대화를 추구하는 합리적인 이기주의자로 본다.

② 공공선택이론은 경제학적 분석도구를 비시장적 의사결정부분의 연구에 활용한다.

③ 공공선택이론은 1960년대 뷰캐넌(Buchanan), 털럭(Tullock)이 창시하였으며, 오스트롬(Ostrom)은 윌슨식 패러다임을 비판하고 민주행정 패러다임을 제시하였다.

더 알아보기

공공선택이론

의의	• 공공부문에 경제학적인 관점을 도입 • 고객중심주의, 소비자중심주의 • 분권화와 자율성 제고 • 정부실패의 원인분석 및 대안제시
특징	• 방법론적 개체주의: 개인의 선호나 개인이 연구대상 • 개인은 자신의 이익극대화를 추구하는 합리적인 이기주의자 • 공공재와 의사결정구조에 관한 연구와 정책의 파급효과 중시 • 민주주의에 의한 집단적인 결정 • 탈관료제적 처방: 중첩적인 관할구역과 분권적·중복적 조직장치(다중공공관료제)
한계	• 시장실패의 위험이 있음 • 시장경제체제의 극대화만을 중시하여 국가의 역할을 경시하고, 개인의 기득권을 유지하려는 보수적 접근

03 난도 ★☆☆
정답 ②

행정학총론 > 행정학의 이론전개

정답의 이유

피터스(B. Guy Peters)는 뉴거버넌스에 기초한 정부개혁모형으로 시장 모형, 참여 모형, 신축적(유연조직) 모형, 탈규제(저통제) 모형을 제시하였다.

04 난도 ★☆☆
정답 ③

인사행정론 > 임용과 능력발전

정답의 이유

③ 강임이란 같은 직렬 내에서 하위 직급에 임명하거나 하위 직급이 없어 다른 직렬의 하위 직급에 임명하는 것을 말한다(지방공무원법 제5조 제4호).

오답의 이유

① 전직이란 직렬을 달리하는 임명을 말한다(지방공무원법 제5조 제5호).

② 전보는 같은 직급 내에서의 보직 변경 또는 고위공무원단 직위 간의 보직변경을 말한다(지방공무원법 제5조 제6호).

④ 지방자치단체의 장 또는 지방의회의 의장은 공무원을 전입시키려고 할 때에는 해당 공무원이 소속된 지방자치단체의 장 또는 지방의회의 의장의 동의를 받아야 한다(지방공무원법 제29조의3).

05 난도 ★☆☆
정답 ③

재무행정론 > 예산이론

정답의 이유

③ 프로그램 예산제도는 국가재정운용계획과 연계되어 다년도 중심으로 기능, 분야, 부처별 지출한도를 설정하고 이를 우선순위에 맞게 배분하는 하향식(top down) 방법을 사용한다.

오답의 이유

①·② 프로그램 예산제도는 예산운용의 효율성을 제고하기 위하여 동일한 정책목표를 지향하는 사업들을 하나의 프로그램으로 설정하고 예산의 전 과정을 프로그램 중심으로 구조화하고 성과평가체계와 연계시켜 운영하는 제도로서 2007년부터 중앙부처에 도입되었다.

④ 프로그램예산 체계 내에 일반회계, 특별회계, 기금이 모두 포괄적으로 표시됨으로써 총체적 재정배분 내용을 알 수 있다.

06 난도 ★☆☆
정답 ③

정책론 > 정책집행과 기획

정답의 이유

③ 수직적 형평성은 '동등하지 않은 것을 서로 다르게 취급'하는 것을 의미하며 누진세, 상속세가 그 예이다.

오답의 이유

① 1968년 미국 미노브룩 회의에서 왈도의 주도하에 새로운 행정학의 방향모색으로 태동한 신행정론은 종래의 가치중립적 행정방식이 사회적·경제적·정치적 불평등을 초래했다고 비판하고, 이를 해결하기 위하여 공정성, 인본주의, 사회적 형평 등의 가치문제를 강조하였다.

② 사회적 형평성은 신행정론의 등장 및 롤스(J. Rawls)의 정의론에 근거한다. 롤스는 정의를 공평으로 풀이하면서 배분의 정의가 무엇보다도 평등의 원칙에 입각해야 한다고 주장하였다.

④ 수평적 형평성이란 '동등한 것을 동등하게 취급'하는 것을 의미하며, 동일노동 동일임금, 비례세, 수익자부담주의, 보통선거 등이 그 적용예이다.

더 알아보기

사회적 형평성(social equity)

개념	사회정의·평등과 유사한 것으로 '동일한 것은 동일하게 취급하고, 서로 다른 것은 다르게 취급하는 것'을 말한다.
배경	• 사회적 배경: 신행정론의 등장과 함께 중요시되기 시작하였다. • 학문적 배경: 신행정론의 등장 및 롤스(Rawls)의 정의론에 근거한다.
유형	• 수평적 형평성: 소득이나 가정환경 등 조건이 동일한 사람들에게는 동일한 공공서비스가 제공되는 것(동등한 것을 동등하게 취급)을 의미하며, 동일노동 동일임금, 비례세, 수익자부담주의, 보통선거 등이 그 예이다. • 수직적 형평성: 성별, 연령, 건강, 소득, 지리적 위치 등에 차이가 있는 사람들에게는 다른 기준의 공공서비스가 제공되는 것(동등하지 않은 것을 서로 다르게 취급)으로 누진세, 상속세 등이 그 예이다.

07 난도 ★★☆　　　정답 ②

정책론 > 정책결정

오답의 이유

① 브레인스토밍: 주관적 예측기법으로 다양한 전문가들이 자유분방하게 의견을 수렴하여 미래를 예측하는 민주적 미래예측기법이다.

③ 델파이 기법: 1948년 랜드(Rand)연구소에서 개발되어 서면으로(익명성) 전문가들의 의견을 종합하여 미래에 대한 주관적 예측과 합리적인 아이디어를 만들려는 시도로 고안되었다.

④ 선형경향추정: 시간을 독립변수로 한 회귀분석을 이용하여 미래의 정확한 추정치를 얻는 방법이다.

08 난도 ★☆☆　　　정답 ①

재무행정론 > 예산이론

정답의 이유

① 정부는 대통령의 승인을 얻은 예산안을 회계연도 개시 120일 전까지 국회에 제출하여야 한다(국가재정법 제33조).

오답의 이유

② 기획재정부장관은 국무회의의 심의를 거쳐 대통령의 승인을 얻은 다음 연도의 예산안편성지침을 매년 3월 31일까지 각 중앙관서의 장에게 통보하여야 한다(국가재정법 제29조 제1항).

③ 예산결산특별위원회는 소관 상임위원회의 예비심사 내용을 존중하여야 하며, 소관 상임위원회에서 삭감한 세출예산 각 항의 금액을 증가하게 하거나 새 비목(費目)을 설치할 경우에는 소관 상임위원회의 동의를 받아야 한다(국회법 제84조 제5항).

④ 정부는 예산안을 국회에 제출한 후 부득이한 사유로 인하여 그 내용의 일부를 수정하고자 하는 때에는 국무회의의 심의를 거쳐 대통령의 승인을 얻은 수정예산안을 국회에 제출할 수 있다(국가재정법 제35조).

09 난도 ★★☆　　　정답 ③

행정학총론 > 행정학의 주요 이론

정답의 이유

③ '노젓기'보다 '방향잡기'에 집중하는 것은 신공공관리론에 해당하는 내용이다. 신공공서비스론의 관점에서 정부의 역할은 노젓기나 방향잡기보다는 시민에게 적극 봉사하는 것을 강조한다.

오답의 이유

① 신공공서비스론은 정부로 하여금 기업가의 지나친 능률성 이념을 강조해 온 신공공관리적 사조에 대한 반작용의 결과로 등장하였으며, 민주주의 이론, 비판이론, 포스트모더니즘을 활용하였다.

② 신공공서비스론은 공익을 공유가치에 대한 대화와 담론을 통해 얻은 결과물로 본다.

④ 정부가 수행해야 할 책임의 범주는 단순히 시장지향적인 이윤추구를 달성하는 데 있는 것이 아니라 헌법, 법률, 공동체의 가치, 정치 규범, 전문직업적 기준, 시민들의 이해 등에 이르기까지 광범위하다.

10 난도 ★☆☆　　　정답 ③

조직론 > 조직의 구조형태

정답의 이유

ㄴ, ㄹ. 팀제 조직은 상호보완적인 기술을 가진 두 사람 이상으로 이루어진 구성원들이 목표달성을 위해 긴밀히 협력하고, 도출된 성과에 대해 공동책임을 지는 조직이다.

오답의 이유

ㄱ. 네트워크구조에 대한 내용이다.

ㄷ. 민츠버그(Mintzberg)의 조직구조 중 기계적 관료제에 대한 내용이다.

11 난도 ★★★　　　정답 ①

정책론 > 정책집행과 기획

정답의 이유

ㄱ. 정책연합모형은 정책변화를 이해하기 위한 분석단위로서 정책하위체제에 중점을 두고 있다.

ㄴ. 정책지향학습은 정책옹호연합의 신념체계가 수정되는 것을 말하며 정책학습은 지지연합 내에서도 이루어질 수 있겠으나, 다른 지지연합으로부터의 학습도 가능하다.

오답의 이유

ㄷ. 행정규칙, 예산배분, 규정의 해석 등과 같이 정책핵심을 집행하기 위해 필요한 도구나 정보탐색은 이차적 신념과 관련된다.

ㄹ. 신념 체계 구조에서 규범적 핵심 신념은 이차적 측면보다 변화 가능성이 작은 것은 옳지만, '관심 있는 특정 정책 규범에 적용'되는 것은 정책 핵심 신념에 해당한다.

더 알아보기

옹호연합모형(Advocacy Coalition Framework)의 신념체계의 구조

규범적 핵심 신념	• 근본적, 규범적, 존재론적인 가정, 자유와 평등과 같은 근원적·정신적 가치의 상대적 우선순위, 기본적인 분배정의와 기준, 사회문화적 정체성 등 • 종교 개정과 비슷한 정도로 변경 가능성 매우 어려움 • 모든 정책 영역에 적용 • 사람의 성격, 자유, 건강, 다양한 가치 등
정책 핵심 신념	• 하위시스템 내에서 핵심가치를 달성하기 위한 기본 전략과 관련된 것 • 관심 있는 특정 정책 규범에 적용 • 어려우나 심각한 변혁이 일어나면 변화 가능 • 근본적인 정책 갈등 방하 환경보호와 경제개발, 정책 도구에 관한 기본적 선택, 강제, 유인, 설득
이차적 측면	• 정책핵심을 집행하기 위해 필요한 도구적인 의사결정과 정보탐색 • 적용 범위: 관심 있는 특정 정책 절차에 적용 • 대부분 행정적인 정책주제로 변화될 가능성이 정책핵심 신념보다 훨씬 큼 • 행정규칙, 예산배정, 소송처분·법령·해석 및 개정 등에 대한 것

12 난도 ★☆☆ 정답 ①

인사행정론 > 사기앙양과 근무규율

정답의 이유

ㄱ. 「공직자윤리법」 제2조의2

ㄴ. 「공직자윤리법」 제3조

오답의 이유

ㄷ. 「국가공무원법」 제59조의2

ㄹ. 「국가공무원법」 제63조

13 난도 ★★★ 정답 ④

정책론 > 정책집행과 기획

정답의 이유

④ 반 미터와 반 혼(Van Meter & Van Horn)은 정책집행을 정책결정에 의해 미리 설정된 목표를 달성하기 위하여 정부 및 민간부문의 개인이나 집단이 수행하는 활동이라고 정의하였으며, 정책집행의 성과를 설명하는 6개 변수(정책의 기준 또는 목표, 정책의 지원, 조직 간의 커뮤니케이션과 시행 활동, 집행기관의 특징, 경제적·사회적·정치적 상황, 집행자의 성향)를 제시하였다.

오답의 이유

① 립스키(Lipsky)의 일선관료제 연구: 정책의 최종적 과정에서 고객과 접촉하며 상당한 재량권을 행사하는 하위직(교사, 경찰, 복지요원 등)으로 구성된 공공서비스 집단을 말한다.

② 오스트롬(Ostrom)의 제도분석 연구: 오스트롬(Ostrom)은 제도분석틀(IAD)를 통하여 정부와 시장보다 다중심 거버넌스가 공유자원의 관리뿐만 아니라 공공재외 서비스 제공 그리고 정책결정과정에서 효율적이란 사실을 증명하였다.

③ 사바티어와 마즈마니언(Sabatier & Mazmanian)의 집행과정 연구: 정책문제 자체가 가지는 특성, 정책을 구성하는 법령의 내용(법령의 집행구조화 능력), 그리고 정책과 직접 관련이 없는 여러 가지 상황요인(비법률적 변수)이 정책집행의 성공 또는 실패에 영향을 미친다고 보았다.

14 난도 ★☆☆ 정답 ②

재무행정론 > 예산제도

정답의 이유

② 정부는 예측할 수 없는 예산 외의 지출 또는 예산초과지출에 충당하기 위하여 일반회계 예산총액의 100분의 1 이내의 금액을 예비비로 세입세출예산에 계상할 수 있다(국가재정법 제22조 제1항).

오답의 이유

① 추가경정예산 편성의 경우, 정부는 국회에서 추가경정예산안이 확정되기 전에 이를 미리 배정하거나 집행할 수 없다(국가재정법 제89조 제2항).

③ 계속비의 경우, 국가가 지출할 수 있는 연한은 그 회계연도부터 5년 이내로 한다. 다만, 사업규모 및 국가재원 여건을 고려하여 필요한 경우에는 예외적으로 10년 이내로 할 수 있다(국가재정법 제23조 제2항).

④ 각 중앙관서의 장은 예산의 목적범위 안에서 재원의 효율적 활용을 위하여 대통령령으로 정하는 바에 따라 기획재정부장관의 승인을 얻어 각 세항 또는 목의 금액을 전용할 수 있다(국가재정법 제46조 제1항).

15 난도 ★★★ 정답 ②

정책론 > 정책평가

정답의 이유

② 지방자치단체는 사업을 효율적으로 수행하기 위하여 필요한 경우에는 지방공사를 설립할 수 있다. 이 경우 공사를 설립하기 전에 특별시장, 광역시장, 특별자치시장, 도지사 및 특별자치도지사(시·도지사)는 행정안전부장관과, 시장·군수·구청장(자치구의 구청장)은 관할 특별시장·광역시장 및 도지사와 협의하여야 한다(지방공기업법 제49조 제1항).

오답의 이유

① 지방직영기업의 관리자는 해당 지방자치단체의 공무원으로서 지방직영기업의 경영에 관하여 지식과 경험이 풍부한 사람 중에서 지방자치단체의 장이 임명하며, 임기제로 할 수 있다(지방공기업법 제7조 제2항).

③ 지방자치단체는 상호 규약을 정하여 다른 지방자치단체와 공동으로 공사를 설립할 수 있다(지방공기업법 제50조 제1항).

④ 지방자치단체는 지방직영기업을 설치·경영하려는 경우에는 그 설치·운영의 기본사항을 조례로 정하여야 한다(지방공기업법 제5조).

16 난도 ★★☆ 정답 ④

정책론 > 정책결정

정답의 이유

ㄷ. 시네틱스(유추분석): 유사한 문제의 인식을 촉진하기 위하여 고안된 방법으로 정책문제 구조화에서 분석가가 유추할 4가지 형태는 개인적 유추, 직접적 유추, 상징적 유추, 환상적 유추가 있다.

ㄹ. 분류분석: 문제상황을 정의하고 분류하기 위하여 사용되는 개념을 명백하게 하기 위한 정책문제 구조화의 기법이다.

오답의 이유

ㄱ. 계층분석에 대한 내용이다.

ㄴ. 가정분석에 대한 내용이다.

17 난도 ★★☆ 정답 ③

인사행정론 > 인사행정의 기초이론

정답의 이유

③ 점수법은 직무와 관련된 평가요소를 선정하고 각 요소별로 중요도를 부여하는 과정에서 계량화를 통해 명확하고 객관적인 이론적 증명이 어렵다. 점수법은 직무평가표에 따라 직무의 세부 구성요소들을 구분한 후 요소별 가치를 점수화하여 측정하는데, 요소별 점수를 합산한 총점이 직무의 상대적 가치를 나타낸다.

오답의 이유

① 분류법은 미리 정한 등급기준표에 의하여 직무 전체를 평가하여 등급을 결정하는 비계량적 방법이다.

② 서열법은 비계량적 방법을 통해 직무기술서의 정보를 검토한 후 직무 상호 간에 직무전체의 중요도를 종합적으로 비교하는 방법으로 직무의 수가 적은 소규모 조직에 적절하다.

④ 요소비교법은 점수법과 마찬가지로 직무를 요소별로 계량화하여 측정하는 방식으로 대표가 될 만한 직무들을 선정하여 기준 직무(key job)로 정해 놓고 각 요소별로 평가할 직무와 기준 직무를 비교해가며 점수를 부여하는 방법이다.

18 난도 ★★★ 정답 ①

조직론 > 조직관리

정답의 이유

ㄱ. 내집단의 지위를 가진 구성원들은 업무에 대한 스트레스나 이직률이 낮은 편이므로 내집단(in-group)에 속한 구성원이 많을수록 집단의 성과가 높다.

ㄴ. '리더십 만들기'란 리더십의 처방적 접근법으로 리더와 구성원이 파트너십 관계로 발전하는 과정이다. 리더십 만들기의 단계는 낯선 단계, 친지 단계, 협동 단계의 세 단계를 거쳐 발전해 간다.

오답의 이유

ㄷ. 리더-구성원교환이론은 리더와 각각의 구성원과의 관계가 서로 다를 수 있다는 것을 강조한 이론이다.

ㄹ. 번스(Burns)가 정의한 변혁적 리더십에 대한 내용이다. 리더-구성원교환이론은 높은 도덕성과 동기 수준으로 이끌어 가는 것이 아니다.

19 난도 ★★★ 정답 ②

정책론 > 정책론의 기초이론

정답의 이유

② 라스웰(Lasswell)은 1971년 『정책학 소개(A Pre-View of Policy Sciences)』에서 문제지향성, 맥락지향성, 연합학문지향성을 제시하였다. 라스웰(Lasswell)은 정책과정에 대한 지식과 정책과정에서 필요한 지식을 창출하여 정책담당자에게 제공함으로써 정책정의 합리성을 제고하고, 궁극적으로는 인간의 존엄성을 실현하는 민주주의 정책학을 주장하였다.

오답의 이유

① 현대적 정책학은 1951년에 발표된 라스웰(Lasswell)의 「정책지향(Policy Orientation)」이라는 논문에서 시작되었다.

③ 정책학은 1971년 미국정책학회의 성립을 계기로 라스웰(Lasswell)의 「정책학 소개(1971)」가 출간되면서 급격히 재조명된 이후 1980년대에 들어 정책집행 평가 등 다양한 분야로 크게 이론적 발전을 이루었다.

④ 드로어(Y. Dror)의 최적모형(optimal model)은 합리성과 직관·판단력·창의력과 같은 초합리적 요인을 체제론적 입장에서 구축한 규범적·처방적 모형으로 정책결정 단계를 상위정책

결정(meta-policymaking, 초정책결정), 정책결정(policymaking), 정책결정 이후(post-policymaking)로 나누었다.

20 난도 ★★★ 정답 ④

행정학총론 > 행정의 주요 이론

정답의 이유

ㄷ. 전략적 삼각형은 무어(Moore)가 제안한 공공가치론으로 정당성과 지지, 공공관리자의 운영 역량, 공공가치라는 3가지 요소로 구성되었다.

ㄹ. 공공가치 실패란 핵심적인 공공가치들이 사회관계, 시장이나 공공정책에 반영되지 않을 때 발생하는 것으로 시장과 공공부문이 공공가치 실현에 필수적으로 요구되는 재화나 서비스를 제공하지 못할 때 발생한다.

오답의 이유

ㄱ. 공공가치 실패를 진단하는 도구로 '공공가치 지도그리기'을 제안한 보즈만(Bozeman)의 공공가치 실패론에 대한 내용이다. 무어(Moore)는 공공가치 창출론에서 공공가치의 전략적 창출을 위한 세 가지 연계모형인 전략적 삼각형을 제시하였다.

ㄴ. 공공기관에 의해 생산된 순(純) 공공가치를 추정하는 '공공가치 회계'를 제시한 것은 모어(Moore)이다. 모어(Moore)는 공공가치 회계를 위하여 공공가치에 대한 철학적 기초를 연구하였다.

행정학개론 | 2023년 지방직 9급

한눈에 훑어보기

✔ 영역 분석

행정학총론 04 09 14 18
4문항, 20%

정책론 03 05 13 19
4문항, 20%

조직론 02 07 17
3문항, 15%

인사행정론 01 12 15
3문항, 15%

재무행정론 06 08 10 20
4문항, 20%

지방행정론 11 16
2문항, 10%

✔ 빠른 정답

01	02	03	04	05	06	07	08	09	10
①	④	②	②	②	④	①	②	④	③
11	12	13	14	15	16	17	18	19	20
①	②	④	②	③	②	③	③	①	④

✔ 점수 체크

구분	1회독	2회독	3회독
맞힌 문항 수	/ 20	/ 20	/ 20
나의 점수	점	점	점

01 난도 ★☆☆　　　　　　　　　　　정답 ①

인사행정론 > 인사행정의 기초이론

정답의 이유

① 직무의 속성을 중심으로 공직을 분류하는 제도는 직위분류제이다.

오답의 이유

② 계급제는 최하위 계층에만 문호가 개방되어 있는 폐쇄형 충원방식을 원칙으로 한다.

③ 계급제는 직위분류제와는 달리 직렬, 직군 등의 구분이 없으므로 일반행정가 양성을 지향한다.

④ 계급제는 직위분류제와는 다르게 일반행정가 양성을 강조하기에 변동하는 직무상황에 대응이 용이하고 융통성이 있으며, 탄력적으로 인사를 관리할 수 있다.

02 난도 ★☆☆　　　　　　　　　　　정답 ④

조직론 > 조직의 양태와 조직유형

정답의 이유

④ 홀라크라시는 자율성과 의사결정 권한을 지닌 각각의 부문들이 유기적으로 협력하면서 공동의 목적을 달성하는 조직구조를 말한다.

오답의 이유

① · ② · ③ 민츠버그(Mintzberg)가 제시한 조직유형에는 기계적 관료제, 전문적 관료제, 사업부제, 애드호크라시 등이 있다.

03 난도 ★★☆　　　　　　　　　　　정답 ②

정책론 > 정책결정모형

정답의 이유

② 사이버네틱스모형은 자동온도조절장치와 같이 시간의 흐름에 따라 환류되는 정보를 분석하여 잘못한 점이 있으면 수정 · 보완하는 방식의 모형이다.

오답의 이유

① 1960년대 미국의 쿠바 미사일 위기사건을 설명하기 위해 연구된 모형은 앨리슨(Allison) 모형이다. 혼합주사모형은 거시적 맥락의 근본적 결정에 해당하는 부분에서는 합리모형의 의사결정 방식을 따른다.

③ 갈등의 준해결, 문제 중심의 탐색, 불확실성 회피, 표준운영절차의 활용을 설명하는 모형은 회사모형이다. 쓰레기통모형은 조직화된 무질서 상태에서 어떠한 계기로 인해 우연히 정책이 결정된다고 본다.

④ 만족할 만한 수준에서 의사결정이 이루어진다고 설명하는 모형은 만족모형이다. 합리모형은 정책결정자가 모든 문제에 대하여 완전한 정보를 가지고 있으며 문제해결을 위한 목표와 수단을 명확히 정의할 수 있다고 전제한다.

04 난도 ★★☆   정답 ②

행정학총론 > 행정학의 주요 이론

정답의 이유

(가) 테일러(Taylor)의 과학적 관리론은 1911년에 소개되었다.

(나) 신공공관리론은 1980년대 초에 영미국가 중심으로 등장하였으며 1990년대 초 클린턴(Clinton) 정부 시기 오스본과 게블러(Osborne&Gaebler)의 '정부재창조방안'에 의하여 제창되었다.

(다) 왈도(Waldo)의 신행정론은 1968년 시라큐세 대학 미노브룩 회의를 계기로 태동하였다.

(라) 사이먼(Simon)의 행정행태론은 1946년에 소개되었다.

따라서 행정이론의 발달을 오래된 순서대로 바르게 나열한 것은 ② (가) – (라) – (다) – (나)이다.

05 난도 ★★☆   정답 ②

정책론 > 정책의제설정

정답의 이유

② 명성접근법은 헌터(Hunter)에 의하여 제시되었다. 밀즈(Mills)는 사회적인 지위가 높은 소수지배계층이 의제설정을 주도한다는 지위접근법을 사용하여 미국 엘리트들을 분석하였다.

오답의 이유

① 고전적 엘리트이론에서 엘리트들은 폐쇄적이고 동질적이며 다른 계층에 대해서 책임을 지지 않는다.

③ 달(Dahl)은 권력이 사회의 다양한 계층에게 분산되어 있음을 전제로 다원주의를 주장하였다.

④ 바흐라흐와 바라츠(Bachrach&Baratz)는 엘리트가 자신들에게 불리한 주장의 표출이나 채택을 의도적으로 방해하는 행위인 무의사결정이 의제설정뿐만 아니라 정책결정, 정책집행, 정책평가 등 정책과정 전반에 걸쳐 나타날 수 있다고 주장하였다.

06 난도 ★★☆   정답 ④

재무행정론 > 재무행정의 기초이론

정답의 이유

④ 잠정예산은 가예산과 마찬가지로 국회의 의결이 필수적이다.

오답의 이유

① · ② 현재 우리나라에서 채택하고 있는 준예산은 예산 불성립 시 헌법에 명시된 일정한 경비를 전년도에 준하여 국회 승인 없이 지출할 수 있는 임시예산제도이다.

③ 가예산은 최초 1개월분의 예산을 국회의 의결을 거쳐 집행하는 것으로, 우리나라는 1948년 정부수립 후 가예산제도를 채택하여 운영한 경험이 있다.

더 알아보기

비상적 예산제도 비교

구분	가예산	잠정예산	준예산
기간	1개월	무제한	무제한
국회의결	필요	필요	불필요
지출 항목	전반적	전반전	한정적
채택 국가	프랑스	영국, 미국, 캐나다, 일본	한국, 독일

07 난도 ★★☆   정답 ①

조직론 > 조직관리

정답의 이유

① 로크(Locke)의 목표설정이론은 인간의 행동이 의식적인 목표와 성취의도에 의하여 결정된다고 보고, 욕구의 내용이 아니라 목표의 성격, 즉 난이도와 구체성, 목표성취도에 대한 환류 등에 따라 개인의 성과가 결정된다고 보았다.

오답의 이유

② 앨더퍼(Alderfer)의 ERG이론에서 욕구의 좌절과 퇴행을 강조했다.

③ 브룸(Vroom)의 기대이론은 유의성, 수단성, 기대감을 동기부여의 핵심으로 보았다. 해크만과 올드햄(Hackman&Oldham)의 직무특성이론에서는 직무의 특성이 직무수행자의 욕구수준에 부합할 때 긍정적인 동기유발 효과를 보인다고 하였다.

④ 허즈버그(Herzberg)는 위생요인이 충족되었다고 하더라도 동기부여가 되는 것은 아니라고 주장하였다.

08 난도 ★☆☆   정답 ②

재무행정론 > 예산제도

정답의 이유

② 영기준 예산제도에 대한 설명이다. 품목별 예산제도는 사업이 아닌 항목 중심의 예산이므로 엄격한 통제를 특징으로 하나 정부 활동에 대한 총체적인 사업계획이나 우선순위 결정은 어렵다.

오답의 이유

① 품목별 예산제도는 1920년대 미국 공무원의 예산낭비와 부정부패를 막고 절약과 능률을 향상시키기 위한 재정개혁의 일환으로 1921년 미국의 예산회계법에 의하여 도입된 통제중심의 예산제도이다.

③ 품목별 예산제도는 예산을 세부품목별로 편성함으로써 예산의 책임성과 재정민주주의를 구현하기 위한 통제지향적 예산제도이다.

④ 품목별 예산제도는 품목 중심의 예산제도이므로 사업의 지출 성과에 대해서 파악하기는 어렵다.

09 난도 ★★☆

행정학총론 > 행정학의 주요 이론

정답 ④

정답의 이유

블랙스버그 선언(1983)은 미국 사회에서 일어나고 있는 필요 이상의 관료 공격, 대통령의 반관료적 성향, 정당 정치권의 반정부 어조 등 행정의 정당성을 침해하는 정치 · 사회적 문제점을 지적하고 그 원인의 일부를 행정학 연구의 문제점에서 찾는다.

④ 신행정학은 1968년 미노브루크 회의를 계기로 태동하였다.

10 난도 ★☆☆

재무행정론 > 재무행정의 기초이론

정답 ③

정답의 이유

③ 특별회계예산은 일반회계예산와 함께 예산편성에 있어 국회의 심의 및 의결을 받는다.

오답의 이유

① 기금은 예산 외로 운영되기 때문에 단일성 예산원칙의 예외에 해당하고, 어느 정도 탄력적으로 운용되기에 통일성 원칙의 예외에 해당한다.

② 특별회계예산은 특정한 세입(조세 외 수입)으로 특정한 세출을 충당할 필요가 있을 때 법률로써 설치하는 예산으로, 일반회계와 구분하여 운용된다.

④ 기금은 특정한 세입이 특정한 세출로 지출되는 것을 허용하는 자금이므로 통일성 원칙의 예외에 해당한다.

11 난도 ★☆☆

지방행정론 > 지방자치단체와 국가

정답 ①

정답의 이유

① 기관위임사무는 위임기관이 처리에 드는 경비를 전액 부담하는 것이 원칙이다.

오답의 이유

② 단체위임사무는 지방자치단체가 법령에 근거하여 국가 또는 상급 지방자치단체로부터 위임받아 처리하는 사무를 말한다.

③ 단체위임사무는 지방자치단체에 위임된 사무이므로 지방의회가 참여하며 조례제정권도 갖는다.

④ 자치사무는 지방자치단체 고유사무이므로 정부는 사후 감독을 주로 한다.

12 난도 ★☆☆

인사행정론 > 인사행정의 기초이론

정답 ②

정답의 이유

② 대표관료제는 실적주의의 형식적인 기회균등이 실질적으로 형평성을 달성하지 못하는 문제를 비판하며 등장한 인사제도이다.

오답의 이유

① 양성채용목표제, 장애인 의무고용제 등은 대표관료제의 논리를 반영하고 있는 균형인사정책수단이다.

③ 대표관료제는 할당제를 강요하여 특정집단을 공직임용에 우대함으로써 역차별 문제를 야기할 수 있다.

④ 대표관료제는 임용 전 사회화가 임용 후 행태로 자동으로 이어진다는 가정, 즉 피동적 대표성이 능동적 대표성으로 이어진다는 가정하에 출발한 제도이다.

13 난도 ★★☆

정책론 > 정책결정모형

정답 ④

정답의 이유

ⓒ 킹던(Kingdon)의 정책흐름모형은 코헨과 마치(Cohen&March)의 쓰레기통모형을 발전시킨 모형이다.

ⓒ 킹던(Kingdon)의 정책흐름모형에서 세 가지 흐름은 문제의 흐름, 정책의 흐름, 정치의 흐름이다.

오답의 이유

㉠ 경쟁하는 연합의 자원과 신념 체계를 강조하는 것은 사바티어(Sabatier)의 통합모형인 정책지지연합모형의 특성에 해당한다.

14 난도 ★★☆

행정학총론 > 행정의 이념(가치)

정답 ②

정답의 이유

② 효과성은 목표의 달성도를 나타내고, 효율성(능률성)은 투입 대비 산출의 비율을 의미한다.

15 난도 ★★☆

인사행정론 > 임용과 능력발전

정답 ③

정답의 이유

③ 초기 실적이나 최근의 실적을 중심으로 평가함으로써 발생하는 시간적 오류는 '근접행태에 의한 착오'이다. 연쇄효과란 특정 평정요소에 대한 선입견이 다른 요소의 평정에 영향을 주는 것을 의미한다.

오답의 이유

① 피평정자를 잘 모를 때 보통 중간점수를 주고자 하는 집중화(중심화) 오류가 나타난다.

② 평정기준이 일정하지 않을 때 불규칙적으로 나타나는 오류는 총계적 오류이고, 반대로 평정기준이 일정할 때 규칙적으로 나타나는 오류는 규칙(체계)적 오류이다.

④ 평정자가 후한 점수를 주는 관대화 경향의 폐단을 막기 위해서는 등급분포비율을 강제로 할당하는 강제배분법을 활용할 수 있다.

16 난도 ★★☆

지방행정론 > 정부간관계모형

정답 ②

정답의 이유

② 대등권위모형은 연방정부와 주정부가 동등한 권한을 가지고 있지만 지방정부는 주정부에 예속되어 있는 형태이다.

오답의 이유
① 라이트(Wright)는 정부 간 상호권력관계와 기능적 상호의존관계를 기준으로 정부 간 관계(IGR)를 포함형, 분리형, 중첩형으로 구분한다.
③ 내포권위모형은 지방정부는 주정부에, 주정부는 연방정부에 예속되어 있는 수직적 포함관계로 본다.
④ 중첩권위모형에서는 연방정부, 주정부, 지방정부가 서로 일부 기능을 공유하면서 협력하는 관계로 본다. 그러나 어디까지나 각 정부는 상호독립적인 실체로 존재한다.

17 난도 ★☆☆　　　　　　　　　　　　정답 ③

조직론 > 조직관리
정답의 이유
③ 상황적 보상과 예외관리를 특징으로 하는 것은 거래적 리더십에 대한 설명이다.

더 알아보기

거래적 리더십과 변혁적 리더십

구분	거래적 리더십	변혁적 리더십
초점	하급관리자	최고관리층
동기부여 전략	외재적 동기부여	내재적 동기부여
리더십 요인	• 업적에 따른 보상 • 예외에 의한 관리 • 현상유지적 관리	• 카리스마 · 영감 · 지적 자극 • 영감적 동기부여 • 이상적 영향력(역할모델)
변화관	안전지향	변화지향
조직구조	고전적 관료제	탈관료제

18 난도 ★★☆　　　　　　　　　　　　정답 ③

행정학총론 > 행정의 주요 이론
정답의 이유
③ 무어(Moore)의 공공가치창출론은 정부 역할을 지나치게 부정적으로 인식하며 행정의 수단적 가치(효율, 성과 등 기업적 가치)만을 중시하는 신공공관리론(NPM)에 대한 대안으로 등장하였다.
오답의 이유
① 공공가치창출론은 행정의 정당성을 부정적으로 접근하는 사회적 분위기를 극복하기 위한 대안적 접근에 해당한다.
② 무어(Moore)는 공공가치창출론에서 공공가치의 전략적 창출을 위한 세 가지 연계모형인 전략적 삼각형(strategic triangle)을 제시하였다.
④ 무어(Moore)는 시장에는 공공가치가 공급되지 못하므로 정부관리자들이 공공가치 실현에 적극 힘써야 한다고 주장하였다.

19 난도 ★☆☆　　　　　　　　　　　　정답 ①

정책론 > 정책유형
정답의 이유
① 로위(Lowi)는 정책유형을 분배정책, 규제정책, 재분배정책, 구성정책으로 구분하였고 리플리와 프랭클린(Ripley&Franklin)은 정책유형을 분배정책, 경쟁적 규제정책, 보호적 규제정책, 재분배정책으로 구분하였다. 앨먼드와 파월(Almond&Powell)은 정책유형을 분배정책, 규제정책, 추출정책, 상징정책으로 구분하였으므로, 로위(Lowi)의 정책유형과 리플리와 프랭클린(Ripley&Franklin)의 정책유형에는 없지만 앨먼드와 파월(Almond&Powell)의 정책유형에 있는 것은 '상징정책'이다.

20 난도 ★★☆　　　　　　　　　　　　정답 ④

재무행정론 > 예산팽창이론
정답의 이유
④ 니스카넨(Niskanen)의 관료예산극대화 가설에 대한 설명이다. 니스카넨(Niskanen)은 관료가 자신들의 권력 극대화를 위하여 예산팽창을 등장시킨다고 보았다. 파킨슨(Parkinson)도 정부팽창을 주장하기는 하였지만 본질적인 업무량에 관계 없이 관료들의 심리적인 요인에 의하여 공무원 수가 늘어난다고 주장하였다.
오답의 이유
① 바그너(Wagner)는 경제 발전에 따라 국민의 욕구 부응을 위한 공공재 증가로 인해 정부 예산이 증가한다는 경비팽창의 법칙을 제시하였다.
② 피코크(Peacock)와 와이즈맨(Wiseman)의 단속효과에서는 전쟁과 같은 사회적 변동이 끝난 후에도 공공지출이 그 이전 수준으로 되돌아가지 않는 데에서 예산팽창의 원인을 찾고 있다.
③ 보몰(Baumol)은 정부 부문과 민간 부문 간의 생산성 격차를 통해 정부 예산의 팽창 원인을 설명한다. 이를 일명 '보몰의 병'이라 한다.

행정학개론 | 2022년 지방직 9급

한눈에 훑어보기

✅ 영역 분석

행정학총론   01   04   09
3문항, 15%

정책론   07   08   17   20
4문항, 20%

조직론   02   03   06   13
4문항, 20%

인사행정론   10   14   16   19
4문항, 20%

재무행정론   12   15   18
3문항, 15%

지방행정론   05   11
2문항, 10%

✅ 빠른 정답

01	02	03	04	05	06	07	08	09	10
③	④	①	④	③	③	①	①	①	④
11	12	13	14	15	16	17	18	19	20
③	②	④	②	④	②	①	②	②	④

✅ 점수 체크

구분	1회독	2회독	3회독
맞힌 문항 수	/ 20	/ 20	/ 20
나의 점수	점	점	점

01 난도 ★☆☆   정답 ③

행정학총론 > 행정의 이념(가치)

[정답의 이유]
㉠ 실체설에 의하면 공익은 사익을 초월한 규범적·도덕적 개념이다.
㉡ 과정설에 의하면 공익은 사익 간 갈등을 조정·타협하는 과정에서 산출되는 것이라고 본다.
㉢ 플라톤(Plato)과 루소(Rousseau)는 모두 공익의 실체설을 주장하였다.

[오답의 이유]
㉢ 과정설은 공익을 사익의 조정과 타협의 산물로 보는 것이므로 다원적 민주주의에 도움을 준다.

02 난도 ★☆☆   정답 ④

조직론 > 조직관리

[정답의 이유]
④ 허즈버그(Herzberg)의 욕구충족요인 이원론에서 성취감은 동기요인에 해당한다.

[오답의 이유]
①·②·③ 모두 위생요인에 해당한다.

03 난도 ★★☆   정답 ①

조직론 > 조직관리

[정답의 이유]
㉠ 서번트 리더십은 인간존중을 바탕으로 구성원들의 성장을 도모하면서 목표를 이뤄 나갈 수 있도록 환경을 조성하고 도와주는 섬기는 리더십이다.
㉢ 그린리프(Greenleaf)는 서번트 리더십의 핵심요소로 존중, 봉사, 정의, 정직, 공동체 윤리를 강조했다.

[오답의 이유]
㉡ 보상과 처벌을 핵심 관리수단으로 하는 것은 거래적 리더십이다. 서번트 리더십은 신뢰와 봉사를 핵심 관리수단으로 한다.
㉢ 리더의 최우선적인 역할로 업무를 명확하게 지시하도록 강조하는 리더십은 지시적 리더십이다.

04 난도 ★★☆   정답 ④

행정학총론 > 행정학의 주요 이론

정답의 이유

④ 뉴거버넌스론은 정부·시장·시민사회 간 네트워크를 통한 협력을 중요시하는 이론으로 대표적인 학자로는 로즈(Rhodes)와 피터스(Peters)가 있다.

오답의 이유

① 행정생태론은 환경 요인을 중요시하는 이론으로 대표적인 학자로는 가우스(Gaus)와 리그스(Riggs)가 있다. 오스본(Osborne)과 게블러(Gaebler)는 신공공관리론의 대표적인 학자이다.

② 후기행태주의는 가치지향적인 연구를 중요시하는 이론으로 대표적인 학자로는 이스턴(Easton)이 있다. 가치중립적·과학적 연구를 강조하는 것은 사이먼(Simon)의 행태론이다.

③ 신공공관리론은 시장원리인 경쟁의 도입을 강조하는 이론으로 대표적인 학자로는 오스본(Osborne)과 게블러(Gaebler)가 있다. 리그스(Riggs)는 생태론, 비교행정론의 대표적인 학자이다.

05 난도 ★☆☆   정답 ③

지방행정론 > 지방행정의 기초이론

정답의 이유

③ 티부(Tiebout) 모형은 최소한 한 가지 이상의 고정적 생산요소가 존재한다고 가정한다.

더 알아보기

티부(Tiebout) 모형의 내용
- 공공재는 중앙정부에 의해서만 공급될 수 있다는 사무엘슨(Samuelson)의 공공재이론에 대한 반론으로 제시한다.
- 주민들의 자유로운 선택으로 지방공공재의 적정규모를 결정한다.
- 소규모의 지방자치의 당위성을 옹호하는 이론으로서 경쟁의 원리에 의한 지방행정의 효율성, 지역 내의 동질성과 소통·접촉은 높아지지만 지역 간 형평성은 저하될 우려가 있다.

06 난도 ★☆☆   정답 ③

조직론 > 조직의 구조형태

정답의 이유

③ 관료들의 세력 팽창 욕구로 인한 기구와 인력의 증대는 관료제 국주의에 해당한다. 피터(Peter)의 원리는 계층제로 인하여 관료들이 무능력의 수준까지 승진하는 현상을 말한다.

오답의 이유

① 할거주의는 자신이 소속된 기관이나 부서만을 생각하고 다른 기관이나 부서는 배려하지 않는 현상을 말한다.

② 형식주의는 복잡한 절차와 형식을 중요시하여 번거로운 문서 처리 등의 문제점이 나타날 수 있는 현상을 말한다.

④ 전문화로 인한 무능은 한정된 분야에서의 전문성을 강조하여 다른 분야에 대한 이해력이 부족하고 적응하지 못하는 현상을 말한다.

07 난도 ★☆☆   정답 ①

정책론 > 정책집행

정답의 이유

㉠·㉢ 엘모어(Elmore)의 후방향적 집행연구와 립스키(Lipsky)의 일선관료제는 상향적 접근방법에 해당한다.

오답의 이유

㉡·㉣ 사바티어(Sabatier)와 매즈매니언(Mazmanian)의 집행과정모형과 반 미터(Van Meter)와 반 호른(Van Horn)의 집행연구는 하향적 접근방법에 해당한다.

더 알아보기

정책집행 연구의 하향적 접근과 상향적 접근

구분	하향적 접근	상향적 접근
정책 상황	안정적·구조화된 상황 (목표 수정 필요성 낮음)	유동적·동태화된 상황 (목표 수정 필요성 높음)
주요 행위자	정책결정자	정책집행자(일선관료)
집행자의 재량	재량 불인정	재량 인정
정책평가의 기준	집행의 충실성과 성과	환경에의 적응성
결정과 집행	정책결정과 집행을 분리 (정치·행정 이원론)	정책결정과 집행을 통합 (정치·행정 일원론)

08 난도 ★☆☆   정답 ①

정책론 > 정책변동의 유형

정답의 이유

① 정책혁신은 기존의 조직이나 예산을 기반으로 하지 않고 완전히 새로운 형태의 개입을 결정하는 것을 의미한다. 즉, 무에서 유를 창조하는 정책을 말한다.

오답의 이유

② 정책승계는 정책의 기본 목표를 유지하면서 정책의 일부나 전부를 변경하는 것으로 선형적 승계, 정책통합, 정책분할, 부분종결 등의 유형이 있다.

③ 정책유지는 기존 정책의 목표나 수단 등 기본 골격은 유지하면서 부분적인 변화만 이루어지는 경우를 말한다.

④ 정책종결은 다른 정책으로의 대체 없이 기존 정책을 완전히 폐지하는 것이다.

09 난도 ★★★   정답 ①

행정학총론 > 경쟁가치모형

정답의 이유

① 위계 문화는 경쟁가치모형 중 내부과정모형에 해당하며 안정성과 균형을 강조한다. 응집성을 강조하는 것은 인간관계모형이다.

오답의 이유

② 혁신지향 문화는 개방체제모형에 해당하며 융통성과 창의성을 강조한다.

③ 과업지향 문화는 합리목표모형에 해당하며 생산성과 능률성을 강조한다.

④ 관계지향 문화는 인간관계모형에 해당하며 응집성과 사기 유지를 강조한다.

더 알아보기

퀸(Quinn)과 로보그(Rohrbaugh)의 경쟁적 가치 접근법

구분	조직(외부)	인간(내부)
통제	합리목표모형(과업지향 문화) • 목표: 생산성, 능률성 • 수단: 기획, 목표 설정	내부과정모형(위계지향 문화) • 목표: 안정성, 균형 • 수단: 정보관리, 의사소통
유연성	개방체제모형(혁신지향 문화) • 목표: 성장, 자원 확보 • 수단: 융통성, 창의성	인간관계모형(관계지향 문화) • 목표: 인적자원개발 • 수단: 응집성, 사기 유지

10 난도 ★★☆ 　　　　　　　　 정답 ④

인사행정론 > 사기앙양과 근무규율

정답의 이유

④ 퇴직급여의 산정 기준은 전체 재직기간의 평균기준소득월액이다. 평균기준소득월액이란 재직기간 중 매년 기준소득월액을 공무원보수인상률 등을 고려하여 대통령령으로 정하는 바에 따라 급여의 사유가 발생한 날의 현재가치로 환산한 후 합한 금액을 재직기간으로 나눈 금액을 말한다(공무원연금법 제3조 제1항 제5호).

제3조(정의)

① 이 법에서 사용하는 용어의 뜻은 다음과 같다.

5. "평균기준소득월액"이란 재직기간 중 매년 기준소득월액을 공무원보수인상률 등을 고려하여 대통령령으로 정하는 바에 따라 급여의 사유가 발생한 날(퇴직으로 급여의 사유가 발생하거나 퇴직 후에 급여의 사유가 발생한 경우에는 퇴직한 날의 전날을 말한다. 이하 같다)의 현재가치로 환산한 후 합한 금액을 재직기간으로 나눈 금액을 말한다. 다만, 제43조 제1항 · 제2항에 따른 퇴직연금 · 조기퇴직연금 및 제54조 제1항에 따른 퇴직유족연금(공무원이었던 사람이 퇴직연금 또는 조기퇴직연금을 받다가 사망하여 그 유족이 퇴직유족연금을 받게 되는 경우는 제외한다) 산정의 기초가 되는 평균기준소득월액은 급여의 사유가 발생한 당시의 평균기준소득월액을 공무원보수인상률 등을 고려하여 대통령령으로 정하는 바에 따라 연금 지급이 시작되는 시점의 현재가치로 환산한 금액으로 한다.

오답의 이유

① 퇴직연금 지급률은 1.9%에서 2035년까지 1.7%로 단계적으로 인하된다.

② 퇴직연금 수급 재직요건은 20년 이상에서 10년 이상으로 완화되었다.

③ 퇴직연금 기여율은 기준소득월액의 7%에서 9%로 단계적으로 인상되었다.

11 난도 ★★☆ 　　　　　　　　 정답 ③

지방행정론 > 지방재정

정답의 이유

ⓒ · ② · ⓑ 특별시 · 광역시의 보통세와 도의 보통세에 공통적으로 속하는 세목은 지방소비세, 레저세, 취득세이다.

더 알아보기

과세주체별 지방세의 종류

구분	광역자치단체		기초자치단체	
	특별시 · 광역시세	도세	시 · 군세	자치구세
보통세	취득세, 레저세, 담배소비세, 지방소비세, 주민세, 지방소득세, 자동차세	취득세, 등록면허세, 레저세, 지방소비세	담배소비세, 주민세, 지방소득세, 재산세, 자동차세	등록면허세, 재산세
목적세	지역자원시설세, 지방교육세	지역자원시설세, 지방교육세	―	

12 난도 ★★★ 　　　　　　　　 정답 ②

재무행정론 > 재무행정의 기초이론

정답의 이유

② 재무회계는 발생주의 복식부기 회계방식이, 예산회계는 현금주의 단식부기 방식이 적용된다.

오답의 이유

① 국가회계는 디브레인(dBrain) 시스템(디지털예산회계시스템)을 통해 처리되고, 지방자치단체회계는 e-호조 시스템(지방재정관리시스템)을 통해 처리된다.

③ 발생주의는 재무에 영향을 줄 수 있는 사건이 발생한 시점을 기준으로 기록하는 방식이므로 미수수익이나 미지급금을 자산과 부채로 표시할 수 있다.

④ 재무제표는 거래가 발생하면 차변과 대변 양쪽에 동일한 금액으로 이중기입하는 복식부기의 방식을 채택하고 있다.

13 난도 ★☆☆ 　　　　　　　　 정답 ④

조직론 > 조직의 기초이론

정답의 이유

㉠ 정부위원회는 복수의 구성원으로 이루어진 합의제 조직이므로 책임이 분산되어 책임성이 결여될 수 있다.

㉢ 정부위원회는 다수의 참여와 합의를 통한 의사결정으로 민주성을 제고하는 장점이 있다.

㉣ 정부조직법상 방송통신위원회, 공정거래위원회, 국민권익위원회, 금융위원회, 개인정보 보호위원회, 원자력안전위원회는 중앙행정기관이다.

정부조직법 제2조(중앙행정기관의 설치와 조직 등)

② 중앙행정기관은 이 법에 따라 설치된 부·처·청과 다음 각 호의 행정기관으로 하되, 중앙행정기관은 이 법 및 다음 각 호의 법률에 따르지 아니하고는 설치할 수 없다.

1. 「방송통신위원회의 설치 및 운영에 관한 법률」 제3조에 따른 방송통신위원회
2. 「독점규제 및 공정거래에 관한 법률」 제54조에 따른 공정거래위원회
3. 「부패방지 및 국민권익위원회의 설치와 운영에 관한 법률」 제11조에 따른 국민권익위원회
4. 「금융위원회의 설치 등에 관한 법률」 제3조에 따른 금융위원회
5. 「개인정보 보호법」 제7조에 따른 개인정보 보호위원회
6. 「원자력안전위원회의 설치 및 운영에 관한 법률」 제3조에 따른 원자력안전위원회
7. 「우주항공청의 설치 및 운영에 관한 특별법」 제6조에 따른 우주항공청
8. 「신행정수도 후속대책을 위한 연기·공주지역 행정중심복합도시 건설을 위한 특별법」 제38조에 따른 행정중심복합도시건설청
9. 「새만금사업 추진 및 지원에 관한 특별법」 제34조에 따른 새만금개발청

오답의 이유
ⓒ 업무의 계속성과 상시성이 요구되는 위원회는 행정위원회이다.

14 난도 ★☆☆   정답 ②

인사행정론 > 사기앙양과 근무규율

정답의 이유
② 연공급은 전문지식이나 능력이 아닌 근속연수를 기준으로 보수를 지급하기 때문에 전문기술인력 확보에 불리하다.

오답의 이유
① 직능급은 직무수행능력(노동력의 가치)에 따라 보수를 지급하므로 자격증 등 능력을 갖춘 유능한 인재의 확보에 유리하다.
③ 직무급은 동일노동에 대한 동일임금을 지급하기 때문에 합리적이고 공평한 보수 책정이 가능하다.
④ 성과급은 직무수행의 결과에 따라 보수를 지급하므로 결과를 중시하며 변동급의 성격을 가진다.

15 난도 ★☆☆   정답 ④

재무행정론 > 예산과정

정답의 이유
④ 예비타당성조사는 총사업비가 500억 원 이상이고 국가의 재정지원규모가 300억 원 이상인 신규사업을 대상으로 한다(국가재정법 제38조 제1항).

제38조(예비타당성조사)

① 기획재정부장관은 총사업비가 500억 원 이상이고 국가의 재정지원 규모가 300억 원 이상인 신규 사업으로서 다음 각 호의 어느 하나에 해당하는 대규모사업에 대한 예산을 편성하기 위하여 미리 예비타당성조사를 실시하고, 그 결과를 요약하여 국회 소관 상임위원회와 예산결산특별위원회에 제출하여야 한다. 다만, 제4호의 사업은 제28조에 따라 제출된 중기사업계획서에 의한 재정지출이 500억 원 이상 수반되는 신규 사업으로 한다.

1. 건설공사가 포함된 사업
2. 「지능정보화 기본법」 제14조 제1항에 따른 지능정보화 사업
3. 「과학기술기본법」 제11조에 따른 국가연구개발사업
4. 그 밖에 사회복지, 보건, 교육, 노동, 문화 및 관광, 환경 보호, 농림해양수산, 산업·중소기업 분야의 사업

16 난도 ★★★   정답 ②

인사행정론 > 사기앙양과 근무규율

정답의 이유
② 공직자윤리법상 재산등록의무자는 대령 이상의 장교 및 이에 상당하는 군무원이다(공직자윤리법 제3조 제1항 제7호).

오답의 이유
①·③·④ 공직자윤리법 제3조 제1항 제3호·제5호·제9호

제3조(등록의무자)

① 다음 각 호의 어느 하나에 해당하는 공직자(이하 "등록의무자"라 한다)는 이 법에서 정하는 바에 따라 재산을 등록하여야 한다.

3. 4급 이상의 일반직 국가공무원(고위공무원단에 속하는 일반직 공무원을 포함한다) 및 지방공무원과 이에 상당하는 보수를 받는 별정직 공무원(고위공무원단에 속하는 별정직 공무원을 포함한다)
5. 법관 및 검사
7. 대령 이상의 장교 및 이에 상당하는 군무원
9. 총경(자치총경을 포함한다) 이상의 경찰공무원과 소방정 이상의 소방공무원

17 난도 ★★☆   정답 ①

정책론 > 정책집행과 기획

정답의 이유
① 살라몬(Salamon)의 정책도구 분류에서 강제성이 가장 높은 것은 경제적 규제이다.

오답의 이유
②·④ 바우처와 직접대출은 강제성이 중간인 정책수단이다.
③ 조세지출은 강제성이 낮은 정책수단이다.

18 난도 ★★☆　　　　　　　　　　　　정답 ②

재무행정론 > 재무행정의 기초이론

정답의 이유

② 특별회계와 기금은 단일성과 통일성의 원칙의 예외에 해당한다. 예산총계주의 원칙의 예외에는 수입대체경비, 현물출자, 전대차관 등이 있다.

오답의 이유

① 국가재정법 제4조 제2항

③ 우리나라는 일반회계, 특별회계, 기금 모두 국회로부터 결산의 심의 및 의결을 받아야 한다.

④ 정부는 전쟁이나 대규모 재해가 발생하여 예산에 변경을 가할 필요가 있는 경우 추가경정예산을 편성할 수 있다(국가재정법 제89조 제1항 제1호).

> 제89조(추가경정예산안의 편성)
> ① 정부는 다음 각 호의 어느 하나에 해당하게 되어 이미 확정된 예산에 변경을 가할 필요가 있는 경우에는 추가경정예산안을 편성할 수 있다.
> > 1. 전쟁이나 대규모 재해(「재난 및 안전관리 기본법」 제3조에서 정의한 자연재난과 사회재난의 발생에 따른 피해를 말한다)가 발생한 경우

19 난도 ★★☆　　　　　　　　　　　　정답 ②

인사행정론 > 사기양양과 근무규율

정답의 이유

② 제시문은 집약근무형에 대한 설명이다. 집약근무형은 탄력근무제의 유형 중 하나로 1일 8시간에 구애받지 않고 10~12시간 근무하면서 주 3.5~4일 동안 집약해서 근무할 수 있다.

오답의 이유

① 재택근무형은 원격근무제의 유형 중 하나로 정보통신망을 이용하여 사무실이 아닌 자택에서 근무하는 것을 말한다.

③ 시차출퇴근형은 탄력근무제의 유형 중 하나로 1일 8시간을 근무하되 출근 시간을 자율적으로 조정하는 것을 말한다.

④ 근무시간선택형은 탄력근무제의 유형 중 하나로 주 5일 근무는 유지하되 1일 4~12시간으로 조정하여 근무하는 것을 말한다.

20 난도 ★★☆　　　　　　　　　　　　정답 ④

정책론 > 정책의제설정

정답의 이유

④ 정책의제설정 유형 중 (라)는 동원형에 해당한다. 동원형은 정책결정자가 이슈를 제기하면 자동적으로 정책의제화가 되지만 성공적인 집행을 위해서는 공중의 지지가 필요하므로 정부의 주도적인 PR 활동 등이 이루어지는 모형이다.

오답의 이유

① (가)는 외부주도형으로 시민사회단체 등과 같은 민간집단이 이슈를 제기하면 확산의 과정을 거쳐 정책의제에 이르는 유형이다.

② (나)는 내부주도형으로 특별히 의사결정자에게 접근할 수 있는 영향력 있는 집단이 정책을 주도하는 유형이다.

③ (다)는 굳히기(공고화)형으로 이미 공중의 지지가 높은 정책문제에 대하여 정부가 공고화를 시도하는 유형이므로 정책이 결정된 후 집행이 용이하다.

더 알아보기

홀릿(Howlett)과 라메쉬(Ramesh), 메이(May)의 의제설정모형

대중의 지지 논쟁의 주도자	높음	낮음
사회적 행위자	외부주도형	내부주도형
국가	굳히기(공고화)형	동원형

한눈에 훑어보기

✓ **빠른 정답**

01	02	03	04	05	06	07	08	09	10
①	②	④	①	③	②	③	①	④	②
11	**12**	**13**	**14**	**15**	**16**	**17**	**18**	**19**	**20**
④	②	②	①	②	③	④	③	①	④

✓ **점수 체크**

구분	1회독	2회독	3회독
맞힌 문항 수	/ 20	/ 20	/ 20
나의 점수	점	점	점

01 난도 ★★☆   정답 ①

행정학총론 > 행정의 본질

정답의 이유

① 정치·행정 일원론은 1930년대 경제대공황의 발생으로 인한 뉴 딜정책 등 행정국가의 등장과 연관성이 깊다.

오답의 이유

② 윌슨(Wilson)의 「행정연구」는 정치·행정 이원론에 공헌하였다.

③ 정치는 의사결정의 영역이고 행정은 결정된 내용을 집행한다고 보는 것은 정치·행정 이원론의 입장이다.

④ 정치·행정 이원론은 행정과 경영의 유사성과 행정이 지향하는 가치로 절약과 능률을 강조하였다.

02 난도 ★★☆   정답 ②

행정학총론 > 행정학의 주요 이론

정답의 이유

② 신공공관리론에서 지향하는 기업가적 정부는 노젓기가 아니라 방향잡기를 강조한다.

오답의 이유

①·③·④ 기업가적 정부는 전통적 관료제와 달리 경쟁적 정부, 성과지향적 정부, 미래지향적 정부 등을 특징으로 한다.

03 난도 ★★☆   정답 ④

인사행정론 > 공직의 분류

정답의 이유

④ 경력직 공무원은 실적과 자격에 의하여 임용되고 신분이 보장되는 공무원을 말하며, 일반직과 특정직으로 분류된다(국가공무원법 제2조 제2항).

> **제2조(공무원의 구분)**
> ② "경력직 공무원"이란 실적과 자격에 따라 임용되고 그 신분이 보장되며 평생 동안(근무기간을 정하여 임용하는 공무원의 경우에는 그 기간 동안을 말한다) 공무원으로 근무할 것이 예정되는 공무원을 말하며, 그 종류는 다음 각 호와 같다.
> 1. 일반직 공무원: 기술·연구 또는 행정 일반에 대한 업무를 담당하는 공무원
> 2. 특정직 공무원: 법관, 검사, 외무공무원, 경찰공무원, 소방공무원, 교육공무원, 군인, 군무원, 헌법재판소 헌법연구관, 국가정보원의 직원, 경호공무원과 특수 분야의 업무를 담당하는 공무원으로서 다른 법률에서 특정직 공무원으로 지정하는 공무원

오답의 이유

① 소방공무원은 경력직 공무원 중 특정직 공무원에 해당한다.

② 국회 수석전문위원은 별정직 공무원에 해당한다.

③ 차관은 정무직이며, 1급에서 3급 공무원까지는 일반직 공무원에 해당한다.

04 난도 ★★☆　　　　　　　　　　　　　정답 ①

재무행정론 > 예산제도

정답의 이유

① 품목별 예산제도는 지출의 대상 및 성질을 기준으로 예산을 항목별로 구분하는 것으로, 행정부의 재량권 남용을 방지하기 위한 통제지향적 예산제도이다.

오답의 이유

② 성과주의 예산제도는 세부사업별로 예산을 편성하는 제도로, '사업량×단위원가=예산액' 방식으로 계산된다.

③ 계획예산제도는 프로그램을 통해 장기적인 계획과 단기적인 예산편성을 유기적으로 연계시킨다.

④ 영기준 예산제도는 전년도 예산에 구애받지 않고 계속사업과 신규사업을 모두 검토한다.

05 난도 ★★☆　　　　　　　　　　　　　정답 ③

재무행정론 > 재무행정의 기초이론

정답의 이유

③ 합목적성 차원에서 특별회계 예산보다 자율성과 탄력성이 강한 것은 기금에 대한 설명이다.

오답의 이유

① 기금은 국가가 특정한 목적을 위하여 특정한 자금을 신축적으로 유지할 필요가 있을 때 법률로써 설치하며, 예산외로 운영할 수 있는 자금이다. 따라서 특정 수입과 지출의 연계가 강하다.

② 특별회계 예산은 특정한 목적을 위해 세입과 세출을 일반회계와 별도로 구분·경리하는 예산이다. 따라서 일반회계와 마찬가지로 세입과 세출의 운영 체계를 갖는다.

④ 특별회계와 기금 모두 결산서를 국회에 제출하여 심의·의결을 받아야 한다.

06 난도 ★★☆　　　　　　　　　　　　　정답 ②

지방행정론 > 지방재정

정답의 이유

② 국고보조금은 용도가 정해진 특정재원이므로 통제를 수반하고, 지방재정운영의 자율성을 저해한다.

오답의 이유

① 재정자립도는 일반회계 총세입 중 자주재원(지방세 수입+세외수입)이 차지하는 비중이다.

③ 지방교부세는 수평적 조정재원으로, 지방재정의 결함이나 불균형을 시정해주는 기능을 한다.

④ 지방자치단체는 공유재산의 조성, 재해예방 및 복구사업, 대규모 세입결함 보전, 지방채의 차환 등을 위하여 지방채를 발행할 수 있다(지방재정법 제11조 제1항).

제11조(지방채의 발행)

① 지방자치단체의 장은 다음 각 호를 위한 자금 조달에 필요할 때에는 지방채를 발행할 수 있다. 다만, 제5호 및 제6호는 교육감이 발행하는 경우에 한한다.

1. 공유재산의 조성 등 소관 재정투자사업과 그에 직접적으로 수반되는 경비의 충당

2. 재해예방 및 복구사업

3. 천재지변으로 발생한 예측할 수 없었던 세입결함의 보전

4. 지방채의 차환

5. 「지방교육재정교부금법」 제9조 제3항에 따른 교부금 차액의 보전

6. 명예퇴직(「교육공무원법」 제36조 및 「사립학교법」 제60조의3에 따른 명예퇴직을 말한다. 이하 같다) 신청자가 직전 3개 연도 평균 명예퇴직자의 100분의 120을 초과하는 경우 추가로 발생하는 명예퇴직 비용의 충당

---

07 난도 ★★☆　　　　　　　　　　　　　정답 ③

조직론 > 조직관리

정답의 이유

③ 변혁적 리더십은 부하에게 새로운 비전을 제시·공유하도록 하는 영감적 기능과 새로운 관념을 촉발시키는 지적 자극 등을 구성요소로 한다.

오답의 이유

① 변혁적 리더십은 조직의 안정보다는 적응 및 변화를 강조한다.

② 변혁적 리더십은 기계적 조직보다 유기적 구조에 적합하며 개인적 배려를 중시한다.

④ 변혁적 리더십이 아니라 거래적 리더십의 특징에 해당한다.

08 난도 ★★☆　　　　　　　　　　　　　정답 ①

조직론 > 조직이론

정답의 이유

① 인간관계론은 사회심리적 측면의 욕구 충족을 통한 동기 유발을 강조한다.

오답의 이유

② 시간-동작 연구를 통해 과학적 관리론을 주장한 학자는 테일러(Taylor)이다.

③ 고전적 조직이론은 기계적 능률을 강조하고, 인간을 합리적 경제인으로 간주한다.

④ 상황이론은 모든 상황에 적용되는 유일·최선의 조직구조보다는 개별 조직의 상황에 맞는 구조를 중시한다.

09 난도 ★★☆
정답 ④

조직론 > 조직관리기법

정답의 이유

④ 정책 순응노는 고객 관점의 지표에 해당하지만 시민참여, 적법 절차, 공개 등은 프로세스 관점의 지표이고, 내부 직원의 만족도 등은 학습과 성장 관점의 지표에 해당한다.

오답의 이유

① · ② 균형성과표는 장기와 단기, 재무와 비재무 등의 성과지표를 균형적으로 고려한다.

③ 균형성과표는 재무적 관점, 고객 관점, 프로세스 관점, 학습과 성장 관점을 균형 있게 고려하는 포괄적 · 통합적 성과관리시스템이다.

더 알아보기

성과측정지표

- 재무관점: 우리 조직은 주주들에게 어떻게 보일까? → 매출신장률, 시장점유율, 원가절감률, 자산보유 수준, 재고 수준, 비용 절감액 등
- 고객관점(외부시각): 재무적으로 성공하기 위해서는 고객들에게 어떻게 보여야 하나? → 고객확보율, 고객만족도, 고객유지율, 고객 불만 건수, 시스템 회복시간 등
- 내부 프로세스 관점: 프로세스와 서비스의 질을 높이기 위해서는 어떻게 해야 하나? → 전자결재율, 화상회의율, 고객 대응 시간, 업무처리시간, 불량률, 반품률 등
- 학습 및 성장관점(미래시각): 우리 조직은 지속적으로 가치를 개선 · 창출할 수 있는가? → 성장과 학습지표, 업무숙련도, 사기, 독서율, 정보시스템 활용력, 교육훈련 투자 등

10 난도 ★★☆
정답 ②

정책론 > 정책집행과 기획

정답의 이유

② 정책옹호연합모형에서 중시하는 정책지지연합별 행위자들의 기저핵심신념은 쉽게 변화되지 않는다. 행위자들은 이러한 신념을 관철시키기 위하여 경쟁하며 그 과정에서 정책이 변동된다.

오답의 이유

① 정책지지연합 등 정책을 둘러싸고 있는 외적인 환경변수를 집행 과정과 연계하여 정책변동을 설명한다.

③ 정책중개자는 옹호연합 간 갈등이 발생했을 때 이를 조정 · 중재하는 중요한 역할을 맡는다.

④ 옹호연합은 자신들의 신념 체계를 정부 정책에 관철시키기 위해 여론, 정보, 인적 · 물적자원 등을 동원 · 활용한다.

11 난도 ★★☆
정답 ④

인사행정론 > 인사행정의 기초이론

정답의 이유

④ 실적주의는 공개경쟁채용시험제도를 통해 공직 임용에 대한 기회균등을 보장한다.

오답의 이유

① 개인의 능력, 적성, 기술을 공직 임용 기준으로 하는 것은 실적주의이다.

② 엽관주의하에서는 집권 정치인들이 고위공직자를 임명하므로 정치지도자의 국정 지도력이 강화된다.

③ 국민에 대한 관료의 대응성을 높일 수 있다는 것은 엽관주의의 장점이다.

12 난도 ★★☆
정답 ②

인사행정론 > 인사행정의 기초이론

정답의 이유

② 고위공무원단제도는 기존의 계급이나 연공서열 중심의 인사관리보다는 성과와 책임을 중시하는 제도이다.

오답의 이유

① · ③ · ④ 역량 중심, 성과와 책임 중심, 개방과 경쟁 중심의 인사관리는 모두 고위공무원단제도에서 중시하는 내용이다.

더 알아보기

고위공무원단제도의 핵심요소

개방과 경쟁	개방형 직위 제도, 공모직위 제도 등의 활용
성과와 책임	직무성과계약제, 직무성과급제, 적격성 심사 등의 활용
능력발전	개별식 · 맞춤형 교육, 역량평가제
범정부적 · 통합적 시야	범정부적 통합 관리, 직위공모제 등의 활용

13 난도 ★★☆
정답 ②

행정환류 > 4차 산업혁명

정답의 이유

② 대량 생산 및 규모의 경제 확산은 1 · 2차 산업혁명의 특징이다. 4차 산업혁명에서는 다품종 소량생산 및 속도의 경제 · 범위의 경제를 중시한다.

오답의 이유

① 4차 산업혁명의 핵심적인 특징으로 초연결성, 초지능성, 초예측성 등을 들 수 있다.

③ 사물과 사물, 사물과 인간 등을 모두 연결시켜 주는 사물인터넷(IoT)은 스마트 도시 구현에 도움이 된다.

④ 빅데이터 등 신기술을 바탕으로 개인별 맞춤 공공 서비스를 제공할 수 있다.

14 난도 ★★☆　　　　　　　　　　　정답 ①

행정환류 > 행정책임과 통제

정답의 이유

㉠ 파이너(Finer)는 누구도 스스로의 행동에 대한 심판관이 될 수 없다며, 외부에 의한 통제를 통한 외재적 책임을 강조하였다.

오답의 이유

㉡ 감사원은 대통령 소속 기관이다. 따라서 감사원의 직무감찰, 회계감사, 결산확인 등은 내부통제에 해당한다.

㉢ 프리드리히(Friedrich)는 파이너(Finer)와 반대로 개인의 양심 및 자율에 의한 내부통제의 실효성을 강조하였다.

15 난도 ★★☆　　　　　　　　　　　정답 ②

지방행정론 > 지방자치

정답의 이유

② 자치경찰제도는 지역 간 격차 발생 등으로 경찰행정의 통일성이나 효율성을 저하시킬 수 있다.

오답의 이유

① 자치경찰제도는 지역 설정에 맞는 치안 행정을 펼칠 수 있다.

③ 제주자치경찰단은 지방공무원 신분의 자치경찰조직으로, 주로 주민의 생활안전 활동에 관한 업무를 수행한다.

④ 자치경찰제도가 전국적으로 시행됨에 따라 자치경찰 사무를 관장하기 위하여 광역자치단체별로 시·도자치경찰위원회를 설치하였다(국가경찰과 자치경찰의 조직 및 운영에 관한 법률 제18조 제1항).

제18조(시·도 자치경찰위원회의 설치)
① 자치경찰사무를 관장하게 하기 위하여 특별시장·광역시장·특별자치시장·도지사·특별자치도지사 소속으로 시·도자치경찰위원회를 둔다.

16 난도 ★★★　　　　　　　　　　　정답 ③

지방행정론 > 지방재정

정답의 이유

③ 지방의회 예산안 심의 결과, 폐지되거나 감액된 지출항목에 대해서는 예비비를 사용할 수 없다(지방재정법 제43조 제3항).

오답의 이유

①·②·④ 지방재정법 제43조 제1항·제2항

제43조(예비비)
① 지방자치단체는 예측할 수 없는 예산 외의 지출 또는 예산 초과 지출에 충당하기 위하여 일반회계와 교육비특별회계의 경우에는 각 예산 총액의 100분의 1 이내의 금액을 예비비로 예산에 계상하여야 하고, 그 밖의 특별회계의 경우에는 각 예산 총액의 100분의 1 이내의 금액을 예비비로 예산에 계상할 수 있다.
② 제1항에도 불구하고 재해·재난 관련 목적 예비비는 별도로 예산에 계상할 수 있다.
③ 지방자치단체의 장은 지방의회의 예산안 심의 결과 폐지되거나 감액된 지출항목에 대해서는 예비비를 사용할 수 없다.

17 난도 ★★★　　　　　　　　　　　정답 ④

정책론 > 정책결정모형

정답의 이유

④ 제시문은 앨리슨(Allison) 모형 중 관료정치모형에 대한 내용이다. 관료정치모형에서는 각 부처를 대표하는 개인들이 갈등과 타협 등의 과정을 거치면서 정책결정을 하게 된다. 앨리슨(Allison)은 국가적 위기 시에 합리적 행위자 모형에 의해서만 정책결정이 이루어지는 것이 아니라, 관료정치모형에서와 같이 정치적 결정도 함께 고려하여 정책결정이 이루어질 수 있음을 주장하였다.

18 난도 ★★☆　　　　　　　　　　　정답 ③

행정학총론 > 행정학의 주요 이론

정답의 이유

③ 사회학적 제도주의는 결과성의 논리보다 적절성의 논리를 중시한다.

오답의 이유

① 신제도주의에서 제도는 공식적인 법률 외에도 규범이나 관습 등을 포함한다.

② 역사적 제도주의는 제도가 역사적 경로에 의존한다고 본다.

④ 합리적 선택 제도주의에서 제도는 합리적이며 자기 이익을 추구하는 개인의 행태를 제약한다고 본다.

19 난도 ★★☆　　　　　　　　　　　정답 ①

정책론 > 정책평가

정답의 이유

① 제시문은 내적 타당성 저해요인 중 검사요인에 대한 설명이다. 검사요인은 측정 그 자체가 실험에 영향을 주는 것을 말한다.

오답의 이유

② 선발요인은 실험집단을 구성할 때 선발의 차이로 인해 나타나는 오류를 말한다.

③ 상실요인은 연구기간 중 실험대상의 일부 탈락으로 인해 발생하는 오류를 말한다.

④ 역사요인은 실험기간 중 일어난 역사적 사건이 실험에 영향을 미치는 것을 말한다.

지방행정론 > 지방자치단체와 국가

정답의 이유

④ 의회–시지배인 형태에서 시지배인은 의례적이고 명목적인 기능을 수행하는 것이 아니라 실질적인 행정을 총괄한다.

오답의 이유

① 강시장–의회 형태는 일종의 기관대립형으로, 시장이 강력한 정치적 리더십을 발휘한다.

② 위원회 형태는 일종의 기관통합형으로, 주민 직선으로 선출된 지방의회 의원들이 집행부서의 장을 맡게 된다.

③ 약시장–의회 형태는 일종의 기관대립형으로, 의회가 입법권을 행사할 뿐 아니라 직접 집행업무에 관여한다. 여기서 시장은 지극히 제한된 범위의 행정권한만을 가진다.

행정학개론 | 2020년 지방직 9급

한눈에 훑어보기

✓ 영역 분석

행정학총론 01 05 14
3문항, 15%

정책론 08 15 17
3문항, 15%

조직론 02 06 09 19
4문항, 20%

인사행정론 04 10 12
3문항, 15%

재무행정론 11 16 18
3문항, 15%

지방행정론 03 07 20
3문항, 15%

행정환류 13
1문항, 5%

✓ 빠른 정답

01	02	03	04	05	06	07	08	09	10
④	③	②	①	③	②	①	④	③	④
11	12	13	14	15	16	17	18	19	20
③	②	①	②	④	①	③	④	④	③

✓ 점수 체크

구분	1회독	2회독	3회독
맞힌 문항 수	/ 20	/ 20	/ 20
나의 점수	점	점	점

01 난도 ★☆☆ 정답 ④

행정학총론 > 행정학의 기초이론

정답의 이유

④ 정부실패가 발생함에 따라 이 문제의 원인과 해결 대안을 탐색하는 공공선택이론과 신공공관리론 등이 등장하여 작은 정부를 적극적으로 옹호하게 되었다.

오답의 이유

① 정치·행정 일원론은 경제대공황 이후 행정국가 시기의 우월해진 행정현상을 설명하는 것으로 큰 정부에 해당한다.

② 뉴딜정책은 사회문제를 해결하기 위해 정부가 적극적으로 시장에 개입하려는 움직임으로, 작은 정부에서 큰 정부로의 이행을 촉진시켰다.

③ 사회복지 프로그램의 확대 등 복지국가는 행정권의 팽창을 초래하여 정부의 역할을 강조한다.

02 난도 ★☆☆ 정답 ③

조직론 > 조직의 양태와 조직유형

정답의 이유

③ 매트릭스 조직은 기능부서의 전문성과 사업부서의 신속한 대응성을 이중적으로 결합한 조직이다. 기능별 구조를 통해서는 수직적으로 통제를 하고, 사업별 구조를 통해서는 수평적으로 조정을 함으로써 기능구조의 전문성과 사업구조의 대응성을 확보하려고 한다.

오답의 이유

① 팀제 조직은 소수의 사람들이 공동의 목표를 달성하기 위해 책임을 공유하는 등 상호유기적인 관계를 유지하는 조직 형태를 말한다.

② 위원회 조직은 계층제에 기반하는 독임형 조직에 대응되는 개념으로 다수의 위원들이 구성되어 의사결정에 참여하는 집단적인 조직 형태를 말한다.

④ 네트워크 조직은 각자의 독립된 기능은 수행하면서 프로젝트 수행과 같이 유기적 연계가 필요한 경우에는 상호협력할 수 있는 조직 형태를 말한다.

03 난도 ★★☆ 정답 ②

지방행정론 > 지방재정

정답의 이유

② 재산임대수입은 자주재원에 해당한다. 자주재원이란 지방자치단체가 직접 징수하는 수입을 말한다.

PART 2 | 2020년 지방직 9급 **67**

오답의 이유
① · ③ · ④ 모두 의존재원에 해당한다.

더 알아보기

자주재원과 의존재원

자주재원	• 지방자치단체가 중앙정부의 도움 없이 자체적으로 조달 가능한 재원 • 지방세와 세외수입으로 구성
의존재원	• 의존수입이라고도 하며 국가나 광역자치단체로부터 제공받는 수입 • 지방교부세, 국고보조금, 조정교부금 등으로 구성

04 난도 ★☆☆ 정답 ①

인사행정론 > 임용과 능력발전

정답의 이유

① 선입견에 의한 오류는 출신지, 학벌, 종교 등에 근거한 편견이 평정에 영향을 미치는 현상을 말한다. 타인을 평가함에 있어 그가 속한 사회 집단에 대한 편견에 근거할 경우 발생한다.

오답의 이유

② 집중화 경향으로 인한 오류란 중간 범위의 점수를 주려고 하는 심리적 경향을 의미한다. 책임회피의 수단으로 아주 높거나 낮은 점수를 부여하지 않는다.

③ 엄격화 경향으로 인한 오류란 평정 결과의 점수 분포가 낮은 쪽에 집중되는 경향을 의미한다. 평정 결과의 점수 분포가 우수한 쪽에 집중되는 경향인 관대화의 오류와는 반대되는 개념이다.

④ 첫머리 효과에 의한 오류란 작업 초반의 실적에 영향을 받는 최초 오류를 말한다. 이는 시간적 오류에 해당하며 종합적이고 전체적인 평정을 하지 못하는 경향이 있다.

05 난도 ★☆☆ 정답 ③

행정학총론 > 행정의 이념(가치)

정답의 이유

③ 파레토 최적 상태란 어느 누구의 효용을 줄이지 아니하고서는 다른 어떤 누구의 효용도 늘릴 수 없을 정도로 자원 배분의 최적화가 이루어진 상태이며 능률성 가치를 뒷받침하는 대표적인 기준이다.

오답의 이유

① 실체설과 대립되는 공익개념인 과정설은 공익과 사익의 구별은 상대적이며 사익의 합이 공익이 된다는 소극적 입장이다.

② 롤스(Rawls)는 정의의 제1원리와 제2원리가 충돌할 때 제1원리가 우선하고, 제2원리 중에서 기회균등의 원리와 차등의 원리가 충돌할 때는 차등의 원리가 우선한다고 주장한다.

④ 합리성이란 어떤 행위가 궁극적 목표달성의 최적 수단이 되느냐의 여부를 가리는 개념이다.

06 난도 ★★☆ 정답 ②

조직론 > 조직관리

정답의 이유

② 비정형화된 기술은 공식화되지 않은 복잡한 기술을 의미하는 것으로 직무수행이 복잡하기 때문에 상사의 통솔 범위는 좁아질 수밖에 없다.

오답의 이유

① 정형화된 기술은 과제의 다양성이 낮고 문제의 분석 가능성이 높은 일상적 기술이며 공식성 및 집권성이 높은 기계적 구조와 부합하는 기술이다.

③ 공학적 기술은 과제의 다양성과 문제의 분석 가능성이 높은 기술이다.

④ 기예적 기술이란 과제의 다양성과 문제의 분석 가능성이 낮아 대체로 분권화된 유기적 구조와 부합하는 기술이다.

07 난도 ★☆☆ 정답 ①

지방행정론 > 지방자치단체의 조직

정답의 이유

① 제시문은 보충성의 원칙에 대한 설명이다. 보충성의 원칙이란 가능한 한 많은 사무를 기초지방정부에게 부여하여야 하며, 기초지방정부가 수행하기 어려운 사무는 광역지방정부가, 광역지방정부도 수행하기 어려운 사무를 중앙정부가 처리해야 함을 의미한다. 따라서 시 · 도와 시 · 군 및 자치구의 사무가 서로 경합하면 시 · 군 및 자치구가 우선적으로 처리한다.

오답의 이유

② 포괄성의 원칙이란 연관된 사무는 세분하지 말고 대단위로 묶어서 일괄 이양을 해야 한다는 것이다.

③ 형평성의 원칙이란 자치단체 간에 차등을 두지 않고 가급적 균등하게 배분해야 한다는 것이다.

④ 경제성의 원칙이란 어느 수준의 자치단체에 배분하는 것이 비용이나 시간 절감이 가능한지를 고려해야 한다는 것이다.

08 난도 ★☆☆ 정답 ④

정책론 > 정책집행과 기획

정답의 이유

ⓒ 하향식 접근에서는 정책을 결정하는 중앙의 고위직이 정책 과정을 주도한다.

ⓔ 하향식 접근에서는 정책결정자가 정책의 모든 과정을 전반적으로 장악하고 충분히 통제할 수 있다고 가정한다.

오답의 이유

ⓐ 상향식 접근에서는 집행현장에 초점을 맞춘다.

ⓑ 상향식 접근에서는 일선공무원의 전문지식과 문제해결능력을 중시한다.

09 난도 ★☆☆ 　　　　　　　　　　　정답 ③

조직론 > 조직의 기초이론

[정답의 이유]

③ 명령통일의 원리란 한 사람의 상급자로부터만 명령을 받아야 한다는 원리이다.

[오답의 이유]

① 분업의 원리란 한 사람이 할 수 있는 일의 성격과 종류에는 한계가 있으므로 업무를 가급적 세분화하여 한 사람에게는 한 가지 주된 업무를 분담해야 한다는 원리이다.

② 통솔범위의 원리란 한 명의 상급자의 통솔범위에는 한계가 있으므로 적정 수의 감독범위를 설정해야 한다는 것이다.

④ 조정의 원리란 공동목표 달성을 위하여 구성원들의 분화된 노력과 활동을 한 방향으로 조정·통합하여야 한다는 것이다.

10 난도 ★★☆ 　　　　　　　　　　　정답 ④

인사행정론 > 인사행정의 기초이론

[정답의 이유]

직업공무원제란 우수한 젊은 인재들을 공직에 유치하고, 그들이 공직에 근무하는 것을 명예로 인식하고 정년 퇴임 시까지 장기간에 걸쳐 성실하게 근무하도록 조직·운영되는 제도를 의미한다.

④ 정치적 중립은 직업공무원제의 기본적인 특징이다. 정치적 중립의 강화는 직업공무원제의 단점을 보완하는 것과는 관계가 없다.

[오답의 이유]

① 직업공무원제는 폐쇄적 임용을 통해 공무원 집단의 보수화를 초래하므로 개방형 인사제도 등을 통하여 보완하여야 한다.

② 직업공무원제는 정년까지 신분을 보장해주는 정규직 공무원제도이므로 이를 보완하기 위해서는 근무기간을 정하여 임용하는 계약제나 임기제 공무원 제도를 도입해야 한다.

③ 계급정년제란 일정 기간, 일정 계급에서 승진하지 못하면 강제로 퇴직시키는 제도로 직업공무원제의 단점을 보완하고 공직의 유동성과 개방성을 높이려는 제도이다.

11 난도 ★☆☆ 　　　　　　　　　　　정답 ③

재무행정론 > 예산제도

[정답의 이유]

③ 제시문은 계획예산제도에 대한 설명이다. 계획예산제도는 장기적인 계획과 단기적인 예산편성 프로그램을 통해 유기적으로 연결하여 의사결정을 합리적으로 행하고자 하는 제도로 기획기능을 강조한다.

[오답의 이유]

① 통제기능은 품목별 예산제도에서 강조한다.

② 관리기능은 성과주의 예산제도에서 강조한다.

④ 감축(관리)기능은 영기준 예산제도에서 강조한다.

12 난도 ★☆☆ 　　　　　　　　　　　정답 ②

인사행정론 > 인사행정의 기초이론

[정답의 이유]

② 직위분류제는 엄격한 분류구조로 인하여 불확실하고 유동적인 직무 상황에 신속히 대응할 수 없다는 단점이 있다.

[오답의 이유]

① 직위분류제는 행정의 전문성을 제고하는 데 적합하다.

③ 계급 간 차별이 심하고 승진이 어려운 것은 계급제의 단점이다.

④ 직위분류제는 직무가 종적·횡적으로 명확하게 분류되어 있어 직무경계가 명확하다.

13 난도 ★☆☆ 　　　　　　　　　　　정답 ①

행정환류 > 행정책임과 통제

[정답의 이유]

① 감사원은 대통령 소속의 내부적·공식적 통제기관으로 회계감사, 직무감찰, 결산확인 등을 수행한다.

14 난도 ★☆☆ 　　　　　　　　　　　정답 ②

행정학총론 > 행정국가와 신행정국가

[정답의 이유]

② BTL(Build-Transfer-Lease)은 민간이 건설하고 정부에 임대하는 형태이다. 민간이 자금을 투자해 공공시설을 건설(Build)하고 민간은 시설완공시점에서 소유권을 정부에 이전(Transfer)하는 대신 일정기간 동안 시설의 사용·수익 권한을 획득한다. 민간은 시설을 정부에 임대(Lease)하고 그 임대료를 받아 시설투자비를 회수한다. 자체 운영수입 창출이 어려운 학교, 복지 시설, 일반철도 등이 해당된다.

[오답의 이유]

① BTO(Build-Transfer-Operate)는 민간이 시설을 건설·운영하는 형태이다. 사회기반시설의 준공과 동시에 시설의 소유권이 국가 또는 지방자치단체에 이전되면 사업시행자에게 일정기간의 관리운영권을 인정하고, 사업시행자는 시설을 운영함으로써 투자비를 회수하는 방식이다. 자체 운영 수입이 창출 가능한 고속도로, 항만, 지하철, 경전철 등이 해당한다.

③ BOT(Build-Own-Transfer)는 민간이 건설하고, 투자비가 회수될 때까지 민간이 운영한 후 소유권을 정부에 이전하는 방식이다.

④ BOO(Build-Own-Operate)는 사회기반시설에 대한 민간투자사업에 있어서 사업시행자가 시설을 건설한 후 해당 시설의 소유권 및 운영권을 사업시행자가 가지는 방식이다.

15 난도 ★★☆ 　　　　　　　　　　　정답 ④

정책론 > 정책평가

[정답의 이유]

정책평가의 논리모형에서 수단과 목표 간의 인과관계의 요건은 시간적 선행성, 비허위적 관계, 공동변화 3가지이다.

ⓛ 특정 정책수단 실현과 정책목표 달성 간 관계를 설명하는 다른 요인이 배제되어야 한다(비허위적 관계).

ⓒ 정책과 목표 달성은 모두 일정한 방향으로 변화해야 한다(공동 변화).

오답의 이유

ⓐ 정책수단의 실현(독립변수)이 정책목표의 달성(종속변수)에 선행해야 한다(시간적 선행성).

16 난도 ★☆☆
정답 ①

재무행정론 > 예산제도

정답의 이유

① 비용편익분석은 비용과 편익을 모두 금전적 가치로 환산하여 비교·평가하기 때문에 분야가 다른 정책이나 프로그램도 비교할 수 있다.

더 알아보기

비용편익분석과 비용효과분석

구분	비용편익분석	비용효과분석
표현방식	비용과 편익을 금전적인 가치로 평가	비용은 금전적 가치로, 편익은 금전 외의 산출물로 평가
비용·효과의 고정여부	가변비용과 효과의 분석에 사용	고정비용과 효과의 분석에 사용
성격	• 양적 분석 • 공공부문 적용에 한계	• 질적 분석 • 공공부문 적용에 적합
중점	경제적인 합리성 강조	기술적인 합리성 강조
적용 사례	수력발전, 관개, 관광, 교통, 인력개발, 도시개발 등의 영역에 사용	국방, 경찰행정, 운수, 보건, 기타 영역에 사용

17 난도 ★★☆
정답 ③

정책론 > 정책결정모형

정답의 이유

ⓛ 점증주의모형은 합리모형의 비현실성을 비판하며, 정치적 현실을 반영하고, 기존의 정책이나 결정을 점증적이고 부분적으로 수정·개선해 나가는 모형이다. 기존의 정책에서 큰 변화보다는 조금의 변화를 추구하기 때문에 기존의 정책이 잘못된 경우에는 악순환이 반복되고 정책의 축소와 종결이 어렵다.

ⓒ 쓰레기통모형에서 4가지 의사결정 요소는 문제, 해결책, 선택기회, 참여자로 이들의 우연한 결합이 계기가 되어 의사결정이 이루어진다고 보았다.

오답의 이유

ⓐ 만족모형은 인간은 지각능력과 문제해결 능력 등의 한계가 있으므로 완전한 합리적인 결정을 통한 최적의 대안을 선택하기가 어렵기 때문에 제한된 합리성에 기초하여 현실적으로 만족할 만한 수준에서 결정이 난다고 주장한다.

ⓔ 최적모형은 합리모형의 비현실성과 점증모형의 타협적이고 보수적인 성격을 비판하면서 등장하였다. 합리적 분석뿐만 아니라 결정자의 직관적 판단도 중요한 요소로 간주하며, 초합리성을 강조한다.

18 난도 ★★☆
정답 ④

재무행정론 > 재무행정의 기초이론

정답의 이유

④ 조세지출예산이란 조세감면과 같은 조세지출의 구체적인 내역을 예산구조에 밝히고 국회의 심의·의결을 받도록 하는 제도로서 비과세, 소득공제, 우대세율 등 형식이 다양하다.

오답의 이유

① 조세지출예산(조세감면)은 세제 지원을 통해 제공한 혜택을 예산지출로 인정하는 것이다.

② 예산상의 재정지출이 직접지출이라면, 조세지출은 세제상의 혜택을 통한 간접지출의 성격을 띤다.

③ 조세지출은 징수해야 할 조세를 감면해 준 것으로, 그만큼의 보조금을 준 것과 같다는 의미에서 숨겨진 보조금이라고도 한다.

19 난도 ★☆☆
정답 ④

조직론 > 전자정부와 지식정부론

정답의 이유

유비쿼터스 전자정부란 국민이 언제 어디서나 통신망에 접속하여 물리적·현실적 공간까지 확대된 행정 서비스를 받을 수 있는 환경을 갖춘 차세대 미래형 전자정부이다.

ⓐ 유비쿼터스 정부는 광대역 초고속 인터넷과 무선모바일 네트워크, 센싱, 칩 등을 기반으로 한다.

ⓛ 유비쿼터스 정부는 지능적인 업무 수행과 개개인의 수요에 맞는 양방향 맞춤형 서비스를 특징으로 한다.

ⓒ 유비쿼터스 정부는 언제나, 어디서나, 어떤 기술이나, 어떤 네트워크로도 서비스를 받을 수 있는 보편적 서비스 환경을 말한다.

20 난도 ★★☆
정답 ③

지방행정론 > 지방자치단체와 주민

정답의 이유

민원행정은 민원인이 행정기관에 대하여 처분 등 특정한 행위를 요구하는 행정으로 고객접점에서 이루어지는 전달적 행정이자 시민들의 일상생활에 직결되는 민원 중심의 서비스이다.

ⓐ 민원행정은 규정에 따라 고객접점에서 서비스 제공이 이루어지는 전달적 행정이다.

ⓛ 행정기관은 원칙적으로 민원인이 될 수 없지만 사경제 주체로서 민원을 제기할 수 있다.

오답의 이유

ⓒ 민원행정은 가장 1차적인 행정구제수단이면서 행정통제수단으로서의 기능을 수행한다.

한눈에 훑어보기

✓ 영역 분석

행정학총론 01 12
2문항, 10%

정책론 03 04 08 14 16 17
6문항, 30%

조직론 10 13
2문항, 10%

인사행정론 02 11 18
3문항, 15%

재무행정론 07 09 19 20
4문항, 20%

지방행정론 05 15
2문항, 10%

행정환류 06
1문항, 5%

✓ 빠른 정답

01	02	03	04	05	06	07	08	09	10
②	②	①	④	③	④	①	④	②	④
11	12	13	14	15	16	17	18	19	20
②	②	①	③	④	③	①	③	④	③

✓ 점수 체크

구분	1회독	2회독	3회독
맞힌 문항 수	/ 20	/ 20	/ 20
나의 점수	점	점	점

---

01 난도 ★☆☆　　　　　　　　　정답 ②

행정학총론 > 행정의 이념(가치)

[정답의 이유]

② 능률성은 투입 대비 산출의 비율을, 효과성은 목표의 달성도를 나타내는 개념이다.

[오답의 이유]

① 합리성은 목적-수단의 연쇄관계에 타당한 근거를 갖고 있는가의 정도를 말한다.

③ 민주성은 행정과정의 민주화인 대외적 민주성과 행정조직 관리의 인간화인 대내적 민주성으로 구분된다.

④ 수평적 형평성은 동일 대상은 동일하게 대우하는 것을 말하며, 수직적 형평성은 다른 대상은 다르게 대우하는 것을 말한다.

02 난도 ★☆☆　　　　　　　　　정답 ②

인사행정론 > 인사행정의 기초이론

[정답의 이유]

② 엽관주의의 폐단을 시정하기 위해 등장한 인사제도는 실적주의이다. 대표관료제는 실적주의의 형식적인 기회균등이 실질적으로 형평성을 달성하지 못하는 문제점을 시정하기 위해 등장한 인사제도이다. 또한 대표관료제에서는 소수집단 우대정책이 결국 출신집단을 기준으로 우대하여 능력 기준을 침해할 수 있기 때문에 역차별의 문제를 초래할 수 있다.

[오답의 이유]

① 대표관료제는 소극적 대표가 적극적 대표를 촉진한다는 가정하에 도입된 제도이다.

③ 소극적 대표성은 출신 성분이 관료의 태도를 결정한다는 전제에 근거하여 형식적인 비례분포에 중점을 두는 것으로 관료제의 인적 구성을 강조한다.

④ 우리나라는 균형인사제도를 통해 장애인 · 지방인재 · 저소득층 등에 대한 공직진출 지원을 하고 있다.

03 난도 ★★☆　　　　　　　　　정답 ①

정책론 > 정책결정

[정답의 이유]

① 델파이기법은 특정 주제에 관한 전문가의 의견을 수렴하여 미래를 예측하는 기법이다. 전통적 델파이기법이 전문가들의 토론과 대면접촉 없이 설문지 조사를 통해 의견일치를 유도하는 데 반해, 정책 델파이기법은 전문가들의 토론과 대면접촉을 허용하며

상호교차토론을 통해 서로 대립되는 의견을 표출하는 데 초점을 두기 때문에 의견일치를 유도하지 않는다.

오답의 이유

② 현실에서 조직의 의사결정은 완벽한 합리성이 아닌 제한된 합리성의 상황에서 이루어진다.

③ 브레인스토밍 과정에서는 제시된 아이디어에 대한 비판을 금지함으로써 자유로운 상상을 허용한다. 특히 다른 사람의 아이디어를 모방하여 새로운 아이디어를 만드는 일종의 무임승차(편승기법)를 허용한다는 점을 주의해야 한다.

④ 의사결정권한이 상층부에 집중되면 집권화, 중·하위층에 나누어지면 분권화라고 한다. 따라서 고도로 집권화된 구조나 기능을 중심으로 편제된 조직의 의사결정은 최고관리자 개인이 주도하는 경우가 많다.

더 알아보기

전통적 델파이기법과 정책 델파이기법

구분	전통적 델파이기법	정책 델파이기법
개념	일반 문제에 대한 예측	전통적 델파이기법을 정책 문제에 도입
대상자	일반 전문가	• 정책 전문가와 정책 관계자 • 다양한 이해관계자
익명성	철저한 익명성·격리성 보장	• 선택적 익명성 보장 • 중간에 상호 교차토론 허용
분석 방법	의견의 평균치 중시	극단적이거나 대립된 견해 존중
합의	합의된 의견 도출	의견 차이나 갈등 부각
갈등	인정하지 않음	갈등 조성

04 난도 ★★☆ 　　　　　　　　　정답 ④

정책론 > 정책론의 기초

정답의 이유

④ 정책 환경이 불확실할 경우 정책결정자는 정책결정을 뒤로 미루거나(지연) 아예 정책결정을 하지 않는(회피) 방법을 사용하기도 하는데 이 경우 불확실성 자체가 없어지는 것은 아니므로 소극적인 대처방법에 해당한다.

오답의 이유

① · ② · ③ 모두 불확실성에 대한 적극적인 대처방안에 해당한다.

05 난도 ★☆☆ 　　　　　　　　　정답 ③

지방행정론 > 지방자치단체와 국가

정답의 이유

③ 광역행정은 기존의 행정구역이나 자치구역의 범위를 넘는 행정수요에 적극적으로 대응하여 더 넓은 지역에 걸쳐 행정사무를 종합적으로 처리하려는 지방행정 수행방식이다. 균질적이고 동일한 행정서비스를 더 넓은 지역에 공급함으로써 행정서비스 1단위당 평균 생산비용을 줄일 수 있으므로 규모의 경제를 실현하는 장점이 있다.

06 난도 ★☆☆ 　　　　　　　　　정답 ④

행정환류 > 행정책임과 통제

정답의 이유

④ 우리나라의 국민권익위원회는 헌법상 기관이 아니라 법률(부패방지 및 국민권익위원회의 설치와 운영에 관한 법률)에 근거하여 설립된 행정통제 기관이며 국무총리 소속으로 설치되었다.

오답의 이유

① 옴부즈만 제도는 일종의 행정감찰 제도를 말하며 행정에 대한 통제 기능을 수행한다.

② 옴부즈만 제도는 19세기에 스웨덴에서 최초로 채택되어 발전해 왔다.

③ 스웨덴의 옴부즈만은 입법부 소속인 데 반해, 프랑스의 옴부즈만은 행정부 소속으로, 국가별로 상이하다.

07 난도 ★★★ 　　　　　　　　　정답 ①

재무행정론 > 재무행정의 기초이론

정답의 이유

① 통합재정은 국가재정에서 지방재정까지, 일반회계와 특별회계 및 기금까지 모두 포함한다.

오답의 이유

② 통합재정의 기관 범위에 지방자치단체는 포함되지만, 공공기관은 포함되지 않는다.

③ 통합재정은 순계 개념상의 정부예산총괄표로, 내부거래를 제외하여 작성한다.

④ 우리나라는 1979년부터 정부의 재정규모 통계로 통합재정을 사용하고 있다. 세입과 세출을 총계가 아닌 순계 개념으로 파악한다.

08 난도 ★☆☆ 　　　　　　　　　정답 ④

정책론 > 정책의 본질과 유형

정답의 이유

④ 국유지 불하 정책은 배분정책의 사례에 해당한다.

오답의 이유

① · ② · ③ 모두 구성정책에 해당된다. 구성정책은 행정수행에 필요한 운영규칙과 관련된 정책으로서 주로 정부기구의 구조와 기능 및 운영과 관련된 정책이다.

09 난도 ★★☆ 　　　　　　　　　정답 ②

재무행정론 > 예산과정

정답의 이유

② 예비비와 총액계상제도는 예산집행의 신축성을 확보하기 위해 사용되는 대표적인 제도이다. 이러한 제도는 국회가 구체적인 용도를 지정하지 않고 큰 항목을 기준으로 승인하여 행정부의 재량하에서 사용할 수 있도록 허용하는 총괄예산의 성격을 갖는다. 총괄예산의 예로는 예비비와 총액계상제도, 국가정보원 예산, 지방교부세 등이 있다.

오답의 이유

① 예산과정은 '예산편성 – 예산심의 – 예산집행 – 예산결산'의 순으로 진행된다.

③ 예산의 집행방법 또는 제도의 개선 등으로 인하여 수입이 증대되거나 지출이 절약된 때에는 이에 기여한 자에게 성과금을 지급할 수 있으며, 절약된 예산을 다른 사업에 사용할 수 있다.

④ 우리나라는 총액배분 자율편성제를 운영하여, 기획재정부가 각 중앙부처의 총 지출액 한도를 지정한 후에 각 부처가 사업별 예산을 편성하고 다시 중앙예산기관이 종합편성하는 방식을 취한다. 각 부처의 예산 배분의 재량은 확대되었으나 기획재정부의 사업별 예산통제 기능은 유지되고 있다.

더 알아보기

예산집행의 신축성 유지 방안

- 예산의 이용 · 전용과 예산의 이체 · 이월
- 예비비와 계속비
- 국고채무부담행위와 수입대체경비
- 총액계상예산제도와 추가경정예산
- 국고여유자금의 활용과 수입과 지출의 특례 등

10 난도 ★★★ ※개정 · 변경된 내용으로 선지 교체 정답 ④

조직론 > 조직의 구조형태

정답의 이유

④ 한국수자원공사에 대한 관할권을 국토교통부에서 환경부로 이관하였다.

더 알아보기

2017년 7월 정부조직법 개정

- 17부 5처 16청 6위원회인 정부조직을 18부 5처 17청 6위원회 체제로 개편
- '미래창조과학부'의 명칭을 '과학기술정보통신부'로 전환(개칭)
- 국민안전처는 해체되고 행정자치부가 안전처의 기능을 흡수해 행정안전부로 개편
- '중소기업청'은 '중소벤처기업부'로 승격 개편
- '국가보훈처장'의 지위가 '장관급'으로 격상
- 국민안전처가 해체되면서 '소방청'은 행정안전부 산하 외청으로, '해양경찰청'은 해양수산부 산하 외청으로 각각 독립

윤석열 정부 조직 개편

- 19부 3처 19청 6위원회 체제로 개편(2023년 7월 기준)
- 국가보훈처를 창설 62년 만에 국가보훈부로 승격(국무위원인 장관이 국무회의 심의 · 의결권을 갖고 독자적인 부령 발령권 획득)
- 750만 명의 재외동포에 대한 지원을 강화하기 위한 재외동포청 신설

11 난도 ★☆☆ 정답 ②

인사행정론 > 인사행정의 기초이론

정답의 이유

② 직업공무원제는 폐쇄적 임용을 통해 공무원집단의 보수화와 행정의 전문성 저해를 야기할 수 있다. 직업공무원제는 신분보장과 정치적 중립을 핵심 요소로 하며 계급제, 폐쇄형 충원, 일반 행정가 중심의 인사제도를 근간으로 성립된다.

오답의 이유

① 직업공무원제는 젊고 우수한 인재들이 공직을 직업으로 선택하여 평생에 걸쳐 근무하도록 조직 · 운영되는 인사제도를 말한다.

③ 직업공무원제는 직업에 대한 강한 윤리의식과 신분보장을 통해 행정의 안정성 · 계속성 · 독립성을 확보할 수 있고, 높은 수준의 행동규범을 유지하는 데 도움이 된다.

④ 직업공무원제는 강력한 신분보장으로 승진에 대한 기회가 제한되어 있어 직원들의 불만이 증가할 수 있다.

12 난도 ★☆☆ 정답 ②

행정학총론 > 행정학의 주요 이론

정답의 이유

② 신행정학은 정치 · 행정 일원론에 입각하여 독자적인 행정이론의 발전을 이루고자 하였다.

오답의 이유

① 신행정학은 1960년대 미국 내의 산적한 사회문제(인종갈등, 베트남전쟁 등) 해결에 대한 처방을 탐색하기 위한 이론이다. 이에 비해 발전행정론은 1950년대 이후 기존의 비교행정론의 정태성과 소극성을 비판하고 제3세계의 발전 전략을 연구하기 위해 등장한 이론이다.

③ 신행정학은 기존 행정학의 학문 자세를 비판하고 당시의 사회문제를 해결하기 위한 규범적이며 처방적인 연구를 강조하였다.

④ 신행정론은 1968년 왈도(Waldo)가 주도한 미노브룩 회의에 참여하였던 젊은 학자들이 기존의 행정학과 성격을 달리하는 신행정론을 전개할 것을 주장하며 등장하였다.

13 난도 ★★☆ 정답 ①

조직론 > 조직관리

정답의 이유

① 조직참여의 기대가 적은 경우에 적합하며 예외관리에 초점을 두는 것은 거래적 리더십이다. 예외관리란 정해진 규정 · 규칙 위반을 감시하고, 위반 시 시정조치를 하며, 업무목표수준을 충족시키지 못한 경우에만 개입하는 관리방식을 말한다.

오답의 이유

② 변혁적 리더십은 리더가 구성원에게 특별한 관심을 보이거나 자긍심과 신념을 심어주어 목표달성에 대한 동기를 유발한다.

③ 변혁적 리더십은 리더가 부하들로 하여금 새로운 접근방법으로 도전하게 하는 등 창의성을 계발하는 지적 자극을 중시한다.

④ 변혁적 리더십은 리더가 인본주의, 평화 등 도덕적 가치와 이상을 호소하여 구성원들의 의식수준을 높여 목표를 달성하게 한다.

정책론 > 정책결정모형

정답의 이유

③ 에치오니(Etzioni)는 합리모형과 점증모형의 단점을 극복하기 위하여 혼합탐사모형을 주장하였다. 최적모형은 드로어(Y. Dror)가 주장한 모형이다.

오답의 이유

① 합리모형은 완벽한 합리성을 추구하기 때문에 린드블롬(Lindblom) 같은 점증주의자들은 합리모형이 현실적으로 불가능한 일을 정책결정자에게 강요함으로써 바람직한 정책결정에 도움을 주지 못한다고 주장한다.

② 사이먼(Simon)의 만족모형은 합리모형의 현실적인 제약점을 극복하기 위해 제한된 합리성을 바탕으로 제시된 모형이다. 따라서 합리모형에 대한 심각한 도전이자, 인간의 인지능력이라는 기본적인 요소에서 출발했기에 이론적 영향이 컸다.

④ 사이버네틱스모형은 주요 변수에 대한 불확실성을 통제하려는 모형으로 스타인부르너(Steinbruner)는 시스템 공학의 사이버네틱스 개념을 응용하여 관료제에서 이루어지는 정책결정을 단순하게 묘사하고자 노력하였다.

지방행정론 > 지방자치단체와 주민

정답의 이유

④ 지방자치단체의 조례를 제정하면 해당 지역에 거주하는 18세 이상의 외국인에게도 주민투표권이 부여된다(주민투표법 제5조 제1항 제2호).

제5조(주민투표권)

① 18세 이상의 주민 중 제6조 제1항에 따른 투표인명부 작성기준일 현재 다음 각 호의 어느 하나에 해당하는 사람에게는 주민투표권이 있다. 다만, 「공직선거법」 제18조에 따라 선거권이 없는 사람에게는 주민투표권이 없다.

   2. 출입국관리 관계 법령에 따라 대한민국에 계속 거주할 수 있는 자격(체류자격변경허가 또는 체류기간연장허가를 통하여 계속 거주할 수 있는 경우를 포함한다)을 갖춘 외국인으로서 지방자치단체의 조례로 정한 사람

오답의 이유

① 주민참여제도에는 주민투표, 주민소환, 주민소송 등이 있다.

② 지방자치법 제22조에는 주민소송에 관한 사항을 명시하고 있다.

③ 주민소환에 관한 법률 제16조 제2항

정책론 > 정책집행과 기획

정답의 이유

③ 제시문은 정책지지연합모형에 대한 설명이다. 정책지지연합모형은 정책을 둘러싼 지지연합들의 신념체계, 정책학습 등의 요인으로 인하여 경쟁하는 과정에서 정책변동이 발생한다고 분석하는 모형으로 정책하위체제에 초점을 두고 정책변화를 이해하려고 한다.

더 알아보기

정책지지연합모형의 4가지 전제(가정)

• 정책변화과정을 이해하기 위해서는 10년 이상의 장기간이 필요하다.

• 정책변화를 이해하기 위한 분석단위로서 정책하위체제(policy sub-system)에 중점을 두고 있다.

• 정책하위체제들은 다양한 수준의 정부에서 활동하는 행위자들을 모두 포함한다.

• 정책하위체제 안에서 행위자의 집단을 구분하는 기준으로 신념체계를 사용하고 있으며 이에 따라 행위자 집단인 정책지지연합들이 그들의 신념체계에 입각한 정책을 추진하기 위하여 경쟁하는 과정에서 정책변동이 발생하는 것으로 본다. 정책지지연합의 신념체계는 변화의 용이성에 따라 규범핵심(normative core), 정책핵심(policy core), 이차적 요소(secondary aspect) 등의 계층적 구조를 형성하고 있다.

정책론 > 정책평가

정답의 이유

① 진실험설계보다 준실험설계를 사용할 때 내적 타당성의 저해요인이 다양하게 나타난다. 준실험설계에서는 실험집단과 통제집단의 동질성이 확보되지 않기 때문에 정책(원인)이 어떤 효과(결과)를 초래하는가에 관한 내적 일관성(내적 타당성)을 저해한다.

오답의 이유

② 내적 타당성이란 원인변수(정책수단)와 결과변수(정책효과) 간의 인과적 추론의 정확도를 말한다.

③ 인과적 추론을 어렵게 함으로써 내적 타당성을 저해하는 제3의 변수로는 허위변수, 혼란변수, 억제변수, 왜곡변수 등이 있다. 따라서 이를 배제할 수 있다면 내적 타당성을 높일 수 있다.

④ 선발요인이나 상실요인은 내적 타당성 저해요인에 해당한다. 내적 타당성을 제고하기 위해서는 무작위 표본추출을 통해 실험집단과 통제집단의 동질성을 확보하는 것이 가장 대표적인 방법이다.

18 난도 ★★★

인사행정론 > 임용과 능력발전

[정답의 이유]

③ 대비오차는 근무성적평정과정에서 발생하는 오류 중 하나로서 평정자가 평정대상자를 다른 평정대상자와 비교함으로써 발생하는 오류를 말한다.

[오답의 이유]

① 우리나라 공무원의 근무성적평정의 평정요소(평가항목)는 근무실적과 직무수행능력이지만, 소속 장관이 필요하다고 인정할 경우 인사혁신처장이 정하는 범위에서 직무수행태도 또는 부서 단위의 운영평가 결과를 추가할 수 있다.

② 중요사건기록법은 평정자가 평정대상자의 근무실적에 영향을 주는 중요사건들을 직접 기술하여 평정하는 방법이다.

④ 우리나라의 5급 이하 공무원에게는 근무성적평가제가, 4급 이상 공무원에게는 직무성과계약제가 적용된다.

19 난도 ★★☆

정답 ④

재무행정론 > 예산과정

[정답의 이유]

④ 예비타당성조사는 경제성 분석, 정책성 분석, 지역균형발전 분석에 대한 평가결과를 종합적으로 분석한다.

[오답의 이유]

① 예비타당성조사는 기존 타당성조사의 문제점을 보완하기 위해 1999년부터 도입되었다.

② 신규 사업 중 총사업비가 500억 원 이상인 사업이 예비타당성 조사대상에 들어간다(국가재정법 제38조 제1항).

③ 예비타당성조사를 실시하는 조사주체는 기획재정부장관이다(국가재정법 제38조 제1항).

제38조(예비타당성조사)

① 기획재정부장관은 총사업비가 500억 원 이상이고 국가의 재정지원 규모가 300억 원 이상인 신규 사업으로서 다음 각 호의 어느 하나에 해당하는 대규모사업에 대한 예산을 편성하기 위하여 미리 예비타당성조사를 실시하고, 그 결과를 요약하여 국회 소관 상임위원회와 예산결산특별위원회에 제출하여야 한다. 다만, 제4호의 사업은 제28조에 따라 제출된 중기사업계획서에 의한 재정지출이 500억 원 이상 수반되는 신규 사업으로 한다.

  1. 건설공사가 포함된 사업

  2. 「지능정보화 기본법」 제14조 제1항에 따른 지능정보화 사업

  3. 「과학기술기본법」 제11조에 따른 국가연구개발사업

  4. 그 밖에 사회복지, 보건, 교육, 노동, 문화 및 관광, 환경 보호, 농림해양수산, 산업·중소기업 분야의 사업

더 알아보기

예비타당성조사와 타당성조사의 비교

구분	예비타당성조사	타당성조사
개념	타당성조사 이전에 예산 반영 여부 및 투자 우선순위 결정을 위한 조사	예비타당성을 통과한 후 본격적인 사업 착수를 위한 조사
조사 대상	• 종합적인 조사로서 해당 사업과 함께 가능한 모든 대안(후보사업)을 검토 • 총사업비가 500억 원 이상이고 국가의 재정지원 규모가 300억 원 이상인 신규 사업(지자체사업 포함)	• 해당 사업만 대상으로 수행 • 예비타당성조사 결과 경제성 있는 사업 • 총사업비 100~500억 원의 공공교통시설개발사업(도로, 철도, 항만 등)
조사 내용	예산사업의 경제성 비교	사업운영과정의 비용과 산출
경제성 분석	본격적인 타당성조사의 필요성 여부를 판단하기 위한 개략적 조사	실제 사업 착수를 위해 좀 더 정밀하고 세부적인 조사
정책 분석	지역경제 파급효과, 지역균형 개발, 상위계획연관성, 재원 조달 분석	조사대상이 아니며, 실제 사업의 추진과 관련된 사항만 조사
기술성 분석	조사대상이 아니며, 전문가 자문 등으로 대체(연구개발 사업은 기술성분석 포함)	토질조사, 공법 분석 등
조사 주체	기획재정부 (관계 부처 협의)	사업 주무부처 (사업시행기관)
근거 법령	국가재정법 시행령	건설기술진흥법 시행령 및 국가통합교통체계효율화법에 의한 투자평가지침
조사 기간	단기간	장기간

20 난도 ★★★

정답 ③

재무행정론 > 예산과정

[정답의 이유]

③ 우리나라가 발행하는 국채의 종류에는 국고채와 재정증권이 포함되어 있다.

[오답의 이유]

① 기획재정부장관은 국가의 회계 또는 기금이 부담하는 금전채무에 대하여 매년 국가채무관리계획을 수립하여야 한다(국가재정법 제91조 제1항).

② 국채는 국회의 의결을 받아 기획재정부장관이 발행한다(국채법 제5조 제1항).

④ 우리나라의 GDP 대비 국가채무비율은 일본과 미국보다 낮은 상태이다.

PART 2 | 2019년 지방직 9급 **75**

더 알아보기

우리나라 국채의 종류

- 국고채권: 국가의 재정정책 수행에 필요한 자금을 조달하기 위해 공공자금관리기금의 부담으로 발행하는 국채로, 국채법을 근거로 발행
- 국민주택채권: 서민의 주거생활 안정을 목적으로 하는 국민주택기금의 주요 재원으로 다른 국채와는 달리 첨가소화형태(의무매입)로 발행하는 국채이며, 주택법을 근거로 발행
- 외화표시 외국환평형기금채권: 국제 금융시장에서 외화표시 한 국채권의 기준금리 역할을 강화하고, 한국경제를 홍보하기 위하여 발행하는 국채로서 외국환거래법을 근거로 발행
- 재정증권: 정부의 일시적인 재정부족자금을 보전하기 위해 발행하는 채권

행정학개론 | 2018년 지방직 9급

한눈에 훑어보기

✔ 빠른 정답

01	02	03	04	05	06	07	08	09	10
①	④	④	③	②	④	④	②	①	①
11	12	13	14	15	16	17	18	19	20
③	④	④	①	④	①	①	③	③	④

✔ 점수 체크

구분	1회독	2회독	3회독
맞힌 문항 수	/ 20	/ 20	/ 20
나의 점수	점	점	점

---

01 난도 ★☆☆ 　　　　　　　　　　　정답 ①

행정학총론 > 행정학의 주요 이론

[정답의 이유]

① 행정관리론은 고전적 행정학으로 행정과 경영의 유사성을 강조하는 이론이며, 행정이념으로 절약과 능률성을 강조한다.

[오답의 이유]

② 신행정론은 1960년대 말 미국의 격동기 사회에 대응하기 위해 성립된 이론으로, 인본주의 및 사회적 형평성, 사회복지정책의 확대 등을 강조하는 이론이다.

③ 신공공관리론은 1980년대 영미계 국가의 행정개혁을 뒷받침하기 위해 등장한 이론으로, 신관리주의와 시장주의를 강조하는 이론이다. 신공공관리론은 민주성의 가치보다는 경쟁과 효율성의 가치를 강조한다.

④ 뉴거버넌스론은 협치를 강조하는 이론으로 신뢰와 투명성의 가치를 강조한다.

---

02 난도 ★★☆ 　　　　　　　　　　　정답 ④

조직론 > 조직이론

[정답의 이유]

④ 대리인이론은 정보 비대칭의 문제를 완화하기 위해서 대리인의 능력과 업무성과에 관한 명성, 조직 내에서 정보체계 또는 공동지식을 구축하는 방법이 적절하게 고안된 인센티브를 제공하는 방법 등을 주장한다. 즉, 대리인의 재량권을 축소한다.

[오답의 이유]

① 구조적 상황이론은 조직의 구조적 특성과 상황적 특성의 적합 여부에 따라 조직의 효과성이 결정된다고 보는 이론이다.

② 전략적 선택이론은 구조적 상황이론을 비판하며, 관리자 집단의 전략적 선택에 의해 조직구조가 결정된다는 이론이다.

③ 자원의존이론은 조직 생존을 위해 필수적인 자원에 초점을 두고 환경적인 불확실성을 극복하기 위하여 조직의 주도적·능동적인 의사결정을 중요시한다.

더 알아보기

거시조직이론의 분류

환경인식 분석수준	결정론	임의론
개별조직	〈체제 구조적 관점〉 구조적 상황론 (상황적응론)	〈전략적 선택 관점〉 • 전략적 선택이론 • 자원의존이론
조직군	〈자연적 선택 관점〉 • 조직군 생태학 이론 • 조직경제학 • 제도화이론	〈집단적 행동 관점〉 공동체 생태학 이론

03 난도 ★☆☆   정답 ④

행정학총론 > 행정학의 주요 이론

정답의 이유

④ 공공선택이론은 공공부문에 대한 경제학적 접근에 기초를 두고 있기 때문에 현실 적합성이 낮다고 평가받는다.

오답의 이유

① 공공선택이론은 정치경제학 또는 비시장 의사결정에 관한 경제학적 접근방식이다.

② 공공선택이론은 시민들의 요구와 선호에 민감하게 부응하는 제도의 마련으로 민주행정의 구현에도 의의가 있다.

③ 공공선택이론은 전통적 관료제를 비판하고 공공재 공급장치의 다중화를 강조한다.

04 난도 ★★☆   정답 ③

재무행정론 > 예산제도

정답의 이유

③ 영기준 예산제도는 계속사업과 신규사업 모두를 원점에서부터 재검토하는 합리주의(총체주의) 예산방식이다. 또한 사업패키지 작성에 있어 하위 부서의 참여가 이루어진다는 점에서 참여와 분권을 특징으로 하고 있다. 그러나 모든 사업을 원점에서 검토하는 과정에서 예산편성 시 과다한 비용이나 노력이 투입되는 단점이 있다.

더 알아보기

영기준 예산제도의 장·단점

장점	• 합리적 의사결정과 재원 배분 및 예산 삭감에 유리함 • 예산운용의 다양성과 신축성 및 다른 예산제도와 공존 가능성이 높음 • 계획예산제도보다 운영 면에서의 전문성을 적게 요구하기 때문에 조직구성원 모두가 참여할 수 있는 분권화된 관리체계를 가짐
단점	• 과다한 노력과 시간, 문서가 요구됨 • 주관성이 개입될 여지가 있음 • 예산의 정치적 측면이나 비경제적 요소를 고려하지 못함

05 난도 ★★☆   정답 ②

재무행정론 > 예산과정

정답의 이유

② 연도별 재정규모, 분야별·부문별 지출 한도 제시는 중앙예산기관인 기획재정부의 권한이며, 기획재정부에서 정한 지출의 한도 내에서 중앙부처는 자율적으로 예산을 편성한다.

더 알아보기

총액배분·자율편성제도의 도입 효과

• 주어진 지출한도 내에서 부처가 예산을 편성하므로 부처의 과다 요구와 중앙예산기관의 대폭 삭감이라는 불합리한 관행이 개선될 수 있다.

• 각 부처는 우선순위가 높은 사업 위주로 예산에 반영하므로 국정 우선순위에 따라 한정된 배분을 합리적으로 배분할 수 있다.

• 총량은 예산당국이 배분하고, 개별 사업 예산은 내용을 잘 아는 소관부처가 편성을 주도하므로 부처의 전문성에 기초한 예산편성이 가능하다.

• 부처에 예산편성의 자율성을 대폭 부여하는 대신 재정지출의 성과책임을 강화함으로써 성과관리의 기반을 마련할 수 있다.

06 난도 ★★☆   정답 ④

재무행정론 > 재무행정의 기초이론

정답의 이유

④ 머스그레이브(Musgrave)는 예산의 재정적 기능을 제시한 학자로 예산의 재정기능을 자원배분기능, 소득재분배기능, 경제안정 기능으로 분류하였다. 통제기능은 여기에 포함되지 않는다.

오답의 이유

① 자원배분의 효율화 기능에 대한 설명이다.

② 소득분배의 공평화 기능에 대한 설명이다.

③ 거시경제의 안정화 기능에 대한 설명이다.

07 난도 ★★☆   정답 ④

조직론 > 조직의 기초이론

정답의 이유

④ 특허청은 산업통상자원부 소속 외청이다. 기획재정부 소속 외청은 국세청, 관세청, 조달청, 통계청 4개 기관이 있다.

오답의 이유

① 법제처, 인사혁신처, 식품의약품안전처는 모두 국무총리 소속 중앙행정기관이다.

② 국가정보원은 정부조직법상 대통령 소속 행정기관이다.

③ 소방청과 경찰청은 행정안전부장관 소속 외청이다.

08 난도 ★★☆   정답 ②

정책론 > 정책의 본질과 유형

정답의 이유

② 신문·방송·출판물의 윤리규제는 대중정치의 사례에 해당한다. 이익집단정치의 사례는 의약분업, 노사관계에 관한 규제, 대기업과 중소기업 관계에 관한 규제 등이 해당한다.

오답의 이유

① 농산물에 대한 최저가격 규제 등 소수 생산자를 보호하기 위해 편익은 좁게 집중되고 비용은 넓게 분산되는 경제적 규제는 고객정치의 사례에 해당한다.

③ 낙태, 음란물 등에 대한 규제는 비용과 편익이 모두 이질적인 불특정 다수에게 넓게 분산되어 있기 때문에 개개인으로 보면 관심이 낮은 대중정치의 사례에 해당한다.

④ 식품에 대한 위생규제 등 비용은 소수의 집단에게 집중되어 있으나 편익은 불특정 다수에게 분산되어 있는 사회적 규제로, 기업가정치의 사례에 해당한다.

09 난도 ★★★   정답 ①

정책론 > 정책평가

정답의 이유

㉠ 행정규제기본법상 규제영향분석은 규제를 신설·강화할 때 규제를 받는 집단과 국민이 부담해야 할 비용과 편익들을 비교·분석하여야 한다(행정규제기본법 제7조 제1항 제4호).

㉢ 정부업무평가 기본법상 국무총리는 중앙행정기관의 자체평가 결과에 대해 필요시 정부업무평가위원회의 심의·의결을 거쳐 재평가를 할 수 있다(정부업무평가 기본법 제17조).

오답의 이유

㉡ 지방공기업법상 행정안전부장관은 지방공기업의 경영 기본원칙을 고려하여 대통령령으로 정하는 바에 따라 지방공기업에 대한 경영평가를 하고, 그 결과에 따라 필요한 조치를 하여야 한다. 다만, 행정안전부장관이 필요하다고 인정하는 경우에는 지방자치단체의 장으로 하여금 경영평가를 하게 할 수 있다(지방공기업법 제78조 제1항).

㉣ 환경영향평가(1977년 도입)는 사업자가 평가서를 작성하여 관련 전문기관의 검토를 거친 후 협의기관장이 협의 내용을 승인기관에 통보해 사업자가 협의 내용을 준수하도록 강제하는 형태로 환류된다.

10 난도 ★★★   정답 ①

정책론 > 정책집행과 기획

정답의 이유

① 버먼(Berman)은 미시집행 국면에서 발생하는 정책과 집행조직 사이의 상호적응 자체가 성공적 집행이며, 정책집행의 성과는 이러한 미시집행 과정에서 결정됨을 강조하였다.

오답의 이유

② 거시적 집행구조의 통로는 행정, 채택, 미시적 집행, 기술적 타당성의 네 가지로 구성된다. 동원, 전달자의 집행, 제도화는 미시적 집행구조에 해당한다.

③ 구체화된 정부프로그램이 집행을 담당하는 지방정부의 사업으로 받아들여지는 것을 의미하는 것은 채택이다. 행정은 정책결정을 구체적인 정부프로그램으로 전환하는 단계를 말한다.

④ 지방정부가 채택한 사업을 실행사업으로 변화시키는 것을 의미하는 것은 미시적 집행단계이다.

더 알아보기

거시적 집행구조와 미시적 집행구조

거시적 집행구조	• 행정: 정책을 구체적인 정부프로그램으로 전환하는 것을 말한다. • 채택: 구체화된 정부프로그램을 지방정부가 받아들이는 것을 의미한다. • 미시적 집행: 지방정부가 채택한 사업을 실행사업으로 변화시키는 것을 의미한다. • 기술적 타당성: 정책성과가 산출되기 위한 마지막 통로로써 정책목표와 정책수단의 인과관계를 말한다.
미시적 집행구조	• 동원: 집행조직에서 사업을 채택하고 실행계획을 세우는 국면이다. • 전달자의 집행: 채택된 사업을 실제로 집행하는 단계이다. 전달자 집행 국면의 핵심은 적응이다. • 제도화: 채택된 사업을 정형화·지속화시켜 나가는 것이다.

11 난도 ★★☆   정답 ③

지방행정론 > 지방재정

정답의 이유

③ 조정교부금은 지방재정법에 규정되어 있으며, 국가에 의한 재정조정제도가 아닌 광역자치단체가 기초자치단체에 대하여 실시하는 재정조정제도이다.

오답의 이유

①·②·④ 모두 지방교부세법에 규정되어 있는 재정조정제도이다(지방교부세법 제3조·제6조·제9조의3·제9조의4).

제3조(교부세의 종류)
지방교부세의 종류는 보통교부세·특별교부세·부동산교부세 및 소방안전교부세로 구분한다.

제6조(보통교부세의 교부)
① 보통교부세는 해마다 기준재정수입액이 기준재정수요액에 못 미치는 지방자치단체에 그 미달액을 기초로 교부한다. 다만, 자치구의 경우에는 기준재정수요액과 기준재정수입액을 각각 해당 특별시 또는 광역시의 기준재정수요액 및 기준재정수입액과 합산하여 산정한 후, 그 특별시 또는 광역시에 교부한다.
② 행정안전부장관은 제1항에 따라 보통교부세를 교부하려면 해당 지방자치단체의 장에게 다음 각 호의 자료를 첨부하여 보통교부세의 결정을 통지하여야 한다.
   1. 보통교부세의 산정 기초자료
   2. 지방자치단체별 내역
   3. 관련 자료

제9조의3(부동산교부세의 교부)

① 부동산교부세는 지방자치단체에 전액 교부하여야 한다.

② 제1항에 따른 부동산교부세의 교부기준은 지방자치단체의 재정여건이나 지방세 운영상황 등을 고려하여 대통령령으로 정한다.

제9조의4(소방안전교부세의 교부)

① 행정안전부장관은 지방자치단체의 소방 인력 운용, 소방 및 안전시설 확충, 안전관리 강화 등을 위하여 소방안전교부세를 지방자치단체에 전액 교부하여야 한다. 이 경우 소방 분야에 대해서는 소방청장의 의견을 들어 교부하여야 한다.

② 제1항에 따른 소방안전교부세의 교부기준은 지방자치단체의 소방 인력, 소방 및 안전시설 현황, 소방 및 안전시설 투자 소요, 재난예방 및 안전강화 노력, 재정여건 등을 고려하여 대통령령으로 정한다. 다만, 소방안전교부세 중 개별소비세법에 따라 담배에 부과하는 개별소비세 총액의 100분의 20을 초과하는 부분은 소방 인력의 인건비로 우선 충당하여야 한다.

12 난도 ★★☆　　　　　　　　　　　　　정답 ④

인사행정론 > 사기앙양과 근무규율

정답의 이유

④ 징계의 종류 중 하나로 한 계급 아래로 직급을 내리는 것은 강등이다(국가공무원법 제80조 제1항). 강임이란 같은 직렬 내에서 하위 직급에 임명하거나 하위 직급이 없어 다른 직렬의 하위 직급으로 임명하거나 고위공무원단에 속하는 일반직 공무원을 고위공무원단 직위가 아닌 하위 직위에 임명하는 것을 말한다(국가공무원법 제5조 제4호).

제80조(징계의 효력)

① 강등은 1계급 아래로 직급을 내리고(고위공무원단에 속하는 공무원은 3급으로 임용하고, 연구관 및 지도관은 연구사 및 지도사로 한다) 공무원신분은 보유하나 3개월간 직무에 종사하지 못하며 그 기간 중 보수는 전액을 감한다. 다만, 제4조 제2항에 따라 계급을 구분하지 아니하는 공무원과 임기제 공무원에 대해서는 강등을 적용하지 아니한다.

제5조(정의)

이 법에서 사용하는 용어의 뜻은 다음과 같다.

4. "강임(降任)"이란 같은 직렬 내에서 하위 직급에 임명하거나 하위 직급이 없어 다른 직렬의 하위 직급으로 임명하거나 고위공무원단에 속하는 일반직 공무원(제4조 제2항에 따라 같은 조 제1항의 계급 구분을 적용하지 아니하는 공무원은 제외한다)을 고위공무원단 직위가 아닌 하위 직위에 임명하는 것을 말한다.

오답의 이유

① 당연퇴직은 국가공무원법상 결격사유가 발생한 경우 별도의 처분 없이 공무원 관계가 소멸되는 것을 말한다.

② 직권면직은 국가공무원법상 직권면직 사유에 해당하면 임용권자가 일방적으로 공무원 관계를 소멸시키는 것을 말한다.

③ 직위해제는 직무수행 능력이 부족하거나 근무성적이 극히 나쁜 경우 공무원의 신분은 유지하지만 직위를 해제하고 강제로 직무를 담당하지 못하게 하는 것이다.

13 난도 ★★☆　※개정·변경된 내용으로 선지 교체　정답 ④

지방행정론 > 지방자치단체와 주민

정답의 이유

④ 지방자치단체의 18세 이상의 주민은 시·도는 300명, 인구 50만 명 이상 대도시는 200명, 그 밖의 시·군 및 자치구는 150명 이내에서 그 지방자치단체의 조례로 정하는 18세 이상의 주민 수 이상이 연대 서명하여 감사를 청구할 수 있다(지방자치법 제21조 제1항).

오답의 이유

① 주민의 감사청구는 사무처리가 있었던 날이나 끝난 날부터 3년이 지나면 제기할 수 없다(지방자치법 제21조 제3항).

② 주무부장관이나 시·도지사는 감사청구를 수리한 날부터 60일 이내에 감사 청구된 사항에 대하여 감사를 끝내야 하며, 감사 결과를 청구인의 대표자와 해당 지방자치단체의 장에게 서면으로 알리고, 공표하여야 한다(지방자치법 제21조 제9항).

③ 다른 기관에서 감사한 사항이라도 새로운 사항이 발견되거나 중요 사항이 감사에서 누락된 경우 감사청구의 대상이 될 수 있다(지방자치법 제21조 제2항 제3호).

제21조(주민의 감사청구)

② 다음 각 호의 사항은 감사청구의 대상에서 제외한다.

　3. 다른 기관에서 감사하였거나 감사 중인 사항. 다만, 다른 기관에서 감사한 사항이라도 새로운 사항이 발견되거나 중요 사항이 감사에서 누락된 경우와 제22조 제1항에 따라 주민소송의 대상이 되는 경우에는 그러하지 아니하다.

14 난도 ★★☆　　　　　　　　　　　　　정답 ②

정책론 > 정책결정

정답의 이유

② 표준운영절차(SOP)란 업무처리의 공식적 매뉴얼을 말한다. 즉, 조직 내에 존재하는 규정이나 규칙으로 직무를 수행함에 있어 개인적 감정을 배제하고, 사무를 객관적이고 공평하게 처리해주는 데 기여한다.

오답의 이유

① 업무 담당자가 교체되더라도 표준운영절차에 따라 업무가 수행될 수 있어 일관성과 계속성을 유지하는 것이 가능하다.

③ 표준운영절차에 따른 업무처리는 매뉴얼과 집행 현장이 다를 경우 정책집행 현장의 특수성을 반영하기 곤란하다.

④ 정책결정모형 중 앨리슨(Allison) Model Ⅱ(조직과정모형)이 표준운영절차에 입각한 의사결정을 가정한다.

15 난도 ★★★
정답 ①

조직론 > 조직의 기초이론

정답의 이유

① 던리비(Dunleavy)는 니스카넨(Niskanen)의 관료이익 극대화가설이 공공선택이론의 기본가정과 방법을 적절히 사용하지 못했다고 비판하였다. 관청형성모형에서 고위 관료들은 일상적이고 통제의 대상이 되는 계선이나 집행기능은 준정부기관이나 책임운영기관의 형태로 분리해내고 통제를 덜 받으면서 전략적 정치기능을 수행할 수 있는 참모조직을 더 선호한다고 주장한다.

오답의 이유

② 합리적인 고위직 관료들은 예산 극대화 동기보다는 관청형성 동기가 더 강하다고 주장한다.

③ 중하위직 관료들은 주로 핵심예산의 증대로부터 이득을 얻는 반면, 고위직 관료들은 주로 관청예산의 증대로부터 이득을 얻는다.

④ 관료들이 정책결정을 할 때 공적이익보다는 사적이익을 우선시한다고 가정한다.

16 난도 ★☆☆
정답 ③

정책론 > 정책의 본질과 유형

정답의 이유

③ 네거티브 규제는 소극적 규제 방식으로 원칙적으로 허용, 예외적으로 금지하는 규제 방식이며, 포지티브 규제는 적극적 규제 방식으로 원칙적으로 금지, 예외적으로 허용하는 방식이다. 따라서 네거티브 규제가 피규제자의 자율성을 더 보장한다.

오답의 이유

① 리플리와 프랭클린(Ripley&Franklin)은 규제의 유형을 보호적 규제와 경쟁적 규제로 구분하고 있다.

② 경제규제는 바람직한 경제 질서를 위해 정부가 시장에 개입하고 특정 기업의 경제활동을 제한하는 등의 방식으로 작동된다.

④ 자율규제는 피규제자가 스스로 합의된 규범을 만들고 이를 구성원들에게 적용하는 형태의 규제방식을 말한다.

17 난도 ★★☆
정답 ①

인사행정론 > 인사행정의 기초이론

정답의 이유

① 지방의회 전문위원은 일반직 공무원에 해당한다.

오답의 이유

②·③·④ 교육, 경찰, 소방공무원은 모두 특정직 공무원에 해당한다.

18 난도 ★★☆
정답 ③

인사행정론 > 사기양양과 근무규율

정답의 이유

③ 부정청탁 및 금품 등 수수의 금지에 관한 법률 시행령에 따르면 음식물은 종전과 마찬가지로 3만 원 이하로 규정되어 있다.

더 알아보기

음식물·경조사비·선물 등의 가액 범위

구분	가액 범위
음식물(제공자와 공직자 등이 함께 하는 식사, 다과, 주류, 음료, 그 밖에 이에 준하는 것)	3만 원
경조사비	축의금·조의금은 5만 원. 다만, 화환·조화는 10만 원
선물	금전, 유가증권(상품권 제외), 음식물, 경조사비를 제외한 일체의 물품, 상품권(물품상품권 및 용역상품권만 해당) 및 그 밖에 이에 준하는 것은 5만 원. 단 농수산물 및 농수산가공품(농수산물을 원료 또는 재료의 50%를 넘게 사용하여 가공한 제품만 해당)과 농수산물·농수산가공품 상품권은 15만 원(설날·추석 기간 중에는 30만 원)

19 난도 ★★★
정답 ③

인사행정론 > 임용과 능력발전

정답의 이유

ⓒ 역량평가는 다수의 훈련된 평가자가 평가대상자가 수행하는 역할과 행동을 관찰하고 합의하여 평가결과를 도출한다.

ⓒ 고위공무원단 역량평가의 대상은 문제인식, 전략적 사고, 성과지향, 변화관리, 고객만족, 조정·통합의 6가지 역량으로 구성되어 있다.

오답의 이유

㉠ 역량은 조직에서 가장 높은 성과를 나타낸 우수성과자의 행동특성과 태도를 의미한다.

㉣ 고위공무원단 후보자 교육과정을 마치고 역량평가를 통과한 3·4급 공무원이 고위공무원단 후보자가 된다.

20 난도 ★★★
정답 ④

인사행정론 > 인사행정의 기초이론

정답의 이유

④ 재택근무자의 재택근무일에는 시간외 근무수당 실적 지급분(근무성과를 기준으로 지급하는 수당)은 지급할 수 없으며, 정액 지급분(초과근무시간을 기준으로 지급하는 수당)은 지급이 가능하다.

오답의 이유

① 유연근무제는 일정한 시간과 장소의 제약 없이 개인의 특성에 맞는 다양한 근무환경을 탄력적으로 조정할 수 있는 제도를 말하며 시간선택제, 전환근무제, 탄력근무제, 원격근무제 등이 포함된다.

② 원격근무제는 가정에서 사무를 처리하는 재택근무형과 스마트워크센터 등 별도의 사무실에서 사무를 처리하는 스마트워크 근무형으로 구분된다.

③ 심각한 보안위험이 예상되는 업무는 그 위험성 때문에 온라인 원격근무를 할 수 없다.

합격의 공식 시대에듀 www.sdedu.co.kr

PART 3
서울시

✓ 빠른 정답

01	02	03	04	05	06	07	08	09	10
④	③	②	④	④	②	③	①	③	①
11	12	13	14	15	16	17	18	19	20
④	④	③	④	①	③	①	②	②	③

✓ 점수 체크

구분	1회독	2회독	3회독
맞힌 문항 수	/ 20	/ 20	/ 20
나의 점수	점	점	점

01 난도 ★★☆ 정답 ④

정책론 > 정책분석

[정답의 이유]

④ 분석적 계층화 과정(계층화분석법)은 정책의 우선순위를 설정하고 예측하는 데 있어 하나의 문제를 더 작은 구성요소로 분해하고, 이 요소들을 쌍대 비교함으로써 중요도를 산출하는 분석 방법이다.

[오답의 이유]

① 브레인스토밍은 비판을 최소화하여 창의적 아이디어를 창출하기 위한 대면토론기법을 말한다.

② 델파이는 전문가들을 대상으로 설문을 반복하여 특정 주제에 대한 합의를 도출하는 방법이다.

③ 회귀분석은 독립변수의 변화에 따른 종속변수의 변화량을 알고자 할 때 사용하는 분석 방법이다.

02 난도 ★★☆ 정답 ③

조직론 > 조직관리

[정답의 이유]

③ 정부가 계획 및 통제의 역할을 담당하고 모든 집행 역할을 민영화하는 것은 가상모형에 해당한다. 성과통제모형은 기업의 사업부제구조와 유사하며 상위구조가 계획과 통제를 하위구조가 집행을 담당한다.

[더 알아보기]

민츠버그(Mintzberg)의 정부관리모형

모형	특징
기계모형	정부가 규칙, 규정, 기준 등을 정하고 이를 통해 통제함
네트워크 모형	사업별로 구성된 개별 단위들이 느슨하게 연결되어 협동·연계함
성과통제 모형	• 정부가 기업처럼 조직화되고 사업부서들로 분할되어 있으며, 관리자들은 사업부서별 관리자들은 사업부서의 성과에 대해 책임을 짐 • 정부의 상위구조에서는 계획하고 통제하는 역할을 하며, 하위구조에서는 계획을 집행하는 역할을 함
규범적 통제모형	• 구성원들의 자발적 헌신을 강조하며, 규범적 가치와 신념에 의해 통제됨 • 제도 자체보다는 사람의 정신을 중시하고 모든 직원이 공동으로 책임짐

가상모형	• 정부는 가상조직으로 관리하는 모형으로 별도의 하위조직이 존재하지 않음 • 상위구조는 민간이 공공서비스를 공급하도록 주선만 하고 집행업무는 민영화함

03 난도 ★☆☆ 정답 ②

행정학총론 > 행정학의 기초이론

정답의 이유

② 행정서비스헌장은 행정기관이 제공하는 행정서비스의 기준과 내용, 이를 제공받을 수 있는 절차와 방법, 잘못된 서비스에 대한 시정 및 보상조치 등을 구체적으로 정하여 공표하고, 이의 실현을 행정의 고객인 국민에게 약속하는 것을 말한다(행정서비스헌장규정 제2조).

04 난도 ★☆☆ 정답 ④

재무행정론 > 재무행정의 기초이론

정답의 이유

④ 정부는 대통령의 승인을 얻은 예산안을 회계연도 개시 120일 전까지 국회에 제출하여야 한다(국가재정법 제33조).

오답의 이유

① 국가재정법 제13조 제1항 제2호 · 제3호

> **제13조(회계 · 기금 간 여유재원의 전입 · 전출)**
> ① 정부는 국가재정의 효율적 운용을 위하여 필요한 경우에는 다른 법률의 규정에도 불구하고 회계 및 기금의 목적 수행에 지장을 초래하지 아니하는 범위 안에서 회계와 기금 간 또는 회계 및 기금 상호 간에 여유재원을 전입 또는 전출하여 통합적으로 활용할 수 있다. 다만, 다음 각 호의 특별회계 및 기금은 제외한다.
>   2. 국민연금기금
>   3. 공무원연금기금

② 국가가 현물로 출자하는 경우와 외국차관을 도입하여 전대(轉貸)하는 경우에는 이를 세입세출예산 외로 처리할 수 있다(국가재정법 제53조 제2항).

③ 공무원 보수 인상을 위한 인건비 충당을 위하여는 예비비의 사용목적을 지정할 수 없다(국가재정법 제22조 제2항).

05 난도 ★★☆ 정답 ④

조직론 > 조직의 구조형태

정답의 이유

④ 관료제는 구성원 간의 협력보다는 엄격한 분업을 통한 효율성을 중시한다.

06 난도 ★★☆ ※개정 · 변경된 내용으로 선지 교체 정답 ②

지방행정론 > 지방재정

정답의 이유

② 지방교부세는 지방세가 아니며 내국세 총액의 19.24%, 종합부동산세 100%, 담배에 부과되는 개별소비세의 45%를 재원으로 한다(지방교부세법 제3조 · 제4조 제1항).

> **제3조(교부세의 종류)**
> 지방교부세의 종류는 보통교부세 · 특별교부세 · 부동산교부세 및 소방안전교부세로 구분한다.
>
> **제4조(교부세의 재원)**
> ① 교부세의 재원은 다음 각 호로 한다.
>   1. 해당 연도의 내국세(목적세 및 종합부동산세, 담배에 부과하는 개별소비세 총액의 100분의 45 및 다른 법률에 따라 특별회계의 재원으로 사용되는 세목의 해당 금액은 제외한다. 이하 같다) 총액의 1만분의 1,924에 해당하는 금액
>   2. 「종합부동산세법」에 따른 종합부동산세 총액
>   3. 「개별소비세법」에 따라 담배에 부과하는 개별소비세 총액의 100분의 45에 해당하는 금액
>   4. 제5조 제3항에 따라 같은 항 제1호의 차액을 정산한 금액
>   5. 제5조 제3항에 따라 같은 항 제2호의 차액을 정산한 금액
>   6. 제5조 제3항에 따라 같은 항 제3호의 차액을 정산한 금액

오답의 이유

① 지방교부세는 국고보조금과 함께 대표적인 지방재정조정제도이다(지방교부세법 제1조).

> **제1조(목적)**
> 이 법은 지방자치단체의 행정 운영에 필요한 재원(財源)을 교부하여 그 재정을 조정함으로써 지방행정을 건전하게 발전시키도록 함을 목적으로 한다.

③ 보통교부세는 특별교부세와 달리 용도를 특정하지 않은 일반재원이다.

④ 소방공무원이 2020년부터 국가공무원으로 변경되면서 이에 소방인력 운용에 필요한 지방재정을 지원하기 위해 담배에 부과되는 개별소비세 총액의 20%를 초과하는 부분을 소방인력 인건비로 우선 충당하도록 지방교부세법을 개정하였다(지방교부세법 제9조의4 제2항).

> **제9조의4(소방안전교부세의 교부)**
> ② 제1항에 따른 소방안전교부세의 교부기준은 지방자치단체의 소방 인력, 소방 및 안전시설 현황, 소방 및 안전시설 투자 소요, 재난 예방 및 안전강화 노력, 재정여건 등을 고려하여 대통령령으로 정한다. 다만, 소방안전교부세 중 「개별소비세법」에 따라 담배에 부과하는 개별소비세 액의 100분의 20을 초과하는 부분은 소방 인력의 인건비로 우선 충당하여야 한다.

07 난도 ★★☆
정답 ③

정책론 > 정책의 본질과 유형

정답의 이유

③ 거짓·과장 광고를 한 인플루언서와 이들에게 광고를 의뢰한 유통전문 판매업체에 대한 규제는 리플리(Ripley)와 프랭클린(Franklin)의 정책유형중 보호적 규제정책에 해당한다. 보호적 규제정책은 개인이나 집단의 권리행사와 행동의 자유를 구속·통제하여 일반 대중을 보호하려는 정책이다.

08 난도 ★★☆
정답 ①

행정학총론 > 행정의 이념(가치)

정답의 이유

① 가외성은 불확실한 상황에서의 오류 발생 가능성을 최소화하고 체제의 신뢰성을 높이기 위해 강조되는 행정가치로, 여러 기관에 한 가지 기능이 혼합되는 중첩성(overlapping)과 동일 기능이 여러 기관에서 독립적으로 수행되는 반복성(중복성, duplication) 등을 포괄하는 개념이다. 동일한 기능을 여러 기관들이 독자적인 상태에서 수행하는 것은 동등잠재성이 아니라 반복성에 해당한다.

더 알아보기

가외성의 특징

중첩성	여러 기관들이 행정기능을 명확히 분화시키지 않고 중복적·상호의존적으로 수행하는 것
반복성(중복성)	동일한 기능을 여러 기관이 독자적으로 수행하는 것
동등잠재성	기관 내 주된 조직단위가 제대로 작동하지 않을 때 보조기관이 그 기능을 인수해서 수행하는 것

09 난도 ★★☆
정답 ③

행정학총론 > 행정학의 주요 이론

정답의 이유

③ 사회학적 제도주의는 신제도주의에서 제도의 개념을 가장 넓게 해석한다. 제도의 개념을 가장 좁게 해석하는 것은 합리적 선택 제도주의이다.

오답의 이유

① 행태론적 접근방법은 개인이나 집단의 속성과 행태를 행정 현상의 설명변수로 규정하는 접근방법으로, 사회문제에 대한 실질적 처방보다는 과학적 방법의 적용을 강조한다.

② 체제론적 접근방법은 체제의 변화나 성장이 기존의 균형 상태에서 일어나지 않고 구성요소 중 어느 하나에 변화가 생기거나 새로운 이질적 요소가 투입될 때 발생한다고 본다.

④ 논변적 접근방법은 주장에 대한 논리성을 점검하고 상호 타협과 합의를 도출하는 민주적 절차를 중시한다. 또한 결정에 대한 주장을 정당화할 수 있도록 논거를 전개할 수 있는 모형을 제공한다.

10 난도 ★☆☆
정답 ①

인사행정론 > 인사행정의 기초이론

정답의 이유

① 감사원은 헌법상 기관이지만 독립기관은 아니므로, 중앙인사관장기관에 해당하지 않는다.

오답의 이유

②·③·④ 국가공무원법 제6조 제1항

제6조(중앙인사관장기관)
① 인사행정에 관한 기본 정책의 수립과 이 법의 시행·운영에 관한 사무는 다음 각 호의 구분에 따라 관장(管掌)한다.
　　1. 국회는 국회사무총장
　　2. 법원은 법원행정처장
　　3. 헌법재판소는 헌법재판소사무처장
　　4. 선거관리위원회는 중앙선거관리위원회사무총장
　　5. 행정부는 인사혁신처장

11 난도 ★★☆
정답 ④

조직론 > 전자정부와 지식정부론

정답의 이유

④ 행정기관 등의 장은 행정안전부장관에게 행정정보 공동이용을 신청할 수 있으며, 행정안전부장관은 대통령령으로 정하는 바에 따라 공동이용의 조건 등을 정하여 행정정보 공동이용을 승인할 수 있다. 다만, 비밀 또는 비공개 사항으로 규정된 경우 공공이용을 승인해서는 안 된다(전자정부법 제39조 제1항·제2항 제1호).

제39조(행정정보 공동이용의 신청·승인)
① 제37조 제2항에 따라 공동이용센터를 통하여 행정정보를 이용하려는 기관은 대통령령으로 정하는 바에 따라 공동이용 대상 행정정보와 그 범위, 공동이용의 목적·방식, 행정정보보유기관 등을 특정하여 행정안전부장관에게 공동이용을 신청하여야 한다.
② 행정안전부장관은 제1항에 따른 공동이용 신청을 받으면 대통령령으로 정하는 바에 따라 공동이용의 조건 등을 정하여 행정정보 공동이용을 승인할 수 있다. 다만, 다음 각 호의 어느 하나에 해당하는 경우에는 공동이용을 승인하여서는 아니 된다.
　　1. 공동이용을 신청한 행정정보가 다른 법률 또는 다른 법률에서 위임한 명령(국회규칙, 대법원규칙, 헌법재판소규칙, 중앙선거관리위원회규칙, 감사원규칙, 대통령령, 총리령·부령 및 조례·규칙만 해당한다)에서 비밀 또는 비공개 사항으로 규정된 경우

오답의 이유

① 전자정부법 제4조 제1항 제6호

제4조(전자정부의 원칙)

① 행정기관 등은 전자정부의 구현 · 운영 및 발전을 추진할 때 다음 각 호의 사항을 우선적으로 고려하고 이에 필요한 대책을 마련하여야 한다.

6. 중복투자의 방지 및 상호운용성 증진

② 전자정부법 제5조의2 제1항

제5조의2(기관별 계획의 수립 및 점검)

① 행정기관 등의 장은 5년마다 해당 기관의 전자정부의 구현 · 운영 및 발전을 위한 기본계획을 수립하여 중앙사무관장기관의 장에게 제출하여야 한다.

③ 전자정부법 제22조 제1항

제22조(전자정부서비스의 이용실태 조사 · 분석)

① 행정기관 등의 장은 해당 기관에서 제공하는 전자정부서비스에 대한 이용실태 등을 주기적으로 조사 · 분석하여 관리하고 개선 방안을 마련하여야 한다.

12 난도 ★☆☆   정답 ④

정책론 > 정책결정

정답의 이유

④ 철의 삼각은 비공식적인 참여자로 분류되는 이익집단과 공식적 참여자인 소관부처(관료조직), 의회의 상임위원회 간 3자 연합(트로이카 체제)이 정책의 결정과 집행에 주도적인 영향을 미친다고 본다.

13 난도 ★☆☆   정답 ③

조직론 > 조직관리

정답의 이유

ⓒ 구성원들이 잠재력을 발휘할 수 있도록 구성원들을 섬기는 데 중점을 두는 것은 서번트 리더십에 대한 설명이다. 셀프 리더십은 구성원들이 스스로를 리드하는 것을 의미하며, 리더의 명령이나 지시에 따라 행동하는 것이 아니라 구성원 스스로 자율적으로 판단하고 행동한다.

14 난도 ★★☆   정답 ④

재무행정론 > 재무행정의 기초이론

정답의 이유

④ 머스그레이브(Musgrave)가 제시한 재정의 기본 원칙은 자원 배분 기능, 소득 분배의 공평화 기능, 경제 안정 기능이다. 행정관리적 기능은 머스그레이브(Musgrave)가 제시한 원칙에 포함되지 않는다.

오답의 이유

① 자원 배분 기능은 재정을 통해 시장실패를 교정하고 사회적 최적 생산과 소비 수준이 이루어지도록 하는 기능이다.

② 소득 분배의 공평화 기능은 재정을 통해 소득분배상태를 바람직한 방향으로 개선하는 기능이다.

③ 경제 안정 기능은 정부지출이나 조세징수액을 변화시켜 총수요에 영향을 주는 재정정책을 통해 고용, 물가 등과 같은 거시경제 지표들을 안정적으로 조절하는 기능이다.

15 난도 ★★☆   정답 ①

행정학총론 > 행정학의 주요 이론

정답의 이유

㉠ 사회자본론은 지나친 동조성을 요구함으로써 개인의 행정이나 사적 선택을 제한할 수 있다는 한계가 있으며, 이러한 집단의 강한 결속과 신뢰는 다른 집단과의 관계에 있어 배척 · 폐쇄성 등의 부정적 결과를 불러올 수 있다.

㉡ 신공공서비스론에서 정부는 서비스 제공자로서 시민에 봉사하여야 하며 관료들은 헌법과 법률, 지역사회의 가치, 정치적 규범 등 다양한 측면에 관심을 기울여야 함을 강조한다.

16 난도 ★★☆   정답 ③

행정학총론 > 행정학의 주요 이론

정답의 이유

③ 체제이론은 체제와 환경 간의 상호작용과 같은 거시적인 측면에 초점을 두는 전체주의적 접근방법을 사용한다. 다만 지나치게 거시적이라 체제의 전체적인 국면에 대한 설명은 가능하나, 구체적 운영이나 형태적 측면은 설명하기 곤란하다는 문제가 있다.

17 난도 ★★☆   정답 ①

조직론 > 조직관리

정답의 이유

① 피들러(Fiedler)는 상황적합적 리더십 이론에서 상황 요소로 리더와 구성원 간의 관계, 과업구조, 지위권력을 들었다. 리더와 구성원 간의 관계는 조직의 분위기와 구성원들의 태도를 의미하는 것으로 구성원들이 리더를 신뢰하고 따르는 정도를 의미하며, 과업구조는 구성원들이 각자의 임무를 명확이 알고 있는 정도를 의미한다. 마지막으로 지위권력은 리더가 구성원들에게 지시를 수용할 수 있게 만드는 힘을 의미한다.

18 난도 ★★☆   정답 ②

조직론 > 조직의 구조형태

정답의 이유

② 창업 · 벤처기업의 지원 등에 관한 사무를 관장하는 것은 중소벤처기업부장관이다(정부조직법 제45조).

서울시 9급
행정학개론

제45조(중소벤처기업부)

중소벤처기업부장관은 중소기업 정책의 기획·종합, 중소기업의 보호·육성, 창업·벤처기업의 지원, 대·중소기업 간 협력 및 소상공인에 대한 보호·지원에 관한 사무를 관장한다.

오답의 이유

① 교육부장관은 인적자원개발정책, 영·유아 보육·교육, 학교교육·평생교육, 학술에 관한 사무를 관장한다(정부조직법 제28조 제1항).

③ 법무부장관은 검찰·행형·인권옹호·출입국관리 그 밖에 법무에 관한 사무를 관장한다(정부조직법 제32조 제1항).

④ 과학기술정보통신부장관은 과학기술정책의 수립·총괄·조정·평가, 과학기술의 연구개발·협력·진흥, 과학기술인력 양성, 원자력 연구·개발·생산·이용, 국가정보화 기획·정보보호·정보문화, 방송·통신의 융합·진흥 및 전파관리, 정보통신산업, 우편·우편환 및 우편대체에 관한 사무를 관장한다(정부조직법 제29조 제1항).

19 난도 ★☆☆   정답 ②

재무행정론 > 예산제도

정답의 이유

② 계획예산제도는 기획, 사업구조화, 예산을 연계시킨 시스템적 예산제도로 목표지향적·합리주의적 예산이며 기획의 책임이 중앙에 집중되어 있다는 특징을 갖는다.

20 난도 ★★☆   정답 ③

지방행정론 > 지방자치단체와 국가

정답의 이유

③ 단체위임사무는 국가나 상급 지방자치단체가 지방자치단체에 개별 법령에 의해 위임한 사무이다. 국가와 지방의 이해관계가 공존하므로 지방의회가 관여할 수 있다. 그러나 기관위임사무는 지방의 이해관계가 없고 지방자치단체의 집행기관에 위임된 사무이므로 지방의회가 관여하는 것이 불가능하다.

한눈에 훑어보기

✔ 영역 분석

행정학총론 01 04 05
3문항, 15%

정책론 03 08
2문항, 10%

조직론 02 06 10 11 14 15
6문항, 30%

인사행정론 16 18 19
3문항, 15%

재무행정론 17
1문항, 5%

지방행정론 12 13 20
3문항, 15%

행정환류 07 09
2문항, 10%

✔ 빠른 정답

01	02	03	04	05	06	07	08	09	10
①	②	③	①	①	④	④	①	②	③

11	12	13	14	15	16	17	18	19	20
③	②	②	④	④	③	①	②	①	④

✔ 점수 체크

구분	1회독	2회독	3회독
맞힌 문항 수	/ 20	/ 20	/ 20
나의 점수	점	점	점

---

01 난도 ★☆☆ 정답 ①

행정학총론 > 행정의 의의

정답의 이유

① 공공조직의 관리자들이 정책결정자를 위한 지원, 정보 제공의 역할만을 수행한다고 보는 관점은 정치 · 행정 이원론이다. 정치 · 행정 이원론은 행정의 본질을 수동적 · 집행적 관리라고 보기 때문에 행정의 범위에서 정책 결정을 배제한다. 따라서 정책은 정치의 영역에 속하며, 행정은 관리적 기능을 수행하면서 정책 결정을 위한 보조적 기능을 수행한다고 본다.

오답의 이유

② · ③ · ④ 모두 관리자가 정책을 실질적으로 결정하며 정치와 행정의 연계성을 중시하는 정치 · 행정 일원론에 대한 설명이다.

02 난도 ★★☆ 정답 ②

조직론 > 관리과정론

정답의 이유

ⓛ 목표관리제와 성과관리제 모두 성과지표별로 목표 달성수준을 사전에 설정하고 사후의 목표달성도에 따라 보상과 재정지원의 차등을 약속하는 계약을 체결하게 된다.

ⓒ 성과평가에서는 평가의 타당성, 신뢰성, 객관성을 확보하는 것이 중요하다.

오답의 이유

ⓐ 개인이나 부서의 목표를 조직의 관리자가 제시한다는 측면에서 조직목표 달성을 위한 하향식 접근방법은 성과관리제(BSC)를 말한다.

ⓔ 성과관리는 조직의 비전과 목표로부터 이를 달성하기 위한 부서단위의 목표와 성과지표, 개인단위의 목표와 지표를 제시한다. 그러나 구체적인 성과지표를 조직의 관리자가 제시한다는 점에서 하향식 접근에 해당한다.

03 난도 ★★★ 정답 ③

정책론 > 정책의제설정

정답의 이유

③ 다원주의는 개인이나 집단이 정부의 정책 과정에 대한 동등한 접근기회를 갖고 있다고 보는 입장이다. 이익집단들 간의 영향력 차이는 주로 정치적 자원(권력, 부, 자금, 명성 등)이 상대적으로 불균등하게 분배된 경우에 발생한다.

오답의 이유

① 다원주의의 입장에서 정치권력은 다양한 세력들에게 분산되어 있다고 본다.

②·④ 다원주의에 따르면 정치적 자원은 다양하게 분산되어 있기 때문에 정책영역별로 영향력을 행사하는 엘리트들이 각기 다르며 다수의 엘리트집단과 엘리트 간의 경쟁으로 이익집단들 간의 영향력 차이는 있지만 전제적으로 균형을 유지하고 있다고 본다.

04 난도 ★☆☆   정답 ①

행정학총론 > 행정의 이념(가치)

정답의 이유

① 개인의 사익을 초월한 공동체 전체의 공익이 따로 있다고 보는 견해는 실체설이다. 실체설에서 공익을 선험적으로 존재하는 것이라고 보는 반면, 과정설에서는 개인 이익의 총합이 사회 전체의 이익이며 따라서 사익들의 합의의 과정 자체를 공익이라고 본다.

05 난도 ★★☆   정답 ①

행정학총론 > 행정의 이념(가치)

정답의 이유

① 합리성이란 어떤 행위가 궁극적 목표달성의 최적 수단이 되는지 여부를 가리는 개념이다. 최적 수단을 탐색하는 과정에서 다수 간의 가치가 표출되는데, 이러한 가치가 기존 가치체계나 사회관습의 영향을 받아 독단적으로 결정된다면 합리성을 제약하게 되지만, 다수 간 가치선호가 조화롭게 이루어진다면 합리성을 촉진하게 된다.

더 알아보기

합리성의 제약요인

- 주관적·감정적 요인의 작용(선입관, 가치관)
- 인지능력과 인지방법의 차이
- 대안 선택 및 행동 결과에 대한 지식·정보의 불완전성
- 기존 가치체계와 사회관습 등 문화적 요인과 사회적 가치체계의 영향으로 가치선호가 왜곡되는 현상
- 인간행동을 고정화시키는 관습·기억·고정관념
- 현상유지적, 타성적 성향
- 시간·비용의 과중, 매몰비용(sunk cost)의 존재
- 미래예측의 곤란성
- 정치적 실현가능성의 고려, 다원주의의 영향

06 난도 ★★★   정답 ④

조직론 > 조직의 구조형태

정답의 이유

④ 우리나라의 책임운영기관은 책임운영기관의 설치·운영에 관한 법률에 근거하여 1999년부터 제도가 시행되었다.

오답의 이유

① 책임운영기관은 신공공관리론의 조직원리에 따라 등장한 새로운 형태의 제도로서 인사·예산 등 운영에서 자율성을 갖는 집행적 성격의 행정기관을 말한다.

② 책임운영기관이란 정부가 수행하는 사무 중 공공성을 유지하면서도 경쟁 원리에 따라 운영하는 것이 바람직하거나 전문성이 있어 성과관리를 강화할 필요가 있는 사무에 대하여 책임운영기관의 장에게 행정 및 재정상의 자율성을 부여하고 그 운영 성과에 대하여 책임을 지도록 하는 행정기관을 말한다(책임운영기관의 설치·운영에 관한 법률 제2조 제1항).

③ 책임운영기관은 사무성격에 따라 조사연구형, 교육훈련형, 문화형, 의료형, 시설관리형, 그 밖에 대통령령으로 정하는 기타 유형으로 구분하되 효율적인 관리·운영을 위하여 다시 세분화할 수 있다(책임운영기관의 설치·운영에 관한 법률 제2조 제3항·제4항).

07 난도 ★★☆   정답 ③

행정환류 > 행정책임과 통제

정답의 이유

③ 행정이 전문성과 복잡성을 띠게 된 현대 행정국가에서는 외부통제보다 내부통제가 점차 강조되고 있다.

오답의 이유

① 행정에 대한 권한과 재량권이 확대되면서 행정인 또는 행정조직이 직무를 수행함에 있어서 일정한 행동기준에 따라 행동해야 할 의무인 행정책임의 확보 수단으로 행정통제의 중요성이 강조되고 있다.

② 국회는 결산 기능을 통해 행정부를 통제하는데, 결산으로는 불법·부당한 지출에 대해 공무원 개인의 변상책임이나 형사책임을 물을 수 있지만, 위법·부당한 지출을 무효화하거나 취소할 수는 없다. 다만 국회는 불법·부당한 지출에 대해 사전에 이를 금지하거나 제한하는 법률을 제정하여 통제할 수는 있다.

④ 일반 국민은 선거권이나 국민투표권을 행사하여 묵시적인 압력을 통해 행정을 간접적으로 통제한다.

08 난도 ★☆☆   정답 ①

정책론 > 정책의 본질과 유형

정답의 이유

① 구성정책은 행정수행에 필요한 운영규칙과 관련된 정책으로서 주로 정부기구의 조정과 운영을 목적으로 한다.

오답의 이유

② 배분정책은 권리나 이익, 공공서비스 등을 특정한 개인, 조직, 집단에게 배분하는 것을 목적으로 하는 정책이다.

③ 규제정책은 특정한 사회 구성원이나 집단에 대해 재산권행사나 행동의 자유를 제한함으로써 다수의 사람이나 집단을 보호하려는 것을 목적으로 하는 정책이다.

④ 재분배정책은 사회 내의 계층 또는 집단에게 나타나 있는 재산·소득·권리 등의 불균형 상태를 사회적 형평성에 맞게 변화시키는 것을 목적으로 하는 정책이다.

09 난도 ★★☆　　　　　　　　　　　　　정답 ②

행정환류 > 행정책임과 통제

정답의 이유

② 감사원은 헌법상 독립성이 인정되는 독립통제기관(두상조직)이다. 그러나 대통령 소속 기관이라는 점에서 행정부에 속하기 때문에 공식적 · 내부통제 기관이라고 본다.

오답의 이유

① 정당에 의한 통제는 비공식적 · 외부통제 유형에 해당한다.

③ 사법부에 의한 통제는 공식적 · 외부통제 유형에 해당한다.

④ 동료집단에 의한 통제는 비공식적 · 내부통제 유형에 해당한다.

10 난도 ★★☆　　　　　　　　　　　　　정답 ③

조직론 > 조직관리

정답의 이유

③ 허시(Hersey)와 블랜차드(Blanchard)의 리더십 유형은 인간관계지향 수준 및 과업지향 수준의 2개의 변수에 효율성을 추가하여 4개의 리더십 유형을 제시하였는데 부하의 성숙도를 상황변수로 하여 부하들의 성숙도가 높아짐에 따라 (라) 지시형 → (나) 설득형 → (가) 참여형 → (다) 위임형으로 나아가게 된다고 주장하였다.

11 난도 ★★★　　　　　　　　　　　　　정답 ③

조직론 > 조직의 구조형태

정답의 이유

③ 조직의 규모가 클수록 분권화되는 경향이 높아진다.

오답의 이유

① 조직의 규모가 클수록 공식화 수준은 높아진다.

② 조직의 규모가 클수록 조직 내 구성원의 응집력은 약해진다.

④ 조직의 규모가 클수록 복잡성은 높아진다.

▌더 알아보기

조직의 규모와 구조변수와의 상관관계

- 조직의 규모가 커지면 공식화, 분권화, 통합의 정도, 조직의 전산화는 증대되는 경향이 있다.
- 조직의 규모가 커질수록 조직의 복잡성과 계층의 수는 증가한다.
- 조직의 규모가 커질수록 조직의 비정의성(impersonality)은 증가하고 직원의 직무몰입도와 만족도 및 응집성은 감소하는 경향이 있다.

12 난도 ★☆☆　　　　　　　　　　　　　정답 ②

지방행정론 > 지방재정

정답의 이유

② 지방교부세는 의존재원에 해당하여 자주재원이 적더라도 중앙정부가 지방교부세를 증액하면 재정자립도는 내려간다.

오답의 이유

① 재정자립도는 지방세와 세외 수입의 합계액이 세입총액에서 차지하는 비율을 말한다.

③ 지방재정자립도는 자치단체의 세입 측면만을 고려하기 때문에 경상적 경비 비율, 투자적 경비 비율 등 세출구조를 고려하지 못한다. 또한 재정자립도가 같아도 경상적 경비의 비율이 높으면 재정력은 약해진다. 따라서 재정자립도가 높다고 지방정부의 실질적 재정이 반드시 좋다고 볼 수는 없다.

④ 국세의 지방세 이전으로 재정자립도가 증대될 수 있다.

13 난도 ★★★　　※ 개정 · 변경된 내용으로 선지 교체　　정답 ②

지방행정론 > 지방자치단체와 주민

정답의 이유

② 주민투표에 부쳐진 사항은 주민투표권자 총수의 4분의 1 이상의 투표와 유효투표수 과반수의 득표로 확정된다. 전체 투표자 수가 주민투표권자 총수의 4분의 1에 미달되거나 주민투표에 부쳐진 사항에 관한 유효득표수가 동수인 경우에는 찬성과 반대 양자를 모두 수용하지 아니하거나, 양자택일의 대상이 되는 사항 모두를 선택하지 아니하기로 확정된 것으로 본다(주민투표법 제24조 제1항).

오답의 이유

① 우리나라 주민투표제도는 1994년 지방자치법이 개정되면서 이에 근거를 두었으나, 주민투표법이 제정되지 않아 시행되지 못하다가, 2004년 주민투표법이 제정됨에 따라 지금까지 시행되고 있다.

③ 지방자치단체의 장은 주민 또는 지방의회의 청구에 의한 경우가 아닌 자신의 직권으로 주민투표를 실시할 수 있다(주민투표법 제9조 제1항 제3호).

제9조(주민투표의 실시요건)

① 지방자치단체의 장은 다음 각 호의 어느 하나에 해당하는 경우에는 주민투표를 실시할 수 있다. 이 경우 제1호 또는 제2호에 해당하는 경우에는 주민투표를 실시하여야 한다.

　　3. 지방자치단체의 장이 주민의 의견을 듣기 위하여 필요하다고 판단하는 경우

---

④ 대한민국에 계속 거주할 자격이 있는 외국인으로서 조례로 정한 외국인은 주민투표에 참여할 수 있다(주민투표법 제5조 제1항 제2호).

제5조(주민투표권)

① 18세 이상의 주민 중 제6조 제1항에 따른 투표인명부 작성기준일 현재 다음 각 호의 어느 하나에 해당하는 사람에게는 주민투표권이 있다. 다만, 「공직선거법」 제18조에 따라 선거권이 없는 사람에게는 주민투표권이 없다.

　　2. 출입국관리 관계 법령에 따라 대한민국에 계속 거주할 수 있는 자격(체류자격변경허가 또는 체류기간연장허가를 통하여 계속 거주할 수 있는 경우를 포함한다)을 갖춘 외국인으로서 지방자치단체의 조례로 정한 사람

---

14 난도 ★★☆   정답 ④

조직론 > 조직의 변동

정답의 이유

④ 네트워크 조직구조는 핵심역량 중심으로 소직구조를 편제하고
부수적 기능들은 외부기관과의 계약관계(outsourcing)를 통해
연계 수행하는 조직이다. 따라서 조직의 경계가 모호해져서 정
체성이 약하고 응집력 있는 조직문화를 갖기 어렵다.

더 알아보기

네트워크 조직구조의 장 · 단점

장점	환경변화에 신속한 대응으로 불확실성 감소, 자원의 효율적 활용, 구성원의 높은 자율성과 높은 동기 유발
단점	대리인 문제 발생, 정체성 약화 및 응집력 축소

15 난도 ★★★   정답 ④

조직론 > 조직관리

정답의 이유

④ 애덤스(J. Stacy Adams)는 공정성이론에서 개인은 다른 구성원
의 투입 · 산출 비율과 자신의 투입 · 산출 비율을 비교하여 불공
정하다고 느낄 때 이를 시정하기 위해 동기가 유발된다고 보았
다. 이때 불공정성은 개인의 주관적인 인식에 기초한다.

더 알아보기

애덤스(J. Stacy Adams) 공정성이론의 동기부여 과정

• 개인은 자신의 투입대비 산출의 비율을 동일한 상황의 타인과 비
교하여 그것이 차이가 있을 때 불공정성을 지각한다.
• 개인은 조직에서 불공정성을 지각하면 부족한 보상(과소 보상)에
대해서는 불만과 분노를 느끼고 과다한 보상(과대 보상)에 대해서
는 부담감(죄책감, 불안감)을 느낀다.
• 이러한 긴장감은 불공정성의 정도에 따라 달라지며 불공정성을
감소시키는 방향으로 동기 부여된다.

지각된 불공정성 ↑ ⇨ 긴장감 ↑ ⇨ 동기화 ↑

– 과다한 보상(과대 보상)에 대한 대응: 자신의 투입을 증가시키
거나 타인의 보상을 증가시키기 위해 노력한다.
– 부족한 보상(과소 보상)에 대한 대응: 자신의 투입을 감소시키
거나 준거인물(비교대상)에 대해 왜곡된 인식을 시도하거나 다
른 비교대상을 선정하며, 그래도 불공정성이 해소되지 않으면
조직을 이탈한다.

16 난도 ★☆☆   정답 ③

인사행정론 > 인사행정론의 기초이론

정답의 이유

③ 배치전환은 동일한 계급 · 등급 내에서 보수의 변동 없이 수평적
으로 직위를 옮기는 제도이므로 공무원이 한 직위에 오래 근무
하지 못하게 되어 전문성이 저하되고 숙련도의 저하로 인해 능
률성도 떨어지게 된다.

오답의 이유

① 배치전환은 직위의 수평적 이동을 통해 능력의 정체와 퇴행현상
을 방지할 수 있다.
② 배치전환은 직위의 이동으로 직무의 부적응을 해소하고 조직 구
성원에게 재적응의 기회를 부여할 수 있다.
④ 배치전환의 단점으로는 정당한 징계절차에 의하지 않고 일종의
징계수단으로 활용될 가능성이 존재한다는 점을 들 수 있다.

17 난도 ★★☆   정답 ①

재무행정론 > 재무행정의 기초이론

정답의 이유

㉠ 준예산은 회계연도 개시 전까지 예산이 의결되지 않을 경우, 즉
예산 불성립 시에 편성하는 예산이다.
㉡ 본예산은 매 회계연도 개시 전에 국회의 심의 · 의결을 거쳐 성
립되는 예산으로서 새로운 회계연도를 위해 최초로 성립된 예산
이다.

오답의 이유

㉢ 추가경정예산은 본예산과 별개로 성립하지만, 본예산의 항목과
금액을 추가 · 수정하는 것이기 때문에 일단 성립되면 본예산에
흡수되어 양자를 합산하여 집행한다. 따라서 결산 심의 역시 본
예산에 포함되어 함께 이루어진다.
㉣ 우리나라는 1948~1960년(제1공화국) 가예산을 사용한 적이 있
으나 잠정예산제도를 채택한 적은 없다.

18 난도 ★☆☆   정답 ②

인사행정론 > 인사행정의 기초이론

정답의 이유

② 우리나라 국가공무원법에는 직위분류제 주요 구성 개념인 '직위,
직군, 직렬, 직류, 직급, 직무등급' 등이 제시되어 있다(국가공무
원법 제5조).

오답의 이유

① 과학적 관리론과 실적제의 발달은 계급제의 쇠퇴와 직위분류제
의 발전에 기여했다.
③ 계급제는 공무원 개인의 능력이나 자격을 기준으로 공직분류체
계를 형성한다. 이에 비해 직위분류제는 직무의 종류 · 성질 및
직무의 책임도 · 곤란도를 기준으로 공직분류체계를 형성한다.
④ 계급제와 직위분류제는 양립 가능하며 우리나라는 계급제를 기
반으로 하여 직위분류제를 가미하고 있다.

인사행정론 > 임용과 능력발전

[정답의 이유]

① 제시문은 강제배분법에 대한 설명이다. 강제배분법은 평정 대상
자의 성적 분포 비율을 미리 정해 놓고 평정하는 방식으로, 이를
통해 성적 분포의 과도한 집중화·관대화·엄격화 오차를 방지
할 수 있다. 그러나 평정자가 미리 피평정자의 각 등급별 분포를
결정한 후 점수를 형식적으로 부여하는 역산식 평정의 문제가
발생할 수 있다.

[오답의 이유]

② 서열법은 평정 대상자들의 근무성적을 서로 비교한 후 서열을
정하여 평정하는 방법이다.

③ 도표식 평정척도법은 도표로 된 평정표를 사용하여 직무수행능
력, 태도, 실적 등에 대한 평정요소를 척도에 따라 평정하는 방
법이다.

④ 강제선택법은 평정 대상자에 대하여 다양한 평가항목을 설정해
놓고 자신에게 해당되는 항목을 반드시 선택하도록 하여 이를
토대로 평정 대상자의 특성을 파악하는 방법이다.

지방행정론 > 지방행정의 기초이론

[정답의 이유]

④ 주민자치는 지방정부가 국가보다 먼저 성립되어 자치권을 고유
권으로 보기 때문에 국가가 지방정부에 위임한 사무라는 개념이
없으므로 자치사무와 위임사무를 구분하지 않는다. 그러나 단체
자치는 국가로부터 법인격을 부여받은 자치단체가 독자적으로
운영하는 법적 실체이므로 국가가 위임해주는 위임사무와 자치
단체의 고유사무의 구분이 존재한다.

[오답의 이유]

① 자치권의 인식에서 주민자치는 고유권으로, 단체자치는 전래권
으로 본다.

② 주민자치는 민주주의의 이념을, 단체자치는 지방분권의 이념을
강조한다.

③ 단체자치는 의결기관과 집행기관을 분리하여 대립시키는 기관
분리형을 채택하는 반면, 주민자치는 의결기관이 집행기관도 되
는 기관통합형을 채택한다.

한눈에 훑어보기

영역 분석

행정학총론 01 05 06 11 19
5문항, 25%

정책론 03 13 16
3문항, 15%

조직론 09 12 15
3문항, 15%

인사행정론 02 07 17 20
4문항, 20%

재무행정론 08 14
2문항, 10%

지방행정론 04 10
2문항, 10%

행정환류 18
1문항, 5%

빠른 정답

01	02	03	04	05	06	07	08	09	10
④	③	③	①	②	①	④	②	④	③
11	12	13	14	15	16	17	18	19	20
②	④	②	②	①	①	④	④	③	④

점수 체크

구분	1회독	2회독	3회독
맞힌 문항 수	/ 20	/ 20	/ 20
나의 점수	점	점	점

01 난도 ★★☆ 정답 ④

행정학총론 > 행정의 이념(가치)

정답의 이유

④ 적법절차의 준수를 강조하며 국민주권 원리에 의한 행정의 중심적 역할을 강조하는 것은 과정설이다. 과정설은 사익을 초월한 별도의 공익이란 존재할 수 없으며, 공익이란 사익의 총합이거나 사익 간의 타협 또는 집단 상호작용의 산물이라고 본다.

오답의 이유

① 과정설에서는 공익을 서로 충돌하는 이익을 가진 집단들 사이에서 상호조정 과정을 거쳐 균형상태의 결론에 도달했을 때 실현되는 것이라고 보고 있다.

② 실체설 중에서도 과정설의 입장을 일부 수용하여 전체효용을 극대화하려는 절충적 실체설에 대한 설명이다.

③ 실체설은 공익으로서의 국민의 기본권과 중요 가치들이 실체로서 존재한다고 본다. 즉, 자유와 평등의 기본권과 정의, 사회적 안정 등의 사회적 가치는 중요한 공익의 내용으로 단순한 사익의 합계가 아니라 본질적으로 다른 속성을 지닌 것으로 본다.

02 난도 ★★☆ 정답 ③

인사행정론 > 인사행정의 기초이론

정답의 이유

③ 직무의 성질이 유사한 직렬을 모은 직위분류의 대단위는 직군이라고 한다.

오답의 이유

① 직무의 종류는 다르나 곤란도와 책임도가 상당히 유사한 직위의 군은 직무등급이라고 한다.

② 직렬에 대한 설명이며, 직급은 직무의 종류 및 책임도와 곤란도가 유사한 직위의 군을 말한다.

④ 직류는 동일한 직렬 내에서 담당 분야가 동일한 직무의 군을 말한다.

국가공무원법 제5조(정의)

이 법에서 사용하는 용어의 뜻은 다음과 같다.

1. "직위(職位)"란 1명의 공무원에게 부여할 수 있는 직무와 책임을 말한다.

2. "직급(職級)"이란 직무의 종류·곤란성과 책임도가 상당히 유사한 직위의 군을 말한다.

3. "정급(定級)"이란 직위를 직급 또는 직무등급에 배정하는 것을 말한다.

4. "강임(降任)"이란 같은 직렬 내에서 하위 직급에 임명하거나 하위 직급이 없어 다른 직렬의 하위 직급으로 임명하거나 고위공무원단에 속하는 일반직공무원(제4조 제2항에 따라 같은 조 제1항의 계급 구분을 적용하지 아니하는 공무원은 제외한다)을 고위공무원단 직위가 아닌 하위 직위에 임명하는 것을 말한다.

5. "전직(轉職)"이란 직렬을 달리하는 임명을 말한다.

6. "전보(轉補)"란 같은 직급 내에서의 보직 변경 또는 고위공무원단 직위 간의 보직 변경(제4조 제2항에 따라 같은 조 제1항의 계급 구분을 적용하지 아니하는 공무원은 고위공무원단 직위와 대통령령으로 정하는 직위 간의 보직 변경을 포함한다)을 말한다.

7. "직군(職群)"이란 직무의 성질이 유사한 직렬의 군을 말한다.

8. "직렬(職列)"이란 직무의 종류가 유사하고 그 책임과 곤란성의 정도가 서로 다른 직급의 군을 말한다.

9. "직류(職類)"란 같은 직렬 내에서 담당 분야가 같은 직무의 군을 말한다.

10. "직무등급"이란 직무의 곤란성과 책임도가 상당히 유사한 직위의 군을 말한다.

03 난도 ★★☆ 　　　　　　　　　　　정답 ③

정책론 > 정책평가

정답의 이유

③ 평가성 사정은 본격적인 평가가 실시되기 이전에 평가의 유용성(소망성)과 실행 가능성을 개략적으로 검토하는 것이다. 또한 평가가 정책성과를 향상시키는 데에 공헌할 수 있는가(평가의 소망성) 등을 검토하는 사전적 평가이다.

오답의 이유

① 총괄평가란 집행이 완료된 후 정책이 사회에 미친 영향이나 충격(impact) 등과 같이 그 효과를 평가하는 것으로 효과평가 또는 영향평가가 핵심이다.

② 메타평가란 기존평가들의 방법·절차·결과 등이 제대로 진행되었는가를 검토하고 종합적으로 평가하는 것이다. 정책평가의 결과를 다시 평가하는 것으로, 기존의 평가자가 아닌 제3의 기관(상급기관, 독립기관, 외부전문기관 등)이 기존의 평가에서 발견했던 사실을 다양한 관점에서 재분석하는 것을 말한다.

④ 형성평가란 하나의 사업을 집행하는 과정에서 발생하는 문제점을 개선하고 조정하기 위해 진행하는 평가이다.

04 난도 ★☆☆ 　　　　　　　　　　　정답 ①

지방행정론 > 지방행정의 기초이론

정답의 이유

① 주민자치는 주로 영국과 미국에서 발달하였고, 단체자치는 주로 프랑스와 독일 등의 대륙계 국가에서 발전하였다.

오답의 이유

② 단체자치가 지방자치의 형식적·법제적 요소라고 한다면, 주민자치는 지방자치를 실현하기 위한 내용적·본질적 요소라고 할 수 있다.

③ 주민자치에서는 법률에 의해 권한이 명시적·한시적으로 규정되어 사무를 자주적으로 처리할 수 있는 재량의 범위가 크다.

④ 주민자치에서는 입법통제와 사법통제가 주된 통제방식이며, 단체자치는 행정통제가 주된 통제장치이다.

더 알아보기

주민자치와 단체자치의 비교

구분	주민자치	단체자치
자치의 의미	정치적 의미 (민주주의 사상)	법률적 의미 (지방분권주의)
국가	영국, 미국	독일, 일본, 프랑스
자치권의 인식	자연적·천부적 권리	국가에서 전래한 권리
자치의 중점	지방정부와 주민과의 기능적 협력관계	중앙정부와 지방정부의 권력적 관계
사무의 구분	고유사무 (국가·지방사무의 구분 없음)	고유사무와 위임사무 (구분 있음)
수권방법	개별적 수권주의 (지역의 특수성 고려)	포괄적 수권주의 (포괄적 위임주의)
중앙통제 방법	입법적·사법적 통제	행정적 통제
조세제도	독립세 (자치단체가 과세주체)	부가세 (중앙정부가 부과하는 조세가 부가됨)
우월적 지위	의결기관	집행기관
지방정부 형태	기관통합형 (의회제, 위원회제)	기관대립형 (의결기관·집행기관), 양자 간에 갈등 초래
자치권의 범위	광범	협소
자치단체의 지위	순수한 자치단체	이중적 지위 (자치단체+일선기관)
특별행정 기관	많음	적음 (자치단체에 위임)
민주주의와 관계	상관관계 인정	상관관계 부정

05 난도 ★☆☆   정답 ②

행정학총론 > 행정학의 이론전개

정답의 이유

② 조직이론의 유형들은 ⓒ 과학적 관리론(1880~1910년대) → ⓒ 인간관계론(1930년대) → ㉠ 체제이론(1950~1960년대) → ㉣ 신제도이론(1980~1990년대) 순으로 발달하였다.

06 난도 ★★★   정답 ①

행정학총론 > 행정학의 주요 이론

정답의 이유

① 구성주의, 상대주의, 다원주의, 해방주의를 토대로 탈영역, 탈전체, 탈물질, 탈규제, 탈계서, 탈제약, 탈근대, 해체와 해방 등을 제창하는 1980년대 이후의 후기 산업사회에서의 행정이론을 포스트모더니즘 행정이론이라고 한다. 모더니즘은 과학적 지식은 보편적이며, 특정한 맥락과 상관없는 방식으로 정당화될 수 있다고 보는 반면, 포스트모더니스트들은 진리의 기준들은 맥락의존적이라고 주장한다.

오답의 이유

② 타자성(alterity)은 나 아닌 다른 사람을 인식적 객체로서가 아니라 도덕적인 타자로 인정하는 것이다. 타자성은 타인에 대한 개방성, 다양성의 선호(다른 것에 비해 어떤 특권적 지위를 누리는 의미가 없다는 것을 인정하는 것), 상위설화에 대한 반대(비현실적인 근거들을 해체하는 것), 기존질서에 대한 반대 등을 특징으로 한다.

③ 포스트모더니즘에 있어서의 모든 지식은 그 성격과 조직에 있어서 고유 영역이 해체된다. 즉, 지식의 경계가 사라진다.

④ 포스트모더니즘에서는 비판과학에서 묘사하는 해방주의 성향을 추구하며 탈물질화, 탈관료제화를 강조하고 규칙이나 계급으로부터의 해방을 추구한다. 이는 개인이 거시적인 사회적 구조의 지시와 제약으로부터 해방되어야 하고 서로의 상이성(타자성)을 인정받는 자유로운 존재여야 한다는 원자적·분권적 사회로의 이행을 의미한다.

07 난도 ★★☆   정답 ④

인사행정론 > 인사행정의 기초이론

정답의 이유

④ 직위분류제는 엄격한 분류구조로 인하여 불확실하고 유동적인 직무 상황에 신속히 대응할 수 없다는 단점이 있다.

오답의 이유

① 직책이 요구하는 능력과 자격이 객관적으로 제시되므로 근무성적평정이나 교육훈련 수요파악을 객관적으로 할 수 있다는 장점이 있다.

② 권한과 책임의 한계가 종적·횡적으로 명확하다는 장점이 있다.

③ 직렬별 채용 및 인사관리로 전문행정가를 양성할 수 있다는 장점이 있다.

더 알아보기

직위분류제와 계급제의 비교

구분	직위분류제	계급제
분류대상	직무중심, 직무의 종류와 성질, 직무의 책임도	인간중심, 신분, 개인의 능력이나 자격
채택국가	미국, 캐나다, 필리핀	영국, 독일, 프랑스
행정가	전문 행정가	일반 행정가
시험과 채용 (임용)	시험과목은 전문과목 위주, 시험과 채용의 연계성 높음(내용타당성 높음)	시험과목은 일반교양과목 위주, 시험과 채용의 연계성 낮음(내용타당성 낮음)
조직 구조와 관계	공직분류와 조직구조와의 연계성 높음	공직분류와 조직구조와의 연계성 부족
인력계획	단기적 직무수행능력 중시	장기적 발전가능성 중시
배치전환 인사이동	배치전환의 비신축성·비융통성 – 동일직군 내 이동, 배치전환기준의 공정성·합리성	배치전환의 신축성·융통성 – 능력 발전 중시, 배치전환기준의 비합리성
임용방식	개방형	폐쇄형
신분보장	약함	강함
승진·보상 기준	개인의 직무능력과 성과	연공서열과 계급
직업 공무원제	확립 곤란	확립 용이
보수	직무급(동일직무, 동일보수) 보수체계의 합리적 기준, 업무와 보수관의 공평성	생활급(사회윤리적 요인 고려) 보수의 적정화·현실화

08 난도 ★★☆   정답 ②

재무행정론 > 예산과정

정답의 이유

② ㉠은 발생주의, ㉡은 복식부기에 대한 설명이다.

오답의 이유

① 현금주의 회계는 현금의 유입과 유출 시점을 기준으로 수익과 비용을 인식하는 것을 말한다.

③ 단식부기는 거래의 영향을 단 한 가지 측면에서 수입과 지출로만 파악하여 기록하는 기록 방식이다.

더 알아보기

회계제도의 유형

정답의 이유

④ 전통적 관리체제는 X이론에 입각한 테일러식의 관리방식으로 구조 면에서 중앙집권적 계층구조를 강조하므로 조직의 낮은 성과를 근로자 개인의 책임으로 간주한다. 이에 반해 TQM에서는 분업보다는 수평구조에 의거한 관리방식이므로 낮은 성과의 원인을 근로자에 대한 동기유발과 팀워크 관리를 책임지는 관리자의 책임으로 간주한다.

더 알아보기

전통적 관리
- 품질의 수준은 전문가가 이미 설정한 기준에 의해 규정된다.
- 관리전문가들에 의해 미리 설정된 표준을 벗어나지 않는 한 실수와 낭비를 용인한다.
- 품질통제는 상품이나 서비스가 생산되고 난 뒤에 그것을 조사, 평가하는 것이다.
- X이론에 입각한 테일러식의 관리방식으로 구조 면에서 중앙집권적 계층질서를 강조한다.
- 품질과 생산을 향상시키기 위해 자동차와 컴퓨터 같은 기술진보에 과도하게 의존하려 한다.
- 고객의 요구에 대한 이해가 매우 애매하다.
- 관리자 혹은 전문가들에 의한 문제해결과 의사결정이 구조화·체계화되어 있지 않다. 즉, 문제해결과 의사결정이 주로 가정과 직감에 의존하여 이루어진다.

총체적 품질관리(TQM)
- 고객의 요구와 기대가 품질의 수준을 규정한다.
- 실수가 용인되는 지점까지 상품이나 서비스를 생산할 수 있는 체제가 될 수 있도록 작업관리과정을 계속적으로 개선하는 데 초점을 둔다.
- 품질통제와 품질보증을 일선관리자에게 권한을 부여함으로써 사전에 이루어질 수 있게 해준다.
- Y이론에 입각한 관리방식으로 구조 면에서 보다 분권적이고 수평인 계층제를 강조하여 수평적인 조직구조를 주장한다.
- 기술진보를 무시하지는 않으나 그보다는 오히려 작고 점증적이기는 하지만 작업이 이루어지는 방법을 지속적으로 향상시킴으로써 얻을 수 있는 수확에 더 중요성을 두고 있다.
- 내부와 외부고객들의 요구를 이해하고 이를 충족시켜주기 위한 체계적 접근 방법을 활용한다.
- 사실에 의한 관리를 중시하고 있다. 즉, TQM의 경우 문제해결과 의사결정은 정밀한 자료와 과학적 절차를 이용한 사실에 기초하여 이루어진다.

정답의 이유

③ 보충성의 원칙이란 가능한 한 많은 사무를 기초지방정부에게 부여하여야 하며, 기초지방정부가 수행하기 어려운 사무를 광역지방정부에게, 광역지방정부도 수행하기 어려운 사무를 중앙정부가 처리해야 함을 의미한다. 따라서 시·도와 시·군 및 자치구의 사무가 서로 경합하면 시·군 및 자치구가 우선적으로 처리한다(지방자치법 제14조 제3항).

> **제14조(지방자치단체의 종류별 사무배분기준)**
> ③ 시·도와 시·군 및 자치구는 사무를 처리할 때 서로 겹치지 아니하도록 하여야 하며, 사무가 서로 겹치면 시·군 및 자치구에서 먼저 처리한다.

오답의 이유

① 지방자치단체는 법령을 위반하여 사무를 처리할 수 없으며, 시·군 및 자치구는 해당 구역을 관할하는 시·도의 조례를 위반하여 사무를 처리할 수 없다(지방자치법 제12조 제3항).

② 지방자치법 제14조 제1항 제1호 제가목

> **제14조(지방자치단체의 종류별 사무배분기준)**
> ① 제13조에 따른 지방자치단체의 사무를 지방자치단체의 종류별로 배분하는 기준은 다음 각 호와 같다. 다만, 제13조 제2항 제1호의 사무는 각 지방자치단체에 공통된 사무로 한다.
> 　1. 시·도
> 　　가. 행정처리 결과가 2개 이상의 시·군 및 자치구에 미치는 광역적 사무
> 　　나. 시·도 단위로 동일한 기준에 따라 처리되어야 할 성질의 사무
> 　　다. 지역적 특성을 살리면서 시·도 단위로 통일성을 유지할 필요가 있는 사무
> 　　라. 국가와 시·군 및 자치구 사이의 연락·조정 등의 사무
> 　　마. 시·군 및 자치구가 독자적으로 처리하기 어려운 사무
> 　　바. 2개 이상의 시·군 및 자치구가 공동으로 설치하는 것이 적당하다고 인정되는 규모의 시설을 설치하고 관리하는 사무
> 　2. 시·군 및 자치구
> 　　제1호에서 시·도가 처리하는 것으로 되어 있는 사무를 제외한 사무. 다만, 인구 50만 이상의 시에 대해서는 도가 처리하는 사무의 일부를 직접 처리하게 할 수 있다.

서울시 9급

행정학개론

④ 지방자치법 제15조 제1호

> 제15조(국가사무의 처리 제한)
> 지방자치단체는 다음 각 호의 국가사무를 처리할 수 없다. 다만, 법률에 이와 다른 규정이 있는 경우에는 국가사무를 처리할 수 있다.
> 1. 외교, 국방, 사법(司法), 국세 등 국가의 존립에 필요한 사무
> 2. 물가정책, 금융정책, 수출입정책 등 전국적으로 통일적 처리를 할 필요가 있는 사무
> 3. 농산물·임산물·축산물·수산물 및 양곡의 수급조절과 수출입 등 전국적 규모의 사무
> 4. 국가종합경제개발계획, 국가하천, 국유림, 국토종합개발계획, 지정항만, 고속국도·일반국도, 국립공원 등 전국적 규모나 이와 비슷한 규모의 사무
> 5. 근로기준, 측량단위 등 전국적으로 기준을 통일하고 조정하여야 할 필요가 있는 사무
> 6. 우편, 철도 등 전국적 규모나 이와 비슷한 규모의 사무
> 7. 고도의 기술이 필요한 검사·시험·연구, 항공관리, 기상행정, 원자력개발 등 지방자치단체의 기술과 재정능력으로 감당하기 어려운 사무

11 난도 ★★☆　　　　　　　　　　정답 ②

행정학총론 > 행정학의 주요 이론

정답의 이유

② 탈신공공관리(post-NPM)는 신공공관리의 역기능적 측면을 교정하고 통치역량을 강화하며, 구조적 통합을 통한 분절화의 축소, 재집권화와 재규제의 확대, 중앙의 정치·행정적 역량의 강화를 강조한다.

오답의 이유

① 신공공관리론은 정부의 역할을 대폭 시장에 맡겨야 한다는 입장은 아니지만 공공부문의 효율성을 높이기 위한 관리기법이나 제도적 혁신을 주장한다.

③ 피터스(B. Guy Peters)는 뉴거버넌스에 기초한 정부개혁모형으로 시장적, 참여적, 신축적, 탈내부규제 정부모형을 제시하였다.

④ 신공공관리론은 작은 정부 구현과 기존의 관료제를 개선하기 위해 시장, 결과, 방향잡기, 고객지향 등을 강조한다면 뉴거버넌스는 여러 주체들이 서비스를 구축하여 연계망을 만들어 나가기 위해 신뢰, 조정자, 협력체제, 임무중심 등을 강조한다.

12 난도 ★☆☆　　　　　　　　　　정답 ④

조직론 > 조직의 변동

정답의 이유

④ 초기에는 조직문화가 조직의 응집성을 제고하는 순기능을 지니지만 장기적으로 경직성을 띠게 되어 변화와 개혁의 장애요소가 된다.

더 알아보기

조직문화의 순기능과 역기능

순기능	• 조직의 응집력과 일체감을 높여준다. • 일탈행위에 대한 통제 기능을 수행한다. • 조직의 정체성을 제공한다. • 조직의 안정성과 계속성에 기여한다. • 조직몰입도를 증진하여 조직의 생산성을 높인다. • 조직구성원 간 모방과 학습을 통한 사회화를 유도한다.
역기능	• 초기에는 조직문화가 조직의 응집성을 제고하는 순기능을 지니지만 장기적으로 경직성을 띠게 되어 변화와 개혁의 장애요소가 된다. • 집단사고의 폐단으로 인해 조직의 유연성과 창의성을 저해한다.

13 난도 ★★★　　　　　　　　　　정답 ②

정책론 > 정책의 본질과 유형

정답의 이유

② 로위(Lowi)는 강제력의 행사방법과 적용대상을 기준으로 정책을 4가지로 나누었다. 비용의 부담주체에 따른 구별은 로위의 분류기준에 해당하지 않는다.

오답의 이유

① 로위(Lowi)는 4가지의 정책유형에 따라 정책의 결정 및 집행과정이 달라진다고 보았으며, 정치적 관계 역시 달라질 것으로 가정하고 있다.

③ 로위(Lowi)의 분류 중 재분배정책은 계층 간 재산·소득 등의 불균형 상태를 해소하려는 목적으로 연방은행의 신용 통제, 누진소득세 등이 해당하고 정부기관의 신설 및 변경 등 정치체제와 관련된 구성정책에는 선거구 조정, 기관신설 등이 해당한다.

④ 리플리와 프랭클린(Ripley&Franklin)은 소수자나 사회적 약자, 일반대중을 보호하기 위해 개인이나 집단의 권리 행사나 행동의 자유를 제한한다는 보호적 규제 정책을 제시하였다.

더 알아보기

로위(Lowi)의 정책유형 분류

구분		강제력 적용대상	
		개인의 행위	행위의 환경 (사회 전체)
강제력 행사방법	간접적	분배정책	구성정책
	직접적	규제정책	재분배정책

14 난도 ★★☆　　　　　　　　　　정답 ②

재무행정론 > 재무행정의 기초이론

정답의 이유

② 예산과 법률은 별개이므로 예산으로 법률을, 법률로 예산을 변경할 수 없다.

오답의 이유

① 법률안에 대한 대통령의 거부권은 인정되지만, 예산안에 대해서는 거부권을 행사할 수 없다.

③ 예산안은 정부만이 편성하여 제출할 수 있다.

④ 예산안의 의회 수정은 삭감에 있어 자유롭지만, 예산을 증액하거나 새 비목을 설치하는 경우에는 정부의 동의를 얻어야 한다.

15 난도 ★★☆ 　　　　　　　　　　　　　　정답 ①

조직론 > 조직의 기초이론

정답의 이유

① 의결위원회는 행정위원회 중에서도 결정권만 가지며 집행권은 없는 위원회이다.

오답의 이유

② 공정거래위원회는 행정위원회이지만 공직자윤리위원회는 공직자의 재산등록 및 취업제한 등을 심사·결정하기 위한 의결위원회이다.

③ 행정위원회는 관청위원회로 의결권과 집행권을 모두 보유하고 있다.

④ 자문위원회는 막료기관으로 행정기관의 자문에 응하기 위하여 조사·분석 또는 일정한 사항을 심의·조정·협의하는 위원회이며, 의사결정에 있어 법적 구속력이 없다.

더 알아보기

위원회의 유형

유형	개념	의결	집행	사례
자문위원회	자문기능만 수행. 구속력 있는 의결기능은 없음	×	×	노사정위원회
의결위원회	구속력 있는 의결기능만 수행. 집행기능은 없음	○	×	공직자윤리위원회, 징계위원회
행정위원회	구속력 있는 의결기능과 집행기능을 모두 수행	○	○	금융위원회, 공정거래위원회

16 난도 ★★★ 　　　　　　　　　　　　　　정답 ①

정책론 > 정책의제설정

정답의 이유

① 헌터(Hunter)의 명성접근법은 조지아 주 애틀랜타 지역사회의 권력구조에 관한 연구를 토대로 사회적 명성이 있는 소수자(기업인·변호사·고위관료 등)들이 좁은 방에서 결정한 것을 일반 대중은 조용히 수용한다고 보았다. 유럽의 엘리트이론은 동질적이고, 폐쇄적인 정치엘리트가 정책결정을 주도한다고 본 반면, 미국의 엘리트론자인 헌터(Hunter)나 밀스(Mills)는 민간, 즉 사회엘리트들이 정책의 주도권을 갖는 것으로 보았다.

오답의 이유

② 신엘리트이론의 주장인 무의사결정론에 대한 설명이다.

③ 다알(Dahl)은 엘리트의 존재를 인정하면서도, 엘리트는 다수이며, 다양한 엘리트들이 존재함을 강조하여 미국사회가 다원주의 사회임을 주장하였다.

④ 신다원론은 이익집단 간 경쟁을 중시하면서도 정부의 순수 다원론과 달리 전문적·능동적인 역할을 강조한다.

17 난도 ★★★ 　　　　　　　　　　　　　　정답 ④

인사행정론 > 사기앙양과 근무규율

정답의 이유

④ 공직자윤리법상 4급 이상 공무원과 공직유관단체 임직원은 퇴직일로부터 3년간, 퇴직 전 5년간 소속부서 또는 기관 업무와 밀접한 관련이 있는 사기업체에 취업할 수 없다(공직자윤리법 제17조 제1항).

제17조(퇴직공직자의 취업제한)
① 제3조 제1항 제1호부터 제12호까지의 어느 하나에 해당하는 공직자와 부당한 영향력 행사 가능성 및 공정한 직무수행을 저해할 가능성 등을 고려하여 국회규칙, 대법원규칙, 헌법재판소규칙, 중앙선거관리위원회규칙 또는 대통령령으로 정하는 공무원과 공직유관단체의 직원(이하 이 장에서 "취업심사대상자"라 한다)은 퇴직일부터 3년간 다음 각 호의 어느 하나에 해당하는 기관(이하 "취업심사대상기관"이라 한다)에 취업할 수 없다. 다만, 관할 공직자윤리위원회로부터 취업심사대상자가 퇴직 전 5년 동안 소속하였던 부서 또는 기관의 업무와 취업심사대상기관 간에 밀접한 관련성이 없다는 확인을 받거나 취업승인을 받은 때에는 취업할 수 있다.

오답의 이유

① 4급 이상의 일반직 공무원 및 지방공무원과 이에 상당하는 보수를 받는 별정직 공무원은 재산등록의무가 있다(공직자윤리법 제3조 제1항 제3호).

② 공무원(지방의회의원을 포함한다) 또는 공직유관단체의 임직원은 외국인으로부터 시가로 미국화폐 100달러 이상이거나 국내 시가로 10만 원 이상인 선물을 받거나 그 직무와 관련하여 외국인에게 선물을 받으면 지체 없이 소속 기관·단체의 장에게 신고하고 그 선물을 인도하여야 한다(공직자윤리법 제15조 제1항·동법 시행령 제28조 제1항).

제15조(외국 정부 등으로부터 받은 선물의 신고)
① 공무원(지방의회의원을 포함한다. 이하 제22조에서 같다) 또는 공직유관단체의 임직원은 외국으로부터 선물(대가 없이 제공되는 물품 및 그 밖에 이에 준하는 것을 말하되, 현금은 제외한다. 이하 같다)을 받거나 그 직무와 관련하여 외국인(외국단체를 포함한다. 이하 같다)에게 선물을 받으면 지체 없이 소속 기관·단체의 장에게 신고하고 그 선물을 인도하여야 한다. 이들의 가족이 외국으로부터 선물을 받거나 그 공무원이나 공직유관단체 임직원의 직무와 관련하여 외국인에게 선물을 받은 경우에도 또한 같다.

시행령 제28조(선물의 가액)
① 법 제15조 제1항에 따라 신고하여야 할 선물은 그 선물 수령 당시 증정한 국가 또는 외국인이 속한 국가의 시가로 미국화폐 100달러 이상이거나 국내 시가로 10만 원 이상인 선물로 한다.

③ 세무 · 회계 · 감사 · 건축 · 토목 · 환경 · 식품위생분야의 대민업무 담당부서에 근무하는 일반직 공무원은 7급 이상도 재산등록 대상에 포함된다(공직자윤리법 시행령 제3조 제5항).

18 난도 ★☆☆

정답 ④

행정환류 > 행정책임과 통제

[정답의 이유]

④ 정당에 의한 통제는 외부통제에 해당한다. 여당과 야당은 모두 외부통제 장치이다.

[오답의 이유]

① 감사원의 기능으로 내부통제에 해당한다.

② 기획재정부의 기능으로 내부통제에 해당한다.

③ 행정안전부의 기능으로 내부통제에 해당한다.

더 알아보기

행정통제의 유형

구분		공식통제	비공식통제
내부통제		• 행정수반에 의한 통제 • 상관에 의한 통제 • 독립통제기관(감사원. 국민권익위원회)에 의한 통제 • 교차기능조직에 의한 통제 • 관리기관에 의한 통제 • 행정심판에 의한 통제	• 행정윤리에 의한 통제 • 기능적책임에 의한 통제 • 대표관료제에 의한 통제 • 행정문화에 의한 통제 • 비공식집단에 의한 통제 • 공익에 의한 통제
외부통제		• 입법부에 의한 통제 • 사법부에 의한 통제 • 옴부즈만에 의한 통제	• 민중통제(국민에 의한 통제) • 언론통제 • 시민단체에 의한 통제 • 정당에 의한 통제 • 이익집단에 의한 통제

19 난도 ★☆☆

정답 ③

행정학총론 > 행정의 이념(가치)

[정답의 이유]

③ 능률성은 투입대비 산출의 비로 수단적 · 과정적 측면의 이념이며, 효과성은 목표의 달성도로 결과중심의 행정 가치이다.

[오답의 이유]

① 디목(Dimock)은 기술적 능률성을 비판하고 행정이 그 목적 가치인 인간과 사회를 위해서 산출을 극대화하고 그 산출이 인간과 사회의 만족에 기여하는 것을 의미하는 사회적 능률성을 강조하였다.

② 정치 · 행정 일원론에서 사회적 능률 개념이 등장하였으며, 이는 대내적 민주성과 연관되어 있다.

④ 합법성은 행정행위 및 과정이 법률적합성을 지녀야 한다는 행정이념을 말하며 합법성을 지나치게 강조하는 경우 목표의 전환이나 형식주의 같은 문제점이 나타날 수 있다.

20 난도 ★★☆

정답 ④

인사행정론 > 인사행정의 기초이론

[정답의 이유]

④ 점수법은 계량적인 척도를 도입하면서도 평가가 비교적 쉽고 명료하다는 점에서 가장 널리 이용되고 있는 방법이다. 직무를 구성하는 하위의 여러 요소로 나누어 그 요소별로 가치를 점수화하여 측정한다.

[오답의 이유]

① 분류법은 전체를 종합적으로 판단하여 미리 정해 놓은 등급기준표와 비교해서 등급을 결정하는 방식이다. 등급기준표라는 비교기준을 준비하고 있다는 점에서 서열법보다 정교한 방식이지만 아직 계량적 측정을 도입하는 단계에는 이르지 못하고 있다.

② 요소비교법도 점수법과 마찬가지로 직무를 요소별로 계량화하여 측정하는 방식이지만 등급화된 척도에 따라 직무를 평가하는 것이 아니고, 대표가 될 만한 직무들을 선정하여 기준 직무로 정해 놓고 각 요소별로 평가할 직무와 기준 직무를 비교해 가며 점수를 부여하는 것이다.

③ 서열법은 가장 단순한 방법으로서 직무기술서의 정보를 검토한 후 직무 상호 간에 직무전체의 중요도를 종합적으로 비교해 가는 방식이다. 비계량적인 방법으로 단순기능을 수행하는 작은 규모의 조직에서 사용할 수 있다.

행정학개론 | 2017년 서울시 9급

한눈에 훑어보기

✔ 영역 분석

행정학총론 01 16 18
3문항, 15%

정책론 02 19 20
3문항, 15%

조직론 04 06 10 12
4문항, 20%

인사행정론 03 07 08 09 14
5문항, 25%

재무행정론 11 13 17
3문항, 15%

지방행정론 05 15
2문항, 10%

✔ 빠른 정답

01	02	03	04	05	06	07	08	09	10
④	④	③	④	③	④	②	④	①	③
11	12	13	14	15	16	17	18	19	20
④	③	②	②	②	①	②	①	③	①

✔ 점수 체크

구분	1회독	2회독	3회독
맞힌 문항 수	/ 20	/ 20	/ 20
나의 점수	점	점	점

01 난도 ★☆☆　　　　　정답 ④

행정학총론 > 행정의 이념(가치)

정답의 이유

④ 과학적 관리에서 강조한 것은 기계적 효율성(능률성)이다. 사회적 능률은 디목(Dimock)이 주장한 것으로 인간관계론(HR)과 오스트롬(Ostrom)의 공공선택이론에서도 강조되었다.

오답의 이유

① 행정통제의 목적은 대외적 민주성이라는 행정책임을 확보하는 데 있다.

② 수단적 가치는 본질적 행정가치를 달성하기 위한 수단이 되는 가치로서, 실제적인 행정과정에 구체적 지침이 된다.

③ 전통적으로 책임성은 제도적 책임성(외재적 · 객관적 책임)과 자율적 책임성(내재적 · 주관적 책임)으로 구분된다.

02 난도 ★★☆　　　　　정답 ④

정책론 > 정책집행과 기획

정답의 이유

④ 엘모어(R. F. Elmore)는 정책집행모형에서 정책집행을 전방접근법과 후방접근법으로 구분하고, 일선현장에 종사하는 집행관료의 역할을 중시하는 것은 후방접근법이라고 하였다.

오답의 이유

① 나카무라(R. T. Nakamura)와 스몰우드(F. Smallwood)는 정책결정자와 집행자 간의 관계에 따라 정책집행을 5가지로 유형화하였다.

② 사바티어(P. Sabatier)는 하향적 접근과 상향적 접근의 한계를 극복할 수 있는 방법으로 비교우위접근법과 정책옹호연합모형(정책지지연합모형)을 제시하였다.

③ 버만(P. Berman)은 집행성과는 미시적 집행과정에서 결정된다고 보고 미시적 집행국면에서 발생하는 정책과 집행조직의 특성 간 상호적응을 중시하였으며, 이러한 상호적응의 관점에서 집행현장의 중요성을 강조하였다.

03 난도 ★★☆　　　　　정답 ③

인사행정론 > 임용과 능력발전

정답의 이유

③ 근무성적평가는 직급별로 구성한 평가단위별로 실시하되, 소속장관은 직무의 유사성 및 직급별 인원 수 등을 고려하여 평가단위를 달리 정할 수 있다(공무원 성과평가 등에 관한 규정 제14조 제3항).

오답의 이유

① 근무성적평가는 5급 이하 공무원을 대상으로 한다(공무원 성과평가 등에 관한 규정 제12조).

> **제12조(근무성적평가의 대상)**
> 5급 이하 공무원, 우정직공무원, 「연구직 및 지도직공무원의 임용 등에 관한 규정」 제9조에 따른 연구직 및 지도직공무원에 대한 근무성적평정은 근무성적평가에 의한다.

② 매년 말일을 기준으로 연 1회 평가하는 것은 성과계약 등 평가이며, 근무성적평가는 연 2회 실시한다(공무원 성과평가 등에 관한 규정 제5조 제3항).

> **제5조(평가 시기)**
> ③ 제2항에 따른 정기평가 또는 정기평정은 6월 30일과 12월 31일을 기준으로 실시한다. 다만, 소속 장관은 필요하다고 인정하는 경우에는 정기평가 또는 정기평정 기준일을 달리 정할 수 있고, 정기평가 또는 정기평정을 연 1회 실시할 수도 있다. 이 경우 평가 대상 기간은 동일하게 하여야 한다.

④ 평가자는 근무성적평정이 공정하고 타당성 있게 실시될 수 있도록 하기 위하여 근무성적평정 대상 공무원과 의견교환 등 성과면담을 실시하여야 한다(공무원 성과평가 등에 관한 규정 제20조 제4항).

> **제20조(성과면담 등)**
> ④ 평가자가 성과계약 등 평가 또는 근무성적평가 정기평가를 실시할 때에는 평정 대상 기간의 성과목표 추진결과 등에 관하여 근무성적평정 대상 공무원과 서로 의견을 교환하여야 한다.

더 알아보기

성과계약 등 평가와 근무성적평정

구분	성과계약 등 평가	근무성적평가
평가내용	평가항목에 따른 평가	근무실적 및 능력에 대한 평가
평가대상	4급 이상 및 고위공무원, 연구관·지도관 및 전문직 공무원	5급 이하, 우정직, 연구직 및 지도직 공무원
평가시기	매년 12월 31일(연1회)	• 정기평정(연 2회) • 수시평정

04 난도 ★★☆   정답 ④

조직론 > 조직의 변동

정답의 이유

④ 총체적 품질관리(TQM)는 팀이나 조직 단위의 활동을 바탕으로 한다면, 목표관리(MBO)는 개인중심의 관리와 활동을 바탕으로 한다.

오답의 이유

① 총체적 품질관리(TQM)와 목표관리(MBO) 모두 Y이론적 인간관에 기반하고 있다.

② 총체적 품질관리(TQM)와 목표관리(MBO) 모두 분권화된 조직관리 방식이다.

③ 총체적 품질관리(TQM)는 고객지향적이고, 목표관리(MBO)는 폐쇄모형으로 조직 내부 성과의 효율성에 초점을 둔다.

더 알아보기

MBO와 TQM

구분	MBO	TQM
본질	관리전략	관리철학
지향	목표지향(양)	고객지향(질)
초점	결과지향	과정지향
안목	폐쇄적	개방적
보상	개인별 보상	총체적 헌신
중점	사후 관리(환류·평가)	예방적 관리

05 난도 ★★☆   ※ 개정·변경된 내용으로 선지 교체   정답 ③

지방행정론 > 지방재정

정답의 이유

③ 지방직영기업이란 지방자치단체가 직접 사업수행을 위해 공기업특별회계를 설치하고 일반회계와 구분하여 독립적으로 회계를 운영하는 형태이다. 지방직영기업의 조직·인력은 자치단체 소속으로 공무원 신분이다.

오답의 이유

① 지방자치단체가 행정조직 형태로 직접 운영하는 사업이다.

② 지방직영기업의 관리자는 자치단체장이 임명한다.

④ 지방직영기업에 대한 경영평가는 행정안전부장관이 따로 정할 수 있다.

06 난도 ★★☆   정답 ④

조직론 > 조직관리

정답의 이유

④ 변혁적 리더십은 카리스마적 리더십을 기반으로 하므로 거래적 리더십과는 구분되는 측면이 있다.

오답의 이유

① 자질론은 지도자가 되게 하는 개인의 속성과 자질을 연구하는 이론이며 지도자의 자질과 특성에 따라 리더십이 발휘된다고 가정한다.

② 행태이론은 리더가 실제 어떤 행동을 하는가에 초점을 두고 효과적으로 리더십을 발휘하는 행태를 연구하는 이론이다.

③ 상황론은 리더십의 효율성은 상황에 따라 달라진다는 이론으로 피들러의 상황조건론, 하우스의 경로-목표 모형 등이 있다.

인사행정론 > 사기앙양과 근무규율

정답의 이유

② 백색 부패에 대한 설명이다. 백색 부패란 사회적으로 용인될 수 있는 수준의 부패로서 사회에 심각한 해가 없거나 사익을 추구하려는 의도가 없는 선의의 목적으로 행해지는 부패이다.

오답의 이유

① 급행료의 지불, 병역비리 등은 제도화된 부패에 해당한다.

③ 일선공무원이 현장에서 저지르는 개인적인 비리는 일탈형 부패이다.

④ 거래를 하는 상대방이 없이 공무원에 의하여 일방적으로 발생하는 부패는 사기형 부패(내부 부패) 또는 비거래형 부패에 해당한다.

인사행정론 > 인사행정의 기초이론

정답의 이유

④ 우리나라 인사혁신처는 합의제 기관이 아니라 비독립형 단독제 형태의 중앙인사기관이다.

오답의 이유

① 우리나라의 중앙인사위원회는 1999년 김대중 정부 때 설립되었으며, 노무현 정부 때 인사에 대한 정책과 집행기능을 수행하는 조직으로 확장되었지만, 2008년 이명박 정부 때 폐지되었다.

② 미국의 연방인사위원회는 중앙인사기관이 행정부로부터 독립된 독립형 합의제 형태를 지닌 조직이다.

③ 일본의 총무성은 중앙인사기관은 행정수반에 의하여 임명된 한 사람의 기관장이 의사결정을 하는 비독립 단독제 기관의 형태를 지닌 조직이다.

인사행정론 > 임용과 능력발전

정답의 이유

① 다면평가제도는 다수가 평정에 참여함으로써 소수인의 주관과 편견, 개인편차를 줄여 평정의 공정성을 높이고 평정에 대한 관심을 높일 수 있다. 그러나 다수의 평가자가 합의를 통하여 평가결과를 도출하는 것은 아니며 개별적인 익명평가를 원칙으로 한다.

오답의 이유

② 다면평가제도는 직속상사의 일방향 평가가 아닌 다수의 평가자가 다양한 방향에서 개인을 평가하는 방식이다.

③ 다수의 평가자가 평가에 임하기 때문에 조직구성원들이 원활한 인간관계를 증진시키려는 강한 동기부여를 부여할 수 있고 이로 인해 업무수행의 효율성을 제고할 수 있다.

④ 개인의 능력보다는 인간관계에 따른 친밀도로 평가가 이루어져 상급자가 부하의 눈치를 의식하는 행정이 발생할 수 있다.

조직론 > 조직의 변동

정답의 이유

③ OECD는 온라인 시민 참여의 유형을 정보제공형(information), 협의형(consultation), 정책결정형(decision making)으로 구분하였다. 정보제공형에서 정책결정형으로 갈수록 참여와 영향력이 증대된다. 옴부즈만 제도는 독립적인 조사 기관이지만 강제력이 없기 때문에 협의형이라고 할 수 있다.

오답의 이유

① 행정절차법은 협의형에 해당한다.

② 국민의 입법 제안은 일종의 국민발안으로 정책결정형이다.

④ 정보공개법은 정보제공형으로 볼 수 있다.

더 알아보기

온라인 시민 참여 유형의 특징과 사례

구분	특징	사례
정보 제공형	정부의 일방적 정보제공	정보공개법
협의형	정책적 순응확보를 위하여 정부와 시민 간 쌍방향 소통	옴부즈만제도, 행정절차법
정책 결정형	시민들이 적극적 참여와 주도적 결정	주민참여예산제도, 주민발안(주민의 입법 제안)

재무행정론 > 예산제도

정답의 이유

④ 영기준 예산제도는 감축(관리) 중심의 예산이다. 목표지향적인 예산은 목표관리 예산제도이다.

조직론 > 조직관리

정답의 이유

③ 대안의 결과를 알고는 있으나 대안 간 비교 결과 어떤 것이 최선의 결과인지를 알 수 없어 발생하는 갈등은 비비교성에 의한 갈등이다.

더 알아보기

사이먼과 마치(Simon&March)의 개인적 갈등의 원인

구분	특징
비수락성 (unacceptability)	대안의 결과는 알 수 있으나 자신이 만족할 만한 수준의 대안이 없을 때 나타나는 갈등
비비교성 (incomparability)	대안의 결과는 알 수 있으나 어느 대안이 최선의 대안인지 알 수 없을 때 나타나는 갈등
불확실성 (uncertainty)	대안의 결과를 예측할 수 없을 때 나타나는 갈등

13 난도 ★★★   정답 ②

재무행정론 > 예산과정

정답의 이유

② 예비타당성조사는 대형 신규사업에 신중하게 착수하여 재정투
자의 효율성을 높이기 위한 제도로서, 총사업비가 500억 원 이
상이면서 국가재정 지원 규모가 300억 원 이상인 신규사업 중에
일정한 절차를 거쳐 실시한다(국가재정법 제38조 제1항).

제38조(예비타당성조사)

① 기획재정부장관은 총사업비가 500억 원 이상이고 국가의 재정
지원 규모가 300억 원 이상인 신규 사업으로서 다음 각 호의 어느
하나에 해당하는 대규모사업에 대한 예산을 편성하기 위하여 미리
예비타당성조사를 실시하고, 그 결과를 요약하여 국회 소관 상임위
원회와 예산결산특별위원회에 제출하여야 한다. 다만, 제4호의 사
업은 제28조에 따라 제출된 중기사업계획서에 의한 재정지출이
500억 원 이상 수반되는 신규 사업으로 한다.

오답의 이유

① 총사업비관리제도는 사업시행 부처와 기획재정부가 협의해 총
사업비를 조정하는 제도로서 1994년에 도입되었다. 반면 예비
타당성조사는 기획재정부가 담당하며 1999년에 도입되었다.
즉, 총사업비관리제도가 도입된 이후 예비타당성조사제도가 도
입되었다.

③ 토목사업은 500억 원 이상, 건축사업은 200억 원 이상인 경우에
총사업비 관리대상이 된다.

④ 재정사업자율평가제도란 각 부처가 재정사업을 자율적으로 평
가하고 재정부가 이를 점검하여 재정운용에 활용하는 제도로서
2005년부터 시행하고 있다.

14 난도 ★★☆   정답 ②

인사행정론 > 인사행정의 기초이론

정답의 이유

② 엽관주의는 선거에 의한 정권의 교체와 정권교체에 따른 공직교
체를 가능하게 하며 민주통제가 용이한 점에서 행정의 민주화에
공헌하였다.

오답의 이유

① 직업공무원제도는 신분보장과 계급제, 폐쇄형 인사제도 및 일반
행정가주의에 입각하고 있다.

③ 정치지도자들의 행정통솔력을 강화하는 데 기여하는 인사제도
는 엽관주의이다.

④ 대표관료제는 실적주의를 비판하고 등장한 인사제도로서 행정
의 전문성과 능률성을 떨어뜨릴 수 있다는 단점이 있다.

15 난도 ★★☆   정답 ②

지방행정론 > 지방재정

정답의 이유

② 지방세 중 목적세로는 지방교육세와 지역자원시설세 등이 있으
며 담배소비세, 레저세, 자동차세 등은 보통세이다.

오답의 이유

① 지방세와 세외수입은 자주재원이고, 국고보조금과 지방교부세
는 의존재원이다.

③ 지방교부세에는 보통교부세, 특별교부세, 부동산교부세, 소방안
전교부세가 있다.

④ 국세는 의존재원으로서 지방재정조정기능을 수행하기 때문에
국세의 일부를 지방세로 전환할 경우 국세의 비중이 낮아지고
지방세의 비중이 높아짐에 따라 재정불균형이 심화될 수 있다.

16 난도 ★★☆   정답 ①

행정학총론 > 행정학의 주요 이론

정답의 이유

① 시민에 대한 봉사 지향적 정부는 신공공서비스론에서 지향하는
정부이다. 기업가적 정부는 정부의 역할을 방향잡기로 본다.

더 알아보기

정부재창조론

오스본(D. Osborne)과 게블러(T. Gaebler)는 저서 「정부재창조」를
통해 미래의 정부를 10가지로 구분하고 있다.

① 촉진적 정부(노젓기보다는 방향잡기)

② 경쟁적 정부

③ 지역사회에 힘을 부여하는 정부(서비스 제공보다 권한을 부여)

④ 성과지향적 정부(투입이 아닌 성과와 연계)

⑤ 사명지향적 정부(규칙중심의 조직을 개혁)

⑥ 고객지향적 정부(관료제가 아닌 고객 요구의 충족)

⑦ 기업가형 정부(지출보다는 수익 창출)

⑧ 분권형 정부(위계조직에서 참여와 팀워크로)

⑨ 미래지향적 정부(치료보다는 예방)

⑩ 시장지향적 정부(시장기구를 통한 변화 촉진)

17 난도 ★☆☆   정답 ②

재무행정론 > 예산과정

정답의 이유

② 전용(轉用)이란 행정 과목(세항, 세세항, 목) 간 상호 융통이고,
입법 과목(장, 관, 항) 간 상호 융통은 이용(移用)이다.

오답의 이유

① 이체란 행정개혁이나 정부기구 개편으로 인하여 예산의 책임 소
관부서를 변경시키는 행위로서, 중앙관서의 장의 요구에 의하여
기획재정부장관이 한다.

③ 이월이란 당해 연도에 집행하지 못한 예산을 다음 회계연도에
넘겨서 집행하는 것으로서, 시기적인 신축성을 유지해 주는 제
도로서 명시이월과 사고이월이 있다.

④ 계속비란 완성에 수년을 요하는 공사나 제조 및 연구개발사업은
경비의 총액과 연부액을 미리 정하여 미리 국회의 의결을 얻은
범위 안에서 수년에 걸쳐서 지출하는 경비이다.

18 난도 ★★★　　　　　　　　　　　정답 ①

행정학총론 > 행정국가와 신행정국가

[정답의 이유]

① 복지국가는 정부가 민간부문을 직접 조정·관리·통제하는 규제적 기능을 강조한다.

[오답의 이유]

② 복지국가의 공공서비스 배분 준거는 형평적 분배이다.

③ 복지국가의 공공서비스는 보편적 서비스를 제공하고 신자유주의는 개인의 다양한 선호를 강조한다.

④ 복지국가는 수요자중심의 맞춤형 관점이 아니라 공급자 관점의 성과관리에 초점을 둔다.

19 난도 ★★☆　　　　　　　　　　　정답 ③

정책론 > 정책결정모형

[정답의 이유]

③ 의사결정자에 의해 조직의 의사결정이 통제된다고 보는 것은 합리모형이다. 합리모형에서 조직관은 일사불란한 계층적 구조로서 의사결정자는 완벽한 결정을 한다고 가정한다. 반면 회사모형은 조직이란 다양한 하위조직의 연합체이므로 완전한 갈등의 해결은 불가능하며, 의사결정자에 의하여 조직의 의사결정이 완전하게 통제되지 못한다고 본다.

[오답의 이유]

① 만족모형에 의하면 인간은 인지상의 한계를 가지고 있기 때문에, 선별적인 지각을 통해 문제해결의 목표를 간소화시킨다. 인간은 완전한 합리성이 아닌 제한된(주관적) 합리성만 추구한다.

② 점증모형은 합리모형의 비현실성을 비판하면서 정치적 현실을 반영하고, 기존의 정책이나 결정을 점증적이고 부분적으로 수정·개선해 나가는 이론모형이다.

④ 앨리슨(G. T. Allison)은 집단의 응집력과 권력을 중심으로 합리적 행위자모형·조직과정모형으로 대변하며, 과거에 논의된 여러 가지 모형을 재정리하여 관료제 정치모형을 새로이 제시하고 있다.

20 난도 ★☆☆　　　　　　　　　　　정답 ①

정책론 > 정책결정

[정답의 이유]

① 미래예측기법 중에서 전문가집단의 반복적인 설문조사를 통하여 의견일치를 유도하는 방식은 델파이기법에 해당한다.

[오답의 이유]

② 브레인스토밍은 전문가의 창의적 의견이나 아이디어를 교환하는 집단 자유 토의이다.

③ 지명반론자기법은 대안의 장단점을 최대한 노출시키기 위해 인위적으로 반대팀을 구성하여 반론을 제기하는 것으로 악마의 주장법이라고도 한다.

④ 명목집단기법은 대안을 제시한 뒤에 제한된 토론을 한 후에 표결로 대안을 확정짓는 집단적 미래예측기법이다.

우리가 해야 할 일은 끊임없이 호기심을 갖고
새로운 생각을 시험해보고 새로운 인상을 받는 것이다.

– 월터 페이터 –

PART 4
고난도 기출

한눈에 훑어보기

✓ 영역 분석

행정학총론 17 22
2문항, 8%

정책론 02 08 09 14 18 19 25
7문항, 28%

조직론 01 07 13 23
4문항, 16%

인사행정론 03 05 11 21
4문항, 16%

재무행정론 04 15 16 20 24
5문항, 20%

지방행정론 06 10
2문항, 8%

행정환류 12
1문항, 4%

✓ 빠른 정답

01	02	03	04	05	06	07	08	09	10
②	⑤	③	③	④	②	①	②	④	①
11	12	13	14	15	16	17	18	19	20
①	②	③	④	⑤	③	②	③	④	⑤
21	22	23	24	25					
①	④	⑤	②	④					

✓ 점수 체크

구분	1회독	2회독	3회독
맞힌 문항 수	/ 25	/ 25	/ 25
나의 점수	점	점	점

---

01 난도 ★★☆   정답 ②

조직론 > 조직의 구조형태

정답의 이유

ㄱ. 기능구조는 전체 업무를 공동 기능별로 부서화한 조직으로 기계적 조직구조의 성격에 가깝다.

ㄴ. 기계적 조직구조는 높은 공식화·표준화, 엄격한 분업과 계층을 특징으로 한다.

ㅁ. 학습조직은 조직구성원들이 지식을 공유하고 이를 활용하여 끊임없이 새로운 지식을 창출해내며 조직행태를 변화시키고 조직성과를 향상시키는 역동적인 모습으로, 유기적 조직구조의 한 형태이다.

오답의 이유

ㄷ. 조직의 외부환경이 단순하고 안정적인 경우에는 기계적 조직구조가 적합하다.

ㄹ. 수평적 조정을 강조하는 구조는 유기적 조직구조이다. 기계적 조직구조는 계층제·수직적 구조의 특성을 가진다.

ㅂ. 유기적 조직이 성과측정이 어려운 상황에 적합하다. 기계적 조직구조는 명확한 조직목표와 단순한 분업적 과제를 통해 성과측정이 용이한 상황에 적합하다.

더 알아보기

번스와 스토커(Burns & Stalker)의 기계적 구조와 유기적 구조

구분	기계적 조직구조	유기적 조직구조
기본변수	복잡성, 공식성, 집권성 ↑	복잡성, 공식성, 집권성 ↓
장점	예측가능성	적응성
조직 특성	• 좁은 직무범위 • 표준운영절차(SOP) • 분명한 책임관계, 계층제 • 낮은 팀워크 • 공식적·몰인간적 대면관계 • 좁은 통솔범위	• 넓은 직무범위 • 적은 규칙·절차 • 모호한 책임관계, 분화된 채널 • 높은 팀워크 • 비공식적·인간적 대면관계 • 넓은 통솔범위
상황 조건	• 명확한 조직목표와 과제 • 단순한 분업적 과제 • 성과측정이 가능 • 금전적 동기부여 • 권위의 정당성 확보	• 모호한 조직목표와 과제 • 분업이 어려운 복합적 과제 • 성과측정이 어려움 • 복합적 동기부여 • 도전받는 권위
조직	관료제	탈관료제(예 학습조직)

02 난도 ★★☆　　　　　　　　　정답 ⑤

정책론 > 정책의제설정

[정답의 이유]

⑤ 다원주의론에서는 정책과정의 주도자가 경쟁하는 이익집단들이며, 정부의 역할은 갈등적 이익을 조정하는 중개인(브로커형 국가)이라 게임규칙의 준수를 독려하는 심판자(중립국가관)로 다양한 이해관계집단의 요구를 수동적으로 받아들이는 소극적이고 다소 수동적인 역할만을 수행한다고 본다.

[오답의 이유]

① 고전적 엘리트이론은 지배엘리트의 존재가 모든 사회에서 필수적인 특징이므로 사회조직이라는 집단이 구성되면 소수의 엘리트에 의한 지배는 필연적이라고 본다.

② 무의사결정이란 정책의제의 설정 과정에서 지배엘리트들의 이해관계와 일치하는 사회문제만 정책의제화된다는 이론으로, 무의사결정론에 따르면 지배엘리트에게 불이익이 되거나 바람직하지 않다고 생각되는 특정쟁점들이 정부 내에서 논의조차 되지 못하도록 방해하는 결정이 이루어진다.

③ 무의사결정론은 무의사결정이 정책의제 설정단계, 정책결정단계, 정책집행단계, 정책평가 단계 등 정책과정 전반을 통해 나타나기도 한다고 본다.

④ 다원주의론에서는 정책 영역별로 영향력을 행사하는 엘리트들이 각기 다르며, 엘리트 간 경쟁과 갈등이 일어난다고 본다.

03 난도 ★★☆　　　　　　　　　정답 ③

인사행정론 > 임용

[정답의 이유]

③ 내용타당도: 직무수행에 필요한 능력요소 측정 정도를 말한다.

[오답의 이유]

① 신뢰도: 측정도구가 측정대상을 일관성 있게 측정하는 정도를 말한다.

② 기준타당도: 직무수행에 필요한 능력이나 실적 예측의 정도를 말한다.

④ 구성타당도: 직무수행에 필요한 능력요소와 관련되어 있다고 추정되는 이론적 구성요소의 측정도를 의미한다.

⑤ 실용도: 실시와 채점의 용이성, 노력의 절감, 균등한 기회부여 여부 등을 말한다.

더 알아보기

타당도	• 시험이 측정하고자 하는 바를 실제로 측정할 수 있는 정도 • 기준타당도: 직무수행에 필요한 능력이나 실적 예측 • 내용타당도: 직무수행에 필요한 능력요소 측정 • 구성타당도: 직무수행에 필요한 능력요소와 관련되어 있다고 추정된 이론적 구성요소 측정
신뢰도	측정도구로서의 일관성·일치성
객관도	채점의 공정성
난이도	시험의 변별력
실용도	실시와 채점의 용이성, 노력의 절감, 균등한 기회부여 여부 등

04 난도 ★★★　　　　　　　　　정답 ③

재무행정론 > 예산제도

[정답의 이유]

③ 성과관리예산제도(PBS)는 장기적 관점에서 부처의 사명, 목적, 세부 목적 등을 고려하여 목적 달성에 기여하는 정책과 사업을 구상하고 사업별로 성과 목표치와 그것을 달성하는 데 소요되는 원가를 연계하는 계량적 자료를 제시하는 성과관리와 예산 운영을 통합하려는 제도라고 할 수 있다.

[오답의 이유]

① 성과관리예산제도(PBS)에 대한 설명이다. 계획예산제도(PPBS)는 통합적인 목적이나 행정조직에 상관없이 조직의 목표 달성에 가장 적합한 정책과 프로그램의 기획 및 계획, 예산제도 등에 자원을 효율적이고 유기적으로 배분한다.

② 전년도 예산을 무시하고 모든 사업·활동을 총체적으로 분석하여 우선순위를 정하고 예산을 분배하는 감축 중심의 예산제도인 영기준예산제도(ZBB)에 대한 설명이다.

④ 품목별예산제도(LIBS)는 투입물 단위로 예산을 할당하고 분류하여 편성하는 예산제도로 각 담당자가 품목관리 시에 상향적 과정을 통해 예산을 편성한다.

⑤ 영기준예산제도(ZBB)는 합리주의 예산기법이므로 계량모형에 근거한 객관적인 기준을 사용하지만, 기대되는 계획과 목적을 달성하는 데에 필요한 정책대안과 지출을 묶어 재정사업을 평가하는 것은 계획예산제도(PPBS)에 대한 설명이다.

05 난도 ★☆☆　　　　　　　　　정답 ④

인사행정론 > 인사행정의 기초이론

[정답의 이유]

④ 고위공직자범죄수사처 차장: 특정직(경력직)

> **고위공직자범죄수사처 설치 및 운영에 관한 법률 제4조(처장·차장 등)**
> ① 수사처에 처장 1명과 차장 1명을 두고, 각각 특정직공무원으로 보한다.

[오답의 이유]

①·②·③ 국회 사무총장, 서울특별시 행정2부시장, 헌법재판소 사무차장: 정무직(특수경력직)

⑤ 국회 수석전문위원: 별정직(특수경력직)

06 난도 ★★☆　　　　　　　　　정답 ②

지방행정론 > 지방자치단체의 조직

[정답의 이유]

② 지방의회의원 정수의 2분의 1 범위에서 정책지원 전문인력을 둘 수 있다(지방자치법 제41조 제1항).

제41조(의원의 정책지원 전문인력)
① 지방의회의원의 의정활동을 지원하기 위하여 지방의회의원 정수의 2분의 1 범위에서 해당 지방자치단체의 조례로 정하는 바에 따라 지방의회에 정책지원 전문인력을 둘 수 있다.

오답의 이유
① 지방자치법 제103조 제2항
③ 지방자치법 제4조 제1항·제2항
④ 지방자치법 제20조 제1항
⑤ 지방자치법 제186조 제1항

제4조(지방자치단체의 기관구성 형태의 특례)
① 지방자치단체의 의회(이하 "지방의회"라 한다)와 집행기관에 관한 이 법의 규정에도 불구하고 따로 법률로 정하는 바에 따라 지방자치단체의 장의 선임방법을 포함한 지방자치단체의 기관구성 형태를 달리 할 수 있다.
② 제1항에 따라 지방의회와 집행기관의 구성을 달리하려는 경우에는 「주민투표법」에 따른 주민투표를 거쳐야 한다.

제20조(규칙의 제정과 개정·폐지 의견 제출)
① 주민은 제29조에 따른 규칙(권리·의무와 직접 관련되는 사항으로 한정한다)의 제정, 개정 또는 폐지와 관련된 의견을 해당 지방자치단체의 장에게 제출할 수 있다.

제103조(사무직원의 정원과 임면 등)
② 지방의회의 의장은 지방의회 사무직원을 지휘·감독하고 법령과 조례·의회 규칙으로 정하는 바에 따라 그 임면·교육·훈련·복무·징계 등에 관한 사항을 처리한다.

제186조(중앙지방협력회의의 설치)
① 국가와 지방자치단체 간의 협력을 도모하고 지방자치 발전과 지역 간 균형발전에 관련되는 중요 정책을 심의하기 위하여 중앙지방협력회의를 둔다.

07 난도 ★★☆   정답 ①

조직론 > 과정이론

정답의 이유
(ㄱ) 인간이 행위를 하게 만드는 욕구를 확인하는 이론: 내용이론
(ㄴ) 인간의 욕구가 충족되는 과정을 설명하는 이론: 과정이론

08 난도 ★★☆   정답 ②

정책론 > 정책분석

정답의 이유
ㄴ. 비용편익분석에 대한 설명이다. 비용효과분석은 편익을 화폐가치로 환산하기 어려울 때 사용하는 분석기법이다.
ㄷ. 정책문제 자체를 잘못 정의한 경우로 문제 자체가 잘못 정의되어 이후의 과정에도 영향을 미치게 하는 오류는 3종 오류이다.

오답의 이유
ㄱ. 바람직한 정책목표의 결정을 위해서는 정책문제를 정확하게 파악하는 것이 선행되어야 한다.
ㄹ. 정책문제의 구조화란 문제상황의 대안적 개념화를 생성하고 검증하는 과정으로 그 기법에는 분류분석, 계층분석, 유추분석, 브레인스토밍, 가정분석, 경계분석 등이 있다.
ㅁ. 정책대안의 평가기준은 정책대안들을 비교하여 정책대안들 간의 우선순위를 정하는 기준으로 그 유형에는 소망성(효과성, 능률성, 형평성, 적합성, 적절성, 대응성, 노력)과 실현가능성(기술적 실현가능성, 경제적·재정적 실현가능성, 행정적 실현가능성, 법적·윤리적 실현가능성, 정치적 실현가능성)이 있다.

09 난도 ★★☆   정답 ④

정책론 > 정책결정

정답의 이유
④ 쓰레기통 모형의 전제 조건은 불확실한 선호, 불명확한 기술, 일시적 참여자(Fluid Participants)를 기본 전제로 의사결정의 기회, 해결을 요하는 문제, 문제의 해결책, 의사결정의 참여자 등이 서로 다른 시간에 통 안에 들어와 우연히 한 곳에서 만날 때 비로소 결정이 이루어진다고 본다.

오답의 이유
① 합리모형은 정책결정자의 완전한 합리성을 전제하고 이상적인 상태를 지향하기 때문에 목표의 설정이나 수단대안의 선택 등 기획과정에서 현실적인 요인을 잘 고려하지 않는다.
② 린드블럼 등의 점증모형은 합리모형의 비현실성을 비판하면서 정치적 현실을 반영하고, 기존의 정책이나 결정을 점증적이고 부분적으로 수정·개선해 나가는 모형이다.
③ 회사모형은 개인적 의사결정에 치중한 만족모형을 한층 더 발전시켜 조직의 의사결정에 적용시킨 모형으로 갈등의 준해결, 불확실성의 회피, 문제중심적 탐색, 조직의 학습, 표준운영절차(SOP) 등을 주요 특징으로 한다.
⑤ 드로어(Dror)의 최적모형은 경제적 합리성과 직관·판단력·창의력과 같은 초합리적 요인을 체제론적 입장에서 구축한 규범적·처방적 모형으로 양적인 측면과 질적인 측면을 동시에 고려하며, 합리성과 초합리성을 함께 고려한다.

10 난도 ★★★   정답 ①

지방행정론 > 지방자치단체(종류 및 기관)

정답의 이유
① 레짐이론은 지방정부가 지역사회 발전의 문제를 해결하기 위해 기업, 민간단체의 주체들과 연합을 형성하여 협력으로 지역문제를 해결하려는 이론이다.

오답의 이유
② 레짐이론은 경제적·사회적 도전에 대응하는 과정에서 정부기관과 비정부기관이 상호의존을 강조하고 정부·비정부관리자들이 상호 협상을 통해 조정하는 활동에 주력한다.

③ 신다원주의에 대한 설명이다. 신다원주의는 집단 간 경쟁의 중요성은 여전히 인정하지만 집단 간의 대체적 동등성의 개념을 수정하여 특정집단이 다른 집단보다 더욱 강력할 수 있다는 점을 분명히 하였다.

④ 레짐이론은 정부의 정책결정 및 집행에서 공식적 결정과 집행보다는 비공식적 민관협상과 조정 등을 강조한다.

⑤ 권력이 소수의 엘리트에 집중된다고 보는 관점은 엘리트이론이다. 레짐이론은 소수의 세력이 지역사회나 지방정부를 주도하는 것이 아니라 상호 연합의 형태로 존재한다는 이론이다.

11 난도 ★★☆   정답 ①

인사행정론 > 공직부패 및 공직윤리와 행위규범

정답의 이유

① 공직자의 이해충돌 방지법에 사립학교 교직원과 언론인은 적용되지 않는다(공직자의 이해충돌 방지법 제2조 제1호).

> **제2조(정의)**
> 1. 공공기관"이란 다음 각 목의 어느 하나에 해당하는 기관·단체를 말한다.
>   가. 국회, 법원, 헌법재판소, 선거관리위원회, 감사원, 고위공직자범죄수사처, 국가인권위원회, 중앙행정기관(대통령 소속 기관과 국무총리 소속 기관을 포함한다)과 그 소속 기관
>   나. 「지방자치법」에 따른 지방자치단체의 집행기관 및 지방의회
>   다. 「지방교육자치에 관한 법률」에 따른 교육행정기관
>   라. 「공직자윤리법」 제3조의2에 따른 공직유관단체
>   마. 「공공기관의 운영에 관한 법률」 제4조에 따른 공공기관
>   바. 「초·중등교육법」, 「고등교육법」 또는 그 밖의 다른 법령에 따라 설치된 각급 국립·공립 학교

오답의 이유

② 공직자윤리법 제3조 제1항 제7호·제9호

> **제3조(등록의무자)**
> ① 다음 각 호의 어느 하나에 해당하는 공직자(이하 "등록의무자"라 한다)는 이 법에서 정하는 바에 따라 재산을 등록하여야 한다.
>   7. 대령 이상의 장교 및 이에 상당하는 군무원
>   9. 총경(자치총경을 포함한다) 이상의 경찰공무원과 소방정 이상의 소방공무원

③ 공직자윤리법 제17조

④ 공무원행동강령은 「부패방지 및 국민권익위원회의 설치와 운영에 관한 법률」 제8조에 따라 공무원이 준수하여야 할 행동기준을 규정한 대통령령이다.

⑤ 공직자윤리법 제14조의4, 제2조의2

12 난도 ★★★   정답 ②

행정환류 > 행정책임과 통제

정답의 이유

② 대통령·국무총리·국무위원·행정각부의 장·헌법재판소 재판관·법관·중앙선거관리위원회 위원·감사원장·감사위원 기타 법률이 정한 공무원이 그 직무집행에 있어서 헌법이나 법률을 위배한 때에는 국회는 탄핵의 소추를 의결할 수 있다(헌법 제65조).

오답의 이유

① 국민권익위원회는 헌법상의 기관이 아니며, 직권조사권, 소추권을 갖고 있지 않다.

③ 감사원은 헌법적 지위를 갖는 대통령 직속기구로서 회계검사와 직무감찰을 수행하는데, 입법부와 사법부에 소속된 공무원의 직무는 감찰하지 않는다(감사원법 제24조 제3항.)

> **제24조(감찰 사항)**
> ① 감사원은 다음 각 호의 사항을 감찰한다.
>   1. 「정부조직법」 및 그 밖의 법률에 따라 설치된 행정기관의 사무와 그에 소속한 공무원의 직무
>   2. 지방자치단체의 사무와 그에 소속한 지방공무원의 직무
>   3. 제22조 제1항 제3호 및 제23조 제7호에 규정된 자의 사무와 그에 소속한 임원 및 감사원의 검사대상이 되는 회계사무와 직접 또는 간접으로 관련이 있는 직원의 직무
>   4. 법령에 따라 국가 또는 지방자치단체가 위탁하거나 대행하게 한 사무와 그 밖의 법령에 따라 공무원의 신분을 가지거나 공무원에 준하는 자의 직무
> ③ 제1항의 공무원에는 국회·법원 및 헌법재판소에 소속한 공무원은 제외한다.

④ 헌법재판소는 위헌법률심판, 탄핵심판, 정당해산심판, 권한쟁의, 헌법소원을 담당하지만 행정심판, 행정소송은 담당하지 않는다.

⑤ 국무총리실은 2006년 제정된 「정부업무평가 기본법」에서 중앙행정기관 또는 지방자치단체의 소관 정책에 대한 자체평가계획을 수립·시행하도록 하고 있다.

13 난도 ★★★   정답 ③

조직론 > 조직의 양태와 조직유형

정답의 이유

③ 관리자 입장에서 조직문화에 관심이 높은 것은 조직문화가 조직효과성에 중요한 영향을 준다고 이해되기 때문이다. 특히 조직효과성과 직결된 조직몰입은 조직구성원이 자신이 소속된 조직에 애착을 가지고 헌신하는 정도를 나타낸다.

오답의 이유

① 조직문화는 조직의 성숙 및 쇠퇴단계에서는 조직혁신의 제약요인으로 작용한다.

② 기존의 조직문화의 연구들은 주로 조직 내부 구성원 간의 거래 관계나 조직 외부 환경과의 대응 관계의 범주에서 조직문화의 유형화 기준을 도출하고 있다.

④ 퀸과 킴벌리의 합리문화는 조직의 성과목표 달성과 과업 수행에서 생산성을 강조하고, 목표달성, 계획, 능률성, 보상과 같은 가치를 중시한다.

⑤ 홉스테드(Hofstede)는 권력 격차가 작은 사회와 큰 사회, 집단주의와 개인주의, 여성성과 남성성, 불확실성 선호와 불확실성 회피, 장기지향성과 단기지향성과 2010년에 추가한 쾌락추구와 절제까지 여섯 가지 문화 차원으로 구분하였으며, 개인주의가 강한 문화는 집단주의가 강한 문화보다 상대적으로 느슨한 개인 간 관계를 더 중요시한다고 하였다.

14 난도 ★★☆
정답 ④

정책론 > 정책분석

정답의 이유

ㄷ. 표적집단면접(초점집단면접)은 특정 주제나 이슈에 초점을 맞춘 비공식 그룹 토론과 대화에 소수의 응답자들을 참여시켜 정보를 찾아내는 면접기법이다.

ㄹ. 지명반론자기법은 작위적으로 집단을 둘로 나누어 특정집단을 반론제기집단으로 지정하고 적극적인 반론자 역할을 부여한 뒤에 두 집단 간의 찬반토론을 거쳐 원안을 수정, 보완하여 최종 대안을 도출하는 의사결정기법이다.

오답의 이유

ㄱ. 델파이기법은 관련 분야 전문가들에게 대면 토론 없이 서면으로 자문을 의뢰하고 이를 반복 · 종합하여 예측 결과를 도출해 내는 기법이다.

ㄴ. 브레인스토밍은 주관적 예측기법으로 다양한 전문가들이 자유분방하게 의견을 수렴하여 미래를 예측하는 기법으로, 새로운 아이디어를 만들기 위해서 타인의 아이디어를 비판하거나 평가하지 않아야 한다.

ㅁ. 명목집단기법은 집단적 문제해결에 참여하는 개인들이 개별적으로 해결방안에 대해 구상하고 그에 대해 제한된 집단적 토론을 한 다음 해결방안에 표결하는 기법이다.

15 난도 ★★★
정답 ⑤

재무행정론 > 예산제도

정답의 이유

⑤ 루빈의 실시간 예산운영 모형은 서로 성질은 다르지만 서로 연결된 세입, 세출, 균형, 집행, 과정의 다섯 가지 흐름이 통합되면서 초래되는 의사결정모형을 말한다.

오답의 이유

① 경제적 합리성에 측면에 근거할 경우 체계적 · 종합적 · 분석적인 검토를 거치는 반면 정치적 측면을 강조하는 이론의 경우는 점증적이며 소폭의 단편적인 접근을 통한 협상과 타협의 과정을 거친다.

② 총체주의 예산은 인간의 완전한 합리성을 가정하여 경제적 합리성에 입각한 예산결정을 도출하려 하므로 목표에 대한 사회적 합의가 도출되지 않을 때는 적용하기 곤란하다.

③ 점증모형은 전년도 기준에 의존하여 연속적이고 제한된 비교의

과정을 거치므로 예산결정이 안정된 반면 변동에 탄력적으로 대응하기 어렵다.

④ 단절균형 모형은 특정사건 및 상황에 따라 균형상태에서 급격한 변화가 발생하고 이후 다시 균형을 지속하는 예산이론으로 사후적 분석에는 적절하지만 단절균형이 발생할 수 있는 시점을 예측하지 못하므로 미래지향적 측면에서는 한계가 있다.

16 난도 ★★☆
정답 ③

재무행정론 > 지방자치의 의의와 종류

정답의 이유

③ 지방자치법 제204조 제2항

> **제204조(의회의 조직 등)**
> ② 제1항의 지방의회의원은 제43조 제1항에도 불구하고 특별지방자치단체의 의회 의원을 겸할 수 있다.

오답의 이유

① · ④ 지방자치법 제199조 제1항

② 지방자치법 제199조 제3항

⑤ 지방자치법 제201조

> **제199조(설치)**
> ① 2개 이상의 지방자치단체가 공동으로 특정한 목적을 위하여 광역적으로 사무를 처리할 필요가 있을 때에는 특별지방자치단체를 설치할 수 있다. 이 경우 특별지방자치단체를 구성하는 지방자치단체(이하 "구성 지방자치단체"라 한다)는 상호 협의에 따른 규약을 정하여 구성 지방자치단체의 지방의회 의결을 거쳐 행정안전부장관의 승인을 받아야 한다.
> ③ 특별지방자치단체는 법인으로 한다.
>
> **제201조(구역)**
> 특별지방자치단체의 구역은 구성 지방자치단체의 구역을 합한 것으로 한다. 다만, 특별지방자치단체의 사무가 구성 지방자치단체 구역의 일부에만 관계되는 등 특별한 사정이 있을 때에는 해당 지방자치단체 구역의 일부만을 구역으로 할 수 있다.

17 난도 ★★☆
정답 ②

행정학총론 > 행정학의 주요 이론

정답의 이유

ㄴ. 신공공관리론 – 시장주의, 고객지향, 규제완화, 공공기업가, 민영화 확대, 경쟁원리 강화, 방향잡기 등

ㄷ. 뉴거버넌스론 – 공동체주의, 연계망, 조정자, 신뢰와 협력체제, 공동공급, 임금방식

오답의 이유

ㄱ. 공공선택론 – 분권화, 민영화, 유연조직

ㄹ. 사회자본론 – 신뢰, 유대관계, 네트워크

ㅁ. 신공공서비스론 – 사회봉사, 전략적 합리성, 리더십이 공유되는 협동적 조직, 다면적, 공유가치에 대한 담론의 결과 등

18 난도 ★★★
정답 ③

정책론 > 정책평가

정답의 이유

③ 준실험 설계는 일반적으로 무작위 배정이 어려운 상황에서 짝짓기 방법 등을 활용하여 실험집단과 통제집단을 비교하거나 정책의 효과를 매년 비교하는 시계열적인 방법으로 정책 영향을 평가한다.

오답의 이유

① 무작위에 의한 실험집단과 통제집단을 구성하는 것은 진실험 설계의 특징이다. 준실험 설계는 진실험 설계와 다르게 통제집단과 실험집단이 무선적으로 배치되지 않은 상태에서 행해지는 실험설계이다.

② 준실험 설계는 진실험 설계에 비해 외생변수의 효과를 통제하기 어려워 인위적 요소가 많지 않아 내적 타당도는 낮고 외적 타당도는 높으며, 현실적으로 진실험 설계는 인위적인 통제가 어렵다는 점을 참작할 때 준실험 설계가 실제 연구에서 더 많이 적용된다.

④ 준실험적 방법은 비실험적 방법의 약점인 선발효과와 성숙효과를 어느 정도 분리해 낼 수 있어 내적타당성을 상대적으로 확보할 수 있다.

⑤ 회귀불연속 설계에서 정책의 시행 시점인 구분점 이후로 기울기와 절편이 다른 방향으로 변화하면 장기적인 효과가 있다고 할 수 없다.

19 난도 ★★☆
정답 ④

정책론 > 정책의제 설정

정답의 이유

④ 내부접근형은 이해관계자와 접촉 없이 정부관료제 내부에서만 정책의제화의 움직임이 있으므로 공중의제화 과정이 생략되나, 동원형은 정책결정자가 제기하여 자동적으로 정부의제가 되고, 성공적인 집행을 위해 공중의제로 전환되는 유형이다.

오답의 이유

① 동원형은 정부 내의 정책결정자들이 주도하여 정부의제화를 만든다.

② 외부주도형은 외부집단의 주도에 의해 이슈가 제기되고 그것이 확산되어 공중의제로 전환되어 정책의제로 진행되는 유형이다.

③ 내부접근형은 정부 내 관료집단 혹은 정책결정자에게 쉽게 접근할 수 있는 외부집단이 최고결정자에게 접근하여 정부의제화가 진행되므로 그 외부집단 이익이 과도하게 대변되는 경향이 있다.

⑤ 외부주도형은 민간집단에 의해 이슈가 제기되어 먼저 성공적으로 공중의제에 도달한 후 최종적으로 정부의제에 이르는 유형으로 허쉬만(Hirshman)은 '강요된 정책문제'(일반국민의 압력에 의해 채택)라고 하였다.

20 난도 ★★☆
정답 ⑤

재무행정론 > 예산제도

정답의 이유

⑤ 조세지출은 조세감면 · 비과세 · 소득공제 · 세액공제 · 우대세율 적용 또는 과세이연 등 조세특례의 방식으로 재정을 지원하는 것으로, 조세특례에 의하여 납세자의 세금부담 경감을 목적으로 발생하는 국가세입의 감소를 말한다.

오답의 이유

① 우리 헌법은 1960년부터 준예산제도를 채택하고 있다.

> **헌법 제54조**
> ② 정부는 회계연도마다 예산안을 편성하여 회계연도 개시 90일 전까지 국회에 제출하고, 국회는 회계연도 개시 30일 전까지 이를 의결하여야 한다.
> ③ 새로운 회계연도가 개시될 때까지 예산안이 의결되지 못한 때에는 정부는 국회에서 예산안이 의결될 때까지 다음의 목적을 위한 경비는 전년도 예산에 준하여 집행할 수 있다.

② 예산의 입법과목(장 · 관 · 항) 간 이용은 원칙적으로 허용되지 않지만, 미리 국회의 의결을 얻었을 때에는 기획재정부 장관의 승인을 얻어 이용할 수 있다.

③ 사고이월에 대한 설명이다. 명시이월은 경비의 성질상 연도 내에 그 지출을 끝내지 못할 것이 예측되는 때 그 취지를 세입세출예산에 명시하여 미리 국회의 승인을 얻는 경우 다음 연도에 이월하여 사용할 수 있도록 하는 경비이다.

④ 추가경정예산은 예산의 성립 후에 생긴 사유로 인하여 필요한 경비의 부족 등이 발생하여 본예산에 추가 또는 변경을 가한 예산을 의미한다.

21 난도 ★★☆
정답 ①

인사행정론 > 사기앙양과 근무규율

정답의 이유

① 공무원의 보수는 공무원의 근무에 대해 정부가 금전으로 지급하는 재정적 보상으로 기본급과 부가급으로 구성된다. 이 중 부가급은 특별한 사정에 따라 받는 금액(수당)으로 보수체계의 유연성을 제고할 수 있으나 보수체계를 복잡하게 만드는 단점이 있다.

오답의 이유

② 생활급은 공무원과 그 가족의 기본적인 생활 내지 생계유지에 필요한 경비를 중심으로 보수를 결정하는 속인적 급여이며, 연공급(근속급)을 포함한다.

③ 직무급은 직무의 난이도와 책임의 상대적 정도에 따라 직무의 가치를 결정하고 그 가치를 보수와 연결시킨 보수체계이고, 동일 직무에 대한 동일 보수의 원칙에 충실한 보수의 공정성을 높일 수 있다.

④ 연공급(근속급)은 근속연수 · 연령 · 경력 · 학력 등 속인적 요소의 차이에 따라 보수에 격차를 두는 보수체계로서 우리나라를 비롯한 계급제 중심 국가에서 보수체계의 기초로 활용된다.

⑤ 직능급은 직무수행능력을 측정하여 그 능력이 우수할수록 보수를 우대하는 보수체계로서, 주로 직위분류제를 채택하는 나라에서 보수체계의 기초로 활용된다.

22 난도 ★★☆
정답 ④

행정학총론 > 행정학의 주요 이론

정답의 이유

④ 현상학적 접근방법은 형상에 대한 개인의 내면적 인식이나 지각으로부터 행태가 나온다고 주장하며 실증주의 · 행태주의 · 객관주의 · 합리주의 등을 비판하면서 등장하였다.

오답의 이유

① 생태론적 접근방법의 대표적 학자인 리그스(Riggs)는 후진국 행정체제에 대한 '프리즘적 사랑방 모형'을 설정하여 후진국의 행정행태를 사회문화적 맥락에서 파악하였다.

② 행태론적 접근방법의 대표적 학자인 사이먼(Simon)은 행정현상을 의사결정과정으로 파악하였으며, 검증이 불가능한 '가치'를 연구대상에서 배제하고 '사실'에 관한 과학적 연구에 초점을 두는 등 가치와 사실을 구분하여 과학으로서의 행정학은 사실만을 다루어야 한다고 주장하였다.

③ 공식적 제도가 형성되는 과정에 분석의 초점을 맞추는 것은 전통적인 제도주의이고, 행태주의에 대한 비판적 측면과 구제도주의와의 차별성이라는 양 측면에서 등장한 것이 신제도주의이다.

⑤ 포스트모더니티 접근방법은 인간의 합리성 · 이성 · 과학을 부정하고, 진리기준의 상대성을 전제로 핵심개념인 상상, 해체, 영역해체(탈영역화), 타자성을 통해 전통적 관료제의 폐쇄성과 경직성을 극복하는 데 기여하였다.

23 난도 ★★☆
정답 ⑤

조직론 > 조직이론

정답의 이유

⑤ 자원의존이론에서 상호의존적인 관계 변화를 위한 기본적인 전제는 조직이 자원을 확보하는데 있어서 사회 환경에 의존하고 있다는 전제, 조직이 환경과 관계함에 있어 조직의 전략적 선택이라는 전제, 조직은 환경과의 관계에 있어서 수동적이기보다는 능동적으로 영향을 미치려 한다는 전제이다.

오답의 이유

① 신고전적 조직이론은 인간관계론을 배경으로 성립되었다.

① 인간관계론을 배경으로 성립된 조직관은 신고전적 조직이론이며, 고전적 조직이론은 과학적 관리론을 배경으로 성립된 조직관이다.

② 조직 내의 기계적 능률을 추구한 것은 고전적 조직이론이고, 신고전적 조직이론은 폐쇄체제를 강조하고, 행정과 환경의 유기적 관계성을 중시(환경유관론)하였다.

③ 대리인이론은 정보의 비대칭성으로 인해 역선택의 문제가 나타날 수 있다.

④ 상황론적 조직이론은 모든 상황에서 적용되는 유일 최선의 조직구조나 관리 방법이 없다는 전제하에, 효과적인 조직구조나 관

리 방법은 조직설계 등의 상황에 따라 달라지기 때문에 상황에 적합한 조직구조의 설계나 관리 방법을 찾아내고자 한다.

24 난도 ★★★
정답 ②

재무행정론 > 예산과정

정답의 이유

ㄹ. 예비적타당성조사의 경제성 분석에서 편익비용비는 1보다 클 때 사업의 타당성이 있다고 판단한다. 그러나 편익비용비율이 1보다 작아도 정책적 분석이나 지역발전분석 등을 통한 종합평가결과과의 평가에 의해서도 종합적인 타당성은 확보될 수 있다.

ㅁ. 국가재정법 제38조 제2항

> **제38조(예비타당성조사)**
> ② 제1항에도 불구하고 다음 각 호의 어느 하나에 해당하는 사업은 대통령령으로 정하는 절차에 따라 예비타당성조사 대상에서 제외한다.
> 　1. 공공청사, 교정시설, 초 · 중등 교육시설의 신 · 증축 사업
> 　6. 「재난 및 안전관리기본법」 제3조 제1호에 따른 재난(이하 "재난"이라 한다)복구 지원, 시설 안전성 확보, 보건 · 식품 안전 문제 등으로 시급한 추진이 필요한 사업

오답의 이유

ㄱ · ㄴ. 예비타당성조사는 1999년부터 시행 중인 제도로서 기획재정부가 주관하여 총사업비가 500억 원 이상이고 국가의 재정지원 규모가 300억 원 이상인 신규 사업으로서 건설공사 사업 외 지능정보화 사업, 국가연구개발사업, 그밖에 사회복지 · 보건 · 교육 · 노동 · 문화 및 관광 · 환경 보호 · 농림해양수산 · 산업 · 중소기업 분야의 사업 등이 포함된 사업으로 한다(국가재정법 제38조 제1항 참고).

> **제38조(예비타당성조사)**
> ① 기획재정부장관은 총사업비가 500억 원 이상이고 국가의 재정지원 규모가 300억 원 이상인 신규 사업으로서 다음 각 호의 어느 하나에 해당하는 대규모사업에 대한 예산을 편성하기 위하여 미리 예비타당성조사를 실시하고, 그 결과를 요약하여 국회 소관 상임위원회와 예산결산특별위원회에 제출하여야 한다. 다만, 제4호의 사업은 제28조에 따라 제출된 중기사업계획서에 의한 재정지출이 500억 원 이상 수반되는 신규 사업으로 한다.
> 　1. 건설공사가 포함된 사업
> 　2. 「지능정보화 기본법」 제14조 제1항에 따른 지능정보화 사업
> 　3. 「과학기술기본법」 제11조에 따른 국가연구개발사업
> 　4. 그 밖에 사회복지, 보건, 교육, 노동, 문화 및 관광, 환경 보호, 농림해양수산, 산업 · 중소기업 분야의 사업

ㄷ. 예비타당성조사는 경제성 분석, 정책적 분석, 지역균형발전 분석 결과를 바탕으로 이를 종합적으로 평가한 계층화 분석기법(AHP)을 통해 결정하게 된다. 예비타당성조사에서는 계층화분석값이 0.5보다 높을 때는 정책적인 타당성이 있다고 본다.

정책론 > 정책학의 기초

정답의 이유

ㄱ. 정책목표의 내부적 문제만를 중시하고 조직 전체의 목표나 외부환경의 변화를 과소평가하는 경향이 나타난다(Selznick).

ㄷ. 정책목표의 추상적·개괄적인 성격으로 인해 행정인이 측정가능한 유형적 목표나 하위 목표를 더 중시하는 경우 상위 목표를 등한시하는 경향이 나타난다(Werner & Havens).

ㅁ. 최고권력자나 소수의 관리자들이 권력을 장악한 후에 원래 목표를 추구하기보다는 자기의 권력을 유지하거나 정당화시키기 위해 목표의 내용을 변화시키거나 다른 목표로 교체하여 자신만의 조직의 기반을 강화시키려고 한다.

오답의 이유

ㄴ. 최고관리자 등이 원래의 정책목표를 추구하기보다는 자신의 권력과 지위의 유지·강화를 위하여 목표를 전환시키기도 한다(Michels의 과두제의 철칙).

ㄹ. 조직원들에게 법규나 절차를 지나치게 강요할 경우 관료적 형식주의(Red-Tape)나 의식주의 등을 빠질 염려가 있다(Merton & Gouldner의 동조과잉).

행정학 | 2023년 국회직 8급

한눈에 훑어보기

✓ 영역 분석

행정학총론 08 10 19 22
4문항, 16%

정책론 04 13 18 20
4문항, 16%

조직론 05 06 09 11 14 16
6문항, 24%

인사행정론 01 23 25
3문항, 12%

재무행정론 12 21 24
3문항, 12%

지방행정론 03 07 15 17
4문항, 16%

행정환류 02
1문항, 4%

✓ 빠른 정답

01	02	03	04	05	06	07	08	09	10
②	③	①	①	②	④	①	⑤	③	⑤
11	12	13	14	15	16	17	18	19	20
①	②	④	③	②	④	⑤	③	⑤	④
21	22	23	24	25					
⑤	①	②	③	④					

✓ 점수 체크

구분	1회독	2회독	3회독
맞힌 문항 수	/ 25	/ 25	/ 25
나의 점수	점	점	점

---

01 난도 ★☆☆ 　　　　　　　　정답 ②

인사행정론 > 인사행정의 기초이론

[정답의 이유]

② 혈연, 학연, 지연 등 사적 인간관계를 반영하여 공무원을 선발하는 것은 정실주의 인사제도에 대한 설명이다. 엽관주의와 정실주의는 정치적 임용이라는 측면에서 공통점이 있으나 동일한 제도는 아니다.

[오답의 이유]

① 엽관주의는 선거에서 승리한 정당이 관직을 차지하며, 정권 교체 시 공직의 대량경질로 인하여 행정의 안정성과 지속성 확보에 어려움이 있다는 단점이 있다.

③ 엽관주의는 선거에 의한 정권의 교체와 정권 교체에 따른 공직 교체를 가능하게 하므로 정당정치의 발달은 물론 행정의 민주화에 기여할 수 있다.

④ 정치적 충성도에 따른 인사가 이루어지므로 행정의 전문성을 저하시킬 수 있다.

⑤ 미국에서 1883년 펜들턴법(Pendleton Act)이 제정되면서 엽관주의의 폐단을 비판하며 전문성 있는 인력 확보를 중시하는 실적주의가 등장하였다.

02 난도 ★★☆ 　　　　　　　　정답 ③

행정환류 > 행정책임과 통제

[정답의 이유]

ⓒ 특정한 관습이나 경험적 습성과 같은 것이 부패를 조장한다고 보는 입장은 사회문화적 접근법에 따른 것이다.

ⓒ 사회의 법과 제도상의 결함이나 이러한 것들에 대한 관리기구와 운영상의 문제들이 부패의 원인으로 작용한다고 보는 입장은 제도적 접근법에 따른 것이다.

03 난도 ★★★ 　　　　　　　　정답 ①

지방행정론 > 지방재정

[정답의 이유]

① 지방자치단체는 해당 지방자치단체의 주민이 아닌 사람에 대해서만 고향사랑 기부금을 모금·접수할 수 있다(고향사랑 기부금에 관한 법률 제4조 제1항). 법인은 기부금 모금 대상이 아니다.

[오답의 이유]

② 지방자치단체는 모금·접수한 고향사랑 기부금의 효율적인 관리·운용을 위하여 기금을 설치하여야 한다(고향사랑 기부금에 관한 법률 제11조 제1항).

③ 고향사랑 기부금이란 지방자치단체가 주민복리 증진 등의 용도로 사용하기 위한 재원을 마련하기 위하여 해당 지방자치단체의 주민이 아닌 사람으로부터 자발적으로 제공받거나 모금을 통하여 취득하는 금전을 말한다(고향사랑 기부금에 관한 법률 제2조 제1호).

④ 지방자치단체는 현금, 고가의 귀금속 및 보석류를 답례품으로 제공하여서는 아니 된다(고향사랑 기부금에 관한 법률 제9조 제3항 제1호·제2호).

> 제9조(답례품의 제공)
> ③ 지방자치단체는 다음 각 호의 어느 하나에 해당하는 것을 답례품으로 제공하여서는 아니 된다.
>   1. 현금
>   2. 고가의 귀금속 및 보석류

⑤ 고향사랑 기부금의 모금·접수 및 사용 등에 관하여는 기부금품의 모집 및 사용에 관한 법률을 적용하지 아니한다(고향사랑 기부금에 관한 법률 제3조).

04 난도 ★★☆
정답 ①

정책론 > 정책평가

정답의 이유
㉠ 결과의 측정을 위한 도구가 반복적인 측정에서 얼마나 일관성 있는 결과를 얻을 수 있는가는 신뢰성에 대한 설명이다.

05 난도 ★☆☆
정답 ②

조직론 > 조직의 변동

정답의 이유
② 목표관리는 구성원의 지발적 참여에 의하여 목표를 설정하고 결과를 평가하여 환류하는 Y이론적 인간관에 기초한다.

오답의 이유
① 목표관리는 상급자와 하급자 간 상호협의를 통해 상대적으로 단기간 달성해야 할 구체적이고 계량적(정량적)인 업무목표를 설정한다.

③ 구성원들의 수평적인 참여가 중시되는 제도이므로 계급과 서열을 근거로 위계적으로 운영되는 권위주의적 계층적 조직에서는 효과가 크지 않을 수 있다.

④ 목표관리는 참여를 통한 목표 설정, 목표달성과정의 자율성, 성과에 따른 보상과 환류 등을 특징으로 한다.

⑤ 목표관리는 가시적이고 계량화된 목표를 중시하므로 양적 평가(정량적 평가)는 가능하나 질적 평가(정성적 평가)에는 한계가 있다.

06 난도 ★★☆
정답 ④

조직론 > 조직의 양태와 조직유형

정답의 이유
④ 태스크포스는 특별한 임무를 수행하기 위하여 편성되는 임시조직으로, 관련 부서들을 횡적으로 연결시켜 여러 부서가 관련된 현안 문제를 해결하는 데 효과적인 조직 유형이다.

오답의 이유
① 동태적(탈관료적)인 조직은 공식적 규율과 통제에 의존하는 경직된 계층적 관계보다 Y이론적 인간관에 근거, 구성원의 자발적 참여를 통한 자율성을 높일 수 있는 유기적인 관계를 강조한다.

② 프로젝트 팀은 태스크포스와 함께 특별한 과제나 임무를 수행하기 위해 일시적으로 구성된 조직 형태이다.

③ 매트릭스 조직은 기능구조와 사업별 생산구조를 조합한 것으로, 구성원들은 명령계통의 원리를 벗어나 생산부서의 상관과 기능부서의 상관으로부터 이중적으로 지시를 받는 이중구조이다.

⑤ 애드호크라시는 다양한 전문인들로 구성되어 있기 때문에 수평적 분화의 정도는 높은 반면 수직적 분화의 정도는 낮다.

07 난도 ★☆☆
정답 ①

지방행정론 > 지방자치단체와 국가

정답의 이유
① 특별지방행정기관의 소속 공무원은 지방공무원이 아니라 국가공무원이다. 따라서 상급기관과의 인사이동에 장벽이 없다. 실제로 중앙행정기관과 특별지방행정기관간 주기적인 인사이동이나 순환근무가 이루어진다.

오답의 이유
② 특별지방행정기관은 광역 단위 지방일선기관(지방청) 아래 말단 소속기관들을 두는 중층구조를 가진 경우가 많다. 지방경찰청 아래 경찰서나 지구대 등이 그 예다.

③ 특별지방행정기관은 중앙정부의 통제를 받는 일선하급기관으로 주민의 요구에 대한 대응이 둔감하고 지방자치에 역행하는 조직이다.

④ 특별지방행정기관은 자치단체보다 관할구역이 넓기 때문에 광역행정을 실현하기 위하여 특별지방행정기관의 설치가 필요할 경우가 있다.

⑤ 국가는 정부조직법 제3조에 따른 특별지방행정기관이 수행하고 있는 사무 중 지방자치단체가 수행하는 것이 더 효율적인 사무는 지방자치단체가 담당하도록 하여야 하며, 새로운 특별지방행정기관을 설치하고자 하는 때에는 그 기능이 지방자치단체가 수행하고 있는 기능과 유사하거나 중복되지 아니하도록 하여야 한다(지방자치분권 및 지역균형발전에 관한 특별법 제34조 제1항·제2항).

08 난도 ★☆☆
정답 ⑤

행정학총론 > 행정학의 주요 이론

정답의 이유

⑤ ㉠, ㉡, ㉢은 뉴거버넌스론의 특징에 해당하며 ㉣, ㉤은 신공공
관리론의 특징에 해당한다. 뉴거버넌스론은 정치·행정 일원론
적 성격을 지니며, 행정관료를 다양한 이해관계의 조정자나 중
재자로 여긴다. 또한 시민을 국정관리의 한 주체로 인식하고 민
주적 참여를 통해 정부에 대한 신뢰를 높인다. 신공공관리론은
정치·행정 이원론적 성격을 지니며, 행정관료를 공공기업가로
여긴다. 또한 성과에 대한 책임성을 통해 시민에 대한 대응성을
강조하고 공공부분의 효율성 제고를 위해 시장원리인 경쟁을 적
극 활용한다.

09 난도 ★★☆
정답 ③

조직론 > 조직관리

정답의 이유

③ 로크(E. Locke)는 목표설정이론에서 달성하기 쉽고 단순한 목표
보다 구체적이면서 곤란도가 높은 목표가 동기부여에 효과적이
라고 하였다.

오답의 이유

① 브룸(V. Vroom)은 욕구충족과 직무수행 간의 직접적인 관련성
을 강조하는 내용이론에 의문을 갖고 동기부여과정에서 사람마
다 다르게 작용하는 주관적인 요인(기대감, 수단성, 유의성)을
강조하였다.

② 앨더퍼(C. Alderfer)는 욕구가 역순으로는 진행되지 않는다고
주장한 매슬로우(A. Maslow)와 달리 상위 욕구가 좌절될 경우
하위 욕구를 강조하게 되는 하향적 접근을 제시하였다.

④ 맥그리거(D. McGregor)는 저서 『기업의 인간적 측면』에서 매슬
로우(A. Maslow)의 욕구계층이론을 토대로 인간의 본질에 관한
기본 가정을 X와 Y, 두 가지로 구분하였다.

⑤ 애덤스(J. Adams)는 공정성이론에서 자신이 투입한 노력과 보
상 간 비율을 타인과 비교하여 불공정하다고 느낄 때 공정성을
실현하는(불공정을 제거하는) 방향으로 동기가 부여된다고 주장
하였다.

10 난도 ★☆☆
정답 ⑤

행정학총론 > 행정학의 주요 이론

정답의 이유

⑤ 오스본(D. Osborne)과 게블러(T. Gaebler)의 「정부재창조론」이 영
향을 준 것은 레이건(Reagan) 행정부가 아니라 클린턴(Clinton)
정부로, '정부재창조운동'의 이론적 기초가 되었다.

11 난도 ★☆☆
정답 ①

조직론 > 조직의 기초이론

정답의 이유

① 비공식조직은 공식조직 내에 형성된 자연발생적인 조직을 말한다.

오답의 이유

② 비공식조직은 구성원 간 공식적 업무와 관계없이 사적인 인간관
계를 토대로 형성되는 자생조직이다.

③ 공식조직은 조직의 목표달성을 위해 공식적으로 업무와 역할이
할당된 조직이며, 비공식조직은 구성원의 인간적 관계 형성을
중요하게 여기는 조직이다.

④ 비공식조직은 구성원들의 심리적 안정감을 제고하고 공식조직
의 경직성 완화, 업무 능률성 증대 등에 기여할 수 있다.

⑤ 비공식조직 간 적대감정이 생기면 공식조직이 와해되고, 공식조
직 내 기능마비 현상이 나타날 수 있다.

12 난도 ★★☆
정답 ②

재무행정론 > 예산제도

정답의 이유

㉠ 사업별로 예산 산출 근거가 제시되므로 입법부의 예산심의가 용
이하다.

㉢ 사업별로 예산을 편성하므로 예산과 사업의 연계가 용이하다.

㉤ 사업 중심의 예산이므로 품목별 예산제도에 비해 사업관리가 용
이하다.

오답의 이유

㉡ 성과주의 예산의 편성단위는 최종적인 정책목표가 아니라 개별
단위사업이나 중간산출(output)에 초점을 두므로 정책목표의
설정이 곤란하고, 정책목표에 대한 인식도 부족하다. 정책목표
설정을 용이하게 하는 것은 계획예산제도이다.

㉣ 성과주의 예산제도는 업무측정단위, 즉 성과단위(work unit)에
의하여 업무량을 측정하고 업무단위당 단위원가를 산출해야 하
는데 성과단위의 선정이 용이하지 않다.

㉥ 성과주의 예산제도에서 사업의 성과를 정확하게 측정하기 위해
서는 현금주의보다 채권과 채무를 모두 인식하는 발생주의 회계
방식을 택하는 것이 용이하다.

13 난도 ★☆☆
정답 ④

정책론 > 정책결정모형

정답의 이유

④ 공공선택모형에 관한 설명이다. 공공선택모형에서는 독점적 정
부관료제가 정부실패를 가져오기 때문에 시민 개개인의 선호와
선택을 존중하고 경쟁을 통해 서비스를 생산하고 공급하게 함으
로써 행정의 대응성을 높일 수 있다고 본다.

조직론 > 전자정부와 지식정부론

[정답의 이유]

ⓒ 행정기관 등의 장은 5년마다 해당 기관의 전자정부의 구현·운영 및 발전을 위한 기본계획을 수립하여 중앙사무관장기관의 장에게 제출하여야 한다(전자정부법 제5조의2 제1항).

ⓜ 전자정부의 경계는 국가기관, 지방자치단체, 공공기관 등 공공부문(G2G)만을 의미하는 것이 아니라 정부와 기업(G2B), 정부와 국민(G2C)과의 관계도 모두 포함된다.

[오답의 이유]

㉠ 전자정부란 정보기술을 활용하여 행정기관 및 공공기관의 업무를 전자화하여 행정기관 등의 상호 간의 행정업무 및 국민에 대한 행정업무를 효율적으로 수행하는 정부를 말한다(전자정부법 제2조 제1호).

ⓛ 전자정부는 대내적으로는 후선지원업무(back office)에서의 효율성을, 대외적으로는 대민업무(front office)에서의 민주성을 행정이념으로 추구한다(전자정부법 제1조).

> **제1조(목적)**
> 이 법은 행정업무의 전자적 처리를 위한 기본원칙, 절차 및 추진방법 등을 규정함으로써 전자정부를 효율적으로 구현하고, 행정의 생산성, 투명성 및 민주성을 높여 국민의 삶의 질을 향상시키는 것을 목적으로 한다.

ⓔ 디지털예산회계시스템(dBrain)과 전자조달시스템(나라장터)은 IT기술을 이용하여 업무재설계를 통해 프로세스 중심으로 업무를 축소·재설계하고 정보시스템화한 것으로 평가할 수 있다.

지방행정론 > 지방자치단체와 주민

[정답의 이유]

② 지방재정법상 예산과정의 주민 참여 범위는 예산편성과 사업집행, 평가 등 예산과정에 참여할 수 있도록 규정하고 있다. 단, 예산의 심의·확정, 결산 승인 등 지방의회의 의결사항은 그 범위에서 제외된다(지방재정법 제39조 제1항).

> **제39조(지방예산 편성 등 예산과정의 주민 참여)**
> ① 지방자치단체의 장은 대통령령으로 정하는 바에 따라 지방예산 편성 등 예산과정(「지방자치법」 제47조에 따른 지방의회의 의결사항은 제외한다. 이하 이 조에서 같다)에 주민이 참여할 수 있는 제도를 마련하여 시행하여야 한다.

[오답의 이유]

① 주민참여예산은 주민들이 예산편성과정 등에 직접 참여하는 것으로, 재정민주주의 또는 재정거버넌스를 구현하기 위한 방안 중 하나이다.

③ 주민참여예산기구의 구성·운영과 그 밖에 필요한 사항은 해당 지방자치단체의 조례로 정한다(지방재정법 제39조 제5항).

④ 예산의 심의, 결산의 승인 등 지방의회의 의결사항은 주민참여예산의 관여 범위가 아니다(지방재정법 제39조 제1항).

⑤ 주민참여예산제도의 운영을 위하여 지방자치단체장의 소속으로 주민참여예산위원회 등 주민참여예산기구를 둘 수 있다(지방재정법 제39조 제2항).

> **제39조(지방예산 편성 등 예산과정의 주민 참여)**
> ② 지방예산 편성 등 예산과정의 주민 참여와 관련되는 다음 각 호의 사항을 심의하기 위하여 지방자치단체의 장 소속으로 주민참여예산위원회 등 주민참여예산기구를 둘 수 있다.
>   1. 주민참여예산제도의 운영에 관한 사항
>   2. 제3항에 따라 지방의회에 제출하는 예산안에 첨부하여야 하는 의견서의 내용에 관한 사항
>   3. 그 밖에 지방자치단체의 장이 주민참여예산제도의 운영에 필요하다고 인정하는 사항

조직론 > 조직관리

④ 화이트(R. White)와 리피트(R. Lippitt)가 11세의 보이스카우트 소년들을 대상으로 한 실험결과에 따르면, '민주형 – 권위형 – 자유방임형' 순으로 피험자들의 선호도가 높았으며, 민주형 리더십이 생산성과 산출물의 질 측면에서 가장 높은 성과를 이끌어 내는 것으로 조사되었다.

지방행정론 > 지방자치단체와 국가

[정답의 이유]

㉠·ⓛ·ⓔ·ⓜ 농산물·임산물·축산물·수산물 및 양곡의 수급조절에 관한 사무는 지방자치단체가 처리할 수 없는 국가사무이고, 나머지는 모두 지방자치단체의 사무에 해당한다(지방자치법 제13조 제2항).

> **제13조(지방자치단체의 사무 범위)**
> ② 제1항에 따른 지방자치단체의 사무를 예시하면 다음 각 호와 같다. 다만, 법률에 이와 다른 규정이 있으면 그러하지 아니하다.
>   1. 지방자치단체의 구역, 조직, 행정관리 등
>   2. 주민의 복지증진
>   3. 농림·수산·상공업 등 산업 진흥
>   4. 지역개발과 자연환경보전 및 생활환경시설의 설치·관리
>   5. 교육·체육·문화·예술의 진흥
>   6. 지역민방위 및 지방소방
>   7. 국제교류 및 협력

고난도 기출   행정학

정책론 > 정책론의 기초이론

[정답의 이유]

③ 정책결정과정에서 분배정책의 경우 규제정책보다 선심성 예산 배분인 나눠먹기나 투표 담합인 담합 현상이 발생하기 쉽다.

[오답의 이유]

① 규제정책은 국가 공권력(법규)을 통해 관계 당사자의 순응을 강제하기 때문에 정책의 실효성은 높지만 행정권 남용의 가능성이 크다.

② 다원주의 정치와 조합주의 정치보다 엘리트 중심의 정치에서 편견의 동원에 의한 무의사결정 현상이 나타날 가능성이 크다.

④ 합리모형이 분석과 계산에 의존하는 계량적 접근방법이라면, 점증모형은 협상, 타협, 시행착오 등에 의존하는 경험적 접근방법에 가깝다.

⑤ 무의사결정은 엘리트들이 정책의제 채택을 방해하는 것으로 주로 의제채택과정에서 나타나지만 정책결정이나 집행 등 모든 정책과정 전반에 걸쳐 발생할 수 있다.

행정학총론 > 행정학의 기초이론

[정답의 이유]

⑤ 정부규제의 실패를 설명하는 툴락(Tullock)의 지대추구이론에 따르면, 정부는 개인이나 기업에게 제한된 공공재화를 배분하거나 경제행위를 할 수 있는 인허가 권한을 내주는 규제과정을 통하여 기업의 자릿값(지대, rent)을 만들어주게 되고, 기업은 이를 획득하려는 비생산적인 로비활동, 즉 지대추구행위를 조장하게 한다.

[오답의 이유]

① 정부규제는 교차보조 및 보호적 규제와 같이 경제주체들 간의 이해관계를 변화시켜 소득재분배 효과를 낳을 수 있다. 예를 들면, 일반대중들이 주로 이용하는 시내전화는 원가 이하로 이용료를 부가하게 하고 반면에 시외전화나 국제전화는 비싸게 하여 시내전화의 손실 부분을 시외전화와 국제전화요금으로 보전하는 것이다.

② 외부성이 존재하는 경우 효율적인 자원배분을 저해하므로 사회적 비용(외부불경제) 혹은 사회적 편익(외부경제)을 내부화할 필요성이 있다.

③ 자유시장이 자원배분에 효율적이더라도 사회적으로 바람직하지 않은 재화, 즉 비가치재의 생산이나 유통은 국가의 윤리적·도덕적 판단 차원에서 정부가 규제하는 것이 정당화될 수 있다.

④ 코즈의 정리란 시장에 외부성이 존재하더라도 거래비용(외부효과를 치유하기 위한 비용)이 적게 들어가고 소유권이 명확하다면 시장의 자발적 거래에 맡겨 정부개입은 신중해야 한다는 이론이다. 그러나 코즈의 정리가 내세운 전제조건과는 달리 자발적 거래에 필요한 완벽한 정보는 존재하기 어려우며, 자발적 거래에도 비용이 발생할 수 있다는 문제점이 있다.

정책론 > 정책결정

[정답의 이유]

④ 사업의 기간이 길어질수록 현재가치는 작아진다.

[오답의 이유]

① 비용편익분석은 총체주의(합리주의)에 근거한 총체적 예산결정 시 유용한 대안탐색 기법으로 사용된다.

② 내부수익률은 비용과 편익의 현재가치를 같도록 만들어주는 할인율을 의미한다. 즉, 순현재가치(편익-비용)를 0으로, 편익-비용비율을 1로 만드는 할인율을 말한다.

③ 형평성이라는 평가기준이 요구되는 재분배정책의 경우 공공사업의 분배적 효과를 감안한 타당성 평가를 하여야 하는데 이를 위해서 소득계층별로 다른 분배가중치(distributional weight)를 적용해 계층별 순편익을 조정·결정할 수 있다.

⑤ 현실에서는 비용편익분석을 하는 과정에서 의도적인 왜곡평가를 하려는 유인이 강하게 존재하므로 객관적 평가가 어려울 수 있다.

재무행정론 > 예산제도

[정답의 이유]

⑤ 영기준 예산제도에서 경직성 경비는 법률의 개정 없이는 삭감이 어렵기 때문에 경직성 경비가 많으면 예산삭감에 실패할 수 있다.

[오답의 이유]

① 방대한 의사결정 패키지의 우선순위를 정하는 과정에서 의사결정자들의 주관적 판단이 개입될 여지가 있다.

② 영기준 예산제도는 모든 것을 백지상태에서 시작하는 예산제도이기에 과거연도의 예산지출을 고려하지 않는다.

③ 동일 사업에 대해 전년도보다 더 낮은 수준, 동일 수준, 더 높은 수준으로 나누어 예산배분 수준별로 평가한 후 예산이 편성된다.

④ 총체주의적 예산제도이기 때문에 계속사업의 예산이 점증적으로 증가하는 과정에서 발생하는 비효율을 개선한다.

행정학총론 > 행정의 이념(가치)

[정답의 이유]

① 공익 과정설은 공익 실체설의 주장을 행정의 정당성과 통합성을 확보하기 위한 상징적 수사로 간주한다. 과정설에서는 실체설이 주장하는 절대적 가치나 도덕적 선 등은 구체적인 정책결정의 기준이 될 수 없다고 본다.

23 난도 ★☆☆

인사행정론 > 임용과 능력발전

정답의 이유

② 최근의 공무원 교육훈련은 과거 일방적으로 지식을 전달하는 교수자 중심 체제에서부터 훈련생 주도의 교육훈련의 형태로 변화되고 있다. 즉, 강의식 · 주입식 학습에서 훈련생이 스스로 경험하면서 배우는 체험식 · 토론식 · 참여식 학습으로 방향이 전환되고 있다.

24 난도 ★☆☆

정답 ③

재무행정론 > 예산제도

정답의 이유

③ 예산의 유효기간인 회계연도는 1년이지만 '예산편성 – 예산심의 · 의결 – 예산집행 – 예산결산'으로 이루어진 예산 주기는 3년이다.

오답의 이유

① 예산결산특별위원회는 소관 상임위원회의 예비심사 내용을 존중하여야 하며, 소관 상임위원회에서 삭감한 세출예산 각 항의 금액을 증가하게 하거나 새 비목을 설치할 경우에는 소관 상임위원회의 동의를 받아야 한다. 다만, 새 비목의 설치에 대한 동의 요청이 소관 상임위원회에 회부되어 회부된 때부터 72시간 이내에 동의 여부가 예산결산특별위원회에 통지되지 아니한 경우에는 소관 상임위원회의 동의가 있는 것으로 본다(국회법 제84조 제5항).

② 기획재정부장관은 예산배정요구서에 따라 분기별 예산배정계획을 작성하여 국무회의의 심의를 거친 후 대통령의 승인을 얻어야 한다(국가재정법 제43조 제1항).

④ 2007년부터 시행된 국가재정운용계획은 다년간의 재정수요와 가용재원을 예측하여 거시적 관점에서 기획과 예산을 연계함으로써 합리적으로 자원을 배분하기 위한 제도로서 단년도 예산의 기본틀이 된다. 전체 재정계획 5년 기간을 유지하면서 중심연도를 기준으로 1년씩 움직여가는 연동계획(rolling plan) 형태로 작성된다.

⑤ 예산이 효력을 갖는 일정기간을 회계연도라 한다. 국가의 회계연도는 매년 1월 1일에 시작하여 12월 31일에 종료된다(국가재정법 제2조).

25 난도 ★★☆

정답 ④

인사행정론 > 인사행정의 기초이론

정답의 이유

④ 교육혜택을 받지 못한 소외계층에게 공직진출의 기회를 보장하는 대표관료제는 능력 중심 임용인 실적주의 원칙에 반하므로 행정능률성을 저해할 수 있다.

행정학 | 2022년 국회직 8급

✓ 빠른 정답

01	02	03	04	05	06	07	08	09	10
①	⑤	⑤	④	③	③	②	③	①	④
11	**12**	**13**	**14**	**15**	**16**	**17**	**18**	**19**	**20**
⑤	①	②	②	④	⑤	③	②	②	⑤
21	**22**	**23**	**24**	**25**					
③	③	②	④	①					

✓ 점수 체크

구분	1회독	2회독	3회독
맞힌 문항 수	/ 25	/ 25	/ 25
나의 점수	점	점	점

---

01 난도 ★★☆　　　　　　　　　　　　　　　　정답 ①

행정학총론 > 행정의 이념(가치)

[정답의 이유]

㉠ 공익의 과정설은 공익을 타협과 협상의 결과로 인식하기 때문에 집단이기주의의 폐단이 발생할 수 있다.

㉡ 롤스(J. Rawls)는 정의의 제1원리(평등한 자유의 원리)와 제2원리(기회균등의 원리 및 차등의 원리)가 충돌할 때 제1원리가 우선하고, 제2원리 중에서 기회균등의 원리와 차등의 원리가 충돌할 때는 차등의 원리가 우선한다고 주장하였다.

[오답의 이유]

㉢ 공익을 현실주의, 경험주의 혹은 개인주의적인 개념으로 접근하는 것은 공익의 과정설이다.

㉣ 롤스(J. Rawls)의 정의관은 자유방임주의에 의거한 전통적 자유주의와 생산수단의 사회적 소유를 주장하는 사회주의의 양극단을 지양하고 평등의 조화를 추구하는 중도적(절충적) 입장을 취한다.

02 난도 ★★☆　　　　　　　　　　　　　　　　정답 ⑤

조직론 > 조직관리

[정답의 이유]

⑤ 셍게(P. Senge)가 제시한 학습조직 구축을 위한 다섯 가지 수련 방법은 자기완성, 사고의 틀, 공유된 비전, 집단학습, 시스템적 사고이다. 학습효과를 극대화하기 위한 관리자의 리더십은 이에 해당하지 않는다.

03 난도 ★★☆　　　　　　　　　　　　　　　　정답 ⑤

재무행정론 > 예산과정

[정답의 이유]

⑤ 현금주의 회계방식은 화폐자산과 차입금 등 현금을 측정대상으로 하지만, 발생주의 회계방식은 재무자원(현금성 유동자원)과 비재무자원(고정자산, 고정부채, 감가상각비 등 비유동성자원)을 포함한 모든 형태의 경제적 자원을 측정대상으로 한다.

[오답의 이유]

① 재정상태표와 재정운영표 모두 현금주의가 아닌 발생주의가 적용된다.

② 현금주의 회계방식은 정보의 적시성을 확보할 수 없으며, 발생주의 회계방식은 회계처리의 객관성 확보가 곤란하다.

③ 현금주의 회계방식은 재정 건전성 확보가 곤란하며, 발생주의 회계방식은 이해와 통제가 곤란하다.

④ 의회통제를 회피하기 위해 악용될 가능성이 있는 회계제도는 현금주의가 아니라 발생주의 회계방식이다. 발생주의는 복잡하고 객관성이 결여되어 의회의 재정통제가 용이하지 않다.

04 난도 ★★☆   정답 ④

정책론 > 정책결정

정답의 이유

ⓒ 경로분석은 연장적 예측인 경향분석과 달리 인과경로를 분석하는 것으로 회귀분석의 일종이다. 따라서 이론적 예측, 즉 예견에 해당한다.

ⓗ 자료전환법은 투사에 해당하는 경향분석의 일종으로 회귀직선을 성장과정이나 쇠퇴과정에 적용하는 기법이다.

ⓢ 격변예측기법은 투사에 해당하는 경향분석의 일종으로 한 변수의 작은 변화에 의한 다른 변수의 극적인 변화를 추정하는 기법이다.

더 알아보기

정책대안 예측유형

예측유형	접근방법	근거	기법
투사	추세 연장적 예측	지속성과 규칙성	• 시계열분석 • 선형경향추정 • 비선형경향추정(지수가중, 자료변환) • 불연속추정(격변예측방법론) • 최소자승경향추정
예견	이론적 예측	이론	• 선형계획 • 회귀분석 • 상관관계 분석 • 이론지도작성(구조모형) • 인과모형화 • 구간추정 • 경로분석
추측	주관적 예측	주관적 판단	• 델파이기법 • 패널기법 • 브레인스토밍 • 교차영향분석 • 실현가능성평가 • 명목집단기법 • 스토리보딩 • 변증법적 토론

05 난도 ★★☆   정답 ③

인사행정론 > 사기앙양과 근무규율

정답의 이유

③ 퇴직공무원도 노동조합 규약으로 정하는 자는 공무원노조에 가입할 수 있다(공무원의 노동조합 설립 및 운영 등에 관한 법률 제6조 제1항 제4호).

제6조(가입 범위)

① 노동조합에 가입할 수 있는 사람의 범위는 다음 각 호와 같다.
  1. 일반직 공무원
  2. 특정직 공무원 중 외무영사직렬·외교정보기술직렬 외무공무원, 소방공무원 및 교육공무원(다만, 교원은 제외한다)
  3. 별정직 공무원
  4. 제1호부터 제3호까지의 어느 하나에 해당하는 공무원이었던 사람으로서 노동조합 규약으로 정하는 사람

오답의 이유

① 노동조합과 그 조합원은 정치활동을 하여서는 아니 된다(공무원의 노동조합 설립 및 운영 등에 관한 법률 제4조).

② 직급 제한이 폐지되어 모든 일반직 공무원은 공무원노조에 가입할 수 있게 되었다(공무원의 노동조합 설립 및 운영 등에 관한 법률 제6조 제1항 제1호).

④ 소방공무원과 교육공무원도 공무원의 노동조합 설립 및 운영 등에 관한 법률상 공무원노조에 가입 가능하다. 다만, 교원은 교원의 노동조합 설립 및 운영 등에 관한 법률에 따라 공무원 노동조합이 아닌 교원노조에 가입할 수 있다.

⑤ 교정·수사 등에 관한 업무에 종사하는 공무원은 노동조합에 가입할 수 없다(공무원의 노동조합 설립 및 운영 등에 관한 법률 제6조 제2항 제3호).

제6조(가입 범위)

② 제1항에도 불구하고 다음 각 호의 어느 하나에 해당하는 공무원은 노동조합에 가입할 수 없다.
  3. 교정·수사 등 공공의 안녕과 국가안전보장에 관한 업무에 종사하는 공무원

06 난도 ★★★   정답 ③

정책론 > 정책결정

정답의 이유

③ 비용효과분석은 효과를 금전 및 비금전으로 표시할 수 있으므로 시장가격에 대한 의존도가 낮아 민간부문의 사업대안 분석보다는 외부효과나 무형적 가치 등을 분석해야 하는 공공부문(국방, 치안 등)의 사업분석에 더 유용하다.

오답의 이유

① 모든 관련 요소를 공통의 가치 단위인 금전으로 측정하는 것은 비용효과분석이 아니라 비용편익분석이다.

② 비용효과분석은 정책대안의 기술적 합리성을 강조하며, 경제적 합리성은 비용편익분석에서 강조된다.

④ 비용효과분석은 효과를 금전으로 표시하지 않아도 되므로 외부효과나 무형적 가치 분석에 적합하다.

⑤ 변동하는 비용과 효과의 분석(변동비용효과분석)은 비용도 다르고 효과도 다른 사업들을 서로 비교·분석하는 것으로 비용효과분석에는 적합하지 않다. 비용효과분석은 비용이 동일하거나(고정비용분석) 효과가 동일한 경우(고정효과분석)에만 활용 가능하다.

07 난도 ★☆☆   정답 ②

행정학총론 > 행정학의 주요 이론

정답의 이유

② 오스본(D. Osborne)과 개블러(T. Gaebler)의 「정부재창조론」에서 정부 운영의 원리는 기업가적 정부로서 규칙 및 역할 중심 관리방식에서 사명(임무) 지향적 관리방식으로 전환되어야 함을 강조한다.

오답의 이유

① 정부의 새로운 역할로 노젓기보다는 방향잡기를 강조한다.

③ 치료 중심적 정부보다는 예방적 정부로 바뀌어야 함을 강조한다.

④ 독점적 공급보다는 행정서비스 제공에 경쟁 개념 도입을 강조한다.

⑤ 서비스를 정부가 직접 제공하기보다는 주민에게 권한을 부여하는 방향으로 전환되어야 함을 강조한다.

08 난도 ★★★   정답 ③

정책론 > 정책집행과 기획

정답의 이유

③ 정책지지연합모형은 정책을 둘러싼 지지연합들의 신념체계, 정책학습 등의 요인으로 인하여 경쟁하는 과정에서 정책변동이 발생한다고 보는 모형으로, 정책하위체제에 초점을 두고 정책변화를 이해하려고 한다.

09 난도 ★★☆   정답 ①

행정학총론 > 행정학의 이론전개

정답의 이유

(가) 행정조직의 공식적 측면을 강조한 행정관리학파는 윌슨(Wilson)의 「행정의 연구」(1887) 이후 19세기 말부터 1930년대까지의 전통적인 초기 행정학파로, 베버(Weber)의 관료제를 미국 조직구조의 틀로 이해하였다.

(나) 신공공관리론은 시장주의와 신관리주의의 결합으로, 1980년대 거대정부의 문제점을 극복하기 위한 신자유주의를 기반으로 등장하였다.

(다) 행정과학의 적실성에 대한 논쟁은 1940년대 행정학의 학문적 성립 가능성에 의문을 제기한 다알(Dahl)과 가치와 사실을 구분하여 행정학의 과학화를 중시한 사이먼(Simon) 간의 논쟁을 말한다.

(라) 거버넌스 이론은 공공부문의 일방적 축소를 강조한 신공공관리론에 대한 반발로 진보주의를 바탕으로 1990년대에 등장하였다.

(마) 가치문제를 중시하는 신행정론은 1960년대 말 미국 사회의 수많은 사회문제(빈곤, 차별, 폭동 등)를 해결하기 위하여 후기행태론에 근거하여 등장하였다.

(바) 비교행정론과 발전행정론은 제2차 세계대전 이후 개발도상국의 행정 현상을 진단하고 실천적인 발전전략을 모색하기 위하여 1950년대 말에 등장하였다.

따라서 미국 행정학의 발달과정을 순서대로 나열한 것은 ① (가) – (다) – (바) – (마) – (나) – (라)이다.

10 난도 ★★☆   정답 ④

조직론 > 조직관리기법

정답의 이유

④ 재무적 관점은 매출액, 수익률 등 과거지향적 관점으로 전통적인 후행 성과지표이다.

오답의 이유

① 균형성과표는 재무적 관점과 비재무적 관점을 모두 포함함으로써 결과에만 초점을 둔 재무지표 방식의 성과관리에 대한 대안으로 개발되었다.

② 균형성과표는 재무적 관점과 비재무적 관점의 균형, 단기적 관점과 장기적 관점의 균형을 중시한다.

③ 균형성과표는 고객관점의 성과지표로 고객만족도, 민원인의 불만율, 신규고객의 증감 등을 제시한다.

⑤ 균형성과표는 조직이 구성원에게 전하는 메시지가 성과지표의 형태로 전달된다는 점에서 의사소통도구로 기능한다.

더 알아보기

균형성과표의 4대 관점과 성과지표

4대 관점	성과지표
재무적 관점	선행적 지표가 아닌 후행적 지표로서 순익이나 매출액, 매출, 자본 수익률, 예산 대비 차이
고객관점	고객만족도, 정책순응도, 민원인의 불만율, 신규 고객의 증감
내부적(업무처리) 관점	의사결정 과정의 시민참여, 적법적 절차, 커뮤니케이션 구조
학습 성장 관점	학습동아리의 수, 제안건수, 직무만족도

11 난도 ★☆☆   정답 ⑤

인사행정론 > 인사행정의 기초이론

정답의 이유

⑤ 계급제는 인간 중심의 공직분류제도로 담당할 직무와 관계없이 특정인의 능력과 신분, 학력에 따라 인사를 할 수 있어 인사배치의 신축성과 융통성을 기할 수 있다.

오답의 이유

① 직위분류제는 업무 분담과 직무분석으로 합리적인 정원관리 및 사무관리에 유리하다.

② 직위분류제는 권한과 책임의 명확화를 통해 전문화되고 체계적인 조직관리가 가능한 인사제도이다.

③ 직위분류제는 동일 직무에 대한 동일 보수의 원칙을 따르는 직무급 제도를 통해 합리적인 보수체계를 확립할 수 있다.

④ 직위분류제는 직무의 종류·책임도·곤란도에 따라 공직을 분류하므로 시험·임용·승진·전직을 위한 합리적인 기준을 제공해줄 수 있다.

12 난도 ★☆☆　　　　　　　　　　정답 ①

지방행정론 > 지방자치단체와 주민

[정답의 이유]

① 주민참여예산제는 지방자치법이 아닌 지방재정법에 규정되어 있다(지방재정법 제39조 제1항).

> **제39조(지방예산 편성 등 예산과정의 주민 참여)**
> ① 지방자치단체의 장은 대통령령으로 정하는 바에 따라 지방예산 편성 등 예산과정(「지방자치법」 제47조에 따른 지방의회의 의결사항은 제외한다. 이하 이 조에서 같다)에 주민이 참여할 수 있는 제도(이하 이 조에서 "주민참여예산제도"라 한다)를 마련하여 시행하여야 한다.

[오답의 이유]

② 주민투표제는 지방자치법 제18조에 근거를 두고 있다.

> **제18조(주민투표)**
> ① 지방자치단체의 장은 주민에게 과도한 부담을 주거나 중대한 영향을 미치는 지방자치단체의 주요 결정사항 등에 대하여 주민투표에 부칠 수 있다.
> ② 주민투표의 대상·발의자·발의요건, 그 밖에 투표절차 등에 관한 사항은 따로 법률로 정한다.

③ 주민감사청구제는 지방자치법 제21조에 근거를 두고 있다.

> **제21조(주민의 감사 청구)**
> ① 지방자치단체의 18세 이상의 주민으로서 다음 각 호의 어느 하나에 해당하는 사람(「공직선거법」 제18조에 따른 선거권이 없는 사람은 제외한다. 이하 이 조에서 "18세 이상의 주민"이라 한다)은 시·도는 300명, 제198조에 따른 인구 50만 이상 대도시는 200명, 그 밖의 시·군 및 자치구는 150명 이내에서 그 지방자치단체의 조례로 정하는 수 이상의 18세 이상의 주민이 연대 서명하여 그 지방자치단체와 그 장의 권한에 속하는 사무의 처리가 법령에 위반되거나 공익을 현저히 해친다고 인정되면 시·도의 경우에는 주무부장관에게, 시·군 및 자치구의 경우에는 시·도지사에게 감사를 청구할 수 있다.
> 　1. 해당 지방자치단체의 관할 구역에 주민등록이 되어 있는 사람
> 　2. 「출입국관리법」 제10조에 따른 영주(永住)할 수 있는 체류자격 취득일 후 3년이 경과한 외국인으로서 같은 법 제34조에 따라 해당 지방자치단체의 외국인등록대장에 올라 있는 사람

④ 주민소송제는 지방자치법 제22조에 근거를 두고 있다.

> **제22조(주민소송)**
> ① 제21조 제1항에 따라 공금의 지출에 관한 사항, 재산의 취득·관리·처분에 관한 사항, 해당 지방자치단체를 당사자로 하는 매매·임차·도급 계약이나 그 밖의 계약의 체결·이행에 관한 사항 또는 지방세·사용료·수수료·과태료 등 공금의 부과·징수를 게을리한 사항을 감사 청구한 주민은 다음 각 호의 어느 하나에 해당

하는 경우에 그 감사 청구한 사항과 관련이 있는 위법한 행위나 업무를 게을리한 사실에 대하여 해당 지방자치단체의 장(해당 사항의 사무처리에 관한 권한을 소속 기관의 장에게 위임한 경우에는 그 소속 기관의 장을 말한다. 이하 이 조에서 같다)을 상대방으로 하여 소송을 제기할 수 있다.
> 　1. 주무부장관이나 시·도지사가 감사 청구를 수리한 날부터 60일(제21조 제9항 단서에 따라 감사기간이 연장된 경우에는 연장된 기간이 끝난 날을 말한다)이 지나도 감사를 끝내지 아니한 경우
> 　2. 제21조 제9항 및 제10항에 따른 감사 결과 또는 같은 조 제12항에 따른 조치 요구에 불복하는 경우
> 　3. 제21조 제12항에 따른 주무부장관이나 시·도지사의 조치 요구를 지방자치단체의 장이 이행하지 아니한 경우
> 　4. 제21조 제12항에 따른 지방자치단체의 장의 이행 조치에 불복하는 경우

⑤ 주민소환제는 지방자치법 제25조에 근거를 두고 있고 청구요건과 절차 등 구체적인 사항은 주민소환법에 규정되어 있다.

> **제25조(주민소환)**
> ① 주민은 그 지방자치단체의 장 및 지방의회의원(비례대표 지방의회의원은 제외한다)을 소환할 권리를 가진다.

13 난도 ★★☆　　　　　　　　　　정답 ②

조직론 > 조직의 기초이론

[정답의 이유]

② 프랑스의 앙리 페이욜(H. Fayol)은 현장의 일선노동자의 직무관찰에 치중했던 미국의 테일러(F. Taylor)와는 달리 최고관리자의 관점에서 14가지 조직 관리의 원칙(분업, 계층제, 규율, 명령 일원화, 집권화, 단결의 원칙 등)을 제시하였다.

[오답의 이유]

① 테일러(F. Taylor)는 『과학적 관리법』(1911)에서 조직의 생산성과 능률성을 향상시키기 위해 관리자의 주먹구구식 직관보다는 과학적인 관리방법에 따를 것을 강조하였다.

③ 귤릭(L. Gulick)이 제시한 최고관리자의 기능 중에는 협력이 포함되어 있지 않다. 그가 주장한 POSDCoRB(최고관리자의 7대 기능) 중 Co는 협력(Cooperation)이 아닌 조정(Coordination)이다.

④ 베버(M. Weber)는 근대관료제가 카리스마적 지배가 아닌 합리적 합법적 지배를 받는다고 주장하였다. 카리스마적 지배를 바탕으로 하는 것은 과도기적 사회의 카리스마적 관료제이다.

⑤ 인간관계론을 대표하는 메이요(E. Mayo)의 호손실험은 공식조직이 아니라 비공식조직의 중요성을 강조하였다.

행정학총론 > 행정학의 이론전개

정답의 이유

② 피터스(B. Guy Peters)의 거버넌스모형 중 시장모형은 구조의 개혁 방안이 분권화된 조직이다. 시장모형은 독점성을 정부실패의 원인으로 보고 아닌 분권화된 조직을 구조개혁의 처방으로 제시하였다.

오답의 이유

① · ③ 참여정부모형은 기존 조직에 있어 계층제를 문제 삼으며 평면조직을 대안으로 제시하였다.

④ 가상조직은 영구성을 문제 삼는 신축적 정부모형의 조직개혁방안이다.

⑤ 기업가적 정부는 탈내부규제모형의 정책결정방안이다.

더 알아보기

피터스(B. Guy Peters)의 거버넌스모형

구분	전통적 정부	시장 정부	참여 정부	신축적 정부	탈내부 규제 정부
문제 진단	전근대적 권위	독점	계층제	영속성	내부규제
구조의 개혁방안	계층제	분권화	평면 조직	가상조직	통제기관의 평가기구 관화
관리의 개혁방안	직업공무원제, 절차적 통제	민간부문의 기법	TQM, 팀제	가변적 인사관리	관리재량권의 확대
정책결정 개혁방안	정치 · 행정 이원론	내부시장, 시장적 유인	참여와 의사소통의 활성화	실험	기업가적 정부
조정	명령	보이지 않는 손	하의상달	조직개편	관리자의 이익
공무원 제도	직업공무원제	시장기제로 대체	계층제의 축소	임시 고용제	내부규제 철폐
공익 기준	안정성	저비용	참여, 협의	저비용, 조정	창의성

정책론 > 정책의 본질과 유형

정답의 이유

④ 규제의 감지된 편익은 소수에게 집중되는 반면, 감지된 비용은 다수에게 분산되는 유형은 고객정치이다.

오답의 이유

① 대중정치는 규제의 감지된 비용과 편익 모두 다수에게 분산되는 유형이다.

② 이익집단정치는 규제의 감지된 비용과 편익이 모두 소수에게 집중되는 유형이다.

③ 과두정치는 윌슨(James Q. Wilson)의 규제정치이론에 해당하지 않는다.

⑤ 기업가정치는 규제의 감지된 비용은 소수에게 집중되지만, 감지된 편익은 다수에게 분산된다.

더 알아보기

윌슨(James Q. Wilson)의 규제정치이론

구분		감지된 규제의 편익	
		집중	분산
감지된 규제의 비용	집중	이익집단정치	기업가정치
	분산	고객정치	대중정치

조직론 > 조직관리

정답의 이유

⑤ 앨더퍼(C. Alderfer)는 매슬로우(A. Maslow)의 욕구계층이론을 수정하여 인간의 욕구를 생존(존재), 관계, 성장의 3단계로 구분하였다.

오답의 이유

① 브룸(V. Vroom)은 기대이론에서 동기의 강도가 행동이 일정한 결과로 이어진다는 기대감과 결과에 대한 선호의 정도에 달려 있다고 주장하였다.

② 맥그리거(D. McGregor)는 X · Y이론에서 X이론은 주로 하위욕구를, Y이론은 주로 상위욕구를 중요시한다고 주장하였다.

③ 매슬로우(A. Maslow)는 욕구계층이론에서 인간의 욕구는 생리적 욕구, 안전의 욕구, 소속의 욕구(사회적 욕구), 존경에 대한 욕구, 자아실현의 욕구의 순서에 따라 유발된다고 주장하였다.

④ 허즈버그(F. Herzberg)는 욕구충족 이론에서 조직구성원에게 불만족을 주는 위생요인과 만족을 주는 동기요인이 각각 별개로 존재한다고 주장하였다.

재무행정론 > 재무행정의 기초이론

정답의 이유

③ 세출예산은 소관 · 장 · 관 · 항 · 세항 · 세세항 · 목으로 구분하고, 세입예산은 관 · 항 · 목으로 구분한다.

오답의 이유

① 세입세출예산은 일반회계와 특별회계으로 구분한다. 기금은 세입세출예산외로 운영된다.

② 헌법상 독립기관인 국회의 예산에는 예비비 외 별도의 예비금을 두며 국회사무총장이 이를 관리한다.

④ 국가가 특정한 목적을 위해 특정한 자금을 신축적으로 운영하기 위해 법률로써 설치하는 자금은 기금이다.

⑤ 국회에 예산안이 제출되면 본회의에서 정부의 시정연설이 이루어진다.

18 난도 ★☆☆   정답 ②

재무행정론 > 재무행정의 기초이론

[정답의 이유]

㉠·㉣·㉤ 모두 국세에 해당한다. 증여세와 종합부동산세는 보통세이며, 농어촌특별세는 목적세이다.

[오답의 이유]

㉡·㉢·㉥·㉦·㉧ 모두 지방세에 해당한다.

19 난도 ★☆☆   정답 ②

지방행정론 > 지방자치단체의 조직

[정답의 이유]

② 교육기관의 설치, 이전 및 폐지는 지방자치단체의 장이 아니라 교육감의 권한이다(지방교육자치에 관한 법률 제32조).

> **제32조(교육기관의 설치)**
> 교육감은 그 소관 사무의 범위 안에서 필요한 때에는 대통령령 또는 조례로 정하는 바에 따라 교육기관을 설치할 수 있다.

[오답의 이유]

① 자치단체장은 지방의회에 조례안 등 의안을 제출할 수 있다(지방자치법 제76조).

> **제76조(의안의 발의)**
> ① 지방의회에서 의결할 의안은 지방자치단체의 장이나 조례로 정하는 수 이상의 지방의회의원의 찬성으로 발의한다.
> ② 위원회는 그 직무에 속하는 사항에 관하여 의안을 제출할 수 있다.
> ③ 제1항 및 제2항의 의안은 그 안을 갖추어 지방의회의 의장에게 제출하여야 한다.
> ④ 제1항에 따라 지방의회의원이 조례안을 발의하는 경우에는 발의 의원과 찬성 의원을 구분하되, 해당 조례안의 제명의 부제로 발의 의원의 성명을 기재하여야 한다. 다만, 발의 의원이 2명 이상인 경우에는 대표발의 의원 1명을 명시하여야 한다.
> ⑤ 지방의회의원이 발의한 제정조례안 또는 전부개정조례안 중 지방의회에서 의결된 조례안을 공표하거나 홍보하는 경우에는 해당 조례안의 부제를 함께 표기할 수 있다.

③ 지방자치단체의 장은 조례나 규칙으로 정하는 바에 따라 그 권한에 속하는 사무의 일부를 보조기관, 소속 행정기관 또는 하부 행정기관에 위임할 수 있다(지방자치법 제117조 제1항).

④ 지방자치단체의 장은 법령 또는 조례의 범위에서 그 권한에 속하는 사무에 관하여 규칙을 제정할 수 있다(지방자치법 제29조).

⑤ 지방자치단체의 장은 주민에게 과도한 부담을 주거나 중대한 영향을 미치는 지방자치단체의 주요 결정사항 등에 대하여 주민투표에 부칠 수 있다(지방자치법 제18조 제1항).

20 난도 ★★☆   정답 ⑤

지방행정론 > 지방행정의 기초이론

[정답의 이유]

⑤ 티부(C. Tiebout) 모형은 지방정부에 의한 행정의 효율성을 강조한 이론으로, 선택 가능한 다수의 마을이 존재해야 한다고 전제한다.

[오답의 이유]

① 지방정부의 재원에 외부에서 유입되는 국고보조금 등은 포함되지 않아야 한다고 전제한다.

② 지방정부의 공공서비스에 외부효과가 발생하지 않아야 한다. 즉, 당해 자치단체의 서비스 혜택은 당해 자치단체 지역주민들만 누려야 한다고 전제한다.

③ 고용기회와 관련된 제약조건은 거주지역 결정에 왜곡을 초래할 수 있으므로 모든 지역에서 동일하다고 가정하고 이를 고려하지 않아야 한다고 전제한다.

④ 개인은 자신의 선호에 따라 거주지역을 자유롭게 선택 또는 이동할 수 있어야 한다고 전제한다.

21 난도 ★★☆   정답 ③

조직론 > 조직의 구조형태

[정답의 이유]

③ 소속책임운영기관에는 대통령령으로 정하는 바에 따라 소속 기관을 둘 수 있다(책임운영기관의 설치·운영에 관한 법률 제15조 제1항).

[오답의 이유]

① 행정안전부장관은 5년 단위로 책임운영기관의 관리 및 운영 전반에 관한 기본계획(중기관리계획)을 수립하여야 한다(책임운영기관의 설치·운영에 관한 법률 제3조의2 제1항).

② 중앙책임운영기관의 장의 임기는 2년으로 하되, 한 차례만 연임할 수 있다(책임운영기관의 설치·운영에 관한 법률 제40조).

④ 중앙책임운영기관의 장은 고위공무원단에 속하는 공무원을 제외한 소속 공무원에 대한 일체의 임용권을 가진다(책임운영기관의 설치·운영에 관한 법률 제47조 제1항).

⑤ 행정안전부장관 소속하에 설치된 책임운영기관운영위원회는 위원장 및 부위원장 각 1명을 포함한 15명 이내의 위원으로 구성한다(책임운영기관의 설치·운영에 관한 법률 제50조 제1항).

22 난도 ★★☆   정답 ③

정책론 > 정책결정이론

[정답의 이유]

③ 최대최솟값 기준이란 최솟값 가운데 가장 큰 대안을 선택하는 의사결정원리로 최소극대화 의사결정원리라고도 한다. 최대최솟값 기준에 따르면 시민의 이용수요가 가장 낮을 경우에도 대안의 이득이 최소 20에 달하는 대안 A2가 최선의 대안이 된다. 만약 최대최댓값 기준에 따른 의사결정을 한다면 최댓값이 100으로 가장 큰 A3 대안이 선택되어야 할 것이다.

인사행정론 > 임용과 능력발전

정답의 이유

㉠ 멘토링은 조직 내 경험 있는 멘토가 1:1로 멘티를 지도함으로써 핵심 인재의 육성과 지식 이전, 구성원들 간의 학습활동을 촉진할 수 있는 방법으로, 조직 내 업무 역량을 조기에 배양할 수 있다.

㉢ 액션러닝은 참여와 성과 중심의 교육훈련을 지향하는 방법으로, 현장에서 발생하는 현안 문제를 가지고 자율적 학습 또는 전문가의 지원을 받아 구체적인 문제 해결 방안을 모색한다. 현재 5급 이상의 관리자 훈련 시 국가기관에서 사용되고 있다.

오답의 이유

㉡ 학습조직은 암묵지나 조직의 내부 역량을 끌어내어 이를 체계적으로 공유·관리하는 조직이다. 그러나 사전에 구체적이고 명확한 조직설계 기준을 제시하는 것이 용이하지 않다.

㉣ 워크아웃 프로그램은 전 구성원의 자발적 참여에 의한 행정혁신을 추진하는 방법으로, 관리자의 신속한 의사결정과 문제 해결을 도와준다는 장점이 있다.

행정학총론 > 행정학의 기초이론

정답의 이유

④ 관료가 부서의 확장에만 집착하는 것은 관료의 내부성이다. 이는 공적 목표보다 사적 목표에 더 집착하는 현상으로 정부실패의 요인에 해당한다.

오답의 이유

① 시장은 배타성과 경쟁성을 모두 갖지 않는 재화, 즉 공공재를 충분히 공급하기 어렵다. 공공재는 시장에서 과소공급되므로 정부가 개입하여 직접 공급한다.

② 환경오염과 같은 부정적 외부효과로 인한 시장실패를 방지하기 위해 정부는 벌금, 과세 등의 규제를 통해 적정 공급과 소비가 이루어지도록 한다.

③ 공유지의 비극은 개인의 이기적이고 합리적인 행동으로 인해 공동자원이 훼손되는 현상을 설명하는 용어로 시장실패의 원인이다.

⑤ 정부의 독점적인 공공서비스 공급은 경쟁의 부재로 인해 생산성이 낮아져 정부실패를 초래할 수 있는데 이를 X비효율성이라 한다.

재무행정론 > 예산제도

정답의 이유

① 예산안 첨부서류에 국가재정운영계획이 포함되어야 하는 것은 아니며, 예산안과 국가재정운용계획은 모두 회계연도 개시 120일 전까지 국회에 제출하여야 한다. 또한 예산안은 국회에서 심의·확정하지만, 국가재정운용계획은 기획재정부의 최종 결정으로 확정된다.

행정학 | 2024년 소방간부후보생

한눈에 훑어보기

✓ 영역 분석

행정학총론 01 17 24
3문항, 12%

정책론 13 18
2문항, 8%

조직론 02 03 04 15 20 25
6문항, 24%

인사행정론 05 08 09 10 11 14 16 19
8문항, 32%

재무행정론 07 11 23
3문항, 12%

지방행정론 06 21 22
3문항, 12%

✓ 빠른 정답

01	02	03	04	05	06	07	08	09	10
③	①	④	⑤	②	①	④	②	⑤	③
11	**12**	**13**	**14**	**15**	**16**	**17**	**18**	**19**	**20**
⑤	①	②	⑤	④	③	④	⑤	①	③
21	**22**	**23**	**24**	**25**					
②	④	④	①	③					

✓ 점수 체크

구분	1회독	2회독	3회독
맞힌 문항 수	/ 25	/ 25	/ 25
나의 점수	점	점	점

01 난도 ★★☆ 정답 ③

행정학총론 > 행정학의 주요 이론

정답의 이유

③ 논리실증주의에 초점을 둔 이론은 행태학이다. 신행정론은 1970년대 전후 미국 사회의 격동기에 등장한 문제들을 해결하기 위하여 행태론의 논리실증주의 접근법을 비판하고 형평성과 적실성을 강조한 새로운 행정학 접근법이다. 인본주의 및 사회적 형평성, 사회복지정책의 확대 등을 강조하는 이론이다.

02 난도 ★★☆ 정답 ①

조직론 > 조직의 구조형태

정답의 이유

① 훈련된 무능(trained incapacity)이란 관료가 제한된 분야에 대한 전문성은 있지만, 새로운 상황에 대한 적응력과 업무능력은 떨어지는 것을 의미한다.

오답의 이유

② 관료제는 권력집단화하여 관료제의 외적 가치인 신분보장이나 권력 등을 추구하기 위해 공익을 망각하는 등 국민에 대한 둔감 현상이 발생할 수 있다.

③ 번문욕례(red tape)란 문서에 의한 행정으로 규칙이나 절차를 중요시하여 형식주의, 의식주의, 서면주의 등을 초래하는 것이다.

④ 목표대치(goal displacement)란 규칙이나 절차에 지나치게 집착하게 되어 규칙 자체를 위해 규칙을 준수하는, 목표와 수단의 대치 현상이 발생하는 것이다.

⑤ 관료제는 법규와 절차 준수를 강조하여 관료를 수동적으로 만들거나 창의성을 저해시킬 수 있다.

03 난도 ★★☆ 정답 ④

조직론 > 조직의 기초이론

정답의 이유

④ '격동의 장'은 가장 극적이고 예측 불가능한 단계이므로 '교란-반응적' 환경보다 불확실성·복잡성이 더 높다고 할 수 있다.

오답의 이유

① 독과점은 '교란-반응적' 환경의 예이다.

② '격동의 장'은 환경변화가 극적이기 때문에 계획, 전략 등이 큰 의미를 가지지 못하므로 계획을 통하여 환경변화를 예측하기 힘들다.

③ 농업·광업과 같은 1차 산업은 '정적-집약적' 환경의 예이다.

⑤ 각 조직이 상호작용을 하면서 경쟁하는 환경은 '교란-반응적' 환경이다.

04 난도 ★★☆   정답 ⑤

조직론 > 조직이론

정답의 이유

⑤ 자원의존이론은 조직 생존을 위해 필수적인 자원에 초점을 두고 환경적인 불확실성을 극복하기 위하여 조직의 주도적·능동적인 의사결정을 중요시한다. 자원의존이론에 의하면 조직은 자원의 획득을 환경에 의존하지만 관리자는 희소자원에 대한 통제를 통해 환경에 어느 정도 능동적으로 대응할 수 있다고 본다.

오답의 이유

① 거래비용이론은 조직 간 교환관계에서 발생하는 거래비용을 최소화하기 위한 조직구조를 제시하였다. 시장에서의 조직 간 거래비용이 계층제 조직 내 행정비용보다 크다면 조직통합을 통해 거래를 내부화할 경우 조직 간 거래비용이 최소화된다고 보았다.

② 상황적응론은 모든 상황에 적합한 유일한 최선의 관리 방법은 없으며, 개별 조직이 놓여 있는 상황에 따라 해결책은 다양하다는 이론이다.

③ 조직군생태론은 조직군의 변화를 유발하는 변이가 외부환경에 의하여 계획적·우연적으로 일어나며 조직은 이에 수동적으로 대응할 수밖에 없다는 극단적인 환경결정론적 거시조직론이다.

④ 인간관계론은 조직 내의 인간은 사회적 욕구에 의해 동기가 유발된다고 전제하는 이론으로, 사회심리적 측면의 욕구 충족을 통한 동기 유발을 강조한다.

05 난도 ★★☆   정답 ②

인사행정론 > 사기양양과 근무규율

정답의 이유

ㄱ. 국가공무원법 제73조의3 제1항 제2호, 제3항

> **제73조의3(직위해제)**
> ① 임용권자는 다음 각 호의 어느 하나에 해당하는 자에게는 직위를 부여하지 아니할 수 있다.
>   2. 직무수행 능력이 부족하거나 근무성적이 극히 나쁜 자
> ③ 임용권자는 제1항 제2호에 따라 직위해제된 자에게 3개월의 범위에서 대기를 명한다.

ㄴ. 국가공무원법 제70조 제1항 제3호, 제2항

> **제70조(직권면직)**
> ① 임용권자는 공무원이 다음 각 호의 어느 하나에 해당하면 직권으로 면직시킬 수 있다.
>   3. 직제와 정원의 개폐 또는 예산의 감소 등에 따라 폐직(廢職) 또는 과원(過員)이 되었을 때
> ② 임용권자는 제1항 제3호부터 제8호까지의 규정에 따라 면직시킬 경우에는 미리 관할 징계위원회의 의견을 들어야 한다.

오답의 이유

ㄷ. 근무성적이 극히 나쁘다는 사유와 형사 사건으로 기소되었다는 사유가 경합할 때에는 형사 사건으로 기소되었다는 사유로 직위해제 처분을 하여야 한다(국가공무원법 제73조의3 제1항, 제5항).

> **제73조의3(직위해제)**
> ① 임용권자는 다음 각 호의 어느 하나에 해당하는 자에게는 직위를 부여하지 아니할 수 있다.
>   2. 직무수행 능력이 부족하거나 근무성적이 극히 나쁜 자
>   3. 파면·해임·강등 또는 정직에 해당하는 징계 의결이 요구 중인 자
>   4. 형사 사건으로 기소된 자(약식명령이 청구된 자는 제외한다)
>   5. 고위공무원단에 속하는 일반직공무원으로서 제70조의2 제1항 제2호부터 제5호까지의 사유로 적격심사를 요구받은 자
>   6. 금품비위, 성범죄 등 대통령령으로 정하는 비위행위로 인하여 감사원 및 검찰·경찰 등 수사기관에서 조사나 수사 중인 자로서 비위의 정도가 중대하고 이로 인하여 정상적인 업무수행을 기대하기 현저히 어려운 자
> ⑤ 공무원에 대하여 제1항 제2호의 직위해제 사유와 같은 항 제3호·제4호 또는 제6호의 직위해제 사유가 경합(競合)할 때에는 같은 항 제3호·제4호 또는 제6호의 직위해제 처분을 하여야 한다.

06 난도 ★★☆   정답 ①

지방행정론 > 지방자치단체의 조직

정답의 이유

① 위원회형은 중앙인사기관이 행정부로부터 독립된 위원회 형태를 지닌 조직 형태로, 정치적 중립을 보장하고 의사권자의 전횡과 독단을 방지하며 의사결정의 신중성·공정성을 확보하는 등 독립성과 합의성을 중시한다.

오답의 이유

② 미국의 실적제보호위원회(MSPB)는 중앙인사기관이 행정부로부터 독립된 위원회 형태의 조직인 독립합의형에 해당한다.

③ 위원회형은 막료기능을 행정수반으로 분리함으로써 결정주체가 확실하게 드러나지 않아 책임 한계가 불분명하고 이로 인한 책임전가 현상이 일어날 수 있다.

④ 소청심사, 징계처분 등 준사법적 기능은 중앙인사기관의 기능 중 하나이다.

⑤ 위원회형은 위원들의 부분교체체제를 통해 비독립단독형보다 인사행정의 계속성을 더욱 확보할 수 있다. 비독립단독형은 중앙인사기관이 행정수반의 직접적 통제를 받고 의사결정도 행정수반에 의하여 임명된 한 사람의 기관장이 하는 일반 행정부처와 같은 조직 형태로, 기관장의 변경 시 인사정책의 변화가 야기되어 인사행정의 일관성과 계속성이 결여될 수 있다.

07 난도 ★☆☆

재무행정론 > 예산제도

정답의 이유

④ 지출의 목적 파악이 어렵다. 품목별 예산제도란 예산을 지출대상(품목)별로 분류하여 편성하는 통제지향적 예산제도로서, 지출을 통제하고 공무원들로 하여금 회계적 책임을 쉽게 확보할 수 있으나 돈을 왜 지출해야 하는지, 무엇을 하려는지 파악하는 데 어려움이 있다.

오답의 이유

① 투입 중심의 예산제도로, 투입과 산출의 연계가 없어 그 효과를 제대로 파악할 수 없다.

② 예산을 품목별로 분류하고 지출대상과 그 한계를 규정하므로 회계책임과 예산통제를 용이하게 할 수 있다.

③ 미국의 시정연구소(1899), 뉴욕시정연구소(1906) 등이 시정개혁운동을 전개하여 1907년 뉴욕시보건국에 품목별 예산제도를 도입하였다. 이러한 움직임은 1912년 테프트위원회에 영향을 주어 1920년 대부분의 부처들이 이 제도를 도입하였다.

⑤ 지나친 규제와 세밀함으로 예산집행의 신축성과 탄력성을 저해시킨다.

08 난도 ★☆☆

정답 ②

인사행정론 > 인사행정의 기초이론

정답의 이유

② 비서관은 특수경력직공무원 중 별정직공무원에 속한다(국가공무원법 제2조 제1항, 제2항, 제3항).

제2조(공무원의 구분)
① 국가공무원(이하 "공무원"이라 한다)은 경력직공무원과 특수경력직공무원으로 구분한다.
② "경력직공무원"이란 실적과 자격에 따라 임용되고 그 신분이 보장되며 평생 동안(근무기간을 정하여 임용하는 공무원의 경우에는 그 기간 동안을 말한다) 공무원으로 근무할 것이 예정되는 공무원을 말하며, 그 종류는 다음 각 호와 같다.
　1. 일반직공무원: 기술·연구 또는 행정 일반에 대한 업무를 담당하는 공무원
　2. 특정직공무원: 법관, 검사, 외무공무원, 경찰공무원, 소방공무원, 교육공무원, 군인, 군무원, 헌법재판소 헌법연구관, 국가정보원의 직원, 경호공무원과 특수 분야의 업무를 담당하는 공무원으로서 다른 법률에서 특정직공무원으로 지정하는 공무원
③ "특수경력직공무원"이란 경력직공무원 외의 공무원을 말하며, 그 종류는 다음 각 호와 같다.
　1. 정무직공무원
　　가. 선거로 취임하거나 임명할 때 국회의 동의가 필요한 공무원
　　나. 고도의 정책결정 업무를 담당하거나 이러한 업무를 보조하는 공무원으로서 법률이나 대통령령(대통령비서실 및 국가안보실의 조직에 관한 대통령령만 해당한다)에서 정무직으로 지정하는 공무원

　2. 별정직공무원: 비서관·비서 등 보좌업무 등을 수행하거나 특정한 업무 수행을 위하여 법령에서 별정직으로 지정하는 공무원

09 난도 ★★☆

정답 ⑤

인사행정론 > 임용과 능력발전

정답의 이유

⑤ 국무총리실 국무조정실장이 아닌 인사혁신처장이 요구할 수 있다(적극행정 운영규정 제7조 제2항). 적극행정 주무부처는 인사혁신처이다.

제7조(적극행정 실행계획의 수립 등)
② 인사혁신처장은 중앙행정기관의 장에게 적극행정 실행계획과 그 성과에 관한 자료의 제출을 요구할 수 있다.

오답의 이유

① 적극행정 운영규정 제2조 제1호

제2조(정의)
1. "적극행정"이란 공무원이 불합리한 규제를 개선하는 등 공공의 이익을 위해 창의성과 전문성을 바탕으로 적극적으로 업무를 처리하는 행위를 말한다.

② 적극행정 운영규정 제15조 제1항 제1호, 제4호

제15조(인사상 우대 조치 등)
① 중앙행정기관의 장은 제14조에 따라 선발된 우수공무원 또는 유공공무원에게 적극행정의 성과, 선발된 공무원의 희망, 인사운영 여건 등을 종합적으로 고려하여 다음 각 호의 인사상 우대 조치(특정직공무원의 경우에는 해당 인사 관계 법령에 따른 인사상 우대 조치로서 다음 각 호의 인사상 우대 조치에 해당하는 것을 말한다) 중 하나 이상을 부여해야 한다.
　1. 「공무원임용령」 제35조의2 제1항 제2호에 따른 특별승진임용
　4. 「공무원보수규정」 제16조 제1항 제2호에 따른 특별승급

③ 국가공무원법 50조의2 제3항

50조의2(적극행정의 장려)
③ 공무원이 적극행정을 추진한 결과에 대하여 해당 공무원의 행위에 고의 또는 중대한 과실이 없다고 인정되는 경우에는 대통령령 등으로 정하는 바에 따라 이 법 또는 다른 공무원 인사 관계 법령에 따른 징계 또는 징계부가금 부과 의결을 하지 아니한다.

④ 적극행정 운영규정 제11조 제2항 제1호, 제2호

제11조(적극행정위원회)

① 「국가공무원법」 제50조의2 제2항에 따라 적극행정 추진에 관한 사항을 심의하기 위하여 각 중앙행정기관에 적극행정위원회(이하 "위원회"라 한다)를 둔다.

② 「국가공무원법」 제50조의2 제2항 제3호에서 "대통령령 등으로 정하는 사항"이란 다음 각 호의 사항을 말한다.

　1. 제14조에 따른 적극행정 우수공무원 선발 및 우수사례 선정에 관한 사항

　2. 제16조 제4항에 따른 면책 건의에 관한 사항

10 난도 ★☆☆　　　　　　　　　　　정답 ③

인사행정론 > 임용과 능력발전

정답의 이유

③ 집중화 경향은 척도상의 중심점에 집중하여 점수를 주는 경향을 말한다.

오답의 이유

① 연쇄 효과는 후광 효과라고도 한다. 특정 평정요소의 평정이 다른 평정요소에 대한 평정에 피평정자의 전반적 인상으로 작용하여 영향을 미치는 것 또는 피평정자의 전반적인 인상이 평정에 영향을 미치는 착오이다.

② 역산식 평정 관행은 평정자가 미리 피평정자의 각 등급별 분포를 결정한 후 점수를 형식적으로 부여하는 것을 말한다.

④ 선입견과 편견에 의한 오류는 출신지, 학벌, 종교 등에 근거한 편견이 평정에 영향을 미치는 현상을 말한다. 타인을 평가함에 있어 그가 속한 사회 집단에 대한 편견에 근거할 경우 발생한다.

⑤ 근접 효과는 전체 기간의 실적을 같은 비중으로 평가하지 못하고 최근의 실적을 중심으로 평가할 때 발생한다.

11 난도 ★★★　　　　　　　　　　　정답 ⑤

인사행정론 > 임용과 능력발전

정답의 이유

⑤ 액션러닝은 참여와 성과 중심의 교육훈련을 지향하는 방법으로, 현장에서 발생하는 현안 문제를 가지고 자율적 학습 또는 전문가의 지원을 받아 구체적인 문제 해결 방안을 모색한다. 현재 5급 이상의 관리자 훈련 시 국가기관에서 사용되고 있다.

오답의 이유

① 감수성훈련은 자신과 타인에 대한 이해를 높이기 위하여 서로 모르는 10명 내외의 소집단을 구성하고, 피훈련자들끼리 자유로운 소통을 통하여 어떤 문제의 해결 방안이나 상대방에 대한 이해를 얻도록 하는 교육 방법이다.

② 역할연기는 어떤 사례를 피훈련자가 여러 사람 앞에서 실제의 행동으로 연기하고, 사회자가 청중들에게 그 연기내용을 비평·토론하도록 한 후 결론적인 설명을 하는 훈련 방법이다.

③ 신디케이트는 피훈련자를 몇 개의 소집단으로 편성하여 집단별로 동일한 문제를 연구하고 토의하여 해결 방안을 작성한 후 전원이 모여 각 소집단별로 작성한 해결 방안을 발표하고 이에 대

해 토론하는 훈련방법으로, 분임토의와 유사한 방법이다.

④ 사례연구는 특정 훈련에 필요한 구체적이고 현실적인 사례를 선정하여, 여러 사람이 사회자의 지원을 받아 해당 사례에 대한 문제점과 원인, 대책 등에 대해 토의하는 것이다.

12 난도 ★★☆　　　　　　　　　　　정답 ①

재무행정론 > 예산과정

정답의 이유

① '정부는 예산과정의 전문성과 효율성을 제고하기 위하여 노력하여야 한다.'는 내용은 국가재정법 제16조(예산의 원칙)에 명시되어 있지 않다.

오답의 이유

② 국가재정법 제16조 제2호

③ 국가재정법 제16조 제1호

④ 국가재정법 제16조 제3호

⑤ 국가재정법 제16조 제5호

제16조(예산의 원칙)

정부는 예산을 편성하거나 집행할 때 다음 각 호의 원칙을 준수하여야 한다.

1. 정부는 재정건전성의 확보를 위하여 최선을 다하여야 한다.

2. 정부는 국민부담의 최소화를 위하여 최선을 다하여야 한다.

3. 정부는 재정을 운용할 때 재정지출 및 「조세특례제한법」 제142조의2 제1항에 따른 조세지출의 성과를 제고하여야 한다.

4. 정부는 예산과정의 투명성과 예산과정에의 국민참여를 제고하기 위하여 노력하여야 한다.

5. 정부는 「성별영향평가법」 제2조 제1호에 따른 성별영향평가의 결과를 포함하여 예산이 여성과 남성에게 미치는 효과를 평가하고, 그 결과를 정부의 예산편성에 반영하기 위하여 노력하여야 한다.

6. 정부는 예산이 「기후위기 대응을 위한 탄소중립·녹색성장 기본법」 제2조 제5호에 따른 온실가스(이하 "온실가스"라 한다) 감축에 미치는 효과를 평가하고, 그 결과를 정부의 예산편성에 반영하기 위하여 노력하여야 한다.

13 난도 ★★☆　　　　　　　　　　　정답 ②

정책론 > 정책결정모형

정답의 이유

ㄱ·ㄷ·ㄹ. 앨리슨(Allison)은 1960년대 초 쿠바 미사일 사건과 관련된 미국의 외교정책 과정을 분석한 후 정부의 정책결정 과정을 설명하고 예측하기 위한 분석틀로 기존에 제시되었던 합리모형(합리적 행위자 모형)과 조직과정모형에 관료정치모형을 새롭게 추가하여 세 가지 의사결정모형을 제시하였다.

14 난도 ★★☆　　　　　　　　　　　　　　　　정답 ⑤

인사행정론 > 공무원의 의무

정답의 이유

⑤ 이해충돌 방지의 의무는 공직자윤리법상 복무 규정이다(공직자
윤리법 제2조의2).

> **제2조의2(이해충돌 방지 의무)**
> ① 국가 또는 지방자치단체는 공직자가 수행하는 직무가 공직자의
> 재산상 이해와 관련되어 공정한 직무수행이 어려운 상황이 일어나
> 지 아니하도록 노력하여야 한다.
> ② 공직자는 자신이 수행하는 직무가 자신의 재산상 이해와 관련되
> 어 공정한 직무수행이 어려운 상황이 일어나지 아니하도록 직무수
> 행의 적정성을 확보하여 공익을 우선으로 성실하게 직무를 수행하
> 여야 한다.
> ③ 공직자는 공직을 이용하여 사적 이익을 추구하거나 개인이나 기
> 관·단체에 부정한 특혜를 주어서는 아니 되며, 재직 중 취득한 정
> 보를 부당하게 사적으로 이용하거나 타인으로 하여금 부당하게 사
> 용하게 하여서는 아니 된다.

더 알아보기

국가공무원법상 공무원의 13대 의무

① 성실 의무(제56조)
② 복종의 의무(제57조)
③ 직장 이탈 금지의 의무(제58조)
④ 친절·공정의 의무(제59조)
⑤ 비밀엄수의 의무(제60조)
⑥ 청렴의 의무(제61조)
⑦ 외국정부의 영예 등 수령 규제(제62조)
⑧ 품위 유지의 의무(제63조)
⑨ 영리 업무 및 겸직 금지(제64조)
⑩ 정치 운동의 금지(제65조)
⑪ 집단 행위의 금지(제66조)
⑫ 선서의 의무(제55조)
⑬ 종교중립의 의무(제59조의2)

15 난도 ★★★　　　　　　　　　　　　　　　　정답 ④

조직론 > 조직의 구조형태

정답의 이유

④ 중앙행정기관의 장은 고위공무원단에 속하는 공무원을 제외한
소속 공무원에 대한 일체의 임용권을 가진다(책임운영기관의 설
치·운영에 관한 법률 제47조 제1항).

> **제47조(인사 관리)**
> ① 중앙책임운영기관의 장은 「국가공무원법」 제32조 제1항 및 제2
> 항이나 그 밖의 공무원 인사 관계 법령에도 불구하고 고위공무원단
> 에 속하는 공무원을 제외한 소속 공무원에 대한 일체의 임용권을
> 가진다.

오답의 이유

① 책임운영기관의 설치·운영에 관한 법률 제2조 제2항

> **제2조(정의)**
> ② 책임운영기관은 기관의 지위에 따라 다음 각 호와 같이 구분한다.
> 　1. 소속책임운영기관: 중앙행정기관의 소속 기관으로서 제4조에
> 　　따라 대통령령으로 설치된 기관
> 　2. 중앙책임운영기관: 「정부조직법」 제2조 제2항에 따른 청(廳)
> 　　으로서 제4조에 따라 대통령령으로 설치된 기관

② 책임운영기관의 설치·운영에 관한 법률 제51조 제2항

> **제51조(책임운영기관의 종합평가)**
> ② 행정안전부장관은 대통령령으로 정하는 바에 따라 별도의 평가
> 단을 구성하거나 지정하여 평가업무를 지원할 수 있다.

③ 책임운영기관의 설치·운영에 관한 법률 제28조 제3항

> **제28조(계정의 구분)**
> ③ 특별회계의 예산 및 결산은 책임운영기관특별회계기관의 조직
> 별로 구분할 수 있다.

⑤ 책임운영기관의 설치·운영에 관한 법률 제17조 제2항

> **제17조(임기제공무원의 활용)**
> ② 소속책임운영기관은 대통령령으로 정하는 바에 따라 정원의 일
> 부를 「국가공무원법」 제26조의5에 따른 임기제공무원으로 임용할
> 수 있다.

16 난도 ★★☆　　　　　　　　　　　　　　　　정답 ③

인사행정론 > 사기앙양과 근무규율

정답의 이유

③ 국가공무원법 제14조 제8항

> **제14조(소청심사위원회의 결정)**
> ⑧ 소청심사위원회가 징계처분 또는 징계부가금 부과처분(이하 "징
> 계처분 등"이라 한다)을 받은 자의 청구에 따라 소청을 심사할 경우
> 에는 원징계처분보다 무거운 징계 또는 원징계부가금 부과처분보
> 다 무거운 징계부가금을 부과하는 결정을 하지 못한다.

오답의 이유

① 「정당법」에 따른 정당의 당원은 인사혁신처 소청심사위원회의
위원이 될 수 없다(국가공무원법 제10조의2 제1항 제2호).

> **제10조의2(소청심사위원회위원의 결격사유)**
> ① 다음 각 호의 어느 하나에 해당하는 자는 소청심사위원회의 위
> 원이 될 수 없다.
> 　2. 「정당법」에 따른 정당의 당원

② 본인의 의사에 반한 불리한 처분에 관한 행정소송은 소청심사위원회의 심사·결정을 거치지 않고 제기할 수 없다(국가공무원법 제16조 제1항).

> **제16조(행정소송과의 관계)**
> ① 제75조에 따른 처분, 그 밖에 본인의 의사에 반한 불리한 처분이나 부작위(不作爲)에 관한 행정소송은 소청심사위원회의 심사·결정을 거치지 아니하면 제기할 수 없다.

④ 중앙선거관리위원회사무처에 별도의 소청심사위원회를 둔다(국가공무원법 제9조 제2항).

> **제9조(소청심사위원회의 설치)**
> ② 국회, 법원, 헌법재판소 및 선거관리위원회 소속 공무원의 소청에 관한 사항을 심사·결정하게 하기 위하여 국회사무처, 법원행정처, 헌법재판소사무처 및 중앙선거관리위원회사무처에 각각 해당 소청심사위원회를 둔다.

⑤ 소청심사위원회의 결정은 처분 행정청을 기속한다(국가공무원법 제15조).

> **제15조(결정의 효력)**
> 제14조에 따른 소청심사위원회의 결정은 처분 행정청을 기속(羈束)한다.

17 난도 ★☆☆ 정답 ④

행정학총론 > 행정과 환경

정답의 이유

④ X-비효율성은 경쟁체제가 아님으로 인하여 비용이 상승하거나 생산성이 저하되는 현상을 말한다. 이는 시장실패가 아니라 정부실패의 원인이며 정부의 독점적 성격, 종결메커니즘의 결여, 산출물 측정의 곤란성, 생산기술의 불확실성 등으로 인해 발생한다.

더 알아보기

시장실패와 정부실패의 원인

시장실패 원인	• 정보의 비대칭성 • 자연독점 • 불완전경쟁 • 외부효과의 발생 • 공공재의 존재
정부실패 원인	• X-비효율성, 비용체증 • 사적 목표의 설정 • 파생적 외부효과 • 권력의 편재

18 난도 ★★☆ 정답 ⑤

정책론 > 정책의제설정

정답의 이유

⑤ 무의사결정론은 기존 엘리트 집단이 자신들의 기득권 수호를 위해 대중과 약자의 이익이나 요구를 정책문제 채택과정에서 봉쇄하고 저지한다는 입장으로, 현 기득권층인 엘리트들에게 안전한 이슈만이 논의되고 불리한 것은 거론조차 못하게 한다고 본다.

오답의 이유

① 무의사결정론에 따르면 엘리트들은 자신들의 이익을 침해하는 요구를 정책문제화하지 않고, 거론조차 하지 못하도록 억압한다.

② 지배적 가치에 의한 집착으로 인해 그 시대의 정치문화에 어긋나는 문제는 정책의제화되기 어려워 변화나 혁신적 주장을 억제하기도 한다.

③ 무의사결정은 특정한 과정에서만 나타나는 것이 아니라 정책의 모든 과정에서 등장한다.

④ 현 정치체제를 위협할만한 특정한 이슈에 대해 힘이나 위협, 폭력과 같은 강제력을 통해 정책 문제화를 막거나 해당 정책을 자신들이 원하는 방향으로 유도하기도 한다.

19 난도 ★☆☆ 정답 ①

인사행정론 > 인사행정의 기초이론

정답의 이유

① 대표관료제는 행정의 전문성과 생산성을 저하시키고 실적주의 원리를 손상한다는 비판을 받고 있다.

더 알아보기

대표관료제

정의	사회를 구성하는 모든 주요 집단으로부터 인구비례에 따라 관료를 충원하고, 모든 직무분야와 계급에 비례적으로 배치함으로써 정부관료제가 사회의 모든 계층과 집단에 공평하게 대응하도록 하는 인사제도
등장 배경	실적주의의 형식적인 기회균등이 실질적으로 형평성을 달성하지 못하는 문제를 비판하며 등장
기능	• 행정의 대응성 향상 • 내부통제를 강화하는 수단(외부 통제 약화 현상 개선) • 기회균등의 적극적 보장(사회적 형평성 제고) • 정부관료제의 (국민) 대표성 강화 • 실적주의 폐단 시정 • 행정의 책임성 제고
비판	• 실적주의 원리를 손상 • 행정의 전문성과 생산성 저하 • 출신성분에 따른 정책선호화의 문제 • 역차별 조장

20 난도 ★★☆
정답 ③

조직론 > 조직의 구조형태

정답의 이유

③ 중대범죄수사에 관한 사무는 국가정보원의 직무 범위에 포함되지 않는다(국가조직법 제17조 제1항).

> **제17조(국가정보원)**
> ① 국가안전보장에 관련되는 정보 및 보안에 관한 사무를 담당하기 위하여 대통령 소속으로 국가정보원을 둔다.

오답의 이유

① 정부조직법 제19조 제1항, 제3항

> **제19조(부총리)**
> ① 국무총리가 특별히 위임하는 사무를 수행하기 위하여 부총리 2명을 둔다.
> ③ 부총리는 기획재정부장관과 교육부장관이 각각 겸임한다.

② 정부조직법 제22조의3 제1항

> **제22조의3(인사혁신처)**
> ① 공무원의 인사 · 윤리 · 복무 및 연금에 관한 사무를 관장하기 위하여 국무총리 소속으로 인사혁신처를 둔다.

④ 정부조직법 제2조 제6항 제4호

> **제2조(중앙행정기관의 설치와 조직 등)**
> ⑥ 중앙행정기관의 보조기관 및 보좌기관은 이 법과 다른 법률에 특별한 규정이 있는 경우를 제외하고는 일반직공무원 · 특정직공무원(경찰공무원 및 교육공무원만 해당한다) 또는 별정직공무원으로 보(補)하되, 다음 각 호에 따른 중앙행정기관의 보조기관 및 보좌기관은 대통령령으로 정하는 바에 따라 다음 각 호의 구분에 따른 특정직공무원으로도 보할 수 있다. 다만, 별정직공무원으로 보하는 국장은 중앙행정기관마다 1명을 초과할 수 없다.
>   1. 외교부 및 재외동포청: 외무공무원
>   2. 법무부: 검사
>   3. 국방부, 병무청 및 방위사업청: 현역군인
>   4. 행정안전부의 안전 · 재난 업무 담당: 소방공무원
>   5. 소방청: 소방공무원

⑤ 정부조직법 제30조 제3항

> **제30조(외교부)**
> ③ 재외동포에 관한 사무를 관장하기 위하여 외교부장관 소속으로 재외동포청을 둔다.

21 난도 ★★☆
정답 ②

지방행정론 > 지방자치단체와 주민

정답의 이유

② 수리된 날부터 1년 이내에 의결하여야 한다(주민조례발안에 관한 법률 제13조 제1항).

> **제13조(주민청구조례안의 심사 절차)**
> ① 지방의회는 제12조 제1항에 따라 주민청구조례안이 수리된 날부터 1년 이내에 주민청구조례안을 의결하여야 한다. 다만, 필요한 경우에는 본회의 의결로 1년 이내의 범위에서 한 차례만 그 기간을 연장할 수 있다.

오답의 이유

① 지방자치법 제20조 제1항, 제29조

> **제20조(규칙의 제정과 개정 · 폐지 의견 제출)**
> ① 주민은 제29조에 따른 규칙(권리 · 의무와 직접 관련되는 사항으로 한정한다)의 제정, 개정 또는 폐지와 관련된 의견을 해당 지방자치단체의 장에게 제출할 수 있다.
>
> **제29조(규칙)**
> 지방자치단체의 장은 법령 또는 조례의 범위에서 그 권한에 속하는 사무에 관하여 규칙을 제정할 수 있다.

③ · ④ 주민조례발안에 관한 법률 제4조 제3호, 제4호

> **제4조(주민조례청구 제외 대상)**
> 다음 각 호의 사항은 주민조례청구 대상에서 제외한다.
> 1. 법령을 위반하는 사항
> 2. 지방세 · 사용료 · 수수료 · 부담금을 부과 · 징수 또는 감면하는 사항
> 3. 행정기구를 설치하거나 변경하는 사항
> 4. 공공시설의 설치를 반대하는 사항

⑤ 지방자치법 제25조 제1항

> **제25조(주민소환)**
> ① 주민은 그 지방자치단체의 장 및 지방의회의원(비례대표 지방의회의원은 제외한다)을 소환할 권리를 가진다.

22 난도 ★★☆
정답 ④

지방행정론 > 지방자치단체의 조직

정답의 이유

④ 자격심사에 따른 자격상실 의결은 징계의 종류에 포함되지 않는다(지방자치법 제100조 제1항).

제100조(징계의 종류와 의결)
① 징계의 종류는 다음과 같다.
　　1. 공개회의에서의 경고
　　2. 공개회의에서의 사과
　　3. 30일 이내의 출석정지
　　4. 제명

23 난도 ★★☆

정답 ④

재무행정론 > 예산제도

정답의 이유

④ 할인율을 낮게 적용하면 편익의 미래 가치의 할인이 적어진다. 이로 인해 미래에 발생할 편익을 현재 시점에서 상대적으로 더 높게 평가할 수 있다.

오답의 이유

① 내부수익률은 비용과 편익의 현재가치를 동일하게 만들어주는 할인율을 의미한다. 즉, 순현재가치(편익 − 비용)를 0으로, 편익비용비율을 1로 만드는 할인율을 말한다.

② 순현재가치는 편익에서 비용을 뺀 개념으로, 경제적 타당도를 평가하는 최선의 척도이다.

③ 편익비용비율(편익의 총현재가치/비용의 총현재가치)이 1보다 크면 사업의 타당성이 있다고 판단한다.

⑤ 사업 및 정책의 성과에 대한 편익·비용을 화폐적 가치로 계량화하여 현재가치로 할인한 후 비교·평가한다.

24 난도 ★★☆

정답 ①

행정학총론 > 행정학의 주요 이론

정답의 이유

① 사회적 자본은 인적·물적 자본 등의 경제적 자본과 구분되는 정신적·무형적 자본으로, 경제적 자본에 비해 형성과정이나 규모가 불투명하고 불확실하다는 특징을 가지고 있다.

오답의 이유

② 사회구성원들에게 공유되는 행동 규범과 문화적 정체성은 사회질서를 가능하게 하는 중요한 역할을 한다.

③ 사회적 자본은 사회적 참여자들의 협력을 바탕으로 공유한 목적을 보다 효과적으로 성취하게 만드는 신뢰, 규범, 네트워크 같은 무형의 사회조직의 특성을 의미한다.

④ 사회적 자본은 사회구성원들이 공동이익을 위하여 공동목표를 효율적으로 추구할 수 있도록 상호조정과 협력을 촉진한다.

⑤ 사회적 자본에 의한 신뢰와 믿음은 거래비용을 낮추고 경제발전을 촉진할 수 있다.

25 난도 ★★★

정답 ③

조직론 > 전자정부와 지식정부론

정답의 이유

③ 국가의 안전보장과 관련된 행정정보는 공동이용 대상정보에서 제외할 수 있다(전자정부법 제38조 제2항).

제38조(공동이용 행정정보)
② 국가의 안전보장과 관련된 행정정보, 법령에 따라 비밀로 지정된 행정정보 또는 이에 준하는 행정정보는 공동이용 대상정보에서 제외할 수 있다.

오답의 이유

① 전자정부법 제5조 제1항

제5조(전자정부기본계획의 수립)
① 중앙사무관장기관의 장은 전자정부의 구현·운영 및 발전을 위하여 5년마다 제5조의2 제1항에 따른 행정기관 등의 기관별 계획을 종합하여 전자정부기본계획을 수립하여야 한다.

② 전자정부법 제5조의2 제1항

제5조의2(기관별 계획의 수립 및 점검)
① 행정기관 등의 장은 5년마다 해당 기관의 전자정부의 구현·운영 및 발전을 위한 기본계획(이하 "기관별 계획"이라 한다)을 수립하여 중앙사무관장기관의 장에게 제출하여야 한다.

④ 전자정부법 제5조의3 제1항

제5조의3(전자정부의 날)
① 전자정부의 우수성과 편리함을 국민에게 알리고 국제적 위상을 제고하는 등 지속적으로 전자정부의 발전을 촉진하기 위하여 매년 6월 24일을 전자정부의 날로 한다.

⑤ 지능정보화 기본법 제8조 제1항

제8조(지능정보화책임관)
① 중앙행정기관의 장과 지방자치단체의 장은 해당 기관의 지능정보사회 시책의 효율적인 수립·시행과 지능정보화 사업의 조정 등 대통령령으로 정하는 업무를 총괄하는 책임관(이하 "지능정보화책임관"이라 한다)을 임명하여야 한다.

행정학 | 2022년 국가직 7급

한눈에 훑어보기

✓ 영역 분석

행정학총론 11 12 17
3문항, 12%

정책론 08 13 18 20
4문항, 16%

조직론 01 02 05 07 15 21 22 25
8문항, 32%

인사행정론 03 04 06 19
4문항, 16%

재무행정론 09 10 16
3문항, 12%

지방행정론 14 23 24
3문항, 12%

✓ 빠른 정답

01	02	03	04	05	06	07	08	09	10
④	①	③	②	④	③	④	②	③	③
11	12	13	14	15	16	17	18	19	20
④	①	④	③	②	②	③	②	①	①
21	22	23	24	25
④	④	①	②	①

✓ 점수 체크

구분	1회독	2회독	3회독
맞힌 문항 수	/ 25	/ 25	/ 25
나의 점수	점	점	점

---

01 난도 ★★☆　　　　　　　　정답 ④

조직론 > 조직의 기초이론

[정답의 이유]
④ 조직구조는 조직 내 여러 부문 간 결합의 형태로, 구성원 간 상호작용과 밀접한 관련성을 갖는다.

[오답의 이유]
① 일상적 기술을 활용하는 조직일수록 구조의 공식화 정도가 높아진다.
② 조직의 구조변수에 따라 조직구조의 형태를 기계적 구조와 유기적 구조로 구분할 수 있다. 기계적 구조는 높은 복잡성, 공식성, 집권성을 특징으로 가지며, 유기적 구조는 낮은 복잡성, 공식성, 집권성을 특징으로 갖는다.
③ 환경이 복잡하고 불안정하여 불확실성이 높을수록 유기적 구조가 효과적이다.

02 난도 ★☆☆　　　　　　　　정답 ①

조직론 > 조직관리

[정답의 이유]
① 앨더퍼(Alderfer)의 생존욕구는 머슬로(Maslow)의 생리적 욕구 및 안전욕구와, 관계욕구는 애정·사회적 욕구 및 존경의 욕구와 연결된다.

[오답의 이유]
② 브룸(Vroom)의 기대이론은 과정이론에 해당하며 동기유발이 과업에 대한 기대감과 수단성, 유의성에 의해 결정된다고 주장하였다.
③ 허즈버그(Herzberg)는 불만과 만족은 별개의 요인이기 때문에 위생요인(불만요인)이 충족되었다고 하더라도 동기부여가 되는 것은 아니라고 주장하였다.
④ 애덤스(Adams)는 투입한 노력 대비 얻은 보상에 대해서 준거인과 비교해 상대적으로 느끼는 공평함의 정도가 동기부여에 영향을 미친다고 주장하였다.

03 난도 ★★☆　　　　　　　　정답 ③

인사행정론 > 사기앙양과 근무규율

[정답의 이유]
③ 징계로 파면처분을 받은 때로부터 5년간은 공무원으로 임용될 수 없다(국가공무원법 제33조 제7호). 따라서 丙의 경우 2019년 10월 13일 파면처분을 받은 날 기준으로 5년간, 즉 2024년 10월 13일까지는 공무원으로 임용될 수 없다.

오답의 이유

① 피성년후견인은 공무원으로 임용될 수 없으나, 후견기간이 종료된 후에는 임용이 가능하다(국가공무원법 제33조 제1호).

② 파산선고를 받고 복권되지 아니한 자는 공무원으로 임용될 수 없으나, 복권된 후에는 임용이 가능하다(국가공무원법 제33조 제2호).

④ 금고 이상의 형의 집행유예를 선고받고 유예기간이 끝난 날부터 2년간 공무원으로 임용될 수 없다(국가공무원법 제33조 제5호).

제33조(결격사유)

다음 각 호의 어느 하나에 해당하는 자는 공무원으로 임용될 수 없다.

1. 피성년후견인
2. 파산선고를 받고 복권되지 아니한 자
3. 금고 이상의 실형을 선고받고 그 집행이 끝나거나(집행이 끝난 것으로 보는 경우를 포함한다) 집행이 면제된 날부터 5년이 지나지 아니한 자
4. 금고 이상의 형의 집행유예를 선고받고 그 유예기간이 끝난 날부터 2년이 지나지 아니한 자
5. 금고 이상의 형의 선고유예를 받은 경우에 그 선고유예 기간 중에 있는 자
6. 법원의 판결 또는 다른 법률에 따라 자격이 상실되거나 정지된 자
6의2. 공무원으로 재직기간 중 직무와 관련하여 「형법」 제355조 및 제356조에 규정된 죄를 범한 자로서 300만 원 이상의 벌금형을 선고받고 그 형이 확정된 후 2년이 지나지 아니한 자
6의3. 다음 각 목의 어느 하나에 해당하는 죄를 범한 사람으로서 100만 원 이상의 벌금형을 선고받고 그 형이 확정된 후 3년이 지나지 아니한 사람
　가. 「성폭력범죄의 처벌 등에 관한 특례법」 제2조에 따른 성폭력범죄
　나. 「정보통신망 이용촉진 및 정보보호 등에 관한 법률」 제74조 제1항 제2호 및 제3호에 규정된 죄
　다. 「스토킹범죄의 처벌 등에 관한 법률」 제2조 제2호에 따른 스토킹범죄
6의4. 미성년자에 대한 다음 각 목의 어느 하나에 해당하는 죄를 저질러 파면·해임되거나 형 또는 치료감호를 선고받아 그 형 또는 치료감호가 확정된 사람(집행유예를 선고받은 후 그 집행유예기간이 경과한 사람을 포함한다)
　가. 「성폭력범죄의 처벌 등에 관한 특례법」 제2조에 따른 성폭력범죄
　나. 「아동·청소년의 성보호에 관한 법률」 제2조 제2호에 따른 아동·청소년대상 성범죄
7. 징계로 파면처분을 받은 때부터 5년이 지나지 아니한 자
8. 징계로 해임처분을 받은 때부터 3년이 지나지 아니한 자

---

04 난도 ★☆☆　　　　　　　　　　　　정답 ②

인사행정론 > 인사행정의 기초이론

정답의 이유

② 전문성을 통한 행정의 효율성 제고와 정부관료의 역량 강화에 기여한 것으로 평가되는 것은 실적주의이다. 엽관주의는 실적주의와 비교했을 때 행정의 전문성을 저해한다는 문제점이 있다.

오답의 이유

① 영국의 실적주의 확립을 위한 추밀원령은 1870년 제정되었고, 미국의 실적주의 확립을 위한 펜들턴법은 1883년 제정되었다.

③·④ 미국의 엽관주의는 소수 귀족계급의 공직 특권화를 타파하고 공직을 널리 시민에게 개방함으로써 국민의사를 국정에 반영하겠다는 잭슨 정부의 민주적 신념을 기반으로 한다. 우리나라는 엽관주의 채택을 공식적으로 선언한 적은 없으나 실질적으로는 정책결정을 담당하는 정무직이나 특별한 신임을 요하는 별정직, 공공기관장 등의 인사에 엽관주의 요소가 존재한다.

05 난도 ★★☆　　　　　　　　　　　　정답 ④

조직론 > 조직의 구조형태

정답의 이유

④ 새로운 과업을 탐색하지 않고 주어진 업무만을 소극적으로 수행하려는 태도는 무사안일주의이다. 동조과잉은 관료가 법규나 절차와 같은 수단에 지나치게 집착하여 목표와 수단이 전도·대치되는 현상을 의미한다.

06 난도 ★★☆　　　　　　　　　　　　정답 ③

인사행정론 > 인사행정의 기초이론

정답의 이유

③ 임용권자는 전직시험을 거쳐 전문경력관을 다른 일반직 공무원으로 전직시키거나 다른 일반직 공무원을 전문경력관으로 전직시킬 수 있다(전문경력관 규정 제17조 제1항).

제17조(전직)

① 임용권자는 다음 각 호의 어느 하나에 해당하는 경우에는 전직시험을 거쳐 전문경력관을 다른 일반직 공무원으로 전직시키거나 다른 일반직 공무원을 전문경력관으로 전직시킬 수 있다.
1. 직제나 정원의 개정 또는 폐지로 인하여 해당 직(職)의 인원을 조정할 필요가 있는 경우
2. 제7조에 따른 전문경력관 경력경쟁채용시험 등의 응시요건을 갖춘 경우(전문경력관이 아닌 일반직 공무원이 전문경력관으로 전직하는 경우로 한정한다)

오답의 이유

① 전문경력관은 계급 구분과 직군 및 직렬의 분류를 적용하지 않는다(전문경력관 규정 제2조 제1항).

제2조(적용 범위)
① 이 영은 「국가공무원법」 제4조 제2항 제1호에 따라 계급 구분과 직군 및 직렬의 분류를 적용하지 아니하는 특수 업무 분야에 종사하는 공무원[「공무원임용령」 제3조의2에 따른 전문임기제공무원(시간선택제전문임기제공무원을 포함한다) 및 한시임기제공무원은 제외하며, 이하 "전문경력관"이라 한다]에 대하여 적용한다.

② 직무의 특성, 난이도 및 직무에 요구되는 숙련도 등에 따라 가군, 나군, 다군으로 구분한다(전문경력관 규정 제4조 제1항).

제4조(직위군 구분)
① 제3조에 따른 전문경력관직위의 군은 직무의 특성·난이도 및 직무에 요구되는 숙련도 등에 따라 가군, 나군 및 다군으로 구분한다.

④ 소속 장관은 해당 기관의 일반직 공무원 직위 중 순환보직이 곤란하거나 장기 재직 등이 필요한 특수 업무 분야의 직위를 인사혁신처장과 협의하여 전문경력관직위로 지정할 수 있다(전문경력관 규정 제3조 제1항·제2항).

제3조(전문경력관직위 지정)
① 임용령 제2조 제3호에 따른 소속 장관은 해당 기관의 일반직 공무원 직위 중 순환보직이 곤란하거나 장기 재직 등이 필요한 특수 업무 분야의 직위를 전문경력관직위로 지정할 수 있다.
② 제1항에 따른 특수 업무 분야 등 전문경력관직위의 지정에 필요한 사항은 인사혁신처장이 정한다.

07 난도 ★★★   정답 ④

조직론 > 조직관리

정답의 이유
④ 명확한 선물을 약속한 첫 번째 집단에서 가장 동기부여의 정도가 낮았다는 것은 선물 때문에 '보상이 없어도 스스로 계속하려는 자발적 태도'가 손상된다는 의미이다. 즉, (가) '외재적' 동기가 (나) '내재적' 동기를 밀어낸다는 결론을 유추할 수 있다. 또한 (나) '내재적' 동기의 예시로는 (다) '가치관 일치, 일에 대한 즐거움' 등을 들 수 있다.

08 난도 ★★★   정답 ②

정책론 > 정책평가

정답의 이유
㉠ 동일 정책대상집단에 대해 정책집행을 기준으로 여러 번의 사전, 사후측정을 하여 정책효과를 추정하는 단절적 시계열설계는 준실험설계 유형 중 하나이다.
㉢ 정책실험을 할 수 없는 경우, 통계분석 기법을 이용해서 정책효과의 인과관계를 추론하는 것은 비실험적 방법 중 통계적 비실험에 대한 설명이다.

오답의 이유
㉡ 내적 타당성을 위협하는 역사요인은 실험기간 동안 외부에서 일어난 역사적 사건이 실험에 영향을 미치는 것을 말하며, 시간의 경과 때문에 조사대상 집단의 특성 변화가 발생하는 것은 성숙효과이다.

09 난도 ★★★   정답 ③

재무행정론 > 재무행정의 기초이론

정답의 이유
㉠·㉡·㉣·㉤ 국가재정법 시행령 제2조 제3항

제2조(국가재정운용계획의 수립 등)
③ 법 제7조 제2항 제4호의2에 따른 의무지출의 범위는 다음 각 호와 같다.
  1. 「지방교부세법」에 따른 지방교부세, 「지방교육재정교부금법」에 따른 지방교육재정교부금 등 법률에 따라 지출의무가 정하여지고 법령에 따라 지출규모가 결정되는 지출
  2. 외국 또는 국제기구와 체결한 국제조약 또는 일반적으로 승인된 국제법규에 따라 발생되는 지출
  3. 국채 및 차입금 등에 대한 이자지출

오답의 이유
㉢ 정부부처 운영비는 경직성이 강하긴 하지만 의무지출이 아닌 재량지출(재정지출에서 의무지출을 제외한 지출)에 해당한다.

10 난도 ★★☆   정답 ③

재무행정론 > 예산제도

정답의 이유
③ 성과주의 예산제도는 1947년 제1차 후버위원회의 건의에 따라 1950년도 트루먼 정부 때 공식적으로 연방정부에 도입한 예산제도이다. 1950년대 성과주의 예산제도는 개별 단위사업 중심의 관리중심의 예산제도로, 1990년대 전후 등장한 신성과주의 예산제도와 비교할 때 예산집행에 재량을 부여했다고 보기는 어렵다. 예산집행에 재량을 부여하고 성과 책임을 지도록 하는 예산제도는 1980년 이후 등장한 신성과주의 예산제도이다.

11 난도 ★☆☆   정답 ④

행정학총론 > 행정의 의의

정답의 이유
④ 1929년 대공황을 극복하기 위해 단순한 정책집행만이 아니라 행정의 재량과 정책결정, 준입법적 기능수행을 강조한 것은 통치기능설이다. 통치기능설은 정치·행정 일원론의 입장이다.

오답의 이유
① 정치·행정 이원론은 행정과 경영이 차이가 없음을 강조하는 공사행정일원론의 입장을 취한다.
② 굿노(Goodnow)는 「정치와 행정」(1900)에서 정치는 국가의사의 결정이고 행정은 그 실천과 집행이므로 이 둘을 엄격히 분리해야 함을 주장하였다.

③ 윌슨(Wilson)은 행정을 전문적 · 기술적 영역으로 규정하고 정부는 효율성과 전문성을 갖추어야 한다고 주장하였다.

12 난도 ★★☆   정답 ①

행정학총론 > 행정학의 기초이론

정답의 이유

① X-비효율성은 정부가 가진 권력을 통해 불평등한 분배가 이루어지는 현상이 아니라 정부의 독점적 성격으로 인해 경쟁자가 없고, 이러한 경쟁의 부재로 인해 발생하는 정부의 심리적 · 기술적 비효율을 말한다.

13 난도 ★★☆   정답 ④

정책론 > 정책의 본질과 유형

정답의 이유

④ 리플리(Ripley)와 프랭클린(Franklin)의 정책유형 중 보호적 규제정책에 대한 설명이다. 경쟁적 규제정책은 분배적 성격을 포함하고 있기 때문에 규제 대상자들의 반발 정도가 보통이지만, 보호적 규제정책의 경우 다수의 대중을 보호하기 위해 소수의 기업가나 부유층에게 비용을 부담시키기 때문에 규제기관에 대한 반발과 갈등의 정도가 높다.

오답의 이유

① 경쟁적 규제정책은 배분정책의 성격과 규제정책의 성격을 동시에 가지고 있는 양면적 정책으로, 다수의 경쟁자 중에서 지정된 소수에게만 서비스나 재화를 공급하도록 규제한다.

② 정부는 선정된 대상자에게 배타적 사업권을 부여함과 동시에 추가적으로 사업이 공익 목적에 맞게 이루어지도록 감시 · 통제할 수 있다.

③ 경쟁적 규제정책의 대표적인 예로 TV 또는 라디오의 방송권, 주파수 할당, 항공노선 허가 등이 있다.

14 난도 ★★☆   정답 ③

지방행정론 > 지방자치단체의 조직

정답의 이유

③ 기관대립형 중 약시장-의회형은 의회가 공무원 인사권과 예산 편성권을 가지고 있으며, 시장은 거부권을 가지지 못한다. 즉, 의회의 권한이 시장의 권한보다 강한 유형이다.

오답의 이유

① 기관통합형은 주민이 직접 선출한 의원들로 구성된 의회가 결정 및 집행을 모두 담당하기 때문에 주민들의 의사가 정확하게 전달되는 장점이 있다.

② 기관통합형은 지방의회에서 의결기능과 집행기능을 모두 수행하는 형태로, 대표적인 예로는 영국의 의회형과 미국의 위원회형 등이 있다.

④ 기관대립형은 주민 직선으로 각각 선출된 기관장과 의회가 상호 견제와 균형을 통해 권력의 편중과 남용을 방지한다는 장점이 있지만, 기관장과 의회의 대립 및 마찰로 비효율과 불안정이 발생할 수 있다는 단점이 있다.

더 알아보기

기관통합형의 장 · 단점

장점	• 결정과 집행이 연결되어 정책과정을 일관성 있게 유지할 수 있음 • 결정된 의사를 신속하게 집행할 수 있는 책임행정을 구현할 수 있음 • 의원들이 직접 행정을 담당하기 때문에 행정에 주민의 의사를 보다 정확히 반영할 수 있음
단점	• 의원들이 행정을 분담하는 형태로 운영되기 때문에 전문성이 부족하다는 우려가 있음 • 견제와 균형의 원리가 깨질 경우 권력남용 현상이 초래될 수 있음 • 지방의회가 주민과 상반된 의사결정을 할 경우에는 견제할 제도적 장치가 없음 • 지방행정을 총괄 · 조정할 정책책임자가 없으므로 행정의 종합성과 통일성을 유지하기 곤란함

15 난도 ★★☆   정답 ②

조직론 > 전자정부와 지식정부론

정답의 이유

② G2C는 정부와 국민 간의 전자거래로, 정부24, 국민신문고 등이 대표적인 사례이다. 조달 관련 온라인 서비스는 정부와 기업 간의 전자거래인 G2B와 관련이 있다.

오답의 이유

① G2B는 정부와 기업 간의 전자거래로, 나라장터가 대표적인 사례이다.

③ G4C는 '시민을 위한 정부'로, 단일창구를 통한 민원업무혁신사업을 통해 데이터베이스 공동활용시스템 구축을 내용으로 한다.

④ G2G는 정부 내 업무처리의 전자화를 내용으로 하고 있으며 '온-나라시스템'이 대표적 사례이다.

16 난도 ★★☆   정답 ②

재무행정론 > 재무행정의 기초이론

정답의 이유

② 1961년에 설립된 경제기획원은 재무부에서 예산국을, 건설부에서 종합계획국을 각각 이관받아 설치한 기관이다. 당시 경제기획원은 중앙예산기관, 재무부는 수입과 지출을 총괄하는 국고수지총괄기관이었다.

오답의 이유

① 1948년 정부수립 당시 설치되었던 기획처 예산국이 우리나라에서 처음으로 중앙예산기관의 역할을 담당하였다.

③ 김영삼 정부는 1994년 정부조직개편을 통해 경제기획원과 재무부를 재정경제원으로 통합하여 세제, 예산, 국고 기능을 일원화함으로써 세입과 세출을 통합적으로 관리할 수 있도록 하였다.

④ 2023년 현재는 기획재정부 예산실에서 중앙예산기관의 역할을 담당하고 있다.

17 난도 ★☆☆　　　　　　　　　정답 ③

행정학총론 > 행정학의 주요 이론

정답의 이유

③ 제시문은 1907년대 전후 등장한 신행정론에 대한 설명이다. 신행정론은 종래의 가치중립적 행정방식이 사회적·경제적·정치적 불평등을 초래했다고 비판하고, 이를 해결하기 위하여 공정성, 인본주의, 사회적 형평 등의 가치문제를 강조하였다.

18 난도 ★★☆　　　　　　　　　정답 ②

정책론 > 정책결정이론

정답의 이유

② 도슨-로빈슨(Dawson-Robinson)은 사회경제적 변수가 정치체제와 정책 모두에 영향을 미치고 사회경제적 변수로 인해 정치체제와 정책의 상관관계가 유발된다고 보았다.

오답의 이유

① 정책결정요인론은 계량화가 가능한 사회경제적 변수만 과대평가하고 계량화가 곤란한 정치적 변수는 과소평가했다는 비판을 받고 있다.

③ 키-로커트(Key-Lockard)는 정당 간 경쟁, 투표율, 선거구역 획정의 공정성 등 정치적 변수가 정책에 영향을 미치는 변수임을 강조하였다.

④ 루이스-벡(Lewis-Beck) 모형은 키-로커트(Key-Lockard) 모형과 도슨-로빈슨(Dawson-Robinson) 모형을 혼합한 것으로 사회경제적 변수가 정책에 영향을 주는 직접 효과가 있고, 정치체제도 정책에 독립적인 영향을 미친다고 보았다.

19 난도 ★★☆　　　　　　　　　정답 ①

인사행정론 > 사기양양과 근무규율

정답의 이유

① 인·허가 업무처리 시 소위 '급행료'를 당연하게 요구하는 행위는 일탈형이 아니라 제도화된 부패이다. 제도화된 부패는 부패 공직자가 죄의식도 느끼지 못하면서 조직의 옹호를 받도록 문화화·관행화된 부패이다.

더 알아보기

부패의 유형

유형		설명
일반적	직무유기형	관료 개인의 직무 부작위(근무 태만)
	후원형	정실·학연을 배경으로 특정 단체나 개인을 후원
	사기형	공금 유용·횡령
	거래형	뇌물에 대한 대가로 이권·특혜 제공 (가장 전형적)
용인 가능성	백색 부패	구성원 다수의 용인. 관례화된 부패
	회색 부패	구성원 일부의 용인. 잠재적 위해 가능성
	흑색 부패	구성원 모두에 의해 명백하고 심각한 부패로 인정되어 처벌을 원하는 부패
공직 내·외	내부 부패	관료 사이의 부패(공금 유용 모의) → 내부고발자보호제도 필요
	외부 부패	관료 – 국민 간 부패(후원형·거래형)

20 난도 ★★☆　　　　　　　　　정답 ①

정책론 > 정책집행과 기획

정답의 이유

① 제시문은 사바티어(Sabatier)와 마즈매니언(Mazmanian)의 하향적 접근에 대한 설명이다.

오답의 이유

② 린드블롬(Lindblom)은 정책과정을 진흙 파헤쳐가기에 비유한 점증주의 의사결정모형을 제창하였다.

③ 프레스만(Pressman)과 윌다브스키(Wildavsky)는 정책집행을 하향적 과정으로 보면서 정책집행의 실패사례 분석을 통하여 집행을 저해하는 요인을 규명하였다.

④ 레인(Rein)과 라비노비츠(Rabinovitz)는 정책집행의 3단계 모형(지침개발 → 자원배분 → 감시과정)을 제시하였다.

21 난도 ★★☆　　　　　　　　　정답 ④

조직론 > 조직의 변동

정답의 이유

④ 비공개대상정보가 포함된 경우에는 정보목록을 작성·공개하지 않아도 된다(공공기관의 정보공개에 관한 법률 제8조 제1항).

제8조(정보목록의 작성·비치 등)
① 공공기관은 그 기관이 보유·관리하는 정보에 대하여 국민이 쉽게 알 수 있도록 정보목록을 작성하여 갖추어 두고, 그 목록을 정보통신망을 활용한 정보공개시스템 등을 통하여 공개하여야 한다. 다만, 정보목록 중 제9조 제1항에 따라 공개하지 아니할 수 있는 정보가 포함되어 있는 경우에는 해당 부분을 갖추어 두지 아니하거나 공개하지 아니할 수 있다.

오답의 이유

① 우리나라는 1992년에 청주시에서 정보공개조례를 최초로 제정·운영하였다.

② 사전정보공개제도에 따라 중요한 정책정보는 청구가 없어도 자발적으로 공개해야 한다(공공기관의 정보공개에 관한 법률 제7조 제1항·제8조의2).

제7조(정보의 사전적 공개 등)
① 공공기관은 다음 각 호의 어느 하나에 해당하는 정보에 대해서는 공개의 구체적 범위, 주기, 시기 및 방법 등을 미리 정하여 정보통신망 등을 통하여 알리고, 이에 따라 정기적으로 공개하여야 한다. 다만, 제9조 제1항 각 호의 어느 하나에 해당하는 정보에 대해서는 그러하지 아니하다.
  1. 국민생활에 매우 큰 영향을 미치는 정책에 관한 정보
  2. 국가의 시책으로 시행하는 공사(工事) 등 대규모 예산이 투입되는 사업에 관한 정보
  3. 예산집행의 내용과 사업평가 결과 등 행정감시를 위하여 필요한 정보
  4. 그 밖에 공공기관의 장이 정하는 정보

제8조의2(공개대상 정보의 원문공개)
공공기관 중 중앙행정기관 및 대통령령으로 정하는 기관은 전자적 형태로 보유·관리하는 정보 중 공개대상으로 분류된 정보를 국민의 정보공개 청구가 없더라도 정보통신망을 활용한 정보공개시스템 등을 통하여 공개하여야 한다.

③ 우리나라 정보공개법은 비공개대상 정보(안보 관련, 프라이버시 등 8개 항목) 외에는 모두 공개해야 하는 네거티브 입법방식을 취하고 있다(공공기관의 정보공개에 관한 법률 제8조 제1항).

22 난도 ★☆☆   정답 ④

조직론 > 조직이론

정답의 이유
④ 신고전적 조직이론은 고전적 조직이론과 달리 사회적 능률, 비공식적·비경제적 요인의 강조 등을 중시한다.

오답의 이유
①·③ 현대적 조직이론은 환경과 상호작용하는 개방적·동태적·유기적 조직을 강조한다.
② 신고전적 조직이론에서는 인간을 사회인으로 간주한다.

23 난도 ★★☆   정답 ①

지방행정론 > 지방자치단체와 국가

정답의 이유
① 인구 50만 이상의 시는 자치구가 아닌 구를 둘 수 있으며, 도의 사무의 일부를 직접 처리할 수 있다(지방자치법 제14조 제1항 제2호).

제14조(지방자치단체의 종류별 사무배분기준)
① 제13조에 따른 지방자치단체의 사무를 지방자치단체의 종류별로 배분하는 기준은 다음 각 호와 같다. 다만, 제13조 제2항 제1호의 사무는 각 지방자치단체에 공통된 사무로 한다.
  2. 시·군 및 자치구 제1호에서 시·도가 처리하는 것으로 되어 있는 사무를 제외한 사무. 다만, 인구 50만 이상의 시에 대해서는 도가 처리하는 사무의 일부를 직접 처리하게 할 수 있다.

오답의 이유
② 시·군 및 자치구가 독자적으로 처리하기 어려운 사무는 시·도의 사무이다(지방자치법 제14조 제1항 제1호 제마목).

제14조(지방자치단체의 종류별 사무배분기준)
① 제13조에 따른 지방자치단체의 사무를 지방자치단체의 종류별로 배분하는 기준은 다음 각 호와 같다. 다만, 제13조 제2항 제1호의 사무는 각 지방자치단체에 공통된 사무로 한다.
  1. 시·도
    마. 시·군 및 자치구가 독자적으로 처리하기 어려운 사무

③ 지방자치단체의 구역, 조직, 행정관리 등은 시·도와 시·군 및 자치구에 공통된 사무이다(지방자치법 제13조 제2항 제1호).

제13조(지방자치단체의 사무 범위)
② 제1항에 따른 지방자치단체의 사무를 예시하면 다음 각 호와 같다. 다만, 법률에 이와 다른 규정이 있으면 그러하지 아니하다.
  1. 지방자치단체의 구역, 조직, 행정관리 등

④ 국가와 시·군 및 자치구 사이의 연락·조정 등의 사무는 시·도의 사무이다(지방자치법 제14조 제1항 제1호 제라목).

제14조(지방자치단체의 종류별 사무배분기준)
① 제13조에 따른 지방자치단체의 사무를 지방자치단체의 종류별로 배분하는 기준은 다음 각 호와 같다. 다만, 제13조 제2항 제1호의 사무는 각 지방자치단체에 공통된 사무로 한다.
  1. 시·도
    라. 국가와 시·군 및 자치구 사이의 연락·조정 등의 사무

24 난도 ★☆☆   정답 ②

지방행정론 > 지방자치

정답의 이유
② 1991년 노태우 정부 때 지방의회의원 선출을 위한 총선거가 실시되어 지방의회가 구성되었다. 1995년 김영삼 정부 때 지방의회의원과 지방자치단체장을 뽑은 동시선거가 이루어졌다.

오답의 이유
① 1949년 제헌의회에서 지방자치법이 제정되었으나 한국전쟁 등으로 의원선거는 1952년에서야 실시되었다.
③ 주민직선제에 의한 교육감 선거는 2007년부터 시행되었다.
④ 시·읍·면 자치제가 1961년 시·군 자치제로 변경되기 이전인 1960년 지방선거에서는 시·도지사, 시·읍·면장 선거가 실시되었다.

조직론 > 조직의 기초이론

정답의 이유

(가) 도덕적 설득은 피해집단이 정책의 정당성에 항의하는 명분을 찾아 불응의 핑계를 찾을 수 있다.

(나) 유인에 의한 순응은 자발적으로 순응하는 사람들의 명예나 체면을 손상시키고 사람의 타락을 유발할 수 있다.

(다) 처벌은 불응의 형태를 정확하게 점검 및 파악하기 어려운 경우가 많다는 약점이 있다.

행정학 | 2023년 지방직 7급

한눈에 훑어보기

✔ 영역 분석

행정학총론 02 03 04 10 12
5문항, 25%

정책론 17 18 19 20
4문항, 20%

조직론 06 08
2문항, 10%

인사행정론 01 11 13 14
4문항, 20%

재무행정론 05 16
2문항, 10%

지방행정론 07 09 15
3문항, 15%

✔ 빠른 정답

01	02	03	04	05	06	07	08	09	10
③	②	①	④	①	④	①	④	③	②
11	12	13	14	15	16	17	18	19	20
①	④	④	②	②	③	②	②	③	②

✔ 점수 체크

구분	1회독	2회독	3회독
맞힌 문항 수	/ 20	/ 20	/ 20
나의 점수	점	점	점

01 난도 ★☆☆   정답 ③

인사행정론 > 공직구조의 형성

정답의 이유

③ 직위분류제는 인사행정의 공정성과 객관성을 확보할 수 있지만 다른 직렬로의 이동 곤란 등 인사배치의 융통성 및 신축성이 부족하다.

오답의 이유

① 직위분류제는 모든 직위를 직무의 종류와 곤란도, 책임도에 따라서 직군, 직렬, 직급별로 구분하는 직무 중심의 인사제도로, 직무 능력 및 전문성을 갖춘 사람을 임용 대상으로 하여 행정의 전문화가 향상된다.

② 동일직무에 대한 동일보수의 원칙을 반영한 직무급 확립을 통해 보수의 형평성을 제고한다.

④ 공무원의 신분이 특정 직위나 직무와 관련되어 있기 때문에 조직개편이나 직무의 불필요성 등으로 직무 자체가 없어진 경우 공무원의 신분 보장이 위협을 받는다.

02 난도 ★★☆   정답 ③

행정학총론 > 행정학의 주요 이론

정답의 이유

③ 요금재는 대가를 지불하지 않는 소비자의 배재가 가능하므로 민간회사의 참여가 가능하지만, 정부에서는 일부 재화의 자연독점 문제를 방지하기 위해 직접 개입하여 요금제의 상당 부분을 직접 공급(유료)한다. X-비효율성은 정부의 독점적 지위나 행정관리상의 특수한 요인(사명감의 결여, 공직윤리의 부재 등)에 의한 비효율성을 의미하는 것이다.

03 난도 ★☆☆   정답 ①

행정학총론 > 행정의 이념(가치)

정답의 이유

① 가외성은 불확실한 상황에서의 오류 발생 가능성을 최소화하고 체제의 신뢰성을 높이기 위해 강조되는 행정가치로, 여러 기관에 한 가지 기능이 혼합되는 중첩성과 동일 기능이 여러 기관에서 독립적으로 수행되는 중복성 등을 포괄하는 개념이다.

오답의 이유

② 공익 과정설에 대한 설명이다. 공익 실체설은 개인의 사익을 초월한 공동체 전체의 공익이 따로 있다고 보는 견해이다.

③ 사회적 효율성에 대한 설명이다. 기계적 효율성은 투입의 극소화, 산출의 극대화를 통해 질적 · 가치적 차원이나 목적보다 수단의 합리성에 초점을 맞추는 견해이다.

④ 수직적 형평성에 대한 설명이다. 수평적 형평성은 동일 대상은 동일하게 대우하는 것을 말한다.

04 난도 ★★☆   정답 ④

행정학총론 > 행정학의 주요 이론

정답의 이유

④ 제시문은 사이먼(Simon)의 행정행태론에 대한 내용이다. 사이먼은 기존의 정통행정학이 신봉하던 원리주의가 검증을 거치지 않은 격언에 불과하다는 비판을 가하면서, 가치와 사실을 구분하고 사실에 근거한 행정학의 과학화를 추구한 행태주의를 주장하였다.

오답의 이유

① · ③ 윌슨(Wilson)과 굿노(Goodnow)는 행정을 이미 수립된 정책 · 법규의 구체적 집행관리 및 국가의 목적을 달성하기 위한 인간 · 물자의 관리로 정의하여 행정의 경영적 성격을 강조한 행정관리설의 대표학자이다.

② 애플비(Appleby)는 행정의 본질을 정치와의 밀접한 관계에서 파악한 정치 · 행정 일원론의 대표적인 학자로, 정치와 행정을 연속적이고도 융합적인 관계로 바라보았다.

05 난도 ★★☆   정답 ①

재무행정론 > 예산과정

정답의 이유

(가)는 '독립기관'을 말하며, (가)에 해당하는 기관으로는 국회 · 대법원 · 헌법재판소 및 중앙선거관리위원회가 있다.

국가재정법 제6조(독립기관 및 중앙관서)

① 이 법에서 "독립기관"이라 함은 국회 · 대법원 · 헌법재판소 및 중앙선거관리위원회를 말한다.

국가재정법 제40조(독립기관의 예산)

② 정부는 제1항의 규정에 따른 협의에도 불구하고 독립기관의 세출예산요구액을 감액하고자 할 때에는 국무회의에서 해당 독립기관의 장의 의견을 들어야 하며, 정부가 독립기관의 세출예산요구액을 감액한 때에는 그 규모 및 이유, 감액에 대한 독립기관의 장의 의견을 국회에 제출하여야 한다.

06 난도 ★★★   정답 ④

조직론 > 조직의 구조형태

정답의 이유

④ 이해관계자 자본주의 모델에서 근로자의 경영 참여는 이사회를 통하여 이루어지며 장기적인 성장을 추구한다.

더 알아보기

주주 자본주의 모델과 이해관계자 자본주의 모델

구분	주주 자본주의 모델	이해관계자 자본주의 모델
기본 개념	주주가 기업의 주인이라고 보는 개념(주주 주권주의)	기업은 하나의 공동체라고 보는 개념(기업 공동체주의)
경영 목표	주주의 이익 극대화	이해관계자의 이익 극대화
기업규율방식	• 이사회의 경영 감시 • 시장에 의한 규율	• 조직에 의한 통제 • 이해관계자 경영 참여 • 거래은행의 경영감시, 통제
근로자 경영참여	• 종업원 지주제도 • 연금펀드를 통한 지분 참여	이사회를 통한 근로자 경영 참여
기업의 사회적 책임	• 경제적 가치 추구 • 단기적 업적 추구	• 기업의 사회적 책임 추구 • 장기적 성장 추구

07 난도 ★★☆   정답 ①

지방행정론 > 지방자치단체와 주민

정답의 이유

① 주민투표법에서는 주민투표의 대상 · 발의자 · 발의요건, 그 밖에 투표절차 등에 관한 사항을 별도로 규정하고 있다(주민투표법 제1조, 지방자치법 제18조 제2항).

주민투표법 제1조(목적)

이 법은 지방자치단체의 주요결정사항에 관한 주민의 직접참여를 보장하기 위하여 「지방자치법」 제18조에 따른 주민투표의 대상 · 발의자 · 발의요건 · 투표절차 등에 관한 사항을 규정함으로써 지방자치행정의 민주성과 책임성을 제고하고 주민복리를 증진함을 목적으로 한다.

지방자치법 제18조(주민투표)

② 주민투표의 대상 · 발의자 · 발의요건, 그 밖에 투표절차 등에 관한 사항은 따로 법률로 정한다.

오답의 이유

② 해당 지방자치단체장이 아니라 시 · 도의 경우에는 주무부장관에게, 시 · 군 및 자치구의 경우에는 시 · 도지사에게 감사를 청구할 수 있다(지방자치법 제21조 제1항).

제21조(주민의 감사 청구)

① 지방자치단체의 18세 이상의 주민으로서 다음 각 호의 어느 하나에 해당하는 사람(「공직선거법」 제18조에 따른 선거권이 없는 사람은 제외한다. 이하 이 조에서 "18세 이상의 주민"이라 한다)은 시·도는 300명, 제198조에 따른 인구 50만 이상 대도시는 200명, 그 밖의 시·군 및 자치구는 150명 이내에서 그 지방자치단체의 조례로 정하는 수 이상의 18세 이상의 주민이 연대 서명하여 그 지방자치단체와 그 장의 권한에 속하는 사무의 처리가 법령에 위반되거나 공익을 현저히 해친다고 인정되면 시·도의 경우에는 주무부장관에게, 시·군 및 자치구의 경우에는 시·도지사에게 감사를 청구할 수 있다.

③ 우리나라의 주민소송제도는 2005년 「지방자치법」 개정을 통해 처음 도입되었으며, 2006년부터 시행되었다.

④ 비례대표 지방의회의원은 소환 대상에서 제외된다(지방자치법 제25조 제1항).

제25조(주민소환)

① 주민은 그 지방자치단체의 장 및 지방의회의원(비례대표 지방의회의원은 제외한다)을 소환할 권리를 가진다.

08 난도 ★★☆   정답 ④

조직론 > 과정이론

정답의 이유

④ 포터와 롤러(Porter & Lawler)의 업적·만족이론에 대한 내용이다. 브룸(Vroom)의 기대이론은 일정한 노력을 기울이면 성과(목표달성)를 가져올 수 있는 주관적 믿음을 '기대'라 표현하고, 성과(목표달성)와 보상과의 상관관계에 관한 인지도를 '수단성', 보상에 대한 개인의 선호를 '유인가(유의성)'로 표현하여 전체적인 동기부여는 '동기부여＝S(기대×수단성×유인가)'로 결정된다고 제시하였다.

오답의 이유

① 앨더퍼(Alderfer)의 ERG이론은 매슬로우의 5단계 욕구이론을 단순화하여 인간의 욕구를 생존욕구, 관계욕구 그리고 성장욕구의 3단계로 구분하였다. 다만 앨더퍼는 매슬로우와 달리 욕구가 하급 단계로부터 상급 단계로만 이동하는 것이 아니라 반대 방향으로 이동할 수도 있다고 하였다.

② 허츠버그(Herzberg)는 2요인이론에서 직무만족도를 증감시키는 요인을 성취, 인정 등의 동기요인과 회사의 정책, 작업조건, 임금 등의 위생요인 두 가지로 구분하여 두 요인이 동기부여에 미치는 영향이 다르다고 보았다.

③ 아담스(Adams)의 공정성이론은 조직 내의 개인이 자신의 노력의 결과로 얻은 보상이 자신과 비슷한 지위에 있는 사람과 비교하여 차이가 있다는 것을 인지하면 그 불공정한 차이를 줄이기 위하여 동기가 유발된다는 이론이다.

09 난도 ★★★   정답 ③

지방행정론 > 지방자치단체와 국가

정답의 이유

③ 시·도와 시·군 및 자치구 간 또는 그 장 간의 분쟁을 심의·의결하는 곳은 중앙분쟁조정위원회이다(지방자치법 제166조 제1항, 제2항).

제166조(지방자치단체중앙분쟁조정위원회 등의 설치와 구성 등)

① 제165조 제1항에 따른 분쟁의 조정과 제173조 제1항에 따른 협의사항의 조정에 필요한 사항을 심의·의결하기 위하여 행정안전부에 지방자치단체중앙분쟁조정위원회(이하 "중앙분쟁조정위원회"라 한다)를, 시·도에 지방자치단체지방분쟁조정위원회(이하 "지방분쟁조정위원회"라 한다)를 둔다.

② 중앙분쟁조정위원회는 다음 각 호의 분쟁을 심의·의결한다.
   1. 시·도 간 또는 그 장 간의 분쟁
   2. 시·도를 달리하는 시·군 및 자치구 간 또는 그 장 간의 분쟁
   3. 시·도와 시·군 및 자치구 간 또는 그 장 간의 분쟁
   4. 시·도와 지방자치단체조합 간 또는 그 장 간의 분쟁
   5. 시·도를 달리하는 시·군 및 자치구와 지방자치단체조합 간 또는 그 장 간의 분쟁
   6. 시·도를 달리하는 지방자치단체조합 간 또는 그 장 간의 분쟁

③ 지방분쟁조정위원회는 제2항 각 호에 해당하지 아니하는 지방자치단체·지방자치단체조합 간 또는 그 장 간의 분쟁을 심의·의결한다.

오답의 이유

① 지방자치법 165조 제1항

제165조(지방자치단체 상호 간의 분쟁조정)

① 지방자치단체 상호 간 또는 지방자치단체의 장 상호 간에 사무를 처리할 때 의견이 달라 다툼(이하 "분쟁"이라 한다)이 생기면 다른 법률에 특별한 규정이 없으면 행정안전부장관이나 시·도지사가 당사자의 신청을 받아 조정할 수 있다. 다만, 그 분쟁이 공익을 현저히 해쳐 조속한 조정이 필요하다고 인정되면 당사자의 신청이 없어도 직권으로 조정할 수 있다.

② 지방자치법 165조 제7항

제165조(지방자치단체 상호 간의 분쟁조정)

⑦ 행정안전부장관이나 시·도지사는 제4항부터 제6항까지의 규정에 따른 조정 결정 사항이 성실히 이행되지 아니하면 그 지방자치단체에 대하여 제189조를 준용하여 이행하게 할 수 있다.

제189조(지방자치단체의 장에 대한 직무이행명령)

① 지방자치단체의 장이 법령에 따라 그 의무에 속하는 국가위임사무나 시·도위임사무의 관리와 집행을 명백히 게을리하고 있다고 인정되면 시·도에 대해서는 주무부장관이, 시·군 및 자치구에 대해서는 시·도지사가 기간을 정하여 서면으로 이행할 사항을 명령할 수 있다.

④ 지방자치법 제166조 제1항, 제2항 제1호

10 난도 ★★★
정답 ②

행정학총론 > 경쟁가치모형

정답의 이유

ㄱ. 퀸과 로보그(Quinn & Rohrbaugh)의 경쟁(경합)가치모형에서는 '통제-유연성', '내부(인간, 즉 구성원의 능률성, 복지 등)-외부(조직 환경 등)'의 두 가지 차원에서 4가지 조직문화를 도출하였다.

더 알아보기

퀸과 로보그(Quinn & Rohrbaugh)의 경쟁가치모형

구분	조직(외부지향)	인간(내부지향)
통제	합리목표모형 • 목표: 생산성, 능률성 • 수단: 기획, 목표설정, 합리적 통제 • 성장단계: 공식화단계	내부과정모형 • 목표: 안정성, 통제와 감독 • 수단: 정보관리, 의사소통 • 성장단계: 공식화단계
유연성	개방체제모형 • 목표: 성장, 자원획득, 환경적응 • 수단: 유연성, 용이함 • 성장단계: 창업 · 정교화단계	인간관계모형 • 목표: 인적 자원발달, 능력발휘, 구성원 만족 • 수단: 응집력, 사기 • 성장단계: 집단공동체단계

ㄷ. 레빈(Lewin)은 조직 변화의 과정을 해빙, 변화, 재동결의 3단계 모형으로 제시하였다.

더 알아보기

레빈의 조직변화의 3단계 모형

해빙	구성원들의 굳어진 관점과 가치관을 녹이고 변화의 필요성을 깨닫게 하는 단계
변화	현재 상태에서 새로운 상태로 변화하기 위해 새로운 방식을 사용하여 움직이는 단계
재동결	새롭게 형성된 행동이 정형화된 행동으로 굳어져 변화의 효과가 지속되도록 하는 단계

오답의 이유

ㄴ. 홉스테드(Hofstede)의 권력거리는 한 사회의 일반 구성원이 높은 지위의 사람이 자신과 차이 나는 권력을 소유하고 있다는 것을 수용하는 정도를 의미한다. 홉스테드는 권력거리가 큰 문화에서는 집권화 및 권위주의적 요소가 강하게 나타나 권위를 쉽게 받아들이며, 권력거리가 작은 문화에서는 평등주의적 요소가 강하게 나타나 조직 내 의사소통이 활발하고 분권화된 경우가 많다고 보았다.

11 난도 ★★☆
정답 ①

인사행정론 > 임용과 능력발전

정답의 이유

① 도표식 평정척도법은 가장 대표적인 평정방법으로, 직무수행실적 · 직무수행능력 · 직무형태 등에 관한 평정요소를 나열하고 각각에 대한 우열의 등급을 표시하는 평정척도를 그린 평정표를 통한 평정방법이다. 평정서 작성 및 평정이 용이하나 평정요소에 대한 등급을 정하는 기준이 모호하기 때문에 평정요소와 평정등급에 대한 평정자의 자의적 해석이 발생할 수 있다.

오답의 이유

② 가감점수법: 직위의 직무구성요소를 정의하고 각 요소별로 직무평가기준표에 의하여 평가하는 방식으로, 우수한 직무 수행에는 가점을 주고 과오에 대해서는 감점하여 점수를 총합한다. 신뢰도 · 타당도가 높다.

③ 서열법: 직무를 전체적 · 종합적으로 평가하여 상대적 중요도에 의해 서열을 부여하는 자의적 평가법으로 상위직위와 하위직위를 선정한 다음 대상직위를 이에 비교하여 결정한다.

④ 체크리스트 평정법: 직무와 관련된 일련의 항목(단어나 문장)을 나열하고 그중에서 평정대상자에 해당하는 항목을 체크하여 나가는 방식으로, 나열항목을 동일하게 평가하기보다는 항목의 중요성에 따라 가중치를 부여하는 것이 일반적이다.

12 난도 ★★☆
정답 ④

행정학총론 > 행정학의 기초이론

정답의 이유

④ 상황론적 조직이론은 상황의 중요성을 강조하는 이론으로, 모든 상황에 적합하고 유일한 최선의 조직설계와 관리방법은 없다는 것을 전제로 하여 효과적인 조직설계와 관리방법은 조직환경에 달려있다고 주장한다.

오답의 이유

① 자원의존이론은 조직 생존을 위해 필수적인 자원에 초점을 두고 환경적인 불확실성을 극복하기 위하여 조직의 주도적 · 능동적인 의사결정을 중요시한다.

② 조직군생태론은 조직군의 변화를 유발하는 변이가 외부환경에 의하여 계획적 · 우연적으로 일어나며 조직은 이에 수동적으로 대응할 수밖에 없다는 극단적인 환경결정론적 거시조직론으로, 단일조직이 아닌 조직군을 분석단위로 삼는다.

③ 혼돈이론은 혼돈상태(chaos)를 연구하여 폭넓고 장기적인 변동의 경로와 양태를 찾아보려는 접근 방법으로 안정된 운동상태를 보이는 계(系)가 어떻게 혼돈상태로 바뀌는가를 설명하고, 또 혼돈상태에서 숨겨진 질서를 찾으려는 시도이다. 이에 복잡한 체제에 대한 이해를 도울 수는 있지만 현실세계에 적용할 수 있는 만족할 만한 수단을 제공하지 못한다는 한계가 있다.

13 난도 ★★★
정답 ④

인사행정론 > 임용과 능력발전

정답의 이유

④ 신규 채용되는 공무원의 경우, 대통령령 등으로 정하는 경우에는 시보 임용을 면제하거나 그 기간을 단축할 수 있다(국가공무원법 제29조 제1항).

제29조(시보 임용)

① 5급 공무원(제4조 제2항에 따라 같은 조 제1항의 계급 구분이나 직군 및 직렬의 분류를 적용하지 아니하는 공무원 중 5급에 상당하는 공무원을 포함한다. 이하 같다)을 신규 채용하는 경우에는 1년, 6급 이하의 공무원을 신규 채용하는 경우에는 6개월간 각각 시보로 임용하고 그 기간의 근무성적 · 교육훈련성적과 공무원으로서의 자질을 고려하여 정규 공무원으로 임용한다. 다만, 대통령등으로 정하는 경우에는 시보 임용을 면제하거나 그 기간을 단축할 수 있다.

오답의 이유

① 국가공무원법 제26조의3 제1항

제26조의3(외국인과 복수국적자의 임용)

① 국가기관의 장은 국가안보 및 보안 · 기밀에 관계되는 분야를 제외하고 대통령령 등으로 정하는 바에 따라 외국인을 공무원으로 임용할 수 있다.

② 임용시험의 기준 타당성이란 임용시험이 직무수행능력을 얼마나 정확히 예측했는지에 대한 것을 말하므로, 임용시험 성적과 근무성적 간 연관성이 높다면 임용시험 기준 타당성이 높다고 할 수 있다.

③ 국가공무원법 제26조의2

제26조의2(근무시간의 단축 임용 등)

국가기관의 장은 업무의 특성이나 기관의 사정 등을 고려하여 소속 공무원을 대통령령 등으로 정하는 바에 따라 통상적인 근무시간보다 짧게 근무하는 공무원으로 임용 또는 지정할 수 있다.

14 난도 ★★★　　　　　　　　　　정답 ②

인사행정론 > 사기앙양과 근무규율

정답의 이유

② 소속 지방자치단체장이 아니라 대통령의 허가를 받아야 한다(지방공무원법 제54조).

제54조(외국정부의 영예 등을 받을 경우)

공무원은 외국정부로부터 영예 또는 증여를 받을 경우에는 대통령의 허가를 받아야 한다.

오답의 이유

① 공익신고자 보호법 제12조 제1항, 제30조 제1항 제2호

제12조(공익신고자등의 비밀보장 의무)

① 누구든지 공익신고자 등이라는 사정을 알면서 그의 인적사항이나 그가 공익신고자 등임을 미루어 알 수 있는 사실을 다른 사람에게 알려주거나 공개 또는 보도하여서는 아니 된다. 다만, 공익신고자 등이 동의한 때에는 그러하지 아니하다.

제30조(벌칙)

① 다음 각 호의 어느 하나에 해당하는 자는 5년 이하의 징역 또는 5천만 원 이하의 벌금에 처한다.

　2. 제12조 제1항을 위반하여 공익신고자 등의 인적사항이나 공익신고자 등임을 미루어 알 수 있는 사실을 다른 사람에게 알려주거나 공개 또는 보도한 자

③ 공직자윤리법 제1조

제1조(목적)

이 법은 공직자 및 공직후보자의 재산등록, 등록재산 공개 및 재산 형성과정 소명과 공직을 이용한 재산취득의 규제, 공직자의 선물신고 및 주식백지신탁, 퇴직공직자의 취업제한 및 행위제한 등을 규정함으로써 공직자의 부정한 재산 증식을 방지하고, 공무집행의 공정성을 확보하는 등 공익과 사익의 이해충돌을 방지하여 국민에 대한 봉사자로서 가져야 할 공직자의 윤리를 확립함을 목적으로 한다.

④ 등록재산 등록의무자 중 제10조 제1항의 각 호에 해당하는 공직자 및 가족에 대해서만 등록재산을 공개한다(공직자윤리법 제10조 제1항).

제10조(등록재산의 공개)

① 공직자윤리위원회는 관할 등록의무자 중 다음 각 호의 어느 하나에 해당하는 공직자 본인과 배우자 및 본인의 직계존속 · 직계비속의 재산에 관한 등록사항과 제6조에 따른 변동사항 신고내용을 등록기간 또는 신고기간 만료 후 1개월 이내에 관보(공보를 포함한다) 및 인사혁신처장이 지정하는 정보통신망을 통하여 공개하여야 한다.

15 난도 ★★★　　　　　　　　　　정답 ②

지방행정론 > 지방재정

정답의 이유

② 보통교부세 교부 여부의 적용 기준으로 활용되는 것은 재정력지수이다. 재정자주도는 지방자치단체의 전체 예산규모 중 자체수입과 지방교부세 등 자치단체가 재량권을 가지고 사용할 수 있는 예산의 비율로, 자주재원의 실질적인 능력을 측정할 수 있는 지표이다.

오답의 이유

① 재정자립도는 지방자치단체의 일반회계 예산규모 중 자체 수입인 지방세 수입과 세외수입이 차지하는 비중으로, 재원의 조달 면에서 자립 정도를 나타내는 것이다. 재정자립도는 지방교부세와 같이 자율적으로 사용할 수 있는 특별회계와 기금 등을 종합

적으로 고려하지 못하여 실질적인 지방자치단체의 재원 활용능력과 차이가 있다는 비판이 있다.

③ 재정력지수는 기준재정수요에 대한 기준재정수입의 비율을 말하며, 1 미만은 자체 수입으로 지방자치단체의 행정수요(인건비, 복지수요 등)를 충당하지 못한다는 의미이다. 보통교부세를 산정하는 데 주요 지표로 활용된다.

④ 주민 1인당 지방세 부담액은 지방세 세입결산액을 주민 수로 나눈 것으로 세입구조 안정성의 판단 기준이 된다.

16 난도 ★★★
정답 ③

재무행정론 > 예산과정

정답의 이유

③ 예산결산특별위원회가 아니라 소관 상임위원회에서 예비심사하여 그 결과를 의장에게 보고하고, 의장은 이를 예산결산특별위원회에 회부하여 심사가 끝난 후 본회의에 부의한다(국회법 제84조 제1항, 제2항).

> **제84조(예산안·결산의 회부 및 심사)**
> ① 예산안과 결산은 소관 상임위원회에 회부하고, 소관 상임위원회는 예비심사를 하여 그 결과를 의장에게 보고한다. 이 경우 예산안에 대해서는 본회의에서 정부의 시정연설을 듣는다.
> ② 의장은 예산안과 결산에 제1항의 보고서를 첨부하여 이를 예산결산특별위원회에 회부하고 그 심사가 끝난 후 본회의에 부의한다. 결산의 심사 결과 위법하거나 부당한 사항이 있는 경우에 국회는 본회의 의결 후 정부 또는 해당 기관에 변상 및 징계조치 등 그 시정을 요구하고, 정부 또는 해당 기관은 시정 요구를 받은 사항을 지체 없이 처리하고 그 결과를 국회에 보고하여야 한다.

오답의 이유

① 국가재정법 제31조 제1항

> **제31조(예산요구서의 제출)**
> ① 각 중앙관서의 장은 제29조의 규정에 따른 예산안편성지침에 따라 그 소관에 속하는 다음 연도의 세입세출예산·계속비·명시이월비 및 국고채무부담행위 요구서(이하 "예산요구서"라 한다)를 작성하여 매년 5월 31일까지 기획재정부장관에게 제출하여야 한다.

② 국가재정법 제35조

> **제35조(국회제출 중인 예산안의 수정)**
> 정부는 예산안을 국회에 제출한 후 부득이한 사유로 인하여 그 내용의 일부를 수정하고자 하는 때에는 국무회의의 심의를 거쳐 대통령의 승인을 얻은 수정예산안을 국회에 제출할 수 있다.

④ 국가재정법 제59조

> **제59조(국가결산보고서의 작성 및 제출)**
> 기획재정부장관은 「국가회계법」에서 정하는 바에 따라 회계연도마다 작성하여 대통령의 승인을 받은 국가결산보고서를 다음 연도 4월 10일까지 감사원에 제출하여야 한다.

17 난도 ★★☆
정답 ②

정책론 > 정책결정이론

정답의 이유

② 다른 정부의 정책을 대안으로 고려할 때는 가급적 사회문화적 배경이 유사한 지역을 선택하는 것이 바람직하다. 사회문화적인 상황이 달라지면 같은 정책도 전혀 다른 결과를 초래할 수 있다.

오답의 이유

① 점증주의는 상황의 불확실성과 인간의 능력에 한계가 있다는 것을 전제로 하며, 제약된 정보와 의사결정자의 분석 능력의 불완전성으로 인하여 모든 대안을 살펴볼 수 없다고 본다. 때문에 기존 정책을 토대로 이보다 좀 더 수정된 내용의 정책을 추구하는 접근 방식을 취한다.

③ 주관적·직관적 판단을 이용하는 방법으로는 델파이, 브레인스토밍, 교차영향분석, 실현가능성 평가 등이 있으며, 이 기법들은 정책대안 탐색뿐만 아니라 정책대안 결과예측 방법으로도 활용된다.

④ 브레인스토밍은 주관적 예측기법으로, 비판을 최소화하고 다양한 전문가들이 자유분방하게 의견을 제안하게 하여 창의적 아이디어를 창출하기 위한 기법이다.

18 난도 ★★☆
정답 ②

정책론 > 정책의 본질과 유형

정답의 이유

② 리플리(Ripley)와 플랭클린(Franklin)의 보호적 규제정책은 개인이나 집단의 권리행사나 행동의 자유를 구속·통제하여 일반 대중을 보호하려는 정책으로, 대표적인 예로는 소비자보호법·최저임금제·독과점규제 및 공정거래에 관한 법률 등이 있다.

오답의 이유

① 로위(Lowi)가 제시한 정책유형 중 돈이나 권력 등을 많이 소유하고 있는 집단으로부터 그렇지 못한 집단으로 이전시키는 정책은 재분배정책이다. 분배정책은 국민에게 권리나 이익·편익·서비스를 배분하는 정책으로, 비용이 일반국민의 세금에서 나오므로 비용부담집단이 불특정적이다.

③ 아몬드(Almond)와 파월(Powell)의 정책유형 중 정부가 정책목표 달성을 위해 민간부문에서 인적·물적 자원을 추출하는 정책은 추출정책이다. 상징정책은 정치지도자들이 국민들에게 역사, 용기, 과감성, 지혜 등을 강조하거나, 평등·자유·민주주의 등의 이념을 호소할 때 사용하며, 미래의 업적 또는 보상을 약속하는 정책을 말한다.

④ 로위(Lowi)가 제시한 정책유형론은 분류된 정책들이 포괄성과 상호배타성을 확보하고 있지 못하다. 로위의 정책유형에 포함되지 않는 정책들도 있고 여러 유형의 속성을 동시에 갖는 정책들도 있어 유형별 개념이 모호하다고 할 수 있다.

19 난도 ★★★   정답 ③

정책론 > 정책평가

정답의 이유

③ 비동질적 통제집단 설계는 실험집단과 통제집단 간에 무작위배정을 통한 동질화가 이루어지지 않아 외재적 변수의 영향을 통제 및 배제하기가 어려우므로 진실험과 같은 수준의 내적 타당성을 확보할 수 없다.

오답의 이유

① 선정효과(선발요인)란 실험집단과 통제집단 선발 시 서로 다른 성질의 구성원들을 선발하여 생기는 문제이다. 사후적 비교집단 구성은 정책이 실시된 후 해당 정책에 대한 평가를 요청받았을 때 임의적으로 비교집단을 설계하여 실험집단과 비교하는 방법으로, 임의적 집단 모집으로 인하여 두 집단 간의 동질성이 명확하지 않아 내적 타당도를 저해할 수 있다.

② 모방효과는 통제집단의 구성원들이 실험집단의 구성원들을 모방하게 되는 현상으로, 진실험은 실험통제의 곤란으로 모방효과가 발생하여 내적 타당성이 저해될 수 있다.

④ 준실험은 진실험에 비해 인위적 요소가 적어 실행 가능성과 외적 타당도가 높으나 진실험설계를 사용할 때보다 내적 타당성의 저해 요인이 다양하게 나타난다. 즉, 준실험설계에서는 실험집단과 통제집단의 동질성이 확보되지 않기 때문에 정책(원인)이 어떤 효과(결과)를 초래하는가에 관한 내적 일관성(내적 타당성)이 낮다.

20 난도 ★★☆   정답 ②

정책론 > 정책평가

정답의 이유

② 정부업무평가 기본법 제14조 제2항

> **제14조(중앙행정기관의 자체평가)**
> ② 중앙행정기관의 장은 자체평가조직 및 자체평가위원회를 구성·운영하여야 한다. 이 경우 평가의 공정성과 객관성을 확보하기 위하여 자체평가위원의 3분의 2 이상은 민간위원으로 하여야 한다.

오답의 이유

① 재평가는 기획재정부장관이 아닌 국무총리가 실시한다(정부업무평가 기본법 제17조).

> **제17조(자체평가결과에 대한 재평가)**
> 국무총리는 중앙행정기관의 자체평가결과를 확인·점검 후 평가의 객관성·신뢰성에 문제가 있어 다시 평가할 필요가 있다고 판단되는 때에는 위원회의 심의·의결을 거쳐 재평가를 실시할 수 있다.

③ 특정평가를 실시하는 것은 행정안전부장관이 아니라 국무총리이다(정부업무평가 기본법 제20조 제1항).

> **제20조(특정평가의 절차)**
> ① 국무총리는 2 이상의 중앙행정기관 관련 시책, 주요 현안시책, 혁신관리 및 대통령령이 정하는 대상부문에 대하여 특정평가를 실시하고, 그 결과를 공개하여야 한다.

④ 합동평가는 국무총리가 아니라 행정안전부장관이 실시할 수 있다(정부업무평가 기본법 제21조 제1항).

> **제21조(국가위임사무등에 대한 평가)**
> ① 지방자치단체 또는 그 장이 위임받아 처리하는 국가사무, 국고보조사업 그 밖에 대통령령이 정하는 국가의 주요시책 등(이하 이 조에서 "국가위임사무등"이라 한다)에 대하여 국정의 효율적인 수행을 위하여 평가가 필요한 경우에는 행정안전부장관이 관계중앙행정기관의 장과 합동으로 평가(이하 "합동평가"라 한다)를 실시할 수 있다.

많이 보고 많이 겪고 많이 공부하는 것은 배움의 세 기둥이다.

– 벤자민 디즈라엘리 –

좋은 책을 만드는 길, 독자님과 함께하겠습니다.

2025 시대에듀 기출이 답이다 9급 공무원 행정학개론 7개년 기출문제집

개정11판1쇄 발행	2024년 09월 20일 (인쇄 2024년 07월 25일)
초 판 발 행	2015년 09월 10일 (인쇄 2015년 07월 17일)
발 행 인	박영일
책 임 편 집	이해욱
편 저	SD 공무원시험연구소
편 집 진 행	박종옥 · 정유진
표지디자인	박수영
편집디자인	김예슬 · 고현준
발 행 처	(주)시대고시기획
출 판 등 록	제10-1521호
주 소	서울시 마포구 큰우물로 75 [도화동 538 성지 B/D] 9F
전 화	1600-3600
팩 스	02-701-8823
홈 페 이 지	www.sdedu.co.kr

I S B N	979-11-383-7437-8 (13350)
정 가	21,000원

※ 이 책은 저작권법의 보호를 받는 저작물이므로 동영상 제작 및 무단전재와 배포를 금합니다.
※ 잘못된 책은 구입하신 서점에서 바꾸어 드립니다.